中国REITs论坛·系列丛书

全球主要REITs市场法规汇编

主　编　陈　飞　韩志峰　张　峥
副主编　刘　榕
参　编　汪兆军　闫云松　王国庆　李泽正
　　　　范熙武　李　艳　彭　超　方　榕
　　　　陈　桦　李雅婷　马　琳　倪　帆
　　　　宋文轩　田　琦　王　薇　张　骞
　　　　张正阳　赵京川　周浩宇

机械工业出版社
CHINA MACHINE PRESS

随着2020年4月30日中国证监会、国家发展改革委联合发布《关于推进基础设施领域不动产投资信托基金（REITs）试点相关工作的通知》，国内基础设施REITs试点正式起步，这标志着公募REITs正式登陆中国市场。对于中国证券市场发展而言，这是一次里程碑式的跨越。他山之石，可以攻玉。研究全球主要REITs市场的相关规则，学习先进经验，有益于引导我国在RIETs领域积极探索，为我国REITs发展的整体方向与具体措施提供借鉴与参考。本书编译了全球最有代表性和借鉴意义的6个REITs市场的相关法规，其中包括REITs起源地、全球最大的REITs市场——美国，亚洲最大的REITs市场——日本，国际化程度最高且与我国同为外部管理模式的新加坡，与我国同为发展中国家且首个单独推出基础设施投资信托基金（InvIT）的印度，最早开创REITs的国家之一——澳大利亚，欧洲最大的REITs市场——英国的法律法规，以供后续政策持续完善与实务操作参考使用。

图书在版编目（CIP）数据

全球主要REITs市场法规汇编／陈飞，韩志峰，张峥主编.
—北京：机械工业出版社，2020.8
ISBN 978-7-111-66403-1

Ⅰ.①全⋯ Ⅱ.①陈⋯ ②韩⋯ ③张⋯ Ⅲ.①房地产投资-信托基金-法规-汇编-世界 Ⅳ.①D996.4

中国版本图书馆CIP数据核字（2020）第160808号

机械工业出版社（北京市百万庄大街22号　邮政编码100037）
策划编辑：侯春鹏　赵　屹　　　责任编辑：侯春鹏　赵　屹
责任印制：张　博　　　　　　　责任校对：黄兴伟
三河市国英印务有限公司印刷
2020年9月第1版第1次印刷
180mm×250mm · 23.75印张 · 1插页 · 457千字
标准书号：ISBN 978-7-111-66403-1
定价：98.00元

电话服务　　　　　　　　　网络服务
客服电话：010-88361066　　机 工 官 网：www.cmpbook.com
　　　　　010-88379833　　机 工 官 博：weibo.com/cmp1952
　　　　　010-68326294　　金 书 网：www.golden-book.com
封底无防伪标均为盗版　　　机工教育服务网：www.cmpedu.com

前言

不动产投资信托基金（Real Estate Investment Trusts，英文缩写为REITs）是实现不动产证券化的重要手段，是通过发行收益凭证汇集多数投资者的资金，由专业管理团队投资于能够产生持续稳定收益的持有型不动产，并将投资收益及时分配给投资者的一种投资基金。REITs发源于20世纪60年代的美国，以1960年美国《房地产投资信托法案》（*Real Estate Investment Trust Act of 1960*）颁布为标志，REITs正式起步，随后包括日本、澳大利亚、英国、新加坡在内的40余个国家和地区也相继推出了REITs制度，推动REITs市场建设。

REITs对盘活经济主体的存量资产、丰富资本市场投融资渠道具有重要作用。广义上讲，以REITs为代表的系列金融工具形成了一个工具箱，不同国家根据其不同的国情、不同的发展阶段、不同的法律环境，在这个工具箱里，为不同类型的企业在不同阶段提供必要的金融支持，供其找到适合自己的运用模式。对于投资者而言，REITs通过证券化手段将难以分割出售的不动产变为份额相对较小、流动性较强的基金份额，REITs本身具有较高的风险收益比、高分红比例的特点，并且同现有的股票、债券等金融资产关联性较低，在一些国家或地区，其长期收益率甚至要高于股票收益率，居民将可通过投资REITs分享不动产运营和成长的收益。

REITs底层资产为可以产生稳定收益的持有型不动产，既包括物流仓储、产业园区、数据中心、信号铁塔等基础设施资产，也包括写字楼、购物中心、酒店、公寓等商业资产等。其中，基础设施REITs已成为各REITs市场中表现亮眼的一大板块。根据美国2019年不动产公募REITs的投资情况来看，其中非房地产领域的REITs总市值为7453.80亿美金，占比为58.4%。截至目前，印度的3只已发行REITs产品中有2只为基础设施投资信托（InvITs）。

2020年4月30日，中国证监会、国家发展改革委联合发布《关于推进基础设施领域不动产投资信托基金（REITs）试点相关工作的通知》，正式启动基础设施领域的公募REITs试点工作。自此，境内公募REITs将以基础设施为底层资产，为我国REITs市场的有序发展拉开序幕。这一通知发布是我国REITs市场建设的一个里程碑式的事件，公募REITs试点对于我国不动产投融资体制改革具有重大意义。短期看，为应对经济下行压力，通过REITs市场可以盘活存量资产，为经济增长提供新动能；长期看，REITs市场建设将成为解决我国不动产投融资体制诸多结构性问题的破题之作，能有效填补中国资产管理市场的产品空白，满足居民理财、养老金、社保资金的投资需求，推动经济高质量发展，助力中国经济转型升级。

REITs制度是REITs市场的核心基础设施。全球各REITs市场的金融监管机构均结合其境内金融市场法规与不动产市场法规的现状，制定了相应的REITs法律法规。1960年美国REITs征税豁免修订案顺利获得总统批准，同年正式颁布了《房地产投资信托法案》，使美国成为全球第一个并逐步成长为全球最大的REITs市场，六十年以来美国联邦立法机构和联邦政府所颁布的与REITs相关的规则和制度非常丰富详实。澳大利亚是全球最早开创REITs的国家之一，其REITs（及其附带的税收优惠）源自英国信托法，并于1936年被纳入澳大利亚的《所得税评估法》，此后经历多次法规政策调整，为其蓬勃发展打下基础。1999年新加坡金融管理局发布了第一版的《不动产基金指引》（Property Fund Guidelines），在多重法案修订及鼓励性政策的推动之下，新加坡REITs市场如今已成为国际化程度最高的REITs市场之一。2000年日本对《投资信托和投资公司法》（the Law Concerning Investment Trusts and Investment Corporations）作出修订，将REITs定性为不动产投资工具，为REITs正式进入日本市场铺平了道路。2003年中国香港证监会通过研究海外市场REITs发展情况并结合中国香港市场现状，出台了中国香港REITs的基础性文件《房地产投资信托基金守则》。同年，中国台湾地区也出台了《不动产证券化条例》，REITs在中国香港、中国台湾两地率先施行并逐步发展。2006年英国政府通过《2006财政法案》（Finance Act 2006）将REITs引入英国，且在2007年1月1日开始实施。英国REITs发展轨迹虽受到社会文化、商业社会运作规则以及2008金融危机的影响发展艰难，但得益于英国是一个法律十分完善且超前的国家，其对REITs作出了一系列适合英国国情的详细规定，后续《2010公司税法》（Corporation Tax Act 2010）等法规在REITs领域又进行了一定程度的梳理与完善，促使英国REITs市场得以长足发展。2014年印度通过《房地产投资信托REITs守则》和《基础设施投资信托InvITs守则》的制定，走出了一条独具特色的道路。

各个国家和地区REITs市场的产生、发展、起伏均与其法律制度有着密不可分的关联。他山之石，可以攻玉，对于试点政策刚刚出台的现阶段的中国市场，研究成熟REITs市场的相关规则，借鉴其中关于投资要求、分配规则、信息披露、市场监管、税收安排等方面的经验，吸取其在发展历程中的相关教训，有益于引导我国在REITs领域的积极探索，有益于把控我国REITs发展的整体方向，并为具体政策的制定、基础设施公募REITs试点的落地提供借鉴与参考。

本书编译了全球最有代表性和借鉴意义的6个REITs市场的相关法规，其中包括全球最大REITs市场——美国的税法典中不动产投资信托章节，亚洲最大REITs市场——

日本的投资法人制度，国际化程度最高的新加坡集合投资计划守则房托基金部分，与我国同为发展中国家且首个单独推出基础设施投资信托基金（InvIT）的印度的 InvIT 法规和 REITs 法规，澳大利亚公司法管理投资计划部分，以及英国公司法不动产投资信托部分。

  本书由来自中国证监会、国家发展改革委、北京大学光华管理学院 REITs 课题组以及实务界的专家共同组织编写而成，是大家集体智慧的结晶。本书在编写过程中，得到了中联基金金杜律师事务所的大力支持，为编写提供了大量资料和专业建议。特别感谢中国 REITs 论坛的柏甜雪女士，她承担了出版沟通协调工作，本书的出版离不开她的帮助。感谢机械工业出版社对本书的认可和帮助。

  在中国公募 REITs 市场即将拉开帷幕之际，希望这一本法律法规汇编能够助力市场建设，为中国 REITs 的长足发展贡献力量。

目录

前言

第一部分 美　国 // 001
一、市场情况与法规概述 // 002
二、法规编译（美国税法典不动产投资信托章节）// 003

第二部分 日　本 // 049
一、市场情况与法规概述 // 050
二、法规编译（日本投资法人制度）// 051

第三部分 新加坡 // 143
一、市场情况与法规概述 // 144
二、法规编译（集合投资计划守则房托基金部分）// 145

第四部分 印　度 // 163
一、市场情况与法规概述 // 164
二、法规编译（印度 InvITs 法规）// 165
三、法规编译（印度 REITs 法规）// 220

第五部分 澳大利亚 // 273
一、市场情况与法规概述 // 274
二、法规编译（澳大利亚公司法管理投资计划部分）// 275

第六部分 英　国 // 307
一、市场情况与法规概述 // 308
二、法规编译（英国公司法不动产投资信托部分）// 309

附录一　中国香港 REITs 市场及立法情况概述 // 367
附录二　中国台湾 REITs 市场及相关规定概述 // 371

第一部分 美国

全球主要REITs
市场法规汇编

一、市场情况与法规概述

REITs（不动产信托投资基金）起源于 20 世纪 60 年代的美国。1960 年 9 月，美国国会颁布了 REITs 法案，决定创建不动产投资信托基金，降低房地产投资门槛，让所有美国投资者都有机会投资大型房地产项目，REITs 正式登上历史舞台。经过了近 60 年的发展，美国 REITs 市场已经相当成熟。根据行业分类标准（ICB），截至 2019 年年底，在美国上市交易的 REITs 已经达到 234 只，市场规模达到 13,492.09 亿美元，是全球最大的 REITs 市场。

美国 REITs 一定程度上是税法的产物。1960 年美国颁布《联邦税收法案》（Internal Revenue Code）和《不动产投资信托基金法案》（Real Estate Investment Trust Act），首次对 REITs 立法，标志着现代 REITs 制度的开端。税收法案的颁布，在 REITs 的税费、上市交易方面都带来了很大改变，赋予了 REITs 和共同基金同等的税收优惠，对基金分配给投资者的部分免征所得税。次年，美国史上第一批 REITs 成立。

1965 年，大陆抵押投资（Continental Mortgage Investors）作为首只上市交易的 REITs 于纽交所挂牌上市。

1967 年，美国开放了抵押型不动产投资信托基金（Mortgage REITs，简称 m-REITs），美国 REITs 市场迎来第一次快速成长。然而，相关的配套法规尚未建立健全，REITs 主要被用于不动产行业的被动型投资，没能发挥其真正的价值，成为不动产投融资重要工具。直到 1986 年，美国国会通过了《税收改革法》，一方面放松了对于不动产投资信托基金的诸多限制，允许 REITs 自己经营和管理房地产投资，另一方面给予 REITs 以税收方面的优惠，为 REITs 日后的蓬勃发展提供了坚实的制度保障。

20 世纪 90 年代起，美国 REITs 市场迎来了爆发式增长。伴随着美国不动产市场杠杆率日益增大，房地产企业利用 REITs 进行融资的需求也不断提升，保险资金和共同基金等对于 REITs 也有很强的配置意愿，投资者对 REITs 产生浓厚的兴趣。自此，美国 REITs 市场实现井喷。

1997 年美国颁布的《纳税者减免法》废除了 REITs 的非长期持有资产的销售收入不得高于总收入 30% 的规定。1999 年颁布的美国《REITs 现代化法》将 REITs 收入分配比例从 95% 降低至 90%，并允许 REITs 成立按正常公司纳税的子公司，允许 REITs 进行房地产以外业务的服务。

2000 年至今，美国对各种法规条例的修改中多次涉及 REITs 相关要求。2004 年 10 月，美国《创造就业法案》中包括三条 REITs 改良法规。其中很重要的一条就是取消所有国外投资者在投资美国公开交易的 REITs 产品时遭遇的差别对待。2007 年，美国《房地产投资信托基金多样化和授权法案》的颁布，允许 REITs 应税子公司参与更为多元的业务，将不动产投资信托基金的被动外汇收益作为合法的 REITs 收入。2008 年受金融危机影响，REITs 市场出现大量并购，REITs 数量减少。次年开始恢复，直到今天，美国仍是全球最大也是最成熟的 REITs 市场。

美国 1960 年修改税收法案正式推出 REITs 制度之前，经历了 1956—1959 长达 4 年的经济低迷。REITs 的推出对于已经较为发达的美国，在经济长期低迷，不动产市场下行的周期中，起到一定的提振作用。

本书美国 REITs 法规部分主要就《美国税法典》中的"不动产投资信托"章节（第 856 条、第 857 条、第 858 条、第 859 条）进行了编译。本部分对不动产投资信托的范畴以及适用的税收政策进行了规定。

二、法规编译（美国税法典不动产投资信托章节）

第二节　不动产投资信托

第 856 条　不动产投资信托的定义

(a) 一般规定

在本条标题项下，"不动产投资信托"是指符合下列条件的公司、信托或其他组织[一]：

(1) 由一个或多个受托人或董事管理；

(2) 其可获收益所有权[二]由可转让股份或可转让的受益权凭证；

[一] Association，此处译为其他组织。

[二] Beneficial ownership，此处译为可获收益所有权。

（3）如果不考虑本节的相关规定，其应作为境内公司的身份纳税；

（4）既不是本税法典第582（c）（2）项提及的金融机构，亦不是适用第L节规定的保险公司；

（5）其可获收益所有权由100个或以上的人持有；

（6）根据本条第（k）款的规定，为非封闭式的［依据本条第（h）款而确定］；

（7）满足本条第（c）款的要求。

（b）条件的确定

上述第（a）款第（1）项（含）至第（4）项（含）所述条件必须在整个纳税年度期间得到满足；上述第（5）项所述条件必须在包含12个月的一个纳税年度中的至少335天期间内得到满足，或在不足12个月的一个纳税年度中按相应比例计算的天数期间内得到满足。

（c）限制性规定

一家公司、信托或其他组织不得在任何纳税年度内被视为不动产投资信托，除非：

（1）其提交的该纳税年度的申报表中载明其确认作为不动产投资信托进行申报，或其已经在上一个纳税年度表明了该等确认，且该等确认未根据第（g）款终止或撤销；

（2）其总收入（不包括源于禁止交易的总收入）的95%（1980年1月1日之前开始的纳税年度为90%）以上源自以下款项：

（A）股利；

（B）利息；

（C）不动产租金；

（D）出售或以其他方式处置股票、证券和不属于本税法典第1221（a）（1）项所述财产的不动产（包括不动产权益和不动产抵押权益）所得；

（E）不动产相关税费减免与返还；

（F）从止赎不动产①［定义见本条第（e）款］中获得的主营业务收入或营业外收入；

---

① For purposes of this part, the term "foreclosure property" means any real property (including interests in real property), and any personal property incident to such real property, acquired by the real estate investment trust as the result of such trust having bid in such property at foreclosure, or having otherwise reduced such property to ownership or possession by agreement or process of law, after there was default (or default was imminent) on a lease of such property or on an indebtedness which such property secured. "foreclosure property"，此处译为止赎不动产。

(G) 因订立下列协议而作为对价收取或产生的款项（不包括全部或部分根据任何主体的收入或利润而厘定的款项）：(i) 发放以不动产或以不动产权益进行抵押担保的贷款，或 (ii) 购买或租赁不动产（包括不动产权益和不动产抵押权益）；

(H) 出售或以其他方式处置不动产资产所得，该等出售或处置并非仅因本节第 857 (b) (6) 项而属于禁止交易；

(I) 在本目颁布日之后开始的第一个纳税年度，从林地类不动产投资信托拥有的不动产中获得的与该不动产投资信托从事木材生产业务相关或曾经相关的矿产使用费收入。

(3) 其总收入（不包括源于禁止交易的总收入）的 75% 以上源自以下款项：

(A) 不动产租金；

(B) 以抵押不动产或不动产权益为担保的债务利息；

(C) 出售或以其他方式处置不属于本税法典第 1221 (a) (1) 项所述财产的不动产（包括不动产权益和不动产抵押权益）所得；

(D) 满足本节要求的其他不动产投资信托的可转让股份（或可转让的受益权凭证）的股利或其他分配所得，以及出售或以其他方式处置该等可转让股份（或可转让的受益权凭证）所得（不包括源于禁止交易的总收入）；

(E) 不动产相关税费减免；

(F) 从止赎不动产[定义见本条第 (e) 款]中获得的主营业务收入或营业外收入；

(G) 因订立下列协议而作为对价收取或产生的款项（不包括全部或部分根据任何主体的收入或利润而厘定的款项）：(i) 发放以不动产或以不动产权益进行抵押担保的贷款，或 (ii) 购买或租赁不动产（包括不动产权益和不动产抵押权益）；

(H) 出售或以其他方式处置不动产资产（不包括公开发售的非法定 REIT 债务工具）所得，该等出售或处置并非仅因本节第 857 (b) (6) 项而属于禁止交易；

(I) 合格的临时投资收益。

(4) 在该纳税年度的各季度末，

(A) 不动产资产、现金和现金科目（包括应收款项）以及政府证券占其资产总值的 75% 以上；

(B) (i) 所投资证券[不包括前述第 (A) 目中的证券]价值不超过其资产总值的 25%；

(ii) 一个或多个应税 REIT 子公司的证券价值不超过其资产总值的 20%；

(ⅲ) 公开发售的非法定 REIT 债务工具价值不超过其资产总值的 25%；

(ⅳ) 除应税 REIT 子公司和上述第（A）目下的证券之外：

(Ⅰ) 任一发行人发行的证券价值占比不高于其资产总值的 5%；

(Ⅱ) 其持有的任一发行人发行的证券的投票权不高于该发行人发行在外证券总投票权的 10%；

(Ⅲ) 其持有的任一发行人发行的证券价值不高于该发行人发行在外证券总价值的 10%。

在任一季度末满足本项要求的不动产投资信托，不应因后续一季度期间其各种投资价值与该等要求不符（包括仅因用于计算境外资产价值的外汇变动而导致的不符）而失去不动产投资信托的身份，除非该等不符情形是在获得任何证券或其他不动产之后立即发生，并且全部或部分因获得该等证券或其他不动产而导致。如果不动产投资信托在任一季度末，因在该季度期间获得任何证券或其他不动产之后立即存在不符行为（且该等不符行为全部或部分因获得该等证券或其他不动产而导致）而未满足前述要求，但该等不符情形在该季度结束之后 30 日内消除的，则该不动产投资信托不会在该季度失去不动产投资信托的身份，在该等情形下，应被视为已经在该季度结束时满足上述要求。

(5) 在本节中，

(A) "价值"就易于获得市场报价的证券而言，是指该等证券的市场价值；就其他证券和资产而言，是指受托人勤勉尽责确认的公允价值，但就不动产投资信托证券而言，该等公允价值不得超过市场价值或资产价值（以较高者为准）。

(B) "不动产资产"是指不动产（包括不动产权益和不动产抵押权益或不动产权益抵押权益）、满足本节要求的其他不动产投资信托的股份（或可转让的受益权凭证）以及公开发售的 REIT 发行的债务工具。该术语还包括可归属于新增资本金临时投资的任何资产（不包括不动产资产），但该资产应属于股票或债务工具，且所计算的此类资产投资期限仅自不动产投资信托收到该新增资本金之日起算不超过一年。

(C) "不动产权益"包括土地或土地改进工程的永久所有权和共同所有权[一]，土地或改进工程的租赁权，取得土地或改进工程的期权，以及取得土地或改进工程的租赁权之期权，但是不包括矿产、石油或天然气特许权使用权。

(D) 合格的临时投资收益是指：

(ⅰ) 一般规定。"合格的临时投资收益"是指符合下列条件的任何收益：

[一] 原文为 fee ownership and co-ownership，可译为不限嗣所有权，此处译为永久所有权。

(I) 可归属于［本税法典第 1275（a）（1）项所指的］股票或债务工具，

(II) 可归属于新增资本金的临时投资，以及

(III) 在不动产投资信托收到上述资本金之日起开始的一年期限内收到（或应收）。

(ii) 新增资本金。"新增资本金"是指不动产投资信托收到的符合下列条件的任何款项：

(I) 可置换为该信托的股票（或受益权凭证）的款项（不包括根据股利再投资计划收到的款项），或

(II) 该信托公开发售的期限不低于 5 年的债券收到的款项。

(E) REMIC（Real Estate Mortgage Investment Conduit，不动产抵押投资通道）的普通权益和剩余权益应被视为不动产资产，且有关该等权益的总收入中的任何款项应被视为不动产抵押担保的债务产生的权益；但下列情况除外：如果该 REMIC 的资产中有 95% 以下的资产属于不动产资产（按照不动产投资信托持有该等资产进行确认），则该不动产投资信托被视为直接持有（并被视为直接收到）REMIC 资产和收益的适当份额。为了确认 REMIC 的任何权益是否符合上一句的规定，该 REMIC 在其他 REMIC 中持有的任何权益，应按照与前一句的原则相似的原则，被视为不动产资产，但下列情况除外：如果该等 REMIC 资产属于分层结构的一部分，则应被视为本目下的一个 REMIC。

(F) 所有其他术语具有与 1940 年《投资公司法》（经《美国法典》第 15 编第 80a–1 条及该条后续内容修订）中相同的含义。

(G) 某些对冲工具的处理：除财政部部长确认的范围外，

(i) 不动产投资信托来自对冲交易［定义见本税法典第 1221（b）（2）（A）或（iii）］的任何收益，包括该交易出售或处置资产所得的收益，在该等交易为取得或持有不动产资产而使该信托对冲产生或即将产生任何债务的范围内，不得构成第（2）项和第（3）项下的总收入，

(ii) 就第（2）项或第（3）项所述的任何主营业务收入或营业外收入科目（或产生该主营业务收入或营业外收入的任何不动产）而言，如果不动产投资信托的任何收入来自该信托所订立的交易（收入包括因该交易终止而产生的所得），且该交易的主要目的是为了管理币值波动，不得构成第（2）项和第（3）项下的总收入，

(iii) 如果：

(I) 不动产投资信托就上述第（i）点所述的债务属于第（i）点所述的一

个或多个情形，或就产生第（2）项或第（3）项所述的主营业务收入或营业外收入的不动产属于上述第（ii）点的一个或多个情形，

（Ⅱ）该债务的任何部分已消灭或该不动产的任何部分已被处置，以及

（Ⅲ）就该债务消灭或该资产处置而言，如果上述第（Ⅰ）分点提及的任何情形属于普通不动产，该信托针对该等情形达成了一项或多项属于本税法典第 1221（b）（2）（A）目第（ii）点或第（iii）点所规定的对冲交易，

则该信托从上述第（Ⅰ）分点提及的任何情形获得的任何收入，以及从上述第（Ⅲ）分点提及的任何交易获得的任何收入（包括任何该等情形或交易终止产生的所得），在该交易与该头寸对冲的范围内，不得构成第（2）项和第（3）项下的总收入，以及

(iv) 上述第（i）点、第（ii）点和第（iii）点不得适用于满足第 1221（a）(7) 项所述的识别要求之外的其他交易［在考虑过第 1221（a）（7）项提及的规定下的任何补救条款之后确定］。

(H) 林地收益的处理，

(i) 一般规定，出售第（2）（D）目、第（3）（C）目所述不动产的所得应包括符合下列任一情形的所得：

（Ⅰ）该所得由不动产投资信托拥有的林地根据第 631（a）款下的选择确认，不动产投资信托的应税 REIT 子公司负责上述林地的砍伐工作；

（Ⅱ）根据第 631（b）款确认；或

（Ⅲ）如果未满足 1 年持有期要求，则被视为满足第（Ⅰ）分点或第（Ⅱ）分点下所得的收入。

(ii) 特别规定：

（Ⅰ）在本所得税分编中，如果所得来自林地砍伐，且该所得由不动产投资信托依据第（i）（Ⅰ）项或第（i）（Ⅲ）项中与第（i）（Ⅱ）项有关的规定所述的第 631（a）条下的选择确认，则该所得应被视为在纳税年度的第一天出售给不动产投资信托的应税 REIT 子公司。

（Ⅱ）在本所得税分编中，本目所述的收入不得被视为第 1221（a）（1）项所述的不动产出售所得。

(iii) 终止：本目不适用于终止日之后的处置。

(I) 林地类不动产投资信托："林地类不动产投资信托"是指其 50% 以上的总资产由与木材生产业务有关的不动产构成。

(J) 财政部部长有权排除其他收入科目。以为实现本部分目的所需为前提,财政部部长有权,仅为实现本部分的目的,确认:

(i) 不符合第(2)项或第(3)项的任何主营业务收入或营业外收入科目,可被视为不构成第(2)项或第(3)项中的总收入,或

(ii) 构成不符合第(2)项或第(3)项的总收入的任何主营业务收入或营业外收入科目,可被视为符合第(2)项或第(3)项的总收入。

(K) 现金:如果不动产投资信托或其旗下合格业务单位⊖[定义见第989条]使用任何外币作为其功能货币[定义见第985(b)款],则"现金"包括该等外币,但条件是:

(i) 持有该外币应在该信托或其合格业务单位的正常证券营业活动中使用,并导致产生第(c)款第(2)项或第(3)项所述的主营业务收入或营业外收入科目,或与第(c)(4)款所述的资产取得或持有直接相关,以及

(ii) 持有该外币并非与第(n)(4)项所述的活动相关。

(L) 与公开发售的REIT的债务工具有关的定义:

(i) 公开发售的REIT:"公开发售的REIT"具有第562(c)(2)项赋予其的含义⊖。

(ii) 公开发售的非法定REIT债务工具:"公开发售的非法定REIT债务工具"是指,在适用第(B)目但不考虑"公开发售的REIT发行的债务工具"情形下,不再符合不动产资产资格的任何不动产资产。

(6) 在任何纳税年度未满足第(2)项和/或第(3)项要求的公司、信托或其他组织,在下列情况下应被视为在该纳税年度已经满足上述第(2)项和/或第(3)项的要求:

(A) 如果在该公司、信托或其他组织确认在任一纳税年度未满足第(2)项和/或第(3)项的要求之后,第(2)项和/或第(3)项所述的其总收入中的各科目描述已记入根据财政部部长规定的条例提交的该纳税年度的报税单中,以及

(B) 如果未满足第(2)项和/或第(3)项的要求系因合理原因导致,而非故意疏忽所为。

(7) 未满足第(4)项的适用原则,

(A) 一般规定。某一特定季度未满足第(4)项要求的公司、信托和其他组织[不

⊖ 指具有独立账簿和财务记录的纳税人开展的独立的且能够清晰认定的业务单位。
⊖ 第562(c)(2)项:公开发售的REITs是指根据1934年《证券交易法》的要求向证券交易委员会按时提交年度报告和定期报告的不动产投资信托。

包括未满足本项第（B）（i）点所述的第（4）（B）（iv）点的要求］，在下列情况下应被视为在该季度已经满足该项的要求：

(i) 如果在该公司、信托或其他组织确认在某一特定季度未满足该项的要求之后，对于每一项导致该公司、信托或其他组织在任一纳税年度的该季度结束时未满足该项要求的资产，其已于根据财政部部长规定的条例提交的该季度的报税单中予以描述，

(ii) 如果未在某一特定季度满足该项的要求系因合理原因导致，而非故意疏忽所为，以及

(iii)（I）如果该公司、信托或其他组织在该公司、信托或其他组织确认未满足该项要求的季度之最后一日起6个月内，或财政部部长规定的其他期间内，以财政部部长规定的方式，处置第（i）点所述的报税单所列资产，或

（II）如果该项要求在第（I）分点规定的期间得以满足。

(B) 容差机制的规定㊀。在某一特定季度未满足第（4）（B）（iv）点要求的公司、信托或其他组织，在下列情况下应被视为已经满足该点要求：

(i) 如果未能满足该项要求系因所拥有的资产总值未超过以下较少者：

（I）在对该信托的资产总值进行评定的季度结束时，该等资产总值的1%，以及

（II）10,000,000美元，以及

(ii)（I）如果该公司、信托或其他组织在确认未满足该项要求之后，在该公司、信托和其他组织确认未满足该项要求的季度之最后一日起6个月内，或财政部部长规定的其他期间内，以财政部部长规定的方式，处置资产以满足该项的要求，或

（II）如果该项要求在第（I）分点规定的期间得以满足。

(C) 税费。

(i) 规定的税费。如果第（A）目在任一纳税年度适用于公司、信托或其他组织，则在此对该公司、信托或其他组织征收下列各项中的较高税费金额：

（I）50,000美元，或

（II）（依据财政部部长颁布的条例确定的）下列金额的乘积：第（A）（i）点所述的报税单所列资产在第（ii）点所述期间产生的净收入，乘以

㊀ Rule for certain de minimis failures，此处译为容差机制的规定。

第(11)条规定的最高税率。

(ii) 期间。就第(i)(II)分点而言,本项所述期间是指因拥有该等资产而未满足前述第(4)项要求的第一日起至信托处置该等资产之日或开始满足前述第(4)项要求的第一个季度结束时(以较早者为准)止的期间。

(iii) 管理规定。在分编F中,本目征收的税款应被视为与该分编所适用税费补缴程序有关的消费税。

(8) 免税重组后的确认:如果一公司就适用第355条(或与第355条有关的第356条中的规定)的任何分配规则而言,曾是公众公司⊖或受控公司[不包括与第355(h)(2)(A)目所述的分配有关的受控公司],则该公司(及任何继任公司)无资格根据第(1)项在该分配之日开始的10年期结束之前开始的任何纳税年度作出任何确认。

(9) 附随于不动产的特定动产的特殊规定:

(A) 与不动产有关的特定租赁动产,

(i) 一般规定:如果可归属于动产的租金被视为第(d)(1)(C)目项下规定的不动产的租金,则就第(4)(A)目而言,该动产应被视为不动产资产。

(ii) 处置所得的处理,如果:

(I) 该动产因不动产租赁或就不动产租赁有关的目的出租,且租期不少于一年,且可归属于该动产的租金被视为第(d)(1)(C)目下的不动产租金,

(II) 该动产的任何部分和该不动产的任何部分在同次处置中或同时发生的多项处置中被出售或处置,以及

(III) 根据前述规定同次或同时出售或处置的动产的公允市值不超过根据前述规定同次或同时出售或处置的所有动产和不动产的公允市值总值的15%,则就第(2)(H)目和第(3)(H)目而言,该等处置所得应被视为处置不动产资产所得。

(B) 与不动产有关的动产抵押,

(i) 一般规定:针对通过抵押不动产和动产担保债务的情形,如果该动产的公允市值不超过所有前述不动产和动产的公允市值总值的15%,则该债务应:

⊖ distributing corporation,此处译为公众公司。

(I) 就第（3）(B) 目而言，被视为该项所述的债务，

(II) 就第（4）(A) 目而言，被视为不动产资产，以及

(III) 就第（2）(D) 目和第（3）(C) 目而言，被视为不动产抵押。

(ii) 公允市值的确认，

(I) 一般规定：除第（II）分点另有规定外，为第（i）点之目的而计算前述所有动产公允市值的方式，应与第（3）(B) 目下根据不动产和动产之间利息收入分摊的方式确认相关不动产资产公允市值的方式保持一致。

(II) 处置所得：为适用第（i）(III) 分点，公允市值应在出售或以其他方式处置时确认。

(10) 终止日：在本款中，"终止日"就任何纳税人而言，是指自本法案颁布日之后且在该颁布日之后满一年内适用本法案的纳税人的首个纳税年度的最后一日。

(d) 不动产租金的定义

(1) 可纳入的金额

在第（c）款第（2）项和第（3）项中，"不动产租金"包括［在适用第（2）项的前提下］：

(A) 不动产权益的租金，

(B) 与不动产租赁相关而通常提供的服务收费，无论该费用是否单独列出，以及

(C) 可归属于依据不动产租赁而出租的（或就不动产租赁有关的目的而出租的）动产的租金，但该租金须为在该纳税年度可归属于该动产的租金，并且该租金不超过该等根据不动产租赁而出租的（或就不动产租赁有关的目的而出租的）动产和不动产在该纳税年度的全部租金的15%。

在第（C）目中，就每次租赁的不动产而言，在该纳税年度中可归属于动产的租金在该纳税年度总租金中所占的比例，等于该等动产在该纳税年度年初与年末的公允市值的平均值在该纳税年度年初与年末不动产和动产的合计公允市值的平均值中所占的比例。

(2) 除外金额

在第（c）款第（2）项和第（3）项中，"不动产租金"不包括：

(A) 除第（4）项和第（6）项规定外，基于任何不动产或动产直接或间接收到（或应收）的任何金额，前提是该等金额的确认系全部或部分取决于任何主体从该不动产中取得的收入或利润（但前述收到或应收的任何金额并不应仅因为系基于固定的收入或销售百分比而被排除在"不动产租金"之外）；

(B) 除第（8）项规定外，在下列任一情形下，直接或间接从不动产投资信托直接或间接拥有的任何主体收到（或应收）的任何金额，

 （i）在该主体是公司的情况下，该不动产投资信托拥有该主体有投票权的所有类别股票的总合并表决权10%或以上的股票，或拥有该主体的所有类别股票的总股份价值的10%或以上；或

 （ii）在该主体是非公司的情况下，该不动产投资信托拥有该主体的资产或净利润的10%或以上权益；以及

(C) 任何未获允许的租赁服务收入［定义见第（7）项］。

(3) 独立订约方的定义

在本款和第（e）款中，"独立订约方"是指符合下列条件的任何主体：

(A) 未直接或间接拥有不动产投资信托35%以上的股份或受益权凭证；以及

(B) 若该主体是公司，则不超过其全部股份的总和及表决权的35%（或其所有类别股票的总股份的35%）系由拥有该信托35%或以上的股份或受益权凭证的一人或多人直接或间接地持有；或若该主体不是公司，则不超过其资产或净利润中35%的权益系由拥有该信托35%或以上的股份或受益权凭证的一人或多人直接或间接地持有。

如果不动产投资信托或该主体的任何类别股票在证券市场上正常交易，则仅有直接或间接拥有5%以上该类股票的主体，应被视作为拥有任何该类股票而应适用第（B）目规定的35%的限制（但是该类别的所有已发行在外的股票应被视为已发行，以便计算分母来确定有关的所有权比例）。

(4) 或有租金的特殊规定⊖

如果不动产投资信托的承租人从次承租人处直接或间接收到（或应收）的款项系全部或部分基于任何主体从该不动产中取得的收入或利润确定，且仅因此原因而导致不动产投资信托就不动产或动产收到（或应收）的款项被排除在"不动产租金"之外的，则不动产投资信托从承租人收到（或应收）的款项中应仅有一定比例的部分（该比例由财政部部长颁布的条例所规定）不属于上述"不动产租金"概念。

(5) 股票的推定所有权

在本款中，第318（a）款中有关确认股票所有权的规定，应适用于确定任何主体的股票、资产或净利润的所有权；除非：

⊖ Special rule for certain contingent rents, 此处译为或有租金的特殊规定。

（A）在第 318（a）款第（2）项和第（3）项第（C）目中，以"10%"代替 50%，以及

（B）在合伙企业的情形下，若仅考虑在合伙企业（直接或间接）拥有 25% 或以上的资本权益或利润权益的合伙人，则第 318（a）(3)（A）目应予以适用。

（6）有关由不动产投资信托承租人转租的若干不动产的特殊规定

（A）一般规定

如果，

(i) 不动产投资信托就不动产或动产从一承租人处收到（或应收）款项，而该承租人的绝大部分有关该不动产的收入，系来自于该等不动产的绝大部分进行转租的收入，以及

(ii) 该承租人直接或间接从次承租人处收到（或应收）的款项的一部分由合格租金组成，

则信托从承租人处收到（或应收）的款项，在可归属于该承租人收到（或应收）的合格租金的范围内，不得因该租金基于该承租人的收入或利润而排除在"不动产租金"之外。

（B）合格租金

在第（A）目中，"合格租金"是指不动产投资信托收取的一切能被认定为不动产租金的任何款项。

（7）未获允许的租赁服务收入

在第（2）（C）目中，

（A）一般规定

"未获允许的租赁服务收入"就任何不动产或动产而言，是指不动产投资信托就下列服务直接或间接收到（或应收）的任何款项：

(i) 信托向该不动产的承租人提供的服务，或

(ii) 管理或经营该不动产。

（B）超过最低限额的所有款项均无资格

就处于任何纳税年度的不动产而言，如果第（A）目所述款项超过不动产投资信托就该不动产在该纳税年度中直接或间接收到（或应收）的所有金额的 1%，则上述所有款项均属于该信托的未获允许的租赁服务收入。

（C）例外情形

在第（A）目中，

(i) 通过独立订约方（且信托本身未从独立订约方获得任何收入）或该信托的应税 REIT 子公司提供的服务、管理或经营，不得视为是由该信托提供的服务、管理或经营。

(ii) 如果任何款项被第 511（a）（2）项所述的该等组织收到且被排除在第 512（b）（3）项下非关联业务应税收入之外，则该等款项不应被包括其中。

(D) 可归属于未获允许情况下提供的服务之金额

在第（A）目中，被视为就任何服务（或管理或经营）而收到的款项，不得少于该信托提供服务（或提供管理或经营）直接成本的 150%。

(E) 与限额相关的配套规定

在第（c）款第（2）项和第（3）项中，第（A）目所述金额应包含在公司、信托或其他组织的总收入中。

(8) 应税 REIT 子公司的特殊规定

在本款中，如果下列任一目的要求得以满足，则该信托的应税 REIT 子公司向不动产投资信托支付的款项，不得因第（2）（B）项而排除在不动产租金之外：

(A) 受限租金的例外情形

(i) 一般规定

就任何不动产而言，如果该不动产的可出租面积的至少 90% 出租给该信托的应税 REIT 子公司和第（2）（B）目所述主体之外的其他主体，则本目的要求得以满足。

(ii) 租金应具有可比性

如果信托从该财产中的不动产［定义见第（1）项，不包括第（2）（B）目］收到的租金款项，与该信托其他不动产的其他承租人就类似大小的面积支付的租金大体相当，则第（i）项应适用。

(iii) 测试租金可比性的时点

如果第（ii）项中关于租金可比性的要求根据租赁条款在下列情形获得满足，则就向该信托的应税 REIT 子公司进行租赁而言，应被视为已满足了该等要求：

(I) 该租约订立之时，

(II) 租约每次展期时，包括未行使终止租约的权利，以及

(III) 如果信托和应税 REIT 子公司之间的租约租金因该租约的修改而大幅提高，则在该租约由双方进行修改时。

就第（III）分点而言，如果该信托的应税 REIT 子公司是该信托控股的应税 REIT 子

公司，则"不动产租金"在任何情况下不应包括该租约下因租约的修改而增加的租金。

(iv) 控股应税 REIT 子公司

在第（iii）点中，若任何不动产投资信托直接或间接拥有其任一应税 REIT 子公司以下比例的股票的，则就该不动产投资信托而言，该等应税 REIT 子公司是该信托的"控股应税 REIT 子公司"：

(I) 该子公司发行在外股票的总投票权 50% 以上的股票；或

(II) 价值超过该子公司发行在外股票的总价值 50% 的股票。

(v) 基于第三方行为的资格持续

如果第（i）点的要求在第（iii）点提及的时间获得满足，则只要租赁给该信托的任何应税 REIT 子公司或第（2）(B) 目所述的任何主体的面积没有增加，该等要求应继续被视为已获得满足。

(vi) 修正期间

就任何不动产而言，如果在任何自然季度内出现第（v）点提及的租赁面积增加，则若第（iii）点中的要求在下一个季度结束时得到满足的，该等要求应被视为在该自然季度内和下一个季度内得到满足。

(B) 某些住宿设施和医疗保健不动产的例外

就信托向其应税 REIT 子公司出租的合格住宿设施［定义见第（9）(D) 目］或合格医疗保健不动产［定义见第（e）(6)(D)(i) 点］之不动产的权益而言，如果不动产是由合格独立订约方代表该子公司经营，则本目要求的标准视为得到满足。就本条而言，应税 REIT 子公司不得仅因下列原因而被视为正在经营或管理合格医疗保健不动产或合格住宿设施：

(i) 该子公司直接或间接拥有使其有资格从事上述行为的执照、许可或类似文书，或

(ii) 在美国境外的该等设施或不动产雇用个人进行工作，但条件是有一合格独立订约方根据管理协议或类似的服务合同，代表该应税 REIT 子公司负责对该等个人进行日常监督和指导。

(9) 合格的独立订约方

在第（8）(B) 目中，

(A) 一般规定

就任何合格住宿设施或合格医疗保健不动产［定义见第（e）(6)(D)(i)

点]而言,"合格独立订约方"是指符合下列条件的任一独立订约方:在该订约方与应税 REIT 子公司订立经营前述合格住宿设施或合格医疗保健不动产的管理协议或其他类似服务合同时,该订约人(或任何关联方)正在积极、正常地为该不动产投资信托的非关联方或应税 REIT 子公司的非关联方提供经营合格住宿设施或合格医疗保健不动产的服务。

(B) 特殊规定

仅在本项和第(8)(B)目中,就任何合格住宿设施或合格医疗保健不动产(定义见上文)而言,任一主体将根据下列原因而必然被视为独立订约方:

(i) 应税 REIT 子公司依据管理协议或其他类似服务合同,承担该等合格住宿设施或合格医疗保健不动产的经营费用。

(ii) 应税 REIT 子公司在扣除根据该等协议或合同应向经营者支付的前述经营费用和成本之后,从该等合格住宿设施或合格医疗保健不动产的经营中获得了收入。

(iii) 不动产投资信托从该主体处收到该主体租赁信托旗下其他不动产的收入,且该租赁于截至下列较晚日期已生效:

(I) 1999 年 1 月 1 日,或

(II) 该信托的任何应税 REIT 子公司就该等合格住宿设施或合格医疗保健不动产与该主体订立管理协议或其他类似服务合同之最早日期。

(C) 现有租约的展期等

在第(B)(iii)点中,

(i) 只要该租约依据第(B)(iii)点约定的最晚日期已生效的租约之条款进行展期,则该租约应被视为于 1999 年 1 月 1 日已生效,而不将展期租约视为晚于该日期生效,以及

(ii) 在第(B)(iii)点下的最晚日期之后订立不动产租约,在下列情形下应被视为在前述最晚日期生效:

(I) 如果在前述最晚日期,该主体针对该信托的该处不动产租约曾生效,以及

(II) 如果根据新租约的条款,该信托收到的收益与第(I)分点提及的租约收益相比大体相当或有所减少。

(D) 合格住宿设施

在本项中,

(i) 一般规定

"合格住宿设施"是指除依法获授权从事赌博业务之主体从事赌博业务所使用的规

定设施或与之有关的规定设施之外的任何住宿设施。

（ii）住宿设施

"住宿设施"是指：

（I）酒店，

（II）汽车旅馆，或

（III）其中一半以上的居住单元以临时居住用途而使用的其他设施。

（iii）常用便利设施和配套设施

"住宿设施"应包括部分常用便利设施和配套设施，前提是这些设施应是惯常使用于具有相应级别和规模的物业的，且该等其他物业在与该不动产投资信托无关联关系的其他物业所有者名下。

（E）经营包括管理

本项所述之经营某不动产应视为涵盖管理该不动产的含义。

（F）关联方

如果多个主体被视为第 52 条第（a）款或第（b）款下的单一雇主，则该等主体应被视为彼此具有关联关系。

(e) 止赎不动产的特殊规定

（1）止赎不动产的定义

在本节中，"止赎不动产"是指在任何不动产（包括不动产权益）以及与该不动产有关的任何动产的租约或该不动产所担保的债务发生违约（或即将违约）之后，不动产投资信托在该不动产丧失赎回权时，通过竞标或以其他方式根据协议或法定方式拥有或占有的不动产。如果出售或以其他方式处置第 1221（a）（1）项所述的信托不动产而产生债务，且该不动产最初并非作为止赎不动产取得，则因该等债务而取得的不动产不属于"止赎不动产"。

（2）宽限期

除第（3）项规定外，在不动产投资信托取得该不动产的该纳税年度之后的第三个纳税年度结束时，该不动产应不再作为该信托的止赎不动产。

（3）延期

如果不动产投资信托提供了令财政部部长满意的、为有序清算该信托在该不动产中的权益所需宽限期延期的原因，则财政部部长可就该不动产授予一次宽限期延期。任何该等延期不得使宽限期延长至第（2）项所述期间中最后一个纳税年度之后的第三个纳税年度结束后。

(4) 某些情形下宽限期的终止

任何止赎不动产在下列事件发生的首日（在不动产投资信托取得不动产之日或之后发生），应不再作为止赎不动产：

(A) 就该不动产订立租约，且根据租约的相关条款将会产生第（c）(3) 项 [不包括该款第（F）目] 所述之外的收入，或根据于当日或之后订立的租约，直接或间接收到（或应收）任何未于该款内描述的款项，

(B) 在该不动产上开展任何建设工程（如果建筑或任何其他改进工程的 10% 以上的工程是在违约即将发生之前完工的，则不包括完工的该建筑或完工的该等其他改建工程），或

(C) 如果该日距该不动产投资信托取得该不动产之日超过 90 日，且该不动产被用于信托开展的业务 [该等业务系并非通过独立订约方，定义见第（d）(3) 项，且该信托本身并未从该独立订约方获得或取得任何收入，也并非通过应税 REIT 子公司]。

在第（C）目中，对于被视为"不动产租金"之外的不动产，如果不动产投资信托开展的任何活动而导致该等不动产不能直接或间接收到（或应收）与前述财产有关的款项，则该不动产不得被视为因该等活动而用于相关业务。

(5) 纳税人必须作出确认

在本节中，不动产投资信托须按照本章节规定，在其收购该不动产的纳税年度的提交纳税申报到期日（包括任何延期）或之前作出相关确认（以财政部部长颁布的条例规定的方式），则该不动产方可被视为止赎不动产。不动产投资信托可在本章规定的任一纳税年度的纳税申报到期日（包括任何延期）之前，（以财政部部长颁布的条例规定的方式）提交撤回申请书以撤回该等确认。如果信托撤回有关任何不动产的相关确认，则该信托不得根据本项规定，在后续任何纳税年度再就该不动产作出任何有关的确认。

(6) 合格医疗保健不动产的特殊规定

在本款中，

(A) 租约届满时取得

"止赎不动产"应包括不动产投资信托因该不动产的租约终止（不包括因违约或即将违约的租约终止）而取得的任何合格医疗保健不动产。

(B) 宽限期

对于仅因为第（A）目而非因适用第（2）项和第（3）项而属于止赎不动产的合格医疗保健不动产，则，

 （i）截至该信托取得该不动产的纳税年度之后的第二个纳税年度结束时，合格医疗保健不动产应不再属于止赎不动产，以及

 （ii）如果不动产投资信托经财政部部长许可，且认为有必要延长第（i）点中的宽限期，以有序租赁或清算该信托在此类合格医疗保健不动产中的权益，则财政部部长可以就该合格医疗保健不动产授予一次或多次宽限期延期。

任何该等延期不得使宽限期延长至该信托取得前述合格医疗保健不动产的纳税年度之后的第 6 年结束后。

(C) 来自独立订约方的收益

当合格医疗保健不动产因第（A）目或第（1）项而属于止赎不动产，从而适用第（4）（C）目时，如果该信托从独立订约方获得或收到的收入可归属于下列租约，则该等收入可不计为相关条款考虑的范围：

 （i）在不动产投资信托取得合格医疗保健不动产之日已生效的任何不动产租约（只要该租约根据前述日期生效的租约条款展期，则不考虑该日之后的展期），或

 （ii）在下列情况下，在该等日期之后订立的任何不动产租约：

  （I）如果在该日期，来自该信托的该不动产租约曾生效，以及

  （II）如果根据新租约的条款，该信托收到的收益与第（I）分点提及的租约收益相比大体相当或有所减少。

(D) 合格医疗保健不动产

（i）一般规定

"合格医疗保健不动产"是指符合下列条件的不动产（包括任何不动产权益）以及与该不动产有关的任何动产：

 （I）属于医疗保健设施，或

 （II）属于使用医疗保健设施所必需或与医疗保健设施的使用有关。

（ii）医疗保健设施

在第（i）点中，"医疗保健设施"是指医院、护理设施、辅助生活设施、集体护理设施、合格长期护理设施〔定义见第 7872（g）（4）项〕或其他向患者提供医疗、护理或辅助服务的获许可机构，且该等获许可机构在该机构的租约或其所担保的抵押终止、届满、违约或违反前，由有资格参与《社会保障法》第十八编所述的医疗计划的服务提

供商进行经营。

(f) 利息

(1) 一般规定

在第（c）款第（2）（B）目和第（3）（B）目中，如果直接或间接收到（或应收）的任何款项的确认全部或部分取决于任何主体的收入或利润，则"利息"不包括该等款项，但下列除外：

(A) 前述收到（或应收）的任何款项不应仅因为基于收入或销售的固定百分比而被排除在"利息"之外，以及

(B) 如果仅因不动产投资信托的债务人收到（或应收）任何款项且该款项的确认全部或部分取决于任何主体的收入或利润，而导致不动产投资信托收到的任何款项被排除在"利息"之外，则该不动产投资信托从该债务人处收到（或应收）的款项中，仅应有一部分（依据财政部部长规定的条例确认）将被排除在"利息"之外。

(2) 特殊规定

如果，

(A) 就以不动产或不动产权益抵押担保的债务而言，不动产投资信托获取的款项系基于某一债务人且该债务人通过将其在该财产中的几乎所有权益全部出租给承租人而从该财产中获得其绝大部分收入（不考虑任何处置收益），以及

(B) 该债务人直接或间接从承租人处收到（或应收）的款项的一部分由合格租金［定义见第（d）（6）（B）目］组成，

则该信托从该债务人处收到（或应收）的款项，在可归属于该债务人收到（或应收）的合格租金的范围内，不得因基于该债务人的收入或利润而排除在"利息"之外。

(g) 确认的终止

(1) 失去资格

如果公司、信托或其他组织在该等确认作出的纳税年度或任何后续纳税年度，不属于适用本节规定的不动产投资信托，则该公司、信托或其他组织在第（c）（1）项下作出的确认应终止，除非第（5）项适用。该终止应在该公司、信托或其他组织不属于适用本节规定的不动产投资信托的纳税年度和所有后续纳税年度有效。

(2) 撤回

公司、信托或其他组织可就确认生效的第一个纳税年度之后的任何纳税年度，撤回

其在第（c）（1）项下作出的确认。本项下的撤回在确认作出的纳税年度和所有后续纳税年度有效。该撤回必须在撤回生效的第一个纳税年度的第一天之后的第 90 日或之前作出。该撤回应以财政部部长颁布的条例规定的方式作出。

（3）终止或撤回之后的确认

除第（4）项规定之外，如果公司、信托或其他组织已根据第（c）（1）项作出确认，且该确认已根据第（1）项或第（2）项终止或撤回，则该公司、信托或其他组织（以及任何继任公司、信托或其他组织）就该终止或撤回生效的第一个纳税年度后第五个纳税年度之前的任何纳税年度，无资格根据第（c）（1）项作出确认。

（4）例外

如果公司、信托或其他组织的确认已根据第（1）项终止，则在下列情形下第（3）项不予适用：

(A) 该公司、信托或其他组织在法律规定的时间内，并非故意不提交第（c）（1）项下的确认终止所在纳税年度的所得税申报表；

(B) 第（A）目提及的所得税申报表中的任何不正确信息，并非是意图逃税的欺诈行为所致；以及

(C) 该公司、信托或其他组织证实，其未成为可适用本节规定的不动产投资信托是因合理原因而非因故意疏忽所致，且该证实获财政部部长认可。

（5）适用本项规定的实体

本项适用于符合下列条件的公司、信托或其他组织：

(A) 在有关纳税年度，因一次或多次违反本节［除第（c）款第（2）项、第（3）项或第（4）项之外］的一项或多项规定，而不属于适用本节规定的不动产投资信托，

(B) 该等违反本节条款的行为是出于合理原因，而非故意疏忽所致的，以及

(C) 就该公司、信托或其他组织由于合理原因而非故意疏忽而违反本节的规定而言，对于每次违反按规定支付（按财政部部长在条例中的规定，并以与缴纳税款相同的方式）50,000 美元罚金。

（h）封闭式持有的确定

（1）适用第 542（a）（2）项

（A）一般规定

在第（a）（6）项中，如果可满足第 542（a）（2）项关于股票所有权的要求，则该等公司、信托或其他组织系属于封闭式持有。

(B) 放弃合伙属性等

在第（A）目中，

(i) 第 544（a）（2）项应适用，如同该项不包含"或由其合伙人或为其合伙人"，以及

(ii) 第 544（a）（4）（A）目和第 544（b）（1）项应通过"符合第 542（a）（2）项股票所有权要求的实体"取代"公司，个人控股公司"而予以适用。

(2) 第（a）（5）项和第（a）（6）项不适用于第 1 年

第（a）款第（5）项和第（6）项不得适用于任何公司、信托或其他组织根据第（c）（1）项作出确认的第一个纳税年度。

(3) 第 401（a）款所述信托的处理

(A) 穿透处理

(i) 一般规定

除第（ii）点规定外，在确认第 542（a）（2）项的股票所有权要求就第（1）（A）目的目的是否得到满足时，合格信托持有的任何股票应被视为由其受益人根据其在该信托的精算权益比例直接持有，并不得视为由该信托持有。

(ii) 若干不符合条件的关联信托

如果任何合格信托的一个或多个不合格主体［定义见第 4975（e）（2）项，不包括该项第（B）目和第（I）目］在不动产投资信托合计持有 5% 或以上的权益价值，且该不动产投资信托已于任何其不具备不动产投资信托资格的期间内累积了收益和利润，则第（i）点不适用于该等合格信托。

(B) 关于个人持股公司的配套规定

如果任何实体因第（A）目的原因在任何纳税年度有资格作为不动产投资信托，则就本章第 G 分章第 II 节的目的而言，该实体不得视为该纳税年度的私人控股公司。

(C) 非关联营业税的处理方式

如果在纳税年度中的任何时间，任何合格信托在任何养老金持有的 REIT 中持有 10% 以上的权益（按照价值计算），则该信托应视为在该应税年度从非关联业务中取得总收入，而于该信托结束的纳税年度内，该总收入金额与该 REIT 于 REIT 应税年度（"REIT 年度"）已向该信托派付（或视同已派付）的股息总额之比例与下述比例相同：

(i) REIT 在 REIT 年度从非关联交易或业务取得的总收入（扣减与此有关的直接费用，按照 REIT 为合格信托而确认），与

(ii) REIT 在 REIT 年度取得的总收入（扣减与此有关的直接费用）之比。

仅在根据前一句所确认的比例至少为 5% 的前提下，本目才应适用。

（D） 养老金持有的 REIT

在第（C）目中，

（i） 一般规定

如果某信托不符合不动产投资信托相关资格的规定但可符合本条的要求，且该信托主要由合格信托持有，则该信托为养老金持有的 REIT。

（ii） 主要持有的含义

在第（i）点中，在下列任一情形下，不动产投资信托系主要由合格信托持有：

(I) 如果至少 1 个合格信托在该不动产投资信托中持有 25% 以上的权益（根据价值计算），或

(II) 如果 1 个或以上的合格信托在该不动产投资信托中合计持有 50% 以上的权益（根据价值计算，每个信托拥有该不动产投资信托 10% 以上的权益）。

（E） 合格信托

在本目中，"合格信托"是指第 401（a）款所述的并可豁免第 501（a）款下税款的任何信托。

(i) 对全资子公司的处理

(1) 一般规定

在本编中，

（A） 如果公司属于合格 REIT 子公司，则不得被视为独立公司，以及

（B） 合格 REIT 子公司的所有资产、负债，以及收入、扣除、减免等相关科目应被视为不动产投资信托的资产、负债和上述科目（视具体情况而定）。

(2) 合格 REIT 子公司

在本款中，"合格 REIT 子公司"是指其 100% 的股票由不动产投资信托持有的公司，但不包括应税 REIT 子公司。

(3) 合格子公司地位终止的处理

在本分编中，如果曾是合格 REIT 子公司的任何公司不再满足第（2）项的要求，则该公司应被视为在该等终止情形发生之前一刻，以其股票为对价从不动产投资信托中收购了其所有资产（并承担所有负债）的新公司。

(j) 共享增值抵押贷款的处理

(1) 一般规定

仅在本条第（c）款和第857（b）(6) 项中，任何根据共享增值条款取得的收入应被视为担保财产出售时确认的收益。

(2) 收入的处理

为本条第（c）款和第857（b）(6) 项可适用于第（1）项所述的任何收入之目的：

(A) 不动产投资信托应在其遵守共享增值条款期间（或，如为较短期间，则为持有该财产之主体曾持有担保财产的期间）被视为持有担保财产，以及

(B) 担保财产应被视为第1221（a）(1) 项所述的财产，前提是持有担保财产之主体按该项所述持有（或若由不动产投资信托按该项所述持有）该担保财产。

(3) 与禁止性交易的安全港原则相关的配套规定

在第857（b）(6)（C）目中，

(A) 不动产投资信托在其确认第（1）项所述的任何收入时，应被视为已经出售担保财产，以及

(B) 担保财产的任一持有人的任何支出，应被视为不动产投资信托的支出。

(4) 与 4 年持有期间相关的配套规定

(A) 一般规定

在第857（b）(6)（C）目中，如果不动产投资信托被视为已经根据第（3）(A) 目出售担保财产，则在满足下列条件的情况下，该信托应被视为已经持有该财产 4 年以上：

(i) 担保财产已根据《美国法典》第11编的案例出售或以其他方式被处置，

(ii) 卖方受该案例中的法院管辖，以及

(iii) 法院要求进行该等处置，或该等处置系根据法院批准的计划进行。

(B) 例外

在下列任一情形下，第（A）目应不予以适用：

(i) 卖方系以收回财产或行使止赎权的目的而取得担保财产，或

(ii) 信托知悉或有理由知悉可能会发生第（5）(A) 目所述义务的违约。

(5) 定义

在本款中，

（A）共享增值条款

"共享增值条款"是指符合下列条件的任何条款：

(i) 与不动产投资信托持有的且以不动产权益提供担保的债务有关，以及

(ii) 使不动产投资信托在任何指定日期，有权利获得因出售或交换该不动产而变现的一定比例的收益（或若该不动产在指定日期出售，则可能获得变现的一定比例的收益）或增值。

（B）担保财产

"担保财产"是指第（A）目提及的不动产。

(k) 在若干情形下，非封闭式实体可视为已满足要求

符合下列条件的公司、信托或其他组织：

(1) 在任一纳税年度满足第 857（f）（1）项的要求，以及

(2) 不知晓或在合理的尽职调查后仍不能知晓该实体是否未能满足第（a）（6）项的要求，

应被视为在该纳税年度已经满足第（a）（6）项的要求。

(l) 应税 REIT 子公司

在本节中，

(1) 一般规定

"应税 REIT 子公司"就不动产投资信托而言，是指符合下列条件的公司（不包括不动产投资信托）：

（A）该公司的股票由该信托直接或间接持有，以及

（B）该信托和该公司共同确认，就本节之目的，该公司应被视为该信托的应税 REIT 子公司。

该等确认一旦作出即不可撤回，除非该信托和该公司均同意撤回。该等确认及任何撤回可不经财政部部长批准。

(2) 在其他应税 REIT 子公司中持有 35% 的所有权

"应税 REIT 子公司"就任何不动产投资信托而言，包括下列任一情形的任何公司（不包括不动产投资信托）：

（A）该信托的应税 REIT 子公司直接或间接拥有该公司证券的总投票权，占该公司发行在外证券总投票权的 35% 以上，或

（B）该信托的应税 REIT 子公司直接或间接拥有该公司证券的价值，占该公司发行

在外证券总价值的35%以上。

上一条款应不适用于合格REIT子公司［定义见第（i）（2）项］。在第（B）目中，第（m）（2）（A）目中所述证券应不予考虑。

(3) 例外

"应税REIT子公司"不包括下列公司：

（A）该公司直接或间接经营或管理住宿设施或医疗保健设施，以及

（B）该公司直接或间接（根据特许经营权、执照或其他）向任何其他主体提供可经营任何住宿设施或医疗保健设施的品牌使用权。

如果该公司作为特许经营者、被许可人或基于类似身份而持有经营和管理住宿设施或医疗保健设施的权利，且（1）该等权利向合格独立订约方提供，并且（2）该等住宿设施或医疗保健设施由该公司所有或由不动产投资信托出租给该公司，则第（B）目不得适用于该等权利。

(4) 定义

在第（3）项中，

（A）住宿设施

"住宿设施"具有第（d）（9）（D）（ii）点赋予该术语的含义。

（B）医疗保健设施

"医疗保健设施"具有第（e）（6）（D）（ii）点赋予该术语的含义。

(m) 适用第（c）（4）项的安全港

(1) 一般规定

在适用第（c）（4）（B）（iv）点中的第（III）分点时，除财政部部长在条例中另有确认的之外，下列证券应不得被视为由该信托持有的证券：

（A）发行人发行的符合第（2）款要求的直接债务证券。

（B）向个人或财产提供的任何贷款。

（C）第467条中的任何租赁协议［定义见第467（d）款］，不包括与第（d）（2）（B）目所述主体订立的租赁协议。

（D）支付不动产租金［定义见第（d）（1）项］的任何义务。

（E）由州或其任何政治分区、哥伦比亚特区、州外政府或其任何政治分区或波多黎各联邦发行的任何证券，但条件是对该证券下收到（或应收）的任何款项的确认，并非全部或部分取决于本目所述实体之外的任何实体的利润，或该实体发

行的任何债项的付款。

（F）不动产投资信托发行的任何证券。

（G）财政部部长确认的任何其他安排。

(2) 与直接债务证券有关的特殊规定

（A）一般规定

在第（1）（A）目中，如果证券是第 1361（c）（5）款［不考虑该款第（B）（iii）点］定义的直接债务，则该等证券是满足本目要求的证券。

（B）与或有事项有关的特殊规定

在第（A）目中，任何利息或本金不得仅因为以下事实而被视为未满足第 1361（c）（5）（B）（i）点的要求：

(i) 该等利息或本金的支付时间受限于某或有事项，但条件是：

    (I) 任何该等或有事项均不会改变第 1272 条确认的有效到期收益率，但不包括年化到期收益率变化不超过 0.25% 的情况或年化到期收益率的 5% 的情况（以较高者为准），或

    (II) 信托持有的发行人的债务工具的总发行价和总面值均不超过 1,000,000 美元，并可要求预付不超过 12 个月的未计利息。

(ii) 支付时间和金额应受限于某项违约的发生或发行人对债务预付款权利的行使，但条件是该等或有事项符合通常的商业惯例。

（C）与公司或合伙企业发行人有关的特殊规定

在发行人是公司或合伙企业的情形下，如果持有第（1）（A）项所述的证券的信托以及其任何应税 REIT 子公司［定义见第（d）（8）（A）（iv）点］持有发行人的下列任何证券，则该等第（1）（A）目中所述的证券应不再被视为符合该项所述：

(i) 第（1）款中未述的证券（在适用本目之前），以及

(ii) 总价值超过发行人发行在外证券的 1% 的证券［确认时不考虑第（3）（A）（i）点］。

(3) 合伙企业证券的穿透规定

（A）一般规定

为了适用第（c）（4）（B）（iv）点中第（III）分点的规定，

(i) 信托作为合伙企业的合伙人［定义见第 7701（a）（2）项］持有的权益不得被视为证券；以及

(ii) 信托应被视为在合伙企业的每项资产中拥有一定比例的份额。

(B) 信托在合伙企业资产中的权益的确定

在第（A）目中，就在本目颁布之日后开始的任何纳税年度而言，

(i) 该信托在合伙企业资产中持有的权益，应是该信托在合伙企业发行的任何证券中持有的一定比例的权益［非根据第（A）(i) 点和第（4）款确认，但不包括第（1）项所述的证券］，以及

(ii) 任何债务工具的价值应为该债务工具调整后的发行价，定义见第 1272（a）(4) 项。

(4) 未被视为证券的部分合伙企业债务工具

为了适用第（c）(4)（B）(iv) 点中的第（III）分点，

(A) 如果信托作为合伙企业的合伙人持有权益，则合伙企业发行的且未在第（1）项中所述的任何债务工具不得被视为证券，以及

(B) 如果合伙企业 75% 以上的总收入（不包括禁止交易所产生的总收入）源于第（c）(3) 项所述的来源，则合伙企业发行的且未在第（1）项中所述的任何债务工具不得被视为证券。

(5) 财政部部长指示

财政部部长有权作出指示［包括通过发出书面确认书的方式，定义见第 6110（b）款］，关于某项安排不属于该信托为适用第（c）(4)（B）(iv) 点中第（III）分点之目的而持有的证券，尽管该项安排可根据第（c）(5) 项中的第（F）目被认定为证券。

(n) 有关外币交易的规定

(1) 一般规定

在本节中，

(A) 任何纳税年度的被动外汇收益均不构成第（c）(2) 项中的总收入，以及

(B) 任何纳税年度的不动产外汇收益均不构成第（c）(3) 项中的总收入。

(2) 不动产外汇收益

在本款中，"不动产外汇收益"是指：

(A) 符合下列条件的外币收益［定义见第 988（b）(1) 项］：

(i) 第（c）(3) 项所述的任何主营业务收入或营业外收入项目，

(ii) 收购或持有的由不动产或不动产权益抵押担保的债务［不包括可归属于第（i）点所述的任何主营业务收入或营业外收入项目的外币收益］，或

(iii) 目前（或即将成为）是不动产或不动产权益抵押担保的债务下的债

务人［不包括可归属于第（i）点所述的任何主营业务收入或营业外收入项目的外币收益］，

(B) 可归属于不动产投资信托的合格业务单位（定义见第989条）的第987条收益，但条件是该等合格业务单位满足下列条款的要求：

(i) 在有关纳税年度，满足第（c）（3）项下的要求，以及

(ii) 在不动产投资信托已直接或间接持有该合格业务单位的每个季度结束时，满足第（c）（4）（A）目下的要求，以及

(C) 财政部部长确认的任何其他外汇收益。

(3) 被动外汇收益

在本款中，"被动外汇收益"是指：

(A) 不动产外汇收益，

(B) 第（A）目未述的且可归属于下列项目的外币收益［定义见第988（b）（1）项］：

(i) 第（c）（2）项所述的任何主营业务收入或营业外收入项目，

(ii) 收购或持有债务［不包括可归属于第（i）点所述的任何主营业务收入或营业外收入项目的外币收益］，或

(iii) 目前（或即将成为）是债务下的债务人［不包括可归属于第（i）点所述的任何主营业务收入或营业外收入项目的外币收益］，

(C) 财政部部长确认的任何其他外汇收益。

(4) 常规重大交易收入的例外情形

尽管本款或本节有任何其他规定，公司、信托或其他组织从证券交易或常规重大的证券交易［定义见第475（c）（2）项］中获得的任何第988条中的收益，应构成不符合第（c）款中第（2）项或第（3）项下收入的总收入。本项不适用于因第（c）（5）（G）目而未构成总收入的收入。

第857条　对不动产投资信托及其受益人的征税

(a) 适用于不动产投资信托的要求

仅在以下情形中，本节的规定［本条第（d）款和第856条第（g）款除外］在纳税年度内方适用于不动产投资信托：

(1) 该纳税年度内已付股利抵扣额（定义见第561条，但在确定该数额时不考虑资本利得股利）等于或超过：

(A) 以下各项之和：

　　（i）该纳税年度的不动产投资信托应税所得［在确定该款项时不考虑已付股利抵扣额（定义见第561条），且不包括任何资本利得净额］的90%；及

　　（ii）止赎不动产净收入超出根据本条第（b）（4）（A）目对该收入征收的税款部分的90%；减去

(B) 任何额外非现金收入（根据本条第（e）款确定）；及

(2) 以下其中一项：

(A) 本节的条款在1986年2月28日以后开始的所有纳税年度内适用于不动产投资信托，或

(B) 截至纳税年度结束时，不动产投资信托在任何非不动产投资信托年度内均无累计收益和利润。

就上一句而言，"非不动产投资信托年度"指本节的条款就该实体而言不适用的纳税年度。如果不动产投资信托以财政部部长认可的方式证实其此前为遵守第4981条的规定而作出分配，导致其无法遵守第（1）项的规定，则财政部部长可就任何纳税年度豁免第（1）项的规定。

(b) 对不动产投资信托、股份或受益权证持有人征税的方法

(1) 对不动产投资信托征税

在每个纳税年度，各不动产投资信托的不动产投资信托应税收入的征税应根据第11条计算，如同不动产投资信托的应税收入为第11条所述的应税收入。

(2) 不动产投资信托应税所得

就本节而言，"不动产投资信托应税所得"指按以下规定调整的不动产投资信托的应税所得：

(A) 第B分章第八节［第241条及以后各条（但不包括第248条），该等条款涉及已收股利抵扣额等事项］规定的企业抵扣额不适用。

(B) 已付股利抵扣额（定义见第561条）应适用，但在计算该数额时不应考虑在第（D）目下排除部分所对应的抵扣额。

(C) 在计算应税所得时不适用第443（b）款（关于年度会计期间发生变更时的税款计算）。

(D) 扣除等同于止赎不动产净收入的金额。

(E) 扣除等同于纳税年度内按照本款第（5）项和第（7）项、第856（c）（7）（C）目和第856（g）（5）项规定的税款的金额。

（F）扣除等同于禁止交易净收入的金额。

（3）资本利得

（A） 股东对资本利得股利的确认

股东或受益权持有人应将资本利得股利视为因出售或置换持有期限超过1年的资本性资产而产生的收益。

（B） 资本利得股利的定义

就本节而言，资本利得股利指被不动产投资信托在其纳税年度结束之后的30天内邮寄至（或与其纳税年度的年报一同邮寄至）其股东或受益权持有人的书面通知中指定为资本利得股利的任何股利或其任何部分；但若确认性事件［定义见第860（e）款］导致该年度内本项第（A）(ii)点⊖所述超出额有所增加，则不动产投资信托可在确认性事件发生之日后120天内任何时候就该增加额作出该等指定。如果就该不动产投资信托在某一纳税年度指定作为资本利得股利的总额（包括第858条所述的、在纳税年度结束后支付的资本利得股利）超过该纳税年度的资本利得净额，每次应作为资本利得股利进行分配的部分应仅为被指定分配的金额乘以资本利得净额与指定为资本利得股利总额的比例。就本目而言，在确定不属于自然年的任何纳税年度的资本利得净额时，不应考虑该年度12月31日之后交易产生的任何资本损失净额，该等资本损失净额应被视为在下一个纳税年度第一天产生。在条例规定的范围内，就计算不动产投资信托应税所得而言，上一句也应适用。

（C） 股东对未分配资本利得的处理

(i) 不动产投资信托的每位股东在该信托纳税年度结束时，在计算其长期资本利得时，应将该信托就相关股份指定的金额计入其在该信托纳税年度最后一天所在的股东纳税年度的回报，而该等相关股份为在该信托纳税年度结束之后的60天期限届满之前任何时间邮寄至其股东（或与其纳税年度的年报一同邮寄至其股东或受益权持有人）的书面通知载明的股份，但是可由任何股东计入其回报中的该等金额不得超过须计征第（1）项所述税款的金额部分，该等金额部分是该股东在该信托已于信托纳税年度结束时将所有该等金额作为资本利得股利分派予该股份持有人的情况下该收到的。

(ii) 就本标题下条款而言，上述各股东应视为已缴纳第（i）点所述纳税年度的税项，该税项为根据第（1）项就未分配的资本利得而征收的该目所规定的金额，

⊖ 此处与法规原文保持一致，但本项无第（A）(ii)点。

且在计算相关股份于该年度的长期资本利得时，应包含该金额；并且对于由此被视为已由该股东支付的税款，该股东可获得税收抵免或退税（视情况而定）。

(iii) 对于本项要求在计算持有人长期资本利得时须计算在内的金额，持有人所持该等股份的调整基数应按可计算在内的收益与被视为已由该股东根据第（ii）点就该股份支付的税款之间的差额增加。

(iv) 若作出该等指定，不动产投资信托应在其纳税年度结束后 30 天内缴纳根据第（1）项对未分配资本利得计征的税款。

(v) 该不动产投资信托的收益和利润，及其股东（如为公司）的收益和利润应按财政部部长制定的条例，进行适当调整。

(vi) 在本目中，"股份"和"股东"应分别包括受益权和受益权持有人。

(D) 与净营业亏损相关的配套规定

就第 172 条而言，如果不动产投资信托在任何纳税年度内支付资本利得股利，在确定以下各项时，不考虑该纳税年度的资本利得净额（在该收益不超过该资本利得股利的情况下）：

(i) 该纳税年度的净营业亏损，和

(ii) 根据第 172（b）（2）项，可从上一个纳税年度结转至下一个纳税年度的、前述上一个纳税年度的净营业亏损。

(E) 若干分配

如果不动产投资信托股东因第 897（h）（1）项第二句或第 897（k）（2）（A）（ii）点或第（C）目的规定而不适用第 897 条，原本根据第（A）目或第（C）目在计算该股东长期资本利得时应计算在内的金额（不考虑本项）：

(i) 在计算该股东长期资本利得时不应计算在内，且

(ii) 应作为不动产投资信托分配给该股东的股利计入该股东总收入。

(F) 尚未分配的资本利得

就本款而言，"尚未分配的资本利得"指资本利得净额超过仅根据资本利得股利确定的已付股利抵扣额（定义见第 561 条）的部分。

(4) 止赎不动产收入

(A) 征税

每个纳税年度对每家不动产投资信托的止赎不动产净收入征收税款。该税款应按止赎不动产净收入乘以第 11（b）款规定的最高税率计算。

(B) 止赎不动产净收入

就本节而言,"止赎不动产净收入"指以下第一项金额超出以下第二项金额的部分:

(i) 出售或以其他方式处置止赎不动产[如第1221(a)(1)项所述]产生的收益,包括任何外汇收益[定义见第988(b)(1)项]及止赎不动产[定义见第856(e)款]产生的纳税年度总收入[但仅限于该总收入并未包括在第856(c)(3)项(不包括第(F)目)中或就外汇收益而言,该外汇收益不归因于第856(c)(3)项(不包括第(F)目)所述总收入中],

(ii) 本章允许的与第(i)点所述收入的产生直接相关的抵扣额。

(5) 在未遵守相关规定时征税

若第856(c)(6)项在任何纳税年度内适用于不动产投资信托,该信托须缴纳的税款为以下较高者:

(A) 以下第一项金额超出以下第二项金额的部分:
    (i) 不动产投资信托总收入(不包括禁止交易总收入)的95%,
    (ii) 第856(c)(2)项所述来源产生的总收入;或

(B) 以下第一项金额超出以下第二项金额的部分:
    (i) 不动产投资信托总收入(不包括禁止交易总收入)的75%,
    (ii) 第856(c)(3)项所述来源产生的总收入,

乘以一个分数,该分数的分子为纳税年度的不动产投资信托应税所得[在计算该金额时,不考虑第(2)(B)目和第(2)(E)目规定的抵扣额,不考虑任何净营业亏损抵扣额,并排除任何资本利得净额]。该分数的分母为纳税年度的总收入,不包括禁止交易总收入;止赎不动产[定义见第856(e)款]产生的总收入和收益,但排除该项目的前提条件是该总收入和收益并非856(c)(3)项第(A)目、第(B)目、第(C)目、第(D)目、第(E)目或第(G)目所述者;长期资本利得(以任何长期资产损失为限)。

(6) 禁止交易收入

(A) 征税

每家不动产投资信托在每一个纳税年度应缴纳的税款为禁止交易净收入的100%。

(B) 定义

在本节中,

(i) "禁止交易净收入"指禁止交易产生的收益[包括任何外汇收益(定义见第988(b)(1)项)]超出本章允许的直接与禁止交易相关的抵扣额[包括任何外汇

损失（定义见第 988（b）（2）项）] 的部分；

（ii）在确定禁止交易净收入时，不应考虑任何禁止交易产生的亏损项目；及

（iii）"禁止交易"指出售或以其他方式处置第 1221（a）（1）项所述的、不属于止赎不动产的财产。

（C）不构成禁止交易的相关销售事项

就本节而言，在满足以下全部条件时，"禁止交易"不包括出售属于不动产资产［定义见第 856（c）（5）（B）目］的财产：

（i）信托已持有该财产不少于 2 年；

（ii）信托或其合伙人在出售日前 2 年产生的、可计入该财产基数的总支出不超过该财产净售价的 30%；

（iii）（I）在该纳税年度内，信托出售财产的次数不超过 7 次（止赎不动产出售事项或适用第 1033 条的出售事项除外），或（II）该纳税年度内已出售财产（止赎不动产出售事项或适用第 1033 条的出售事项除外）的总调整基数（出于计算收益和利润之目的而确定）不超过截至该纳税年度初该信托所有资产的总基数（出于计算收益和利润之目的而确定）的 10%，或（III）该纳税年度内已出售财产（止赎不动产出售事项或适用第 1033 条的出售事项除外）的公允市价不超过截至该纳税年度初该信托所有资产的公允市价的 10%，或（IV）信托满足第（II）分点的要求（但该要求中的"10%"应替换为"20%"），并且该纳税年度的 3 年平均调整基数百分数［定义见第（G）项］不超过 10%，或（V）信托满足第（III）分点的要求（但该要求中的"10%"应替换为"20%"），并且该纳税年度的 3 年平均公允市价百分数［定义见第（H）项］不超过 10%；

（iv）对并非通过止赎权（或替代止赎权的契约）或租约终止方式取得的、由土地或改建工程组成的财产，信托已持有该财产以获得租金收入不少于 2 年；且

（v）若不符合第（iii）（I）分点的要求，与该财产有关的绝大部分营销和开发支出是通过不动产投资信托应税子公司或独立承包商［定义见第 856（d）（3）项且信托本身并未从该独立承包商处获得任何收入］产生。

（D）不构成禁止交易的相关销售事项

就本节而言，在满足以下全部条件时，"禁止交易"不包括出售属于不动产资产［定义见第 856（c）（5）（B）目］的财产：

（i）信托持有与木材生产贸易或业务相关的财产不少于 2 年；

（ii）信托或其合伙人在该财产出售日前 2 年产生的总支出不超过该财产净售价的 30%，且：

(I) 该总支出可计入财产基数（林地收购支出除外），且

(II) 该总支出与以木材生产，或保护作为木材林地的财产为目的财产运营直接相关。

(iii) 信托或其合伙人在出售日期前 2 年产生的总支出不超过该财产净售价的 5%，且：

(I) 该总支出可计入财产基准（林地收购支出除外），且

(II) 该总支出并非与以木材生产，或保护作为木材林地的财产为目的财产运营直接相关。

(iv) (I) 在该纳税年度内，信托出售财产的次数不超过 7 次（止赎不动产出售事项或适用第 1033 条的出售事项除外），或

(II) 该纳税年度内已出售财产（止赎不动产出售事项或适用第 1033 条的出售事项除外）的总调整基数（出于计算收益和利润之目的而确定）不超过截至该纳税年度初该信托所有资产的总基数（出于计算收益和利润之目的而确定）的 10%，或

(III) 该纳税年度内已出售财产（止赎不动产出售事项或适用第 1033 条的出售事项除外）的公允市价不超过截至该纳税年度初该信托所有资产的公允市价的 10%，或

(IV) 信托满足第（II）分点的要求（但该要求中的"10%"应替换为"20%"），并且该纳税年度的 3 年平均调整基数百分数［定义见第（G）目］不超过 10%，或

(V) 信托满足第（III）分点的要求（但该要求中的"10%"应替换为"20%"），并且该纳税年度的 3 年平均公允市价百分数［定义见第（H）目］不超过 10%，

(v) 若不符合第（iv）(I) 分点的要求，与该财产有关的绝大部分营销支出通过独立承包商［定义见第 856（d）(3) 项，且信托本身并未从该独立承包商获得任何收入］或不动产投资信托应税子公司产生，且

(vi) 信托出售该财产的售价并非全部或部分按收益或利润（包括该财产出售或运营产生的收益或利润）计算。

(E) 特别规定

在采用第（C）目和第（D）目时，以下特别规定应适用：

(i) 通过止赎权（或替代止赎权的契约）或租约终止方式取得的财产的持有期间，包括信托持有该财产所担保的贷款的期间或持有该财产租约的期间。

(ii) 如果财产通过止赎权（或替代止赎权的契约）或租约终止方式取得，在即将出现违约后抵押人或承租人支出或应付的费用将被视为由信托产生的支出。

(iii) 如果支出［包括根据第(ii)点视为由信托直接产生的支出或由信托合伙人间接产生的支出］与止赎不动产有关并且不会导致该财产不再作为止赎不动产的，该等支出将不会予以考虑。

(iv) 如果产生支出的目的仅为遵守任何政府或具有相关管辖权的政府机构的准则或要求，或为在火灾、暴风雨或其他意外事故导致损失时恢复该财产所产生的支出，则该等支出将不会予以考虑。

(v) "支出"不包括信托贷款的预付垫款。

(vi) 在一项交易中向一位买方出售多项财产构成一笔出售事项。

(vii) "出售"不包括净售价低于10,000美元的任何交易。

(F) 不影响作为存货财产进行处理

在判定财产是否属第1221(a)(1)项所述者时，不考虑本款。

(G) 3年平均调整基数百分数

"3年平均调整基数百分数"就任何纳税年度而言，指以下第一项与第二项的比例（以百分数表示）：

(i) 在截至该纳税年度止的3个纳税年度期间内已出售财产（止赎不动产出售事项或适用第1033条的出售事项除外）的总调整基数（出于计算收益和利润之目的而确定），

(ii) 截至3个纳税年度中每个纳税年度［均为第(i)点所述期间的一部分］初信托所有资产的总调整基数（出于计算收益和利润之目的而确定）的总和。

(H) 3年平均公允市价百分数

"3年平均公允市价百分数"就任何纳税年度而言，指以下第一项与第二项的比例（以百分数表示）：

(i) 在截至该纳税年度止的3个纳税年度期间内已出售财产（止赎不动产出售事项或适用第1033条的出售事项除外）的公允价值；

(ii) 3个纳税年度中每个纳税年度初［均为第(i)点所述期间的一部分］信托所有资产的公允价值的总和。

(I) 不属于禁止交易的资产出售事项

如某资产出售事项发生在终止日或之前，且通过适用第(D)目不属于禁止交易，则就本分篇而言，该财产应被视为持作投资的财产或用于贸易或业务的财产，而不是第

1221（a）（1）项所述财产。就上一句而言，凡提及第（D）目均指在 2008 年住房援助税法颁布前生效的第（D）目［根据生效第（G）目进行修订］。

（J）终止日

就本款而言，"终止日"具有第 856（c）（10）项所赋予的含义。

（7）重新确定的租金、重新确定的抵扣额以及额外利息产生的收入

（A）征税

不动产投资信托在每一个纳税年度据此须缴纳的税款为重新确定的租金、重新确定的抵扣额、额外利息以及重新确定的 TRS（不动产投资信托应税子公司）服务收入的 100%。

（B）重新确定的租金

（i）一般规定

"重新确定的租金"指根据第 482 条进行分配、分摊或分派时减少相关租金金额［但第（F）目所述情形除外］之后的不动产租金［定义见第 856（d）款］，以明确反映不动产投资信托应税子公司向该信托的承租人提供服务所产生的收入为限。

（ii）最低限额的例外情况

对于一项财产，如果第 856（d）（7）（A）目所述的金额不超过第 856（d）（7）（B）目规定的百分之一临界值，则第（i）点不适用于该金额。

（iii）具有可比价格的服务的例外情况

发生以下情形时，第（i）点不适用于不动产投资信托的不动产投资信托应税子公司向该信托承租人提供的服务：

（I）该子公司向该信托及该信托承租人以外的主体提供大量类似服务，而该主体与该子公司、信托和承租人不相关［定义见第 856（d）（8）（F）目］，但是

（II）仅限于该等服务的费用大体上相当于向第（I）分点所述主体提供的类似服务的费用。

（iv）部分单独收费服务的例外情形

发生以下情形时，第（i）点不适用于不动产投资信托的不动产投资信托应税子公司向该信托承租人提供的服务：

（I）承租人（至少承租信托财产净可出租空间的 25%）目前并无获得该子公司的该等服务，而其向信托支付的租金大体上相当于其承租同等空间且从该子公司获得该等服务时支付的租金，且

（Ⅱ）该子公司提供该等服务的费用分开列明。

（ⅴ）以子公司服务收入为基础的若干服务的例外情况

如果不动产投资信托的不动产投资信托应税子公司向该信托的承租人提供任何服务，由此获得的总收入不少于该子公司提供该服务产生的直接费用的150%，则第（ⅰ）点不适用于该服务。

（ⅵ）财政部部长允许的例外情况

如果信托以财政部部长许可的方式证实，即使信托的不动产投资信托应税子公司向该承租人提供了服务，其向承租人收取的租金是按公平原则计算的，则财政部部长仍可豁免第（A）目规定的税款。

（C）重新确定的抵扣额

"重新确定的抵扣额"指不动产投资信托的不动产投资信托应税子公司的抵扣额（重新确定的租金除外），但以该抵扣额［若非因第（F）目］于根据第482条进行分配、分摊或分派时减少，以明确反映该子公司与信托之间的收入为限。

（D）额外利息

"额外利息"指与不动产投资信托的不动产投资信托应税子公司向该信托支付的利息有关的抵扣额，但以所付利息超过商业上合理利率为限。

（E）重新确定的TRS收入

（ⅰ）一般规定

"重新确定的TRS服务收入"指不动产投资信托的不动产投资信托应税子公司因向或代表信托提供服务而获得的总收入（减去可恰当分配至该收入的抵扣额），但以该收入金额（减去该抵扣额）［若非因第（F）目］于根据第482节进行分配、分摊或分派时增加为限。

（ⅱ）与重新确定的租金相关的配套规定

对于向不动产投资信托的承租人提供服务产生的总收入，第（ⅰ）点不适用［或第（ⅰ）点不适用于可恰当分配至该收入的抵扣额］。

（F）与第482条相关的配套规定

第（A）目下的征税应替代第482条下的任何分配、分摊或分派。

（G）监管机构

财政部部长应制定必要或恰当的条例，以实现本款的目的。在财政部部长制定该等条例之前，不动产投资信托及其不动产投资信托应税子公司可按任何合理方法进行分配。

(8) 因出售或交换持有期间为 6 月或以下的股份而产生损失

（A） 一般规定

如果，

(i) 第（3）项第（B）目或第（D）目规定，与任何股份或受益权有关的任何金额将被视为长期资本利得，且

(ii) 纳税人持有该股份或受益权的期间少于六个月，

则因出售或交换该等股份或受益权而产生的损失应被视为长期资本损失，但以第(i)点所述金额为限。

（B） 确定持有期间

就本款而言，在确定纳税人持有任何股份或受益权的期间时，

(i) 第 246（c）款第（3）项或第（4）项的规定应适用，和

(ii) 不考虑自该股份或受益权成为不带股利的股份或权益之日起计 6 个月期间之后的任何日期。

（C） 在定期变现计划项下产生的损失的例外情况

在条例的规限下，如果根据股份或受益权的定期清算计划出售或转换不动产投资信托的股份或受益权，并就此产生任何损失，则该等损失不应适用于第（A）目。

(9) 若干股利涉及的时间

就本编而言，不动产投资信托在任何自然年度十月、十一月或十二月宣告的、在该等月份的指定日期应付登记股东的任何股利应被视为，

（A） 已在该自然年度 12 月 31 日由每位股东收取，且

（B） 已在该自然年度 12 月 31 日或第 858 条规定的日期（以较早者为准）由该信托支付。

上述规定仅在公司在下一个自然年度一月实际支付该股利时才适用。

(c) 适用于从不动产投资信托收取的股利的限制规定

(1) 第 243 条

就第 243 条（与公司的已收股利抵扣额相关）而言，符合本节规定的从不动产投资信托收取的股利不应被视为股利。

(2) 第（1）(h)(11) 目

（A） 一般规定

如果发生以下情形，

(i) 从不动产投资信托（资本利得股利除外）收取股利，且

(ii) 就该信托已支付该股利的纳税年度而言，该信托符合第856（a）款的要求，则在计算合格股利收入时，应仅考虑不动产投资信托指定的该等股利部分。

(B) 限制

根据第（A）目可被指定为合格股利收入的总额不应超过以下各项的总和：

(i) 该纳税年度的信托合格股利收入，

(ii) 以下第一项金额超出以下第二项金额的部分：

(I) 根据第857（b）（2）项计算的上一个纳税年度不动产投资信托应税所得与因适用第337（d）款而应纳税的上一个纳税年度收入的总和，

(II) 根据第857（b）（1）项以及因该条例的适用而在上一个纳税年度对信托征收的税款的总和，和

(iii) 信托在该纳税年度中分配及累积的不适用于本部分的任何收益和利润。

(C) 对股东的通知

可视为合格股利收入的不动产投资信托分派金额，不得超过信托向其股东发出的书面通知中指定的金额，而该书面通知须在不迟于纳税年度结束后60天内发出。

(D) 合格股利收入

就本款而言，"合格股利收入"具有第1（h）（11）（B）目所赋予的含义。

(d) 收益和利润

(1) 一般规定

不动产投资信托的任何纳税年度收益和利润（并非其累计收益）不得按以下任何金额减少，

(A) 在计算其在该纳税年度的应税所得时不应考虑的金额，和

(B) 在计算其在此前任何纳税年度的应税所得时不应考虑的金额。

(2) 与未分配收入的税款相关的配套规定

不动产投资信托应被视为拥有足够的收益和利润，将可被该信托视为股利的任何分派［不包括在适用第302（a）款的赎回中的分派］视为股利。如果信托在任何自然年内已分派的金额超过该自然年应分派的金额（根据第4981条确定），上一句不适用。

(3) 为遵守第（a）（2）（B）目而作出的分派

(A) 就本条和第（a）（2）（B）目而言，应被视为从收益和利润中作出的分派，否则该分派将导致违反该等规定（并且以先进先出的方式分摊至该收益），和

(B) 在根据第（A）目视为从收益和利润中作出分派的情况下，不应被视为第（b）(2)（B）目和第858条所指的分派。

(4) 不动产投资信托

就本条而言，"不动产投资信托"包括不考虑第（a）款的规定下确定为不动产投资信托的国内公司、信托或其他组织。

(5) 就已付股利抵扣额而言确定收益和利润的特别规定

就已付股利抵扣额而言，确定不动产投资信托收益和利润的特别规定，请参阅第562（e）(1)项。

(e) 额外非现金收入

(1) 一般规定

就第（a）(1)（B）目，"额外非现金收入"指以下（A）目超出（B）目的部分（如有）：

（A）根据第（2）项确定的纳税年度金额，

（B）纳税年度内不动产投资信托应税所得［在确定该款项时不考虑已付股利抵扣额（定义见第561条）且不考虑任何资本利得净额］的5%。

(2) 金额的确定

根据本款确定的纳税年度的金额为以下各项的总和：

（A）以下（i）金额超出（ii）金额的部分（如有）：

　（i）根据第467条（关于使用财产或服务所支付的若干款项）可包含在内的总收入，

　（ii）在不考虑本节的情况下可计入总收入的金额。

（B）处置不动产资产产生的收入，如：

　（i）根据确认性事件［定义见第860（e）款］，该等收入不符合第1031条中不可确认的条件，且

　（ii）不符合第1031条的要求是由合理原因，而非故意疏忽造成的，

（C）以下（i）金额超出（ii）金额的部分（如有）：

　（iii）与适用第860E（a）款㊀或第1272条的工具有关的、可计入总收入的金额，

　（iv）根据该工具，在纳税年度内收到的金额和收到的其他财产的公允市价，

㊀ 此处与法规原文保持一致，但无第860E（a）款。

以及

（D）因债务被取消而可计入收入的金额。

(f) 不动产投资信托的确权

(1) 一般规定

每家不动产投资信托应在每个纳税年度遵守财政部部长发布的条例，查明该信托已发行股份或受益权凭证的实际所有权。

(2) 违规

（A）一般规定

如果不动产投资信托未在某一个纳税年度内遵守第（1）项的规定，该信托应（在财政部部长发出通知和提出要求时）缴纳罚款 25,000 美元，且缴纳方式与纳税方式相同。

（B）故意无视

若故意无视第（1）项的规定，导致违反第（1）项的规定，第（A）目规定的罚款应为 50,000 美元。

（C）收到通知后仍然违规

如果不动产投资信托未遵守第（1）项的规定，财政部部长可要求不动产投资信托采取其认为恰当的行动，以查明实际所有权的权属。如果该信托未采取该行动，该信托应（在财政部部长发出通知和提出要求时）缴纳额外罚款，罚款金额为根据第（A）目或第（B）目（以适用者为准）确定的罚款，且缴纳方式与纳税方式相同。

（D）合理的理由

若经证明，信托因合理而非因故意疏忽违规的，则信托不会遭受本款规定的罚款。

(g) 有关股利指定的限制规定

(1) 总体限制

不动产投资信托根据第（b）(3)（C）目和第（c）(2)（A）目就任何纳税年度指定的股利总额不应超过其已就该年度支付的股利。就上一句而言，第 858 条所述的在纳税年度结束后支付的股利应被视为就该年度已付的股利。

(2) 比例

财政部部长可制定条例或其他指引，规定在不动产投资信托股份或受益权之间以一定比例指定特定股利。

(h) 交叉参照

与按未在纳税年度内分配的不动产投资信托应税所得计算的消费税有关的规定，请参阅第 4981 条。

第 858 条　纳税年度结束后不动产投资信托支付的股利

(a) 一般规定

在本节中，如果不动产投资信托，

(1) 在提交该纳税年度纳税申报表的法定期限（包括被允许的提交纳税申报表的任何延长期限）之前宣派股利，且

(2) 在该纳税年度结束后的 12 个月内，且不迟于该宣派后第一次支付定期股利之日，将该股利款项分配给股东或受益权持有人，

如果信托根据财政部部长颁布的条例决定申报该报税单（并指定美元作为货币单位），则前述被宣派和分配的款项应被视为仅在该纳税年度被支付，除非第（b）款和第（c）款另有规定。

(b) 股东收到的款项

除第 857（b）(9) 项另有规定外，股东或受益权持有人应被视为在分配作出的纳税年度收到第（a）款中所述款项。

(c) 发给股东的通知

就第（a）款中所述款项，根据本节的规定应向股东或受益权持有人发送的任何通知，应在不晚于该等款项作出分配所在的纳税年度结束之后的 30 日内发出（或与该纳税年度的年度报告一同邮寄给股东或受益权持有人）。

第 859 条　年度会计期间的采用

(a) 一般规则

在本分编中，

(1) 不动产投资信托不得将会计期间由自然年度调整为自然年度外的其他任何期间，且

(2) 除非公司、信托或其他组织使用自然年度作为会计期间，该主体自 1976 年 10 月 4 日起的任何纳税年度，都不得作为不动产投资信托。

上述第（2）项不得适用于曾在 1976 年 10 月 4 日或之前开始的任何纳税年度，已被

视为不动产投资信托的公司、信托或其他组织。

（b）未经批准的会计年度变更

尽管有第442条的规定，未参与任何活跃贸易或业务的主体可在没有财政部部长的批准下将其会计期间变更为一个自然年度，前提是该等变化与第856（c）款下的确认相关。

第三节　适用于受监管投资公司和不动产投资信托的规定

第860条　亏绌股利⊖的抵扣额

（a）一般规定

如果对任何合格投资实体的某确认性事件导致对任何纳税年度的任何调整，则应允许该实体产生亏绌股利的抵扣额，以确认该年度已付股利抵扣额［就第852条或第857条的适用（视具体情况而定）］。

（b）合格投资实体的定义

在本条中，"合格投资实体"是指：

（1）受监管投资公司，以及

（2）不动产投资信托。

（c）适用本条的规则

（1）确认的与获许亏绌股利抵扣额有关的利息和附加税

为了确认利息、附加税和额外金额，

（A）本章对相关纳税年度就确认性事件对合格投资实体征缴的税款［在考虑第（a）款允许的扣除之外］，应被视为增加，增加额为该纳税年度第（a）款允许的抵扣额。

（B）规定缴纳该税款增加额的最后日期，应被视为缴纳确认性事件征缴的纳税年度的税款［以第6601（b）款规定的方式确认］的最后日期。

（C）该税款增加额应被视为已在提出亏绌红利抵扣额的要求之日支付。

⊖ Deficiency Dividend，此处译为亏绌股利，意为个人控股公司、不动产投资信托或受监管投资公司在经国税局（IRS）确认应缴税负后、正式缴纳上述税款前补充分派的股利。企业进行亏绌股利的分派意在减少其税收负担。

(2) 税收抵免或退税

如果亏绌股利扣除的免税额导致任何纳税年度税款的超额支付，则应在自确定性事件作出之日起 2 年内（视为与该超额支付有关的纳税年度的退税请求限制期限届满的期限），作出与该超额支付有关的税费抵免或退税。

(d) 调整

在本条中，

(1) 受监管投资公司的调整

就任何受监管投资公司而言，"调整"是指：

(A) 该受监管投资公司的投资公司应税收入的任何增加［确认时不考虑已付股利抵扣额（定义见第 561 条）］，

(B) 第 852（b）(3)(A) 目所述的超额的任何增加（与资本利得净额大于已支付的资本利得股利抵扣额之超额有关），以及

(C) 非根据资本利得股利确认的已付股利抵扣额（定义见第 561 条）的任何增加。

(2) 不动产投资信托的调整

就任何不动产投资信托而言，"调整"是指：

(A) 下列款项之和的任何增加：

(i) 不动产投资信托的不动产投资应税收入［确认时不考虑已付股利抵扣额（定义见第 561 条）并不包括任何资本利得净额］，以及

(ii) 止赎不动产的净收入［定义见第 857（b）(4)(B) 目］大于第 857（b）(4)(A) 目规定的该收入的税款之超额，

(B) 第 857（b）(3)(A)(ii) 点所述超额的任何增加（与资本利得净额大于已付资本利得股利抵扣额的超额有关），以及

(C) 非根据资本利得股利确认的已付股利抵扣额（定义见第 561 条）的任何增加。

(e) 确认性事件

在本条中，"确认性事件"是指：

(1) 税务法院作出的最终判决，或具有管辖权的任何法院作出的最终裁决、裁决或其他命令；

(2) 根据第 7121 条作出的结案书；

(3) 根据财政部部长颁布的条例，财政部部长和合格投资实体或其代表就该实体的纳税责任签署的协议；或

（4）纳税人就有关纳税年度作出的声明，作为纳税申报表的附件或补充。

(f) 亏绌股利

(1) 定义

在本条中，"亏绌股利"是指合格投资实体在确认性事件发生之日或之后并在根据第（g）款提出请求之前作出的财产分配，如果在该纳税年度中进行了分配，则存在因确认性事件而应纳税的扣除额，且该扣除额本应计算在第561条中已付股利抵扣额范围内。除非在确认性事件发生后90日内分配，且与该分配有关的亏绌股利抵扣额的请求依据第（g）款提出，否则财产的分配不得被视为第（a）款中的亏绌股利。

(2) 限制

（A）普通股利

合格投资实体在因确认性事件而产生的纳税责任存在的纳税年度，支付的亏绌股利（不包括有资格作为资本利得股利的亏绌股利），不得超过下列款项之和：

(i) 第（d）款第（1）项或第（2）项第（A）目（以适用者为准）提及的增加额，大于因该确认性事件导致的该纳税年度的已付股利抵扣额的增加额（计算时不考虑资本利得股利）之超额，以及

(ii) 第（d）款第（1）项或第（2）项第（C）目（以适用者为准）提及的增加额。

（B）资本利得股利

合格投资实体在因确认性事件而产生的纳税责任存在的纳税年度，支付有资格作为资本利得股利的亏绌股利，不得超出下列款项：

(i) 第（d）款第（1）项或第（2）项第（B）目（以适用者为准）提及的增加额，大于

(ii) 在该纳税年度期间任何已付股利，且该等股利在该确认性事件之后被指定或作为（视情况而定）资本利得股利。

(3) 已付股利抵扣额的影响

（A）股利支付的纳税年度

在任何纳税年度支付的亏绌股利，不应计入该年度已付股利，以用于计算该年度已付股利抵扣额。

（B）上一个纳税年度

在计算已付股利的纳税年度的前一个纳税年度的已付股利抵扣额时，在第855（a）款或第858（a）款中，不允许存在任何纳税年度已付的亏绌股利。

（g）规定的要求

第（a）款下允许存在任何亏绌股利抵扣额，但（根据财政部部长颁布的条例）在确认性事件发生之日后 120 天内提出要求的除外。

（h）暂停诉讼时效和中止征收

（1）暂停诉讼时效

如果合格投资实体根据第（g）款提出申请，则根据第 6501 条规定，就本条确认的亏绌账目及其相关所有利息、附加税、额外款项或应征税罚款，针对向法院提出的评估、扣押或征收程序的诉讼时效，应在确认性事件发生之日后 2 年内中止计算。

（2）中止征收

如果根据本条确认性事件确认存在短缺款项的，

（A）除非有被判罪的危险情况，应在确定性事件发生之日后 120 日届满前停止征收短缺金额以及与之有关的所有利息、附加税、额外款项和应征税罚款。

（B）如果存在根据第（g）款提出亏绌股利抵扣额的要求，则对未根据第（a）款规定的亏绌股利抵扣额减少的短缺部分的征收，应在赔偿要求（全部或部分）被驳回之日前中止，且如果部分要求被驳回，则征收应仅针对被驳回部分。

对于根据第（A）目或第（B）目中止征收的款项，在该款项征收中止期间，不得就该款项的征收启动法院的扣押或其他法律程序。

（i）欺诈情形下拒绝扣除

如果确认性事件中包括如下结论：有关纳税年度中可归属于调整的任何短缺部分，是因有意逃税或故意不在法律规定或财政部部长依法规定的期间内提交所得税申报表的欺诈所致，则不得根据第（a）款认定任何亏绌股利抵扣额。

第二部分
日本

全球主要REITs
市场法规汇编

一、市场情况与法规概述

日本是亚洲首个推出 REITs 的国家,是亚洲最大的 REITs 市场。在日本交易所上市的房地产投资信托(Japan REITs,简称 J – REITs)起步于 2001 年。根据行业分类标准,截至 2019 年年末,J – REITs 已经达到了 64 只,总市值达到 1,513.88 亿日元,市值规模仅次于美国,居全球第二,亚洲第一。从相关指数表现来看,日本 REITs 是亚洲市场中表现最靓丽的市场,截至 2019 年年末,J – REITs 指数表现远优于东证 TOPIX 指数。

20 世纪 80 年代末,泡沫经济破灭后的日本开始了经济衰退,房地产价格全面崩盘。为了处置不良资产与复苏日本房地产市场,日本于 20 世纪 90 年代末出台一系列政策,盘活庞大的固定资产。同时投资者开始反思,房地产投资真正的价值是要通过持有经营性不动产,实现持续稳健回报,发展 REITs 的需求和意愿就此萌生。

然而 J – REITs 的诞生并非一蹴而就,相关立法的逐步出台引导着 J – REITs 的形成与发展。

1988 年 12 月,日本住房研究与提升基金会、日本建设省建设经济局和 6 家地产企业成立了房地产证券化研究理事会。

1996 年 11 月成立了日本房地产投资基金研究组,并于 1997 年出台了意见书。

亚洲金融危机后,日本金融市场与土地市场更是跌入谷底。一方面出于风控要求,银行收紧了向地产及相关项目的贷款,陷入融资困难的房地产企业迫切需要新的融资渠道。另一方面,政府从上世纪 80 年代中期开始实施的"都市再开发计划"也需要大量的资金投入。资金来源成为一个重要的社会问题。

1998 年 9 月,日本政府制定了《关于通过特定目的公司来进行特定资产流动化的法律》,其目的是通过资产证券化的方法来处置抵押资产或担保债券,帮助企业盘活资产,增强其流动性。其中规定了特殊目的公司(SPC)可以对不动产进行证券化,为日本房地产证券化奠定了法律基础。

2000 年,随着日本政府对《投资信托和投资法人法》的修订,使得投资信托能够投资房地产和 REITs 的成立成为可能。

基于此，2001 年，东京证券交易所为建立 J-REITs 市场制定了规则，允许以投资信托或投资公司两种形式成立房地产投资信托。通过东京证券交易所的一系列的准备，J-REITs 在东京证券交易所上市交易有了完备的条件，J-REITs 市场就此建立。

随着政策环境的完善，2001 年 9 月，以日本两大房地产巨头三菱地所和三井不动产作为发起人的两只 J-REITs 产品上市，标志着 J-REITs 的落地以及日本房地产投资进入了多元化发展时代。

日本金融厅、东京证券交易所、证监会相继出台和修改相应的监管条例以完善对 J-REITs 上市和交易的规范。J-REITs 的上市须遵循东京证券交易所、证监会颁布的《J-REITs 上市规则》，金融厅颁布的《投资信托和投资法人法》《资本流动化法》《金融商品交易法》，国土交通省颁布的《不动产特定共同事业法》以及财政厅颁布的《公司法》。2008 年 5 月，证监会修改条例取消了对 J-REITs 投资于海外资产的要求。为了避免因投资公司的税务会计不匹配而引起的双重征税，2015 年日本出台了临时差异调整（ATA）。

J-REITs 诞生于日本经济困顿之中，其发展也主要受到宏观经济影响。J-REITs 的产生一方面为金融市场提供了一种长期稳定的金融工具，另一方面也通过募集资金进行投资，对活跃、振兴低迷的城市发展和国家经济起到了很大作用。

日本 REITs 并未进行单独立法，法规是基于《投资信托和投资法人法》框架下的一部分，本书关于日本 REITs 法规部分主要翻译的是于 1951 年法律第 198 号公布的《证券投资信托法》，并于 1981 年 6 月 9 日法律第 75 号修改，更名为《投资信托和投资法人法》的第三编。这一部分规定了与日本房地产信托相关方的权利义务、房地产信托的投资活动、相关制度以及后续监管等各项内容。

二、法规编译（日本投资法人制度）

第三编　投资法人制度

第一章　投资法人

第一节　总则

第六十一条　法人人格

投资法人为法人。

第六十二条 住所

投资法人住所为其总部所在地。

第六十三条 能力限制

1. 投资法人不得从事除资产运营以外的业务。

2. 投资法人不得设立总部以外的营业场所，亦不得雇用员工。

第六十三条之二 商业行为等

1. 投资法人就其业务做出的行为以及为该业务采取的行为属于商业行为。

2.《商法》[明治三十二年（1899年）法律第四十八号]第十一条至第十五条以及第十九条的规定不适用于投资法人。

第六十四条 商号等

1. 投资法人应将其名称作为商号。

2. 投资法人必须在商号中使用"投资法人"字样。

3. 非投资法人的企业不得在其名称或商号中使用可能会被误认为是投资法人的文字。

4. 任何人不得出于非正当的目的，使用可能会被误认为是其他投资法人的名称或商号。

5. 因违反前款规定的名称或商号的使用致使营业上的利益受到侵害或可能受到侵害的投资法人，可要求侵害方停止侵害或预防其侵害。

6. 允许他人使用自己的商号进行业务或营业的投资法人，对误认为是由该投资法人进行该业务而与该他人进行交易者，该投资法人与该他人就该交易产生的债务的赔偿承担连带责任。

第六十五条 准用公司法规定情况下的替换等

1. 在本编（第一百八十六条之二第四款除外）以及第五编的规定中，准用公司法规定，除另有特别规定外，该法规定中的"电磁记录"应替换为"电磁记录（即投资法人法第六十六条第二款规定的电磁记录）"，"电磁方法"应替换为"电磁方法（即投资法人法第七十一条第五款规定的电磁方法）"，"法务省令"应替换为"内阁府令"，"股份公司"应替换为"投资法人"，"股份"应替换为"投资份额"，"股东"应替换为"投资人"，"章程"应替换为"规约"，"发起人"应替换为"设立企划人"，"股票"应替换为"投资证券"，"新股预约权"应替换为"新投资份额预约权"，"新股预约权证券"应替换为"新投资份额预约权证券"，"新股预约权人"应替换为"新投资份额预约权人"。

2. 在本编中准用的、根据本编的规定所替换的《公司法》以及《商业登记法》(1963年法律第一百二十五号) 规定中的《投资法人法》是指与投资信托以及投资法人相关的法律。

第二节 设立

第六十六条 设立企划人制定规约㊀等

1. 设立投资法人时，设立企划人必须制定规约，其全体成员必须在规约上签字或记名盖章。

2. 前款规约可以以电磁记录（即内阁府令规定的作为供电子计算机进行信息处理之用的通过电子的方式、磁力的方式以及其他通过人的知觉无法识别的方式制作的记录，下同）的方式进行制定。此时，对该电磁记录中记录的信息，必须采取内阁府令规定的签字或记名盖章的替代措施。

3. 设立企划人（如果设立企划人为两人以上，至少有一人）必须为符合以下各项中任意一项者。

(1) 以拟设立的投资公司的主要投资对象的特定资产的同类资产作为运营对象的金融商品交易商（如果属于以下A或B所述的情况，则为A或B规定的金融商品交易商）。

A. 该特定资产包括不动产时，为获得《住宅用地建筑物交易业法》第三条第一项的许可以及该法第五十条之二第一项的许可的金融商品交易商；

B. 该特定资产包括政令规定的有价证券以及不动产以外的资产时，为政令所规定的金融商品交易商。

(2) 除前项所列者外，由政令规定的就运营他人资产相关事务中拥有相应知识以及经验且由政令规定者。

4. 第九十八条第二项至第五项所列者，不得成为设立企划人。

第六十七条 规约的记载或记录事项等

1. 在投资法人的规约中必须记载或记录下列事项。

(1) 目的。

㊀ "规约"，在这里相当于公司的章程。不过一方面如本法六十五条第一款中规定："章程"应替换为"规约"，可知日本公司法上相当于章程的日语表述（日语为"定款"）与本法"规约"的表述是不同的。另一方面，日语中这两个词在不同场合其含义还是有所区别的，如在日本设立工会团体时，"章程"是根本性的规定，而"规约"是对章程规定的一个细化，相当于细则。

（2）商号。

（3）根据投资人的要求，退还或不退还投资份额的事宜。

（4）投资法人可发行的投资总份额（下称"可发行的投资总份额"）。

（5）设立时的出资额。

（6）投资法人长期维持的最低限度净资产额。

（7）资产运营的对象及方针。

（8）资产评估的方法、基准以及基准日。

（9）资金分配政策。

（10）结算期。

（11）总部所在地。

（12）关于执行役员㊀、役员、监督役员或审计人的报酬金额或报酬支付标准。

（13）关于资产运营公司的资产运营报酬金额或资产运营报酬支付标准。

（14）应作为成立时的一般事务受托人、资产运营公司以及资产保管公司的主体的姓名或名称及住所以及与上述主体应签订的合同概要。

（15）借款以及发行投资法人债的限额。

（16）设立企划人的姓名或名称及住所。

（17）设立企划人是否因投资法人成立获得报酬或其他特殊利益。若有特殊利益，则该设立企划人的姓名或名称及金额。

（18）有无投资法人承担的相关设立费用。如有，则该设立其内容及金额。

2. 针对前款第三项所列事项，若规定了根据投资人的要求退还投资份额的事宜，则可同时规定在特定情况下停止退还的事宜。

3. 关于第一款第五项的金额，可通过确定其上限与下限的方法加以规定。

4. 第一款第六项的最低限度的净资产额（下称"最低净资产额"）为在五千万日元以上且不得低于政令规定的金额。

5. 第一款各项所述事项的细则由内阁府令规定。

6. 除第一款各项所述事项外，投资法人的规约中可记载或记录，依照本法规定若在规约中未规定则不生效之事项及其他不违反本法规定的事项。

㊀ "役员"在中国国内并没有可以与之完全对应的表述。在日本公司法上，役员包括了董事、参与会计的专业人员或法人（日语为"会计参与"，包括税理士、注册会计师及相关有资格的会计专业法人）、监事。而在日本公司法实施细则中，役员定义又比公司法广，还包括了理事等，因此可以说不同场合下定义并不相同，因而与中国法律更是难以直接对应。"执行役员"没有明确的法律定义，一般来说是指高级"员工"，并非日本公司法上的"役员"。

7.《公司法》第三十一条第一款至第三款的规定准用于规约。此时，该条第一款中的"总部及分支机构"应替换为"总部"、该条第三款中的"裁判所㊀"应替换为"内阁总理大臣"，除此之外，必要的技术性替换由政令规定。

第六十八条　成立时的出资总额

1. 投资法人成立时的出资总额为设立时发行投资份额（指在投资法人设立时发行的投资份额。下同）的已缴金额（指认购在设立时所发行的每份投资份额而缴纳的金额）总额。

2. 前款中提述的出资总额为一亿日元以上且不得低于政令规定的金额。

第六十九条　关于设立的备案等

1. 设立企划人拟设立投资法人时，必须根据内阁府令的规定，事先就该事项及设立时执行役员（指在投资法人设立之时担任执行役员的人。下同）人选的姓名和住所向内阁总理大臣进行备案。

2. 根据前款规定进行备案时，必须随附规约及其他内阁府令规定的文件。

3. 在前款的情况下，若规约以电磁记录的方式制定，则可随附代替书面记录的电磁记录（仅限于内阁府令规定的内容）。

4. 设立企划人如未进行根据第一款规定的备案，则不得实施按照第七十一条第一款规定的通知、募集设立时发行投资份额的认购申请及其他内部认购或者使他人认购设立时发行投资份额的行为。

5. 规约自依第一款规定进行的备案被受理时生效。

6. 依第一款规定提交的备案一经受理，该规约在投资法人成立之前不可变更。

7.《公司法》第九十六条及第九十七条的规定准用于规约的变更。在此情况下，该法第九十六条中的"第三十条第二款"应替换为"《投资法人法》第六十九条第六款"，该法第九十七条中的"第二十八条各项"应替换为"《投资法人法》第六十七条第一款第十七项或第十八项"，除此之外，必要的技术性替换由政令规定。

第七十条　设立企划人的义务

1. 设立企划人必须遵守法律法规和规约，并为其拟设立的投资法人忠实地履行其职务。

2. 设立企划人应遵守法律法规和规约，并对拟设立的投资法人的业务运营应尽善良管理人之义务。

㊀ "裁判所"，相当于中国的法院。

第七十条之二　设立时募集之投资份额相关事项的决定

1. 设立企划人在拟征集设立时认购投资份额的认购人时，应就设立时募集之投资份额（指设立时发行的投资份额的认购申请人就该募集分配到的设立时发行投资份额。下同）每次就下述事项作出规定。

（1）设立时募集之投资份额的数目。

（2）设立时募集之投资份额的缴纳金额（指在设立时认购每份募集投资份额所缴纳的金额）。

（3）认购设立时募集之投资份额的资金缴纳日期或期限。

2. 设立企划人拟作出前款各项所述事项的决定时，须经其全体成员一致同意。

3. 就第一款所述募集条件而言，须针对每项募集作出同等规定。

第七十一条　设立时募集之投资份额的申请等

1. 设立企划人须就下列事项，向依前条第一款规定拟申请认购设立时募集之投资份额的主体发出通知。

（1）根据第六十九条第一款的规定进行备案的具体日期。

（2）第六十七条第一款各项及前条第一款各项所列事项。

（3）规约就投资法人的存续期或解散事由作出规定的，为该规定。

（4）设立时募集之投资份额的分配方法。

（5）缴费机构的缴费地点。

（6）设立时的执行役员、役员、监督役员（指在投资法人设立时成为监督役员的人员。下同）及设立时的审计人（指在投资法人设立时成为审计人的主体。下同）人选的姓名或名称及住所，以及设立时执行役员、役员人选与设立企划人之间有无利害关系及存在利害关系时其内容。

（7）若未出现满足第六十七条第一款第五项规定金额的申请，则设立进程中止之事宜。

（8）若在一定的期限之前未完成投资法人的设立登记，或者未获得内阁总理大臣的注册，则可以取消设立时募集之投资份额的认购。

（9）若出现根据第一百一十五条之六第七款规定就执行役员、役员、监督役员或审计人的责任免除作出规定时，须说明该项规定。

（10）除前述各项所列内容之外，内阁府令规定的事项。

2. 前款第五项的缴费机构必须为银行等（指银行、信托公司以及其他内阁府令规定的具有此类性质的机构；在第八十八条之十七第一款中具有相同含义）机构。

3. 第一款第六项所述事项的细则由内阁府令规定。

4. 根据前条第一款规定的募集，提交设立时募集之投资份额的认购申请的主体，必须将下述事项以书面形式递交设立企划人。

（1）申请人姓名或名称及地址。

（2）拟认购的设立时募集之投资份额数目。

5．根据政令规定，并征得设立企划人同意后，前款规定的申请人可通过电磁方式（指内阁府令规定的使用电子信息处理机构的方法及利用其他信息通信技术的方法。第一百八十六条之二第一款第三项除外。下同）提供该款规定的书面材料中应记载的事项，以代替该款规定的递交书面文件。此时，应视为该申请人已递交前款规定的书面材料。

6．在第一款各项所述的事项发生变更时，设立企划人必须立即就该要旨及该变更的事项向第四款规定的申请人（在下一款中称为"申请人"）发出通知。

7．设立企划人向申请人发出的通知或催告，只须发送至第四款第一项中所述的住所（如果该申请人向设立企划人通知了其他接收通知或催告的场所或联系地址，则发送至该场所或联系地址）即可。

8．前款所述通知或催告，在该通知或催告通常应该送达之时，视为已送达。

9．与设立时募集之投资份额认购相关的缴纳，必须采用货币支付。

10．《公司法》第六十条、第六十二条（第二项除外）以及第六十三条的规定准用于设立时募集之投资份额，该法第六十四条的规定准用于第二款规定的银行等。此时，该法第六十条第一款中的"前条第三款第二项"应替换为"《投资法人法》第七十一条第四款第二项"，该条第二款及第六十三条第一款中的"第五十八条第一款第三项"应替换为"《投资法人法》第七十条之二第一款第三项"，该法第六十四条第一款中的"第五十七条第一款"应替换为"《投资法人法》第七十条之二第一款"，除此之外，必要的技术性替换由政令规定。

第七十二条　设立时执行役员等的选任

根据前条第一款规定收到通知的设立时执行役员、役员、监督役员及审计人的人选，在设立时发行投资份额完成分配之时，应视为被分别选任为设立时执行役员、设立时监督役员及设立时审计人。

第七十三条　由设立时执行役员等进行的调查等

1．设立时执行役员及设立时监督役员必须在第七十条之二第一款第三项的日期前或者该项所述期间的最后一日之后（以二者间较晚者为准），就投资法人的设立及时调查下述事项。

（1）设立时募集之投资份额的认购满足第六十七条第一款第五项规定金额。

（2）第七十一条第十款中准用的《公司法》第六十三条第一款规定的缴纳已完成。

（3）除前二项记载的事项外，就投资法人设立的手续而言，不存在违反法律法规、规约或其他内阁府令规定的事项。

2. 设立时执行役员根据前款规定进行调查时，若认为该款各项中的任何事项存在欠缺，必须就此向设立企划人报告。

3. 设立企划人在收到前款规定的报告的情况下，必须召开设立时投资人（指根据第七十五条第五款中准用的《公司法》第一百〇二条第二款的规定成为投资法人、投资人的主体。下同）大会（以下称"创立大会"）。

4. 第九十条第二及第九十一条的规定准用于设立企划人召集创立大会的情况；《公司法》第六十八条第五款至第七款、第七十二条第一款正文、第七十三条第一款及第四款、第七十四条至第八十三条以及第九十三条第二款及第三款的规定准用于投资法人的创立大会；该法第八百三十条、八百三十一条、第八百三十四条（仅限于与第十六项及第十七项相关的部分）、第八百三十五条第一款、第八百三十六条第一款及第三款、第八百三十七条、第八百三十八条、第八百四十六条及第九百三十七条第一款（仅限于与第一项G相关的部分）的规定准用于投资法人创立大会决议的不存在或确认无效或撤销的诉讼。此时，第九十一条第一款中的"提前两个月公告该日"替换为"两周"，该法第六十八条第五款中的"第二十七条第五项或第五十九条第三款第一项"应替换为"《投资法人法》第六十七条第一款第十六项或第七十一条第四款第一项"，该条第七款中的"第一款"应替换为"《投资法人法》第七十三条第四款中准用的《投资法人法》第九十一条第一款"，该法第七十三条第四款中的"第六十七条第一款第二项"应替换为"《投资法人法》第七十三条第四款中准用的《投资法人法》第九十条之二第一款第二项"，该法第七十四条第四款及第七十六条第二款中的"第六十八条第三款"应替换为"《投资法人法》第七十三条第四款中准用的《投资法人法》第九十一条第二款"，该法第八十条中的"第六十七条及第六十八条"应替换为"《投资法人法》第七十三条第四款中准用的《投资法人法》第九十条之二第一款及第九十一条第一款至第三款"，该法第八十一条第四款及第八十二条第四款中的"裁判所"应替换为"内阁总理大臣"，该法第九十三条第二款及第三款中的"设立时役员"应替换为"设立时执行役员及设立时监督役员"，该条第二款中的"前款"以及该条第三款中的"第一款"应替换为"《投资法人法》第七十三条第一款"，除此之外，必要的技术性替换由政令规定。

第七十四条 投资法人的成立

投资法人经设立登记后成立。

第七十五条 《公司法》的准用等

1. 《公司法》第五十三条至第五十六条的规定准用于投资法人。此时，必要的技术性替换由政令规定。

2. 投资法人成立之时，若设立时募集之投资份额中存在尚未认购的部分，则视为设立时企划人、设立时执行役员及设立时监督役员共同认购该部分份额。投资法人成立之后，若投资份额认购人表示取消认购设立时募集之投资份额及作出相关表述时，亦同。

3. 投资法人成立之时，设立时募集之投资份额中若存在未根据第七十一条第十款中准用的《公司法》第六十三条第一款的规定予以缴纳的份额，则设立企划人、设立时执行役员及设立时监督役员就该等未缴纳金额的支付承担连带责任。

4. 同意在第七十条之二第一款所述募集的广告及与该募集相关的其他书面或电磁记录中记载或记录自身姓名/名称及就投资法人的设立进行赞助的主体（设立企划人除外），应被视为设立企划人，适用前三项的规定。

5. 《公司法》第一百〇二条（第三款及第四款除外）的规定准用于设立时募集之投资份额。此时，必要的技术性替换由政令规定。

6. 《公司法》第八百二十八条第一款（仅限于与第一项相关的部分）以及第二款（仅限于与第一项相关的部分）、第八百三十四条（仅限于与第一项相关的部分）、第八百三十五条第一款、第八百三十六条第一款及第三款、第八百三十七条至第八百三十九条、第八百四十六条及第九百三十七条第一款（仅限于与第一项相关的部分）的规定准用于针对投资法人设立无效提起的诉讼。此时，必要的技术性替换由政令规定。

7. 《公司法》第七编第二章第二节（第八百四十七条第二款、第八百四十七条之二、第八百四十七条之三、第八百四十九条第二款、第三款第二项及第三项以及第六款至第十一款、第八百五十一条第一款第一项及第二款以及第八百五十三条第一款第二项及第三项除外）的规定准用于追究设立企划人、设立时执行役员或设立时监督役员责任的诉讼。此时，必要的技术性替换由政令规定。

第三节　投资份额及投资证券

第七十六条　发行的投资份额

1. 投资法人发行的投资份额为无票额份额。

2. 《公司法》第一百一十三条第二款和第四款的规定准用于可发行的投资总份额。此时，该款中的"第二百三十六条第一款第四项"应替换为"《投资法人法》第八十八条之二第三项"，"第二百八十二条第一款"应替换为"《投资法人法》第八十八条之十八第一款"，"已发行股票[库存股（指股份公司持有自身股票）除外。下同]"应替换为"已发行投资份额"，除此之外，必要的技术性替换由政令规定。

第七十七条　投资人的责任及权利等

1. 投资人的责任以其所认购的投资份额的价额为限。

2. 投资人就其持有的投资份额享有下述权利以及本法规定中认可的其他权利。

（1）接受货币分配的权利。

（2）接受剩余财产分配的权利。

（3）在投资人大会上的表决权。

3. 若规约规定不授予投资人前款第一项及第二项所列的全部权利或者该款第三项所列的全部或部分权利，则该规定无效。

4. 《公司法》第一百〇六条及第一百〇九条第一款的规定准用于投资份额。此时，该款中的"内容及数目"应替换为"份额数"，除此之外，必要的技术性替换由政令规定。

第七十七条之二　提供与投资人权利行使相关的利益

1. 就投资人的权利行使而言，投资法人不得向任何人提供财产性利益（仅限经济性后果归属于该投资法人或其子法人的利益，以下本条中亦同）。

2. 在投资法人向特定投资人无偿提供财产性利益时，推定该投资法人就投资人的权利行使提供了财产性利益。在投资法人对特定的投资人有偿提供财产性利益时，该投资法人或其子法人所获利益明显少于该财产性利益时亦同。

3. 若投资法人违反第一款规定向他人提供财产性利益，则该利益的接收方必须将其返还给该投资法人或者其子法人。此时，若该利益的接收方为交换该等利益向该投资法人或其子法人进行了支付，则所付款项可予以返还。

4. 投资法人违反第一款规定向他人提供财产性利益时，内阁府令规定的参与该利益提供行为的执行役员或监督役员，有义务向该投资法人连带支付与提供利益价值同等的金额。但其（提供该利益的执行役员除外）证明在执行职务时不存在疏忽大意的情况不受此限制。

5. 未经全体投资人的同意，前款所述义务不得免除。

6. 《公司法》第七编第二章第二节（第八百四十七条第二款，第八百四十七条之二，第八百四十七条之三，第八百四十九条第二款、第三款第二项及第三项以及第六款至第十一款，第八百五十一条第一款第一项及第二款以及第八百五十三条第一款第二项及第三项除外）的规定准用于针对第三款的利益返还提起的诉讼。此时，必要的技术性替换由政令规定。

第七十七条之三　投资人名册等

1. 投资法人必须编制投资人名册，并记载或记录下述事项及已发行投资份额的总数。

（1）投资人的姓名/名称及地址。

（2）前项所述投资人持有的投资份额数。

（3）第一项所述投资人获得投资份额的日期。

（4）与第二项所述投资份额（仅限于已发行的投资证券的份额）相关的投资证券的编码。

2. 投资法人可设定一定的日期（在以下本款及下一款中称为"基准日"），并可规定载明在投资人名册上的投资人可在该基准日起行使其权利。

3. 《公司法》第一百二十四条第二款及第三款的规定准用于基准日，该法第一百二十五条的规定适用于投资人名册，该法第一百二十六条及第一百九十六条第一款及第二款的规定准用于向投资人发送的通知或催告。在此情况下，该法第一百二十五条第一款中的"其总部（如设有股东名册管理人，则为其营业地址）"应替换为"《投资法人法》第一百六十六条第二款第八项规定的投资人名册等管理人的营业地址"，该条第四款及第五款中的"裁判所"应替换为"内阁总理大臣"，该法第一百二十六条第五款中的"第二百九十九条第一款（包括在第三百二十五条中准用的情况）"应替换为"《投资法人法》第九十一条第一款"，除此之外，必要的技术性替换由政令规定。

4. 第二款的规定以及前款中准用的《公司法》第一百二十四条第二款及第三款及第一百九十六条第一款及第二款的规定准用于将第七十九条第四款中准用的该法第一百四十八条各项所述事项记载在投资人名册上，或者已记录在册的质权人（以下称"注册投资份额质权人"）；该法第一百五十条的规定准用于向注册投资份额质权人发出的通知或催告。在此情况下，必要的技术性替换由政令规定。

5. 在投资法人未就所有投资份额发行投资证券的情况下，可采用向投资人及注册投资份额质权人发送通知的形式，替代在第三款中准用的《公司法》第一百二十四条第三款（包括在前款中准用的情况）中规定的应予以公告的事项。

第七十八条 投资份额的转让

1. 投资人可以转让其持有的投资份额。

2. 投资法人就投资份额的转让设置必须得到役员会⊖的批准。

3. 与该投资份额有关的投资证券交付后，投资份额的转让方可生效。

4. 在投资证券发行前进行的投资份额的转让，不对投资法人产生效力。

第七十九条 投资份额转让的对抗要件等

1. 转让投资份额时，若未将获得该投资份额的主体的姓名/名称及地址记载或记录

⊖ 关于"役员会"，如上文第六十七条第一款关于"役员"的注释所述，日本公司法等法令中，"役员"除了董事外，还包括了监事等，因此这里的"役员会"也与中国的董事会不同。与中国的董事会相当的是日语的"取缔役会"。

在投资人名册上，则不得对抗投资法人。

2. 推定投资证券的占有者为合法持有与该投资证券相关的投资份额的权利的主体。

3.《公司法》第一百三十一条第二款的规定适用于投资证券，该法第一百三十二条及第一百三十三条的规定准用于投资份额。此时，必要的技术性替换由政令规定。

4.《公司法》第一百四十六条、第一百四十七条第二款及第三款、第一百四十八条、第一百五十一条第一款（仅限于与第四项、第五项、第七项至第九项、第十一项及第十四项相关的部分）、第一百五十三条第二款及第三款以及第一百五十四条第一款及第二款（仅限于与第一项及第三项相关的部分）的规定准用于投资份额的质押。在此情况下，该法第一百五十一条第一款第七项中的"第二百七十七条中规定的新投资份额预约权的无偿分配"应替换为"《投资法人法》第八十八条之十三规定的新投资份额预约权无偿分配"，该款第八项中的"盈余分配"应替换为"资金分配"，该款第十四项中的"取得"应替换为"退还或取得"，该法第一百五十三条第二款的中的"前条第二款规定的情况"应替换为"已合并投资份额的情况"，该条第三款中的"前条第三款规定的情况"应替换为"已分割投资份额的情况"，除此之外，必要的技术性替换由政令规定。

第八十条　禁止取得或质押自身投资份额

1. 投资法人不得取得自身投资份额，亦不得以质押为目的获得自身投资份额。但是，在下述情况下取得自身投资份额时，可不受此限制。

  （1）将该资产主要用作政令规定的特定资产的投资的投资法人，在与投资人达成协议后在规约中约定可以有偿取得自身投资份额时；
  （2）从合并后消灭的投资法人处继承该投资份额时；
  （3）按照本法规定收购该投资份额时；
  （4）除上述三项所列内容外，内阁府令中有规定时。

2. 在前款所述例外情况下，该投资法人须在适当的时期处置或注销其投资份额。

3. 前款中的处置方法由内阁府令规定。

4. 在根据第二款规定处置或注销投资份额的情况下，该投资法人必须根据役员会的决议确定所处置或注销的自身投资份额的数目。

5. 在根据第二款规定注销投资份额时，根据内阁府令规定，必须从出资总额及第一百三十五条所述剩余出资金额（以下称"出资总额等"）中扣除出资总额等中已注销的投资份额的等量金额。

第八十条之二　与投资份额的取得事项相关的决定

1. 投资法人根据前条第一款第一项以及规约的规定计划取得自身投资份额时，必须每次就下述事项作出规定。

（1）取得的投资份额数目；

（2）取得每份投资份额所支付的认购金额或其计算方法；

（3）取得投资份额所支付的认购资金总额；

（4）投资份额转让的申请日期。

2. 根据前款规定取得的投资份额应视为资金分配，适用第一百三十七条第一款、第一百三十八条及第一百三十九条的规定。在此情况下，该款中的"对于该投资人，与获得第一百三十一条第二款批准的资金分配核算报告"应替换为"第八十条之二第一款第三项列述的资金总额"，第一百三十八条第一款第二项中的"第一百三十一条第二款"应替换为"第八十条之二第三款"。

3. 第一款各项所述事项，必须通过役员会的决议确定。

4. 第一款列述的投资份额的取得条件，必须每次根据该款的规定作出均等规定。

第八十条之三 向投资人发送的通知等

1. 投资法人必须就前条第一款各项列述的事项向投资人发送通知。

2. 可用公告代替根据前款规定发送的通知。

第八十条之四 转让的申请

1. 根据前条第一款规定收到通知的投资人，若计划就其持有的投资份额提交转让申请，则必须向投资法人明确该申请所涉投资份额的数目。

2. 在第八十条之二第一款第四项列述的日期，应视为投资法人对前款所述投资人提交申请的投资份额承诺予以受让。但是，若该款列述的投资人申请的投资总份额（在以下本款中称为"申请总份额"）超出了该条第一款第一项规定的数目（在以下本款中称为"取得总份额"），则应将取得总份额除以申请总份额所得数字乘以前款列述投资人申请的投资份额数目后得到的份额数（该份额数若存在不满一份的尾数，应舍去尾数）视为承诺受让的投资份额。

第八十条之五 通过市场交易等取得投资份额

1. 投资法人通过如下方法取得投资份额时，第八十条之二（仅限于与第四款相关的部分）至前条的规定不适用：在《金融商品交易法》第二条第十七款规定的交易所金融商品市场进行的交易，或者根据该法第二十七条之二十二之二第一款除外条款中的规定、由政令规定的交易，或者该法第二十七条之二第六款规定的公开收购。

2. 关于第八十条之二第一款的规定在前款所述情况下的使用，该款中的"每次就下述事项"应替换为"事先就下述事项（第二项列述的事项除外）"，"必须"应替换为"必须，但是，第四项所述期限不能超过一年"，该款第四项中的"投资份额转让的申请期限"应替换为"可取得投资份额的期限"。

第八十一条　禁止取得母法人投资份额

1. 子法人不得持有其母法人（指将其他投资法人作为子法人的投资法人。下同）的投资份额（在以下本条中称为"母法人投资份额"）。

2. 前款的规定在下述情况中不适用。

（1）从合并后消灭的投资法人处继承母法人投资份额的情况。

（2）除了前项所述事项外内阁府令规定的情况。

3. 子法人必须在适当的时期内对其持有的母法人投资份额进行处置。

4. 母法人及子法人共同或子法人单独持有过半数的其他投资法人的已发行投资份额时，关于本法律的适用，应该将其他投资法人视为其母法人的子法人。

5. 第八十条第三款的规定准用于对第三款所述母法人投资份额进行处置的情况。

第八十一条之二　投资份额的合并

1. 投资法人可以合并投资份额。

2.《公司法》第一百八十条第二款（第三项及第四项除外）以及第四款、第一百八十一条、第一百八十二条第一款、第一百八十二条之二（第一款第二项除外）、第一百八十二条之三以及第一百八十二条之六的规定准用于前款所述情况，该法第二百一十五条第二款的规定准用于投资法人（根据规约第八十六条第一款前段的规定设定的投资法人除外）。在此情况下，该法第一百八十条第二款中的"股东大会"应替换为"投资人大会"，除此之外，必要的技术性替换由政令规定。

第八十一条之三　投资份额的分割

1. 投资法人可进行投资份额的分割。

2.《公司法》第一百八十三条第二款（第三项除外）以及第一百八十四条的规定适用于前款，该法第二百一十五条第三款的规定准用于投资法人（根据规约第八十六条第一款前段的规定设定的投资法人除外）。在此情况下，该法第一百八十三条第二款中的"股份公司"应替换为"投资法人"，"每次根据股东大会（如为设置了取缔役会⊖的公司，则为取缔役会）的决议"应替换为"执行役员每次"，"必须制定"应替换为"必须制定规定并获得役员会的批准"，该法第一百八十四条第二款中的"第四十六条"应替换为"《投资法人法》第一百四十六条"，除此之外，必要的技术性替换由政令规定。

⊖　"取缔役会"，相当于中国法律上的"董事会"。

第八十一条之四

1. 第八十六条第一款规定的投资法人，可根据其设立时的初始规约制定投资份额的分割事宜，而无须遵循前条第二款中准用的《公司法》第一百八十三条第二款（第三项除外）的规定。此时，对于根据第七十条之二第一款或下条第一款中的募集申请认购设立时募集之投资份额或该款规定的募集投资份额的主体，须就如上事宜及下一款各项所列事项向其发送通知。

2. 在前款前段的情况下，必须根据规约对下述事项作出规定。

（1）投资份额的分割方法。

（2）投资份额的分割生效的时间。

（3）在前项所述时间载明到投资人名册的投资人有权通过投资份额的分割获得投资份额。

（4）除前三项所述事项之外，内阁府令规定的事项。

3. 在第一款前段的情况下，该投资法人必须在内阁府令规定的每个期间向前款第三项规定的投资人及与该投资人持有的投资份额相关的注册投资份额质权人发送通知，并载明该投资人通过投资份额分割获得的投资份额数目、分割的相关计算及其他内阁府令所规定的事项。

第八十二条　与募集投资份额相关的募集事项的决定等

1. 投资法人计划募集其发行投资份额的认购人时，执行役员必须每次就募集投资份额（指根据该募集向已提交该投资份额认购申请的人员所分配的投资份额。在以下本节中具有相同含义）对下述事项作出规定，并获得役员会的批准。

（1）募集投资份额的数目。

（2）募集投资份额的缴纳金额（指认购每份募集投资份额缴纳的金额。在以下该条中具有相同含义）或其计算方法。

（3）认购募集投资份额所需资金的缴纳日期或其期间。

2. 尽管有前款之规定，第八十六条第一款规定的投资法人的执行役员可规定发行期间，并就在该发行期间内的募集投资份额认购人的招募事宜一次性征求役员会的批准。

3. 在前款所述情况下，除发行期间外，该款规定的执行役员还须对下述事项作出规定，并获得役员会的批准。

（1）在该发行期间内发行的投资总份额的上限。

（2）在该发行期间内每次招募的募集投资份额的缴纳金额及认购募集投资份额所需资金的缴纳日期的确定方法。

4. 在第二款所述情况下,该投资法人必须对根据前款第二项所述的方法确定的该项的每次募集的缴纳金额予以公示。此时,公示的方法及其他必要事项由内阁府令规定。

5. 第一款各项提述的事项(在第二款所述情况下,指第三款提述的发行期间及该款各项所述事项。在下条第一款第六项中称为"募集事项")须在第一款所述的每次募集中作出均等规定。

6. 在前款的情况下,募集投资份额的缴纳金额必须根据投资法人持有的资产内容设定公平的金额。

7. 若投资法人在其成立后发行投资份额,则须将该投资份额的已缴总额编入投资总额中。

第八十三条　募集投资份额的申请等

1. 对于根据前条第一款的募集拟申请认购募集投资份额的主体,投资法人须就下述事项作出通知。

（1）第六十七条第一款第一项至第四项以及第六项至第十三项所列事项。

（2）第七十一条第一款第三项、第五项及第九项所列事项。

（3）一般事务受托人的姓名/名称及地址以及委托给该人的事务的内容。

（4）资产运营公司的名称及其与资产运营公司签订的、与资产运营相关的委托合同的概要。

（5）资产管理公司的名称。

（6）募集事项。

（7）除前述各项所列事项外,内阁府令规定的事项。

2. 前款第四项所述事项的详细信息,由内阁府令规定。

3. 根据前条第一款提述的募集认购募集投资份额的申请人,必须向投资法人提交记载下述事项的书面材料。

（1）申请人的姓名/名称及地址。

（2）拟认购的募集投资份额的数目。

4. 提出前款申请的主体,可以根据政令的规定,在征得投资法人的批准后,通过电磁方式提供该款所述书面材料中应载明的事项,以代替该款提述的书面材料。此时,该申请人应视为已提交了该款提述的书面材料。

5. 第一款规定不适用于如下情形：投资法人向拟提交第一款所述申请的主体交付记载了该款各项所述事项的《金融商品交易法》第二条第十款规定的发行说明书的情形,以及根据内阁府令的规定对拟认购募集投资份额的申请人进行保护的情形。

6. 第一款各项所述事项发生变更时，投资法人须立即就该变更及发生变更的事项向第三款提述的申请人（在下款中称为"申请人"）发送通知。

7. 投资法人向申请人发出的通知或催告，只须发送至第三款第一项所述地址（如果该申请人向该投资法人发送了其他接收通知或催告的场所或联系地址，则发送至该场所或联系地址）即可。

8. 前款所述通知或催告，在该通知或催告通常应该送达之时，视为已送达。

9.《公司法》第二百〇四条第一款和第三款、第二百〇五条第一款和第二百〇六条的规定准用于募集投资份额。此时，该法第二百〇四条第一款中的"前条第二款第二项"应替换为"《投资法人法》第八十三条第三款第二项"，该条第三款中的"第一百九十九条第一款第四项的日期（如果规定了该项提述的期间，则为该期间的第一日）"应替换为"《投资法人法》第八十二条第一款第三项的日期（如果规定了该项提述的期间，则为该期间的第一日，在该条第二款的情况下，则为根据该条第三款第二项所述方法确定的该项的日期）"，该法第二百〇五条第一款中的"前二条"应替换为"《投资法人法》第八十三条第一款至第八款以及该条第九款中准用的前条第一款及第三款"，除此之外，必要的技术性替换由政令规定。

第八十四条 《公司法》的准用

1.《公司法》第二百〇八条（第二款除外）、第二百〇九条至第二百一十一条、第二百一十二条第一款（第二项除外）、第二百一十三条之二（第一款第二项除外）以及第二百一十三条之三的规定准用于募集投资份额。在此情况下，该法第二百〇八条第一款中的"第一百九十九条第一款第四项所述的日期或该项提述期间内"应替换为"《投资法人法》第八十二条第一款第三项所述的日期或该项提述期间内（在该条第二款的情况下，则为根据该条第三款第二项所述方法确定的该项的日期）"，该法第二百九十九条第一款第一项中的"第一百九十九条第一款第四项的日期"应替换为"《投资法人法》第八十二条第一款第三项的日期（在该条第二款的情况下，则为根据该条第三款第二项所述方法确定的该项的日期）"，该款第二项中的"第一百九十九条第一款第四项"应替换为"《投资法人法》第八十二条第一款第三项"，该法第二百一十条中的"第一百九十九条第一款"应替换为"《投资法人法》第八十二条第一款"，"发行或者自身股份的处置"应替换为"发行"，除此之外，必要的技术性替换由政令规定。

2.《公司法》第八百二十八条第一款（仅限于与第二项相关的部分）以及第二款（仅限于与第二项相关的部分）、第八百三十四条（仅限于与第二项相关的部分）、第八百三十五条第一款、第八百三十六条第一款及第三款、第八百三十七条至第八百四十条、第八百四十六条及第九百三十七条第一款（仅限于与第一项 B 相关的部分）的规定准用于投资法人成立后针对投资份额发行无效提起的诉讼,该法第八百六十八条第一款、第八百七十一条正文、第八百七十二条(仅限于与第二项相关的部分)、第八百七十三条正文、第八百七十五条至第八百七十七条及第八百七十八条第一款的规定准用于本款中准用的该法第八百四十条第二款的声明。在此情况下,必要的技术性替换由政令规定。

3.《公司法》第八百二十九条(仅限于与第一项相关的部分)、第八百三十四条(仅限于与第十三项相关的部分)、第八百三十五条第一款、第八百三十六条至第八百三十八条、第八百四十六条及第九百三十七条第一款(仅限于与第一项 E 相关的部分)的规定准用于投资法人成立后针对确认投资份额发行无效提起的诉讼。在此情况下,必要的技术性替换由政令规定。

4.《公司法》第七编第二章第二节(第八百四十七条第二款、第八百四十七条之二、第八百四十七条之三、第八百四十九条第二款、第三款第二项及第三项以及第六款至第十一款、第八百五十一条第一款第一项及第二款以及第八百五十三条第一款第二项及第三项除外)的规定准用于针对第一款中准用的该法第二百一十二条第一款(第二项除外)以及第二百一十三条之二(第一款第二项除外)中规定的付款请求提起的诉讼。在此情况下,必要的技术性替换由政令规定。

第八十五条　投资证券的发行等

1. 投资法人须在投资份额发行日之后,及时发行与该投资份额相关的投资证券。

2. 投资证券上必须载明下述事项及其编码,并由执行役员签名或记名盖章。

(1)投资法人的商号。

(2)该投资证券涉及的投资份额的数目。

3.《公司法》第二百一十七条的规定适用于投资法人(规约中规定了属于下一条第一款前段的投资法人除外)的投资证券,该法第二百九十一条的规定准用于投资证券。在此情况下,必要的技术性替换由政令规定。

第八十六条　不发行投资证券

1. 投资法人若在规约中规定了投资份额可根据投资人的请求予以退还,则不受前条第一款的规定所限,在投资人提出请求之前仍可根据规约作出不发行投资证券的规定。在此情况下,必须就此事宜向拟根据第七十二条之二第一款或第八十二条第一款所述募集认购设立时募集之投资份额或募集投资份额的申请人发送通知。

2. 在前款前段的情况下,持有已发行投资证券的投资人可将该投资证券提交给投资法人,并向该投资法人表明其不希望持有该投资证券。在此情况下,向该投资法人提交后,该投资证券无效。

3. 若投资法人作出了第一款前段提述的规定，则在根据投资人的请求发行投资证券之时，必须及时将该事宜记载或记录在投资人名册上；在批准了前款前段规定的申请之时，亦须及时将投资证券已返还的事实记载或记录在投资人名册上。

4. 若前款所述投资法人因规约变更不再接受投资份额的返还，则应变更规约废除该款的规定，并及时发行该等未发行的投资证券。

第八十七条　关于提交投资证券的公告等

1. 若投资法人采取下述行为，应当在该行为生效日之前提前一个月作出公告并向所有投资人及其注册投资份额质权人分别发送通知，告知其必须向该投资法人提交与投资份额相关的全部投资证券。但是，如果全部投资份额均未发行投资证券，则不受此限制。

（1）投资份额的合并。

（2）合并（仅限于因合并导致该投资法人消灭的情况）。

2. 《公司法》第二百一十九条第二款（仅限于与第一项及第四项相关的部分）以及第三款和第二百二十条的规定准用于投资证券。在此情况下，该法第二百一十九条第二款第一项中的"前款第一项至第四项"应替换为"《投资法人法》第八十七条第一款第一项"，该款第四项中的"第七百四十九条第一款规定的吸收合并存续公司"应替换为"《投资法人法》第一百四十七条第一款第一项规定的吸收合并存续法人"，"第七百五十三条第一款规定的新设合并设立公司"应替换为"《投资法人法》第一百四十八条第一款第二项规定的新设合并设立法人"，该条第三款中的"第一款各项"以及该法第二百二十条第一款中的"前条第一款各项"应替换为"《投资法人法》第八十七条第一款各项"，除此之外，必要的技术性替换由政令规定。

第八十八条　对不足一份的尾数的处理

1. 投资法人进行投资份额的分割或者合并时，若投资份额的数目产生了不足一份的尾数，则必须根据内阁府令的规定制定恰当的方法，将与该尾数的合计数（在该合计数中存在不足一份的尾数时，应将其舍去）等同的投资份额的数目以公正的价格售出，并根据该尾数将售卖所得价款交付给投资人。

2. 尽管有前款的规定，对于因进行投资份额的分割或投资份额的合并而产生的不足一份的投资份额的尾数部分，第八十六条第一款规定的投资法人可根据该投资法人的净资产额，以公正的价格予以退还。

3. 在前款的情况下，根据内阁府令的规定，必须从出资总额中扣除与已退还投资份额相等的金额。

第三节之二　新投资份额预约权[一]及新投资份额预约权证券

第八十八条之二　新投资份额预约权的内容

1. 投资法人在发行新投资份额预约权时，必须将下述事项作为该新投资份额预约权的内容。

（1）作为该新投资份额预约权标的的投资份额的数目或该数目的计算方法；

（2）在行使该新投资份额预约权时出资的金额或其计算方法；

（3）可以行使该新投资份额预约权的期限；

（4）关于该新投资份额预约权，若该投资法人规定该权利的取得须以一定事由的发生为条件，则以下述事项：

A. 该投资法人于一定事由发生之日取得其新投资份额的预约权的情况及其事由；

B. 该投资法人将另行规定的日期的到来作为 A 所述事由时，则为该情况；

C. 在 A 所述事由发生之日取得 A 所述新投资份额预约权的一部分时，则为该事项以及取得的新投资份额预约权的一部分的决定方法；

D. 该新投资份额预约权的新投资份额预约权人就取得 A 所述的新投资份额预约权所缴纳的金额及其计算方法。

（5）向行使了新投资份额预约权的新投资份额预约权人交付的投资份额的数目若存在不足一份的尾数时将其舍去的相关情况；

（6）发行与该新投资份额预约权有关的新投资份额预约权证券的情况；

（7）在前项规定的情况下，新投资份额预约权人无法根据第八十八条之二十一第二款中准用的《公司法》第二百九十条的规定就全部或部分新投资份额提出请求的相关情况。

第八十八条之三　由共有人行使权利

1. 新投资份额预约权为两人以上共有时，共有者必须就该新投资份额预约权确定一名权利行使人，并将该人的姓名/名称告知投资法人，否则无法行使该新投资份额预约权

[一] 这里的"新投资份额预约权"相当于日本商法上的"新股预约权"。"新股预约权"是指新股预约权人在行使该权利时，公司负有向其发行新股，或者代之以转移公司所持有的自己股份义务的权利，是日本在 2001 年 11 月修改商法时新增设的一项制度。日本商法修改前，该法中有"新股认购权"的表述，一般是指权利人对公司新发行的股份有优先认购的权利，这种权利在公司新股发行的程序中产生，当权利人没有按照公司指定的期限缴纳股款则丧失该权利。即新股认购权是伴随着公司新股发行而产生的优先购买的权利，而新股预约权的权利人可以通过行使该权利而要求公司发行股份。

的相关权利。但若投资法人同意行使该权利,则不受此限。

第八十八条之四　新投资份额预约权的发行

1. 只有在根据第八十八条之十三的规定对新投资份额预约权进行无偿分配的情况下,投资法人才能发行新投资份额预约权。

2. 与根据前款规定发行的新投资份额预约权相关的第八十八条之二第三项所述期限不能超过第八十八条之十四第一款第二项提述日期三个月。

第八十八条之五　新投资份额预约权原簿㊀等

1. 投资法人必须在新投资份额预约权发行日之后,及时编制新投资份额预约权原簿,并按照下述各项所列新投资份额预约权的不同情况,记载或记录下述各项规定的事项。

(1) 若为发行无记名式新投资份额预约权证券的新投资份额预约权(在以下本节中称为"无记名新投资份额预约权"),该新投资份额预约权证券的编码及该无记名新投资份额预约权的内容及数目;

(2) 除前项所述新投资份额预约权之外的新投资份额预约权,为下述事项:

A. 新投资份额预约权人的姓名/名称及地址;

B. A 所述新投资份额预约权人持有的新投资份额预约权的内容及数目;

C. A 所述新投资份额预约权人获得新投资份额预约权的日期;

D. B 所述新投资份额预约权为证券发行新投资份额预约权(指就该新投资份额预约权相关的新投资份额预约权证券的发行作出规定的新投资份额预约权。在以下本节中具有相同含义)时,与该新投资份额预约权(仅限于发行新投资份额预约权证券的新投资份额预约权)相关的新投资份额预约权证券的编码。

2.《公司法》第二百五十二条的规定适用于新投资份额预约权原簿,该法第二百五十三条的规定准用于向新投资份额预约权人发送的通知或催告。在此情况下,该法第二百五十二条第一款中的"其公司总部(若设有股东名册管理人,则为其营业地址)"应替换为"《投资法人法》第一百六十六条第二款第八项规定的投资人名册等管理人的营业地址",除此之外,必要的技术性替换由政令规定。

第八十八条之六　新投资份额预约权的转让

1. 新投资份额预约权人可以转让其持有的新投资份额预约权。

2. 投资法人不得就新投资份额预约权的转让设置必须得到役员会的批准等限制。

第八十八条之七　证券发行新投资份额预约权的转让

1. 与该证券发行新投资份额预约权有关的新投资份额认购证券交付后,新投资份额

㊀ "原簿",即按本条款的规定记载新投资份额预约权相关事项的账簿。

预约权的转让方可生效。

第八十八条之八　新投资份额预约权转让的对抗要件等

1. 新投资份额预约权转让时，如未将获得该新投资份额预约权的主体的姓名/名称及地址记载或记录在新投资份额预约权原簿上，则无法对抗投资法人及其他第三方。

2. 发行记名式新投资份额预约权证券的证券发行新投资份额预约权适用前款规定时，该款中的"投资法人及其他第三方"应替换为"投资法人"。

3. 第一款规定不适用于无记名式新投资份额预约权。

4.《公司法》第二百五十八条第一款和第二款的规定准用于新投资份额预约权证券，该法第二百五十九条和第二百六十条的规定准用于新投资份额预约权。在此情况下，必要的技术性替换由政令规定。

5.《公司法》第二百六十七条第一款及第四款、第二百六十八条（第三款除外）、第二百六十九条、第二百七十一条及第二百七十二条第一款（仅限于与第一项及第三项相关的部分）、第二款及第三款（第二项除外）的规定准用于新投资份额预约权的质押。在此情况下，该条第一款中的"资金等"、该条第二款中的"资金等（仅限于资金）"以及该条第三款中的"与资金等同的金额"应替换为"资金"；该款第三项中的"第七百四十九条第一款规定的吸收合并存续公司"应替换为"《投资法人法》第一百四十七条第一款第一项规定的吸收合并存续法人"；"第七百五十三条第一款规定的新设合并设立公司"应替换为"《投资法人法》第一百四十八条第一款第二项规定的新设合并设立法人"，除此之外，必要的技术性替换由政令规定。

第八十八条之九　关于取得日期的决定

1. 若作为附带取得条款的新投资份额预约权（指对第八十八条之二第四项 A 所述事项进行了规定的新投资份额预约权。在以下本节中具有相同含义）的内容对该项 B 所列事项作出规定，投资法人必须根据役员会的决议决定该项 B 所述日期。但是，若该附带取得条款的新投资份额预约权的内容另有规定的，不受此限。

2. 决定第八十八条之二第四项 B 提述的日期后，投资法人必须在该日期的两周前，向持有附带取得条款的新投资份额预约权的新投资份额预约权人（如对该项 C 所述事项进行了规定，则为根据下条第一款规定决定的附带取得条款的新投资份额预约权的新投资份额预约权人）及其注册新投资份额预约权质权人（指将前条第五款中准用的《公司法》第二百六十九条第一款各项所列事项记载或记录在新投资份额预约权原簿中的质权人）发送通知，告知该日期。

3. 根据前款规定发送的通知，可用公告代替。

第八十八条之十　取得的新投资份额预约权的确定等

1. 作为新投资份额预约权的内容对第八十八条之二第四项 C 所列事项进行了规定的，投资法人计划取得附带取得条款的新投资份额预约权时，必须对该取得的附带取得条款的新投资份额预约权进行确定。

2. 上一款提述的附带取得条款的新投资份额预约权必须通过役员会的决议进行确定。但是，若作为该附带取得条款的新投资份额预约权的内容另有规定的，不受此限制。

3. 根据第一款规定进行确定后，投资法人必须立即就其取得该附带取得条款的新投资份额预约权的事宜，向已根据该款规定确定的附带取得条款的新投资份额预约权的新投资份额预约权人及其注册新投资份额预约权质权人发送通知。

4. 根据前款规定发送的通知，可用公告代替。

第八十八条之十一　生效

1. 投资法人在第八十八条之二第四项 A 所述事由发生之日（如对该项 C 所列事项进行了规定，则为第一项所述日期或第二项所述日期中较晚的日期），取得附带取得条款的新投资份额预约权（如对该条第四项 C 所列事项进行了规定，则为根据前条第一款之规定决定的附带取得条款的新投资份额预约权）。

（1）第八十八条之二第四项 A 所述事由发生之日；

（2）根据前条第三款规定发送通知之日或自该条第四款所述公告发布之日起两周后。

2. 在第八十八条之二第四项 A 所述事由发生之后，投资法人必须及时就该事由的发生，向附带取得条款的新投资份额预约权的新投资份额预约权人及其注册新投资份额预约权质权人（如对该项 C 所列事项进行了规定，则为根据前条第一款之规定确定的附带取得条款的新投资份额预约权的新投资份额预约权人及其注册新投资份额预约权质权人）发送通知。但是，在根据第八十八条之九第二款的规定发送了通知或根据该条第三款的规定发布了公告的情况下，可不受此限制。

3. 根据前款正文所述规定发送的通知，可用公告代替。

第八十八条之十二　新投资份额预约权的注销

1. 投资法人可注销其自身的新投资份额预约权（指投资法人所持有的自身新投资份额预约权。在以下本节中具有相同含义）。在此情况下，必须对注销的自身新投资份额预约权的内容和数目进行确定。

2. 根据前款后段规定进行的确定，必须通过役员会的决议来进行。

第八十八条之十三　新投资份额预约权的无偿分配

1. 投资法人，可以无须投资人重新支付即对该投资法人的新投资份额预约权进行分配（以下称为"新投资份额预约权无偿分配"）。

第八十八条之十四　新投资份额预约权无偿分配相关事项的决定

1. 投资法人计划进行新投资份额预约权无偿分配时，必须每次就下述事项作出决定。

（1）分配给投资人的新投资份额预约权的内容及数目或计算方法；

（2）该新投资份额预约权无偿分配的生效日期。

2. 就前款第一项所述事项作出决定时，必须根据该投资法人以外的投资人所持有的投资份额的数目对该款提述的新投资份额预约权进行分配。

3. 第一款各项所述事项必须根据役员会的决议确定。

第八十八条之十五　新投资份额预约权无偿分配的生效等

1. 接受前条第一款第一项提述的新投资份额预约权分配的投资人，在该款第二项规定之日成为该款第一项所述新投资份额预约权的新投资份额预约权人。

2. 投资法人应于前条第一款第二项规定的日期之后，及时就该投资人持有的接受分配的新投资份额预约权的内容及数目，向投资人及其注册投资份额质权人发送通知。

3. 在根据前款规定发送通知的情况下，若前条第一款第一项所述新投资份额预约权的第八十八条之二第三项中所述期限的最后一日早于该通知日起两周后之日，该项所述期限应视为延长至该通知作出之日起两周后之日。

第八十八条之十六　新投资份额预约权的行使

1. 新投资份额预约权的行使，必须明确下述事项：

（1）与行使有关的新投资份额预约权的内容及数目；

（2）新投资份额预约权的行使日期。

2. 若证券发行新投资份额预约权的新投资份额预约权人计划行使该证券发行新投资份额的预约权，其必须向投资法人提交与该证券发行新投资份额预约权相关的新投资份额预约权证券。但是，若该新投资份额预约权证券尚未发行，则不受此限制。

3. 投资法人不能行使其自持的新投资份额预约权。

第八十八条之十七　行使新投资份额预约权时的支付等事宜

1. 新投资份额预约权人，必须在前条第一款第二项所述之日，在投资法人指定的银行等支付交易场所，全额支付第八十八条之二第二项中规定的与该新投资份额预约权的行使相关的金额。

2. 新投资份额预约权人不能将根据前款规定支付的债务与对投资法人的债权相抵消。

3.《公司法》第二百八十六条之二（第一款第一项及第三项除外）以及第二百八十六条之三的规定准用于新投资份额预约权人或执行役员的责任。在此情况下，该法第二百八十六条之二第一款第二项中的"第二百八十一条第一款或第二款后段"应替换为"《投资法人法》第八十八条之十七第一款"，除此之外，必要的技术性替换由政令规定。

4.《公司法》第七编第二章第二节（第八百四十七条第二款，第八百四十七条之二，第八百四十七条之三，第八百四十九条第二款、第三款第二项及第三项以及第六款至第十一款，第八百五十一条第一款第一项及第二款以及第八百五十三条第一款第二项及第三项除外）的规定准用于针对前款中准用的该法第二百八十六条之二（第一款第一项及第三项除外）规定的要求支付之诉。在此情况下，必要的技术性替换由政令规定。

第八十八条之十八　成为投资人的时间等

1. 行使新投资份额预约权的新投资份额预约权人，在该新投资份额预约权行权之日，成为该新投资份额预约权标的的投资份额的投资人。

2. 行使新投资份额预约权的新投资份额预约权人若为前条第三款中准用的《公司法》第二百八十六条之二第一款第二项中所列主体，必须在完成该项或前条第三款中准用的该法第二百八十六条之三第一款规定的支付后，才能就该项所述临时支付的新投资份额预约权标的的投资份额行使投资人的权利。

3. 前款所述投资份额的受让人可就该投资份额行使投资人的权利。但是，如果该主体存有恶意或者犯有重大过失，则本款不适用。

第八十八条之十九　对不足一份的尾数的处理

1. 在行使新投资份额预约权的情况下，若交付给该新投资份额预约权的新投资份额预约权人的投资份额的数目存在不足一份的尾数，投资法人必须根据下列各款所述的情况进行区分，并向该新投资份额预约权人支付款项，其中款项金额为该各款规定的金额乘以该尾数后得到的数额。但是，在根据第八十八条之二第五项所列事项作出规定的情况下，可不受此限制。

（1）若该投资份额为具有市场价格的投资份额，作为该投资份额一份的市场价格，根据内阁府令规定的方法算得的金额；

（2）除前项所述事项之外，以每份投资份额的净资产额为依据的公平的金额。

第八十八条之二十　新投资份额预约权的失效

1. 除第八十八条之十二第一款列述的情况外，新投资份额预约权人不再能够行使其持有的新投资份额预约权时，该新投资份额预约权失效。

第八十八条之二十一　新投资份额预约权证券的发行等

1. 在证券发行新投资份额预约权发行日之后，投资法人必须及时发行与该证券发行新投资份额预约权相关的新投资份额预约权证券。

2.《公司法》第二百八十九条至第二百九十一条的规定准用于新投资份额预约权证券。在此情况下，该法第二百八十九条中的"代表取缔役（若为设置提名委员会等的公司，则为代表执行役）"应替换为"执行役员"，该法第二百九十条中的"第二百三十六条第一款第十一项"应替换为"《投资法人法》第八十八条之二第七项"，除此之外，必要的技术性替换由政令规定。

第八十八条之二十二　关于提交新投资份额预约权证券的公告等

1. 若投资法人在执行以下各项所述行为之时，发行与该各项规定的新投资份额预约权相关的新投资份额预约权证券，则该投资法人必须在新投资份额预约权证券提交日之前提前一个月发布公告，载明必须在该行为生效日（在以下该条中称为"新投资份额预约权证券提交日"）之前向该投资法人提交该新投资份额预约权证券，并且就此事项向该新投资份额预约权的新投资份额预约权人及其注册新投资份额预约权质权人分别发送通知。

（1）取得附带取得条款的新投资份额预约权时，附带取得条款的新投资份额预约权；

（2）合并全部新投资份额预约权（仅限于因合并导致该投资法人消失的情况）。

2. 若投资法人在执行以下各项所述行为之时，在新投资份额预约权证券提交日之前存在未向该投资法人提交新投资份额预约权证券的主体，该各项中规定的主体可在该新投资份额预约权证券提交之前的期间，拒绝该行为涉及的与该新投资份额预约权证券相关的新投资份额预约权的新投资份额认购人为获得交付而提交的钱款。

（1）附带取得条款的新投资份额预约权的相应投资法人；

（2）合并（仅限于因合并导致该投资法人消失的情况）第一百四十七条第一款第一项规定的吸收合并存续法人或者第一百四十八条第一款第二项规定的新设合并设立法人。

3. 自新投资份额预约权证券提交日起，第一款各项规定的与新投资份额预约权相关的新投资份额预约权证券无效。

4. 若执行第一款各项所述行为后，仍存在无法提交新投资份额预约权证券的主体，则《公司法》第二百二十条的规定准用。在此情况下，该法第二百二十条第一款中的"前条第一款各项"应替换为"《投资法人法》第八十八条之二十二第一款各项"，该条第二款中的"前条第二款各项"应替换为"《投资法人法》第八十八条之二十二第二款各项"，"钱款等"应替换为"钱款"，除此之外，必要的技术性替换由政令规定。

第八十八条之二十三　《公司法》的准用

1.《公司法》第八百二十八条第一款（仅限于与第四项相关的部分）以及第二款（仅限于与第四项相关的部分）、第八百三十四条（仅限于与第四项相关的部分）、第八百三十五条第一款、第八百三十六条第一款及第三款、第八百三十七条至第八百三十九条、第八百四十二条、第八百四十六条及第九百三十七条第一款（仅限于与第一项C相关的部分）的规定准用于针对新投资份额预约权的无效发行提起的诉讼，该法第八百六十八条第一款、第八百七十一条正文、第八百七十二条（仅限于与第三项相关的部分）、第八百七十三条正文、第八百七十五条至第八百七十七条及第八百七十八条第二款的规定准用于在本款以及该法第八百四十二条第二款中准用的该法第八百四十条第二款的申请。在此情况下，必要的技术性替换由政令规定。

2.《公司法》第八百二十九条（仅限于与第三项相关的部分）、第八百三十四条（仅限于与第十五项相关的部分）、第八百三十五条第一款、第八百三十六条至第八百三十八条、第八百四十六条及第九百三十七条第一款（仅限于与第一项F相关的部分）的规定准用于针对新投资份额预约权的发行不存在的确认提起的诉讼。在此情况下，必要的技术性替换由政令规定。

第四节　机构

第一分节　投资人大会

第八十九条　投资人大会的权限

1. 投资人大会只能针对本法律规定的事项及规约制定的事项作出决议。

2. 就本法律规定的必须通过投资人大会进行决议的事项而言，若规约中规定前述事项可以通过执行役员、役员会及其他投资人大会以外的机构进行决议，则该规定无效。

第九十条　召集

1. 除本法律另有规定外，投资人大会应由执行役员召集。

2. 监督役员可以向执行役员列示投资人大会的目的事项及召集理由，请求召集投资人大会。

3.《公司法》第二百九十七条第一款和第四款的规定准用于投资人大会的召集。在此情况下，该条第一款中的"全体股东的表决权"应替换为"已发行的投资份额"，"以上的表决权"应替换为"以上数目的投资份额"，该条第四款中的"裁判所"应替换为"内阁总理大臣"，除此之外，必要的技术性替换由政令规定。

第九十条之二　召集决定

1. 执行役员（若投资人根据前条第三款中准用的《公司法》第二百九十七条第四款的规定召集投资人大会，则为该投资人；若监督役员根据第一百一十四条第三款正文的规定共同召集投资人大会，则为该监督役员。在下一条中具有相同含义）在召集投资人大会之时，必须就下述事项作出规定。

(1) 投资人大会召开的日期及地点。

(2) 投资人大会的目的事项。

(3) 未出席投资人大会的投资人通过电子方式行使其表决权时，须说明该事项。

(4) 除前三项所述事项外，内阁府令规定的事项。

2. 未出席投资人大会的投资人，可通过书面方式行使其表决权。

第九十一条 召集手续

1. 召集投资人大会时，执行役员必须在投资人大会召开日之前提前两个月就该日期发布公告，并在该日之前提前两周以书面形式向投资人发送通知。但是，若规约规定在某一固定日期及该日之后及时召集投资人大会，且按照该规约规定召开的上一次投资人大会与本次投资人大会的间隔时间未满二十五个月，则无须发布上述公告。

2. 执行役员可在征得投资人同意后，根据政令规定，采用电磁方式发送通知，以代替前款所述书面形式。在此情况下，应视为该执行役员发送了该款所述书面通知。

3. 前两款所述通知中必须记载或记录前条第一款各项所列的事项。

4. 执行役员在发送第一款所述通知时，必须根据内阁府令的规定，向投资人交付记载了与表决权的行使相关的参考事项的文件（在下一款中称为"投资人大会参考文件"）以及投资人行使表决权所需的书面材料（在以下本分节中称为"表决权行使文书"）。

5. 执行役员根据第二款规定征得投资人同意后，在通过该款所述的电磁方式向其发送通知时，还可通过电磁方式交付前款规定的投资人大会参考文件及表决权行使文书，向投资人提供上述文件中应记载的事项。但是，若投资人提出要求，则必须将上述书面文件交付该投资人。

6. 在对前条第一款第三项所述事项作出规定的情况下，执行役员在通过电磁方式向已就第二款规定作出许可的投资人发送通知时，必须根据内阁府令规定，以该电磁方式向投资人提供应记载于表决权行使文书上的事项。

7. 在前款规定的情况下，未就第二款规定作出许可的投资人在投资人大会召开之日的一周前，要求以电磁方式向其提供表决权行使文书上应记载的事项时，执行役员必须根据内阁府令的规定，立即将该事项以电磁方式提供给该投资人。

第九十二条 以书面形式行使表决权

1. 在以书面形式行使表决权时，须在表决权行使文书上记载必要事项，并在内阁府令规定的时间之前，将作出前述记载的表决权行使文书提交给投资法人。

2. 根据前款规定以书面形式行使的表决权数，将计入出席投资人大会的投资人的表决权数中。

3. 自投资人大会召开之日起的三个月内，投资法人必须将根据第一款规定提交的表决权行使文书存放在其总部。

4. 在投资法人营业时间内，投资人可随时查阅或誊写根据第一款规定提交的表决权行使文书。

第九十二条之二　以电磁方式行使表决权

1. 以电磁方式行使表决权时，根据政令规定，并获得投资法人的批准后，须在内阁府令规定时间之前，将应记载于表决权行使文书上的事项以电磁方式提供给该投资法人。

2. 若投资人就第九十一条第二款的规定作出许可，如无正当理由，投资法人必须就前款事项予以批准。

3. 根据第一款规定采用电磁方式行使的表决权数，将计入出席投资人大会的投资人的表决权数中。

4. 自投资人大会召开之日起的三个月内，投资法人须在其总部留存载有根据第一款规定提供的事项的电磁记录。

5. 在投资法人的营业时间内，投资人可随时根据内阁府令规定的方法，对载于前款所述电磁记录中的事项进行查阅或誊写。

第九十三条　视为赞成的相关事项

1. 根据规约规定，若投资人未出席投资人大会且未行使表决权，投资法人可在规约中规定视为该投资人赞成该投资人大会提交的议案（在提交多个议案的情况下，若其中存在互相冲突的议案时，排除该冲突议案）。

2. 根据前款所述事项作出规定的投资法人，必须将该规定记载或记录在第九十一条第一款或第二款所述通知中。

3. 根据第一款所述事项作出规定后，被视为赞成议案的投资人持有的表决权数，将计入出席投资人大会的投资人的表决权数中。

第九十三条之二　投资人大会的决议

1. 除规约另有规定外，投资人大会进行决议时，出席的投资人必须持有过半数的已发行投资份额，且出席的该等投资人拥有过半数的表决权。

2. 尽管有前款的规定，对下述投资人大会的决议，出席的投资人必须持有过半数的已发行投资份额，且以出席的该等投资人拥有的三分之二（如果规约中规定的比例更高，则为该比例）以上的多数表决权进行表决。在此情况下，除该决议的必要条件外，规约中还可就赞成决议的投资人的数量及其他必要条件作出规定。

(1) 第八十一条之二第二款中替换后准用的《公司法》第一百八十条第二款提述的投资人大会；

（2）第一百一十五条之六第三款提述的投资人大会；

（3）第一百四十条提述的投资人大会；

（4）第一百四十三条第三项提述的投资人大会；

（5）第一百四十九条之二第一款、第一百四十九条之七第一款及第一百四十九条之十二第一款提述的投资人大会。

3. 投资人大会不能对第九十条之二第一款第二项所列事项之外的事项进行决议。但是，若为下一条第一款中准用的《公司法》第三百一十六条第一款或第二款规定之主体的选任或第一百一十五条之四提述的要求审计人出席的情况，可不受此限制。

第九十四条　《公司法》的准用

1.《公司法》第三百条正文、第三百〇三条第二款、第三百〇四条、第三百〇五条第一款正文及第四款、第三百〇六条（第二款及第四款除外）、第三百〇七条、第三百〇八条（第一款但书除外）、第三百一十条及第三百一十三条至第三百一十八条（第三款除外）的规定准用于投资人大会。在此情况下，该法第三百条正文中的"前条"应替换为"《投资法人法》第九十一条第一款至第三款"，该法第三百〇三条第二款中的"尽管有前款的规定，如为设置取缔役会的公司，则为总股东的表决权"应替换为"已发行投资份额"，"表决权或三百票（若章程规定了低于三百票的票数，则为该票数）以上的表决权"应替换为"投资份额的数目"，"仅限于股东"应替换为"投资人"，该法第三百〇五条第一款正文中的"股东"应替换为"于六个月（若规约中规定了低于六个月的期限，则为该期限）之前持续持有的已发行投资份额数的百分之一（若规约中规定了低于百分之一的比例，则为该比例）以上数目的投资份额的投资人"，"通知股东（发送第二百九十九条第二款或第三款提述的通知时，在该通知中记载或记录）"应替换为"在《投资法人法》第九十一条第一款或第二款提述的通知中记载或记录"，该法第一百〇六条第一款中的"全体股东（无法就股东大会决议的全部事项行使表决权的股东除外）"应替换为"已发行的投资份额"，"拥有表决权"应替换为"于六个月（若规约规定了比六个月更短的期限，则为该期限）之前持续持有的投资份额数目"，该条第一款、第三款、第五款和第六款以及该法第三百〇七条第一款和第二款以及第三百一十八条第五款中的"裁判所"应替换为"内阁总理大臣，该法第三百一十条第四款中的"第二百九十九条第三款"应替换为"《投资法人法》第九十一条第二款"，该法第三百一十六条第二款中的"第二百九十七条"应替换为"《投资法人法》第九十条第三款中准用的第二百九十七条第一款及第四款"，该法第三百一十七条中的"第二百九十八条及第二百九十九条"应替换为"《投资法人法》第九十条之二第一款及第九十一条第一款至第三款"，除此之外，必要的技术性替换由政令规定。

2.《公司法》第八百三十条、第八百三十一条、第八百三十四条（仅限于与第十六项和第十七项相关的部分）、第八百三十五条第一款、第八百三十六条第一款及第三款、第八百三十七条、第八百三十八条、第八百四十六条及第九百三十七条第一款（仅限于与第一项相关的部分）的规定准用于针对投资人大会的决议不存在或确认无效或取消而提起的诉讼。在此情况下，必要的技术性替换由政令规定。

第二分节　投资人大会以外的机构的设置

第九十五条

1. 投资法人必须设置下列机构：

（1）一名或两名以上执行役员；

（2）监督役员（其人数至少比执行役员人数多一人）；

（3）役员会；

（4）审计人。

第三分节　役员及审计人的选任及解任

第九十六条　选任

1. 役员［指执行役员及监督役员。在以下本分节（第一百条第三项及第五项除外）中具有相同含义。］及审计人应根据投资人大会的决议选任。

2.《公司法》第三百二十九条第三款规定准用于前款所述决议。在此情况下，该条第三款中的"本法律"应替换为"《投资法人法》"，除此之外，必要的技术性替换由政令规定。

第九十七条　投资法人与役员等的关系

1. 投资法人与役员及审计人的关系，依照委托相关规定确认。

第九十八条　执行役员的资格

1. 下列人员不得担任执行役员：

（1）法人；

（2）成年被后见人㊀或被保佐人㊁或根据外国法令被视为前述人员的人；

㊀ "后见人"，类似于中国的监护人。日本的后见人制度一般分为未成年后见与成年后见，成年后见制度又可分为法定后见与任意后见。法定后见是指对因精神疾病等导致判断能力欠缺的人，经家庭裁判所（处理家庭关系的专门法院）选任人员对其合法权利进行保护和支援的制度（如代本人签订合同等）。

㊁ 法定后见制度又根据对象的判断能力水平，分为"后见""保佐""辅助"这三种类型。"后见"的对象为通常状态下无判断能力之人，"保佐"的对象为判断能力显著欠缺之人，"辅助"的对象为判断能力欠缺之人，这三种类型对应的代理权范围等有所不同。

(3) 因接受破产程序开始的决定尚未获得复权的人或者根据外国法令被视为前述人员的人；

(4) 被判处监禁以上的刑罚（包括外国法令中与此等同的刑罚），自该刑期执行结束或者不再接受该刑罚之日起算未满五年的人；

(5) 违反本法律、《信托法》、《信托业法》、《关于金融机构兼营信托业务等的法律》、《金融商品交易法》、《商品期货交易法》（一九五〇年法律第二百三十九项）、《住宅用地建筑交易业法》、《关于取缔接受出资、存款及利息等的法律》（一九五四年法律第一百九十五项）、《分期付款销售法》（一九六一年法律第一百五十九项）、《贷款业法》（一九八三年法律第三十二项）、《关于特定商品等的寄存等交易合同的法律》（一九八六年法律第六十二项）、《关于商品投资事业的规定的法律》（一九九一法律第六十六项）、《不动产特定共同事业法》（一九九四年法律第七十七项）、《关于资产的流动化的法律》（一九九八年法律第一百〇五项）、《关于为金融业者的贷款业务发行公司债券等的法律》（一九九九年法律第三十二项）、《公司法》或《关于一般社团法人及一般财团法人的法律》（二〇〇六年法律第四十八项）或相当于前述法律的外国法令的规定，或犯有《民事再生法》（一九九九年法律第二百二十五项）第二百五十五条、第二百五十六条、第二百五十八条至第二百六十二条所述罪行，或犯有《关于外国破产处理手续的批准援助的法律》（二〇〇年法律第一百二十九项）第六十五条、第六十六条、第六十八条或第六十九条所述罪行，或《破产法》（二〇〇四年法律第七十五项）第二百六十五条、第二百六十六条、第二百六十八条至第二百七十二条或第二百七十四条所述罪行，或犯有《刑法》（一九〇七年法律第四十五项）第二百〇四条、第二百〇六条、第二百〇八条、第二百〇八条之二或者第二百四十七条所述罪行，《关于暴力行为等的处罚的法律》（一九二六年法律第六十项）所述罪行，或者《关于防止暴力团员的不正当行为的法律》（一九九一年法律第七十七项）第四十六条至第四十九条、第五十条（仅限于与第一项相关的部分）或第五十一条所述罪行，并被判处罚金（包括外国法令中与此相当的刑罚），自该刑罚执行结束或者不再接受该刑罚之日起算未满五年的人。

第九十九条　执行役员的任期

1. 执行役员的任期不能超过两年。

2. 尽管有前款的规定，若在规约中规定了第九十一条第一款但书，则根据投资人大会的决议，可将执行役员的任期延长至，自选任后两年届满之日的次日起三十日以内召开的以选任执行役员为议题的投资人大会结束之时。

第一百条 监督役员的资格

下列人员不得担任监督役员。

（1）第九十八条各项所列人士；

（2）投资法人的设立企划人；

（3）作为投资法人设立企划人的法人或者其子公司［是指该法人持有过半数的其全体股东表决权（无法就可以通过股东大会进行决议的全部事项行使表决权的股份的表决权除外，包括根据《公司法》第八百七十九条第三款的规定被视为拥有表决权的股份的表决权）的株式会社。在第五项及第二百条第一项中具有相同含义。］的役员或雇员或者担任前述任意一个或两个以上职务的人；

（4）投资法人的执行役员；

（5）就投资法人发行的投资份额认购人的募集接受委托的金融商品交易业者等（指《金融商品交易法》第三十四条规定的金融商品交易业者等）或金融商品中介商（指该法第二条第十二款规定的金融商品中介商。在以下本项中具有相同含义）或者前述子公司的役员或雇员或作为个人的金融商品中介者或者符合前述一个或两个以上情况的人；

（6）因与其他投资法人的设立企划人或执行役员存在利害关系或因其他事由导致其可能对监督役员职责的履行造成妨碍的由内阁府令规定的人士。

第一百○一条 监督役员的任期

1. 监督役员的任期为四年。但是，根据规约或投资人大会的决议，不妨碍缩短其任期。

2. 第九十九条第二款及《公司法》第三百三十六条第三款的规定准用于前款所述的监督役员任期。在此情况下，第九十九条第二款中的"前款"应替换为"第一百○一条第一款正文"，"两年"应替换为"四年"，该法第三百三十六条第三款中的"第一款"应替换为"《投资法人法》第一百○一条第一款"，除此之外，必要的技术性替换由政令规定。

第一百○二条 审计人的资格等

1. 审计人必须为注册会计师［包括《注册会计师法》（一九四八年法律第一百○三项）第十六条之二第五款中规定的外国注册会计师。下同］或监查法人。

2. 被选为审计人的监查法人，必须从其职员中选定人员履行审计人职务，并就此通知投资法人。在此情况下，不能选定下一款第二项或第三项中列述的人员。

3. 下列人员不能成为审计人。

（1）根据《注册会计师法》的规定，无权就第一百一十五条之二第一款各项所列文件进行监查的人士；

（2）正在从投资法人的子法人或其执行役员或监督役员处，通过注册会计师或监查法人的业务以外的业务，持续获得报酬的人士或其配偶有此等情况；

（3）正在从投资法人的一般事务受托人、资产经营公司或资产保管公司或该等主体的取缔役、会计参与、监查役或执行役处，通过注册会计师或监查法人的业务以外的业务，持续获得报酬的人士或其配偶有此等情况；

（4）有半数以上的人是前两项所列人士的监查法人。

第一百〇三条　审计人的任期

1. 审计人的任期，于其就任一年后的首个决算期完成后召开的首次投资人大会结束之时到期。

2. 若在前款投资人大会中未作出另行决议，则视为审计人在该投资人大会中被再次选任。

3. 前两款的规定不适用于清算投资法人（指第一百五十条之三规定的清算投资法人。在第一百一十五条之二第一款第二项中具有相同含义）的审计人。

第一百〇四条　解职

1. 役员及审计人，可随时根据投资人大会的决议予以解职。

2. 根据前款规定被解职的主体，除非就其解职存在正当理由，否则该主体可以就该解职造成的损害向投资法人提出赔偿要求。

3.《公司法》第八百五十四条第一款（仅限于与第二项相关的部分）、第八百五十五条、第八百五十六条及第九百三十七条第一款（仅限于与第一项J相关的部分）的规定准用于针对役员解职提起的诉讼。在此情况下，必要的技术性替换由政令规定。

第一百〇五条　役员会等对审计人的解职

1. 在审计人有下列任一情形时，役员会或者清算组会议可以解除该审计人的职务：

（1）违反职务上的义务或者玩忽职守时。

（2）作为审计人出现与其职位不符的不良行为时。

（3）因身心问题对职务的执行造成阻碍，或者无法承受该职务时。

2. 根据前款规定执行的解职，必须征得役员会或者清算组会议全体成员的同意。

3. 根据第一款规定解除审计人的职务时，由役员会选定的监督役员或清算组会议选定的清算监督人，必须在解任后首次召开的投资人大会上就该解职及解职的理由进行报告。

第一百〇六条　役员解职的投资人大会的决议

1. 尽管有第九十三条之二第一款的规定，就役员解职的投资人大会进行决议时，出席的投资人必须持有过半数的已发行投资份额，且以出席的该等投资人的过半数（如果规约中规定了更高比例，则超过该比例的多数）表决权进行表决。

第一百〇七条　关于审计人的选任等的意见的陈述

1. 审计人可以就审计人的选任、解职或者不再委托或者辞职出席投资人大会并发表意见。

2. 已卸任的审计人以及已根据第一百〇五条第一款的规定被解职的审计人，可以出席其辞职后或解职后召开的首次投资人大会，并就辞职事宜及其理由或解职发表意见。

3. 执行役员或清算执行人必须就前款所述投资人大会的召集以及第九十条之二第一款第一项所列事项，向前款所述主体发送通知。

第一百〇八条　役员等产生空缺时的措施

1. 在役员空缺或本法律或规约规定的役员人数空缺的情况下，在新选任的役员（包括应该担任下款所述临时役员职务的人士）就任之前，因任期届满或辞职卸任的役员仍然享有其作为役员的权利义务。

2. 在前款规定的情况下，若内阁总理大臣认为有必要，可以根据利害关系人的申请，选任人员担任临时役员的职务。

3. 在审计人空缺或规约规定的审计人人数空缺的情况下，如未及时选任审计人，役员会或清算组会议必须选任人员担任临时审计人职务。

4. 第一百〇二条及第一百〇五条的规定准用于担任前款所述临时审计人职务的主体。

第四分节 执行役员

第一百〇九条　职务

1. 执行役员代表投资法人执行投资法人的业务。

2. 除本法律另有规定外，执行役员计划执行下述事项及其他重要职务时，必须征得役员会的批准。

（1）根据第九十条的规定召集投资人大会；

（2）根据第一百一十七条的规定委托事务；

（3）根据第一百三十九条之八的规定委托与投资法人债务管理相关的事务；

（4）根据第一百四十六条第一款的规定停止投资份额的返还；

（5）签订合并合同；

（6）签订与资产运营或保管相关的委托合同或变更合同内容；

（7）支付资产运营报酬、资产管理手续费及其他与资产运营或管理相关的费用；

（8）批准第二百〇五条第一款所述事项。

3. 执行役员必须就其职务的履行情况向役员会作报告，频率为至少每三个月一次。

4. 若规约未就执行役员的薪额作出规定，则役员会可按照第六十七条第一款第十二项所述标准决定其金额。

5.《公司法》第三百四十九条第四款和第五款、三百五十五条和第三百六十条第一款的规定准用于执行役员，该法第三百五十条的规定准用于投资法人，该法第三百五十二条、第八百六十八条第一款、第八百六十九条、第八百七十一条、第八百七十四条（仅限于与第四项相关的部分）、第八百七十五条及第八百七十六条的规定准用于代行役员职务的人士。在此情况下，该法第三百六十条第一款中的"显著损害"替换为"不可挽回的损害"，除此之外，必要的技术性替换由政令规定。

第一百一十条　与业务执行相关的检查人员的选任

1. 如果存在充分理由怀疑投资法人的业务执行中存在不正当行为或者违反法令或规约的重大事实，持有百分之三（如果规约中制定更低的比例，则为该比例）以上的已发行投资份额的投资人可以向内阁总理大臣提出选任检查人员的申请，以调查该投资法人的业务及财产状况。

2.《公司法》第三百五十八条第二款、第四款至第七款以及第三百五十九条的规定准用于在前款所述申请的情况下选任的检查人员及其出具的报告。在此情况下，该法第三百五十八条第二款、第五款、第六款以及第三百五十九条第一款和第二款中的"裁判所"应替换为"内阁总理大臣"，除此之外，必要的技术性替换由政令规定。

第五分节　监督役员

第一百一十一条

1. 监督役员负责就执行役员职务的执行进行监督。

2. 监督役员可随时要求执行役员、一般事务受托人、资产运营公司及资产管理公司就投资法人的业务及财产状况作出报告，或者进行必要的调查。

3. 第一百〇九条第四款，《公司法》第三百五十五条、第三百八十一条第三款及第四款、第三百八十四条、第三百八十五条及第三百八十六条第一款（仅限于与第一项相关的部分）以及第二款（仅限于与第一项及第二项相关的部分）的规定准用于监督役员。在此情况下，必要的技术性替换由政令规定。

第六分节　役员会

第一百一十二条　役员会

1. 役员会人员由所有执行役员及监督役员组成。

第一百一十三条　役员会的召集

1. 仅有一名执行役员的情况下，役员会由该执行役员召集，执行役员人数在两人及以上的情况下，由各执行役员召集。但是，在执行役员为两人及以上的情况下，若规约或役员会中指定了召集役员会的执行役员，则由该执行役员召集。

2. 在前款但书规定的情况下，除根据该款但书规定指定的执行役员（在以下本款及下一款中称为"召集权人"）外的其他执行役员可以向召集权人出示作为役员会的目的事项，提出召集役员会的请求。

3. 监督役员为了执行其职务，必要时，可以向执行役员（在第一款但书规定的情况下，为召集权人）出示作为役员会的目的事项，提出召集役员会的请求。

4. 如自根据前两款规定作出请求之日起五日内确定了役员会召集日期，且该日期为该请求发出之日起两周以内的日期，则在未发送役员会召集通知的情况下，提出该要求的执行役员或监督役员可以召集役员会。

第一百一十四条　役员会的权限等

1. 役员会除了行使本法律和规约规定的权限外，还负责对执行役员职务的执行进行监督。

2. 在执行役员有下列任一情形时，役员会可以解除该执行役员的职务。

（1）违反职务上的义务或者玩忽职守时；

（2）作为执行役员出现与其职位不符的不良行为时；

（3）因身心问题对职务的执行造成阻碍，或者无法承受该职务时。

3. 若根据前款规定解除执行役员职务或因其他事由（执行役员任期届满及辞职除外）导致执行役员出现职位空缺，监督役员必须立即就执行役员的选任事宜共同召集投资人大会。但是，根据第九十六条第二款中准用的《公司法》第三百二十九条第三款规定的选任了候补执行役员的情况下，不受此限制。

4. 在前款正文所述情况下，监督役员必须在征得其全体监督役员的一致同意后就执行役员的选任制定议案，将其提交给该款正文所述投资人大会。

5. 根据第二款规定解除执行役员的职务时，由过半数的监督役员选定的监督役员必须在执行役员解职后首次召集的投资人大会上就该解职及解职理由作出报告。

6. 根据第二款规定被解职的执行役员，可以出席前款所述投资人大会，就其解职发表意见。

7. 凡召集前款所述投资人大会的人士，必须就该投资人大会的召集以及第九十条之二第一款第一项所列事项，向该款所述人士发送通知。

第一百一十五条　《公司法》的准用等

1.《公司法》第三百六十八条及第三百六十九条的规定准用于役员会，该法第三百七十一条（第三款除外）的规定准用于投资法人。在此情况下，该法第三百六十九条第一款中的"取缔役的"应替换为"构成人员的"，该条第二款中的"取缔役"、以及该条第三款中的"取缔役和监查役"应替换为"执行役员和监督役员"，该条第五款中的"在取缔役中"应替换为"在执行役员和监督役员中"，该法第三百七十一条第二款中的"在股份公司的营业时间内，随时"应替换为"获得内阁总理大臣的批准"，该条第四款及第六款中的"裁判所"应替换为"内阁总理大臣"。除此之外，必要的技术性替换由政令规定。

2. 内阁总理大臣根据在前款中替换后准用的《公司法》第三百七十一条第二款及第四款（包括该条第五款中准用的情况）的规定，就批准的申请进行处分时，必须听取与该申请相关的投资法人的陈述。

第七分节 审计人

第一百一十五条之二　审计人的权限等

1. 审计人根据第七节及第十二节的规定，对下列文件进行审计。在此情况下，审计人必须根据内阁府令的规定，制作审计报告。

   (1) 投资法人的会计文件（指第一百二十九条第二款规定的会计文件。在第一百一十五条之七第二款第一项B中具有相同含义）、资产运营报告、资金分配相关的核算报表，以及前述文件的附属明细书；

   (2) 清算投资法人的财产目录等（指第一百五十五条第一款规定的财产目录等）及决算报告。

2. 审计人为执行其职务，必要时，可要求一般事务受托人、资产运营公司及资产管理公司就投资法人会计事宜作出报告。

3. 审计人在执行其职务时，不得雇佣符合下列任一条件的人员：

   (1) 第一百〇二条第三款第一项至第三项中提述的人；

   (2) 投资法人或其子法人的执行役员、监督役员、清算执行人、清算监督人或一般事务受托人；

   (3) 投资法人或其子法人的一般事务受托人、资产运营公司或资产管理公司的取缔役、会计参与（如果会计参与为监查法人或注册税务师法人，则为应执行该职务的职员）、监查役、执行役或其他役员或受雇人；

(4) 就注册会计师或者监查法人的业务以外的业务，从投资法人或其子法人公司或者前述主体的一般事务受托人、资产运营公司或资产管理公司处持续领取报酬的人。

4.《公司法》第三百九十六条第二款至第四款的规定准用于投资法人的审计人。在此情况下，该条第二款中的"取缔役、会计参与以及支配者及其他受雇人"应替换为"执行役员及清算执行人"，除此之外，必要的技术性替换由政令规定。

第一百一十五条之三　审计人向监督役员等作出的报告

1. 审计人在执行其职务时，若发现执行役员或清算执行人在执行职务时存在不正当行为或违反法令或规约的重大事实，应当及时向监督役员或清算监督人报告。

2. 监督役员及清算监督人为行使其职务，必要时，可以要求审计人提供与该监查相关的报告。

第一百一十五条之四　审计人在投资人大会上的意见陈述

1. 若投资人大会中的决议要求审计人（如果审计人是监查法人，则为应执行该职务的职员。在以下本条中具有相同含义）出席时，审计人必须出席投资人大会并发表意见。

第一百一十五条之五　审计人的报酬

1. 在规约未就审计人的报酬作出规定的情况下，应由役员会或者清算组会议按照第六十七条第一款第十二项所述标准决定其数额。

2. 就根据第一百〇八条第三款规定被选任为临时审计人执行职务的人士而言，执行役员或清算执行人在制定其报酬时，必须获得役员会或清算组会议的批准。

第八分节　役员等的损害赔偿责任

第一百一十五条之六　役员等对投资法人的损害赔偿责任

1. 若执行役员、监督役员或审计人（在以下本款中称为"役员等"）存在玩忽职守的情况，则应当就由此产生的损害向投资法人承担赔偿责任。

2. 如未获得全体投资人的同意，前款所述责任不得免除。

3. 尽管有前款的规定，关于第一款的责任，在该役员等善意执行职务且不存在重大过失的情况下，可以根据投资人大会的决议，以如下金额为限，从其承担的赔偿责任金额中免除：将与该役员等在其任职中每年作为职务履行的对价从投资法人处领取或应领取的财产性利益等同的数额作为基准额并根据内阁府令规定的方法求得的数额，与根据下述各项所列的役员等的划分所分别规定的数值相乘后得到的金额。

(1) 执行役员或监督役员；

(2) 审计人。

4. 在前款所述情况下，执行役员必须在该款所述的投资人大会上公开下述事项。

(1) 造成该责任的事实及承担的赔偿责任金额；

(2) 可根据前款规定免除的额度及其计算依据；

(3) 应免除责任的理由及免除额。

5. 执行役员在就第一款所述责任的免除（仅限于执行役员的责任免除）向投资人大会提交有关议案时，必须征得各监督役员的同意。

6. 在达成第三款所述决议的情况下，投资法人在该决议后，向该款所述役员等发放退职慰劳金及其他内阁府令规定的财产性利益时，必须获得投资人大会的批准。

7. 尽管有第二款的规定，在该役员等善意执行职务且不存在重大过失的情况下，投资法人在综合考虑造成该责任的事实、该役员等的履职情况及其他情况后，如认为特别必要，可在规约中作出如下规定：将以第三款规定的免赔额为限，通过役员会的决议予以免除。

8. 在向投资人大会提交变更规约并根据前款规定制定新条款（仅限于就执行役员的责任免除作出规定）的议案的情况下，或基于根据前款规定在规约中就责任免除（仅限于执行役员的责任免除）作出的规定向役员会提交与之相关的议案的情况下，第五款规定适用。

9. 在役员会基于根据第七款规定制定的规约的规定就役员等的责任免除作出决议时，执行役员必须及时就在对第四款各项所列事项及责任免除存有异议情况下应在一定的期限内就该异议进行陈述之事宜进行公告，或向投资人发送通知。但该期限不得少于一个月。

10. 持有百分之三（如果规约中制定更低的比例，则为该比例）以上的已发行投资份额（承担前款所述责任的役员等持有的投资份额除外）的投资人在该款所述期限内陈述异议时，投资法人不得基于根据第七款规定制定的规约的规定进行免除。

11. 第六款规定准用于基于根据第七款规定制定的规约的规定免除责任的情况。

12. 审计人承担第一款所述责任时，《公司法》第四百二十七条（第三款除外）的规定予以准用。在此情况下，该条第一款中的"第四百二十四条"应替换为"《投资法人法》第一百一十五条之六第二款"，"最低责任限额"应替换为"该条第三款所述的相乘所得金额"，该条第四款第一项中的"第四百二十五条第二款第一项"应替换为"《投资法人法》第一百一十五条之六第四款第一项"，该款第三项中的"第四百二十三条第一款"应替换为"《投资法人法》第一百一十五条之六第一款"，该条第五款中的"第四百二十五条第四款及第五款"应替换为"《投资法人法》第一百一十五条之六第六款",除此之外,必要的技术性替换由政令规定。

第一百一十五条之七　役员等对第三方的损害赔偿责任

1. 若役员在执行职务时存在恶意或重大过失,该役员必须就由此产生的损害向第三方承担赔偿责任。

2. 以下各项所列主体,在出现下列各项中规定的行为时,前款规定同样适用。但是,若证明该主体作出该行为时不存在疏忽大意的情况,则不受此限制。

(1) 该主体为执行役员及监督役员时,指下述行为:

A. 在募集投资份额或投资法人债的认购人时,就必须予以通知的重要事项作出虚假的通知,或者为执行该募集,在说明投资法人的业务及其他相关事项所用资料中存在虚假的记载或记录;

B. 对应记载或记录于会计文件、资产运营报告、资金分配相关的核算报告以及前述文件的附属明细书中的重要事项作出虚假记载或记录;

C. 虚假注册;

D. 虚假公告。

(2) 该主体为审计人时,指对会计审计报告中应记载或记录的重要事项作出虚假记载或记录。

第一百一十五条之八　役员等的连带责任

1. 若役员等就投资法人或第三方产生的损害承担赔偿责任时,在其他役员等也就该损害承担赔偿责任的情况下,上述人士为连带债务人。

第一百一十六条　针对役员等责任的追究提起的诉讼

1. 《公司法》第七编第二章第二节(第八百四十七条第二款,第八百四十七条之二,第八百四十七条之三,第八百四十九条第二款、第三款第二项及第三项及第六款至第十一款,第八百五十一条第一款第一项及第二款及第八百五十三条第一款第二项及第三项除外)的规定准用于针对役员等的责任追究提起的诉讼。在此情况下,必要的技术性替换由政令规定。

第五节 事务的委托

第一百一十七条　委托事务

1. 除资产运营及管理相关业务之外,投资法人应当根据内阁府令规定,将下述相关事务委托给他人办理。

（1）发行的投资份额及投资法人债的认购人的募集事宜以及与新投资份额预约权无偿分配相关的事务；

（2）投资人名册、新投资份额预约权原簿及投资法人债原簿的制备以及其他与投资人名册、新投资份额预约权原簿及投资法人债原簿相关的事务；

（3）与投资证券、新投资份额预约权证券及投资法人债券（以下称为"投资证券等"）的发行相关的事务；

（4）机构运营事务；

（5）会计事务；

（6）除上述各款所列事项外，内阁府令规定的事务。

第一百一十八条　事务受托人的义务

1. 就前条各项所列事务接受投资法人委托的一般事务受托人，必须为该投资法人忠实地办理其事务。

2. 就前条各项所列事务接受投资法人委托的一般事务受托人，要以善良管理人的注意义务开展该投资法人委托的事务。

第一百一十九条　一般事务受托人的责任

1. 若一般事务受托人在履行职责时存在玩忽职守的情况，则其应就由此产生的损害对投资法人承担连带赔偿责任。

2. 一般事务受托人在就投资法人产生的损害承担赔偿责任时，在执行役员、监督役员、清算执行人、清算监督人或审计人也就该损害承担赔偿责任的情况下，该一般事务受托人、执行役员、监督役员、清算执行人、清算监督人及审计人为连带债务人。

3. 第一百一十五条之六第二款的规定准用于第一款所述责任，《公司法》第七编第二章第二节（第八百四十七条第二款，第八百四十七条之二，第八百四十七条之三，第八百四十九条第二款、第三款第二项及第三项以及第六款至第十一款，第八百五十一条第一款第一项及第二项，第八百五十三条第一款第二项以及第三项除外）的规定准用于针对一般事务受托人的责任追究提起的诉讼。在此情况下，必要的技术性替换由政令规定。

第一百二十条　略

第一百二十一条　略

第一百二十二条　略

第一百二十三条　略

第六节　投资份额的退还

第一百二十四条　退还要求

1. 除下列情况外，第八十六条第一款规定的投资法人必须按照投资人的要求退还投资份额。

（1）自第七十七条之三第二款规定的基准日起，到可行使作为投资人或质权人的权利之日为止，投资人于此期间提出要求时。

（2）解散时。

（3）净资产额低于基准净资产额（指最低净资产额加上政令规定的五千万日元以上的金额后的金额。在下一节第四分节及第二百一十五条第一款中具有相同含义）时。

（4）符合规约中规定的事由时。

（5）依据其他法令或基于法令作出的处置，必须停止或可停止退还时。

2. 对于前款的要求，必须明确下列事项。

（1）拟要求退还的投资份额数目。

（2）要求的日期。

3. 根据第一款提出要求的投资人必须向投资法人提交投资证券。但是，如该投资证券尚未发行，则不在此限制。

第一百二十五条　退还

1. 投资法人退还投资份额时，必须依照该投资法人持有的资产内容，按公平金额执行。

2. 投资份额的退还将在支付退还金额时，产生其效力。

3. 投资法人在退还投资份额后，根据内阁府令的规定，必须在投资人名册上记载退还事宜，并且从出资总额等中扣除相当于出资总额等中已退还的投资份额的金额。

第一百二十六条　退还金额的公示

1. 投资法人根据内阁府令的规定，可事先对其投资份额的退还金额进行公示。在此情况下，必须以该公示金额退还投资份额。

第一百二十六条之二　关于非法退还的责任

1. 在第一百二十四条第一款第三项所列情况下，当投资法人已退还投资份额时，通过该退还而获得款项的主体及履行该退还相关职责的业务执行人（指内阁府令规定的执行役员及其他在职务上参与该执行役员所执行业务的执行人员。本条及下一条第一款同），对该投资法人负有连带地支付与获得该款项的主体所获得款项金额相等款项的义务。

2. 尽管有前款的规定，当业务执行人已证明其在履行职务时并未疏忽大意，则不承担前款规定的义务。

3. 根据第一款规定，业务执行人所承担的义务，未经全体投资人同意，则不能免除。

第一百二十六条之三　对投资人求偿权的限制等

1. 在前条第一款规定的情况下，符合该情况的善意投资人对于该投资人所获得的款项，没有义务回应已支付该款款项的业务执行人的求偿要求。

2. 在前条第一款规定的情况下，投资法人的债权人，对于基于该款规定负有义务的投资人，可以让其向投资法人支付相当于其所领取的款项金额的款项。

3. 对于根据前款规定向投资法人支付了该款款项的人员，在获得投资份额退还的时候，仍视为投资人。

第一百二十七条　非法接受退还者的责任

1. 以不公平的金额接受了投资份额退还的主体中存有恶意者，有义务向投资法人支付与公平金额的差额相当的款项。

2.《公司法》第七编第二章第二节（第八百四十七条第二款，第八百四十七条之二，第八百四十七条之三，第八百四十九条第二款、第三款第二项及第三项与第六款至第十一款，第八百五十一条第一款第一项及第二款与第八百五十三条第一款第二项及第三项除外）的规定准用于前款规定的要求付款的诉讼。在此情况下，必要的技术性替换由政令规定。

第七节　会计核算等

第一分节　会计准则

第一百二十八条　投资法人的会计，应当遵循普遍认为公平合理的企业会计惯例。

第二分节　会计账簿等

第一目　会计账簿

第一百二十八条之二　会计账簿的制作及保存

1. 投资法人，根据内阁府令的规定，应当及时地制作正确的会计账簿。

2. 投资法人在会计账簿不予公开的十年内，必须保存该会计账簿及其业务相关的重要资料。

第一百二十八条之三　会计账簿的查阅等要求

1. 投资人，在投资法人的营业时间内，可以随时提出以下要求。在此情况下，必须明确提出该要求的理由。

（1）当会计账簿或者与此相关的资料以书面形式制作而成时，要求查阅或誊写该书面资料。

（2）当会计账簿或者与此相关的资料以电磁记录的形式制作而成时，要求按照内阁府令规定的方法查阅或誊写记录于该电磁记录中的事项的内容。

2. 《公司法》第四百三十三条第二款（第三项除外）的规定、该条第三款及第四款的规定，分别准用于前款的要求、母法人的投资人。在此情况下，该条第三款及第四款中的"裁判所"应替换为"内阁总理大臣"，该条第三款中的"第一款各项"应替换为"《投资法人法》第一百二十八条之三第一款各项"，该条第四款中的"第二款各项"应替换为"第二款第一项、第二项、第四项或第五项"。

第一百二十八条之四　会计账簿的提交命令

裁判所可根据申请或利用职权，命令诉讼当事人提交全部或部分会计账簿。

第二目　会计文件等

第一百二十九条　会计文件等资料的制作等

1. 投资法人根据内阁府令的规定，必须制作其成立之日的资产负债表。

2. 投资法人根据内阁府令的规定，必须制作涉及各营业期间[指自某结算期的前一个决算期的次日（没有该等日期时，则为投资法人成立的日期）起至该结算期为止的期间。第一百三十二条第一款及第二百一十二条同]的会计文件（资产负债表、损益表以及其他内阁府令规定的对于体现投资法人的财产及损益情况必要且适当的文件。下同）、资产运营报告和资金分配相关的核算报告以及相关文件的附属明细表。

3. 会计文件、资产运营报告及资金分配相关的核算报告以及相关文件的附属明细表，可以以电磁记录的形式制作。

4. 投资法人自制作会计文件后的十年内，必须保存该会计文件及其附属明细表。

第一百三十条　会计文件等资料的审计

1. 前条第二款的会计文件、资产运营报告及资金分配相关的核算报告以及相关文件的附属明细表（关于资产运营报告及其附属明细表，仅限于与会计相关的部分）根据内阁府令规定，必须接受审计人的审计。

第一百三十一条　会计文件等资料的批准等

1. 执行役员必须向役员会提交或提供接受了前条审计的会计文件、资产运营报告资金分配的相关核算报告以及相关文件的附属明细表与会计审计报告。

2. 根据前款规定提交或提供的会计文件、资产运营报告及资金分配的相关核算报告以及相关附属明细表必须得到役员会的批准。

3. 执行役员在得到前款的批准时，应及时通知投资人批准事宜。

4. 执行役员依照前款的规定，利用电子信息处理机构或利用其他信息通信技术的方法作出通知的，根据政令规定，必须得到投资人的同意，并根据内阁府令规定的方法执行该通知。

5. 执行役员根据第三款的规定进行通知时，应根据内阁府令的规定，向投资人提供经第二款批准的会计文件、资产运营报告、与资金分配有关的核算报告和会计审计报告。

第一百三十二条　会计文件等资料的准备及查阅等

1. 投资法人必须在得到前条第二款的批准之日起五年内，在其公司总部准备好涉及各营业期间的会计文件、资产运营报告、与资金分配的相关核算报告以及相关文件的附属明细表和会计审计报告。

2.《公司法》第四百四十二条第三款及第四款的规定准用于前款的会计文件、资产运营报告、与资金分配的相关核算报告以及相关文件的附属明细表以及会计审计报告。在此情况下，该条第四款中的"裁判所"应替换为"内阁总理大臣"，除此之外，必要的技术性替换由政令规定。

第一百三十三条　会计文件等资料的提交命令

1. 裁判所可根据申请或利用职权，命令诉讼当事人提交全部或部分会计文件及其附属明细表。

第一百三十四条　删除

第三分节　出资盈余等

第一百三十五条　出资盈余

1. 投资法人在因投资份额的退还而减少的出资总额等的合计金额超过投资份额退还所需要的金额的情况下，必须将其超出金额作为出资盈余进行积存。

2. 关于合并时应作为出资盈余进行积存的金额，由内阁府令规定。

第一百三十六条　利润及损失的处理

1. 投资法人根据取得第一百三十一条第二款批准的资金分配的相关核算报告，可将全部或部分利润（指在资产负债表上的净资产额超过出资总额等的合计金额的情况下，从该净资产额中扣除该出资总额等合计金额后的所得金额。在下条第一款及第三款中具有相同含义）划入出资总额。

2. 投资法人基于前款的资金分配的相关核算报告，根据内阁府令的规定，可从出资总额等中扣除全部或部分损失（指在出资总额等的合计金额超过资产负债表上的净资产额的情况下，从该出资总额等的合计金额中扣除该净资产额后的所得金额）。

第四分节　资金的分配等

第一百三十七条　资金的分配

1. 投资法人根据第一百三十一条第二款所批准的资金分配的相关核算报告可对其投资人进行超出利润范围的资金分配。但是，不能超过从资产负债表上的净资产额中扣除基准净资产额后的所得金额。

2. 资金分配的相关核算报告，必须按照规约规定的资金分配方针进行制定。

3. 在第一款正文的情况下，根据内阁府令的规定，必须从出资总额或第一百三十五条的出资盈余金额中扣除超出该利润范围而分配给投资人的金额。

4. 资金的分配，必须根据投资人所持有的投资份额的数目执行。

5. 公司法第四百五十七条的规定准用于投资法人的资金分配。在此情况下，该条第一款中的"股息资产（包括根据第四百五十五条第二款的规定支付的资金及根据前条的规定支付的资金。以下在该条中具有相同含义）"应替换为"根据《投资法人法》第一百三十七条第一款的规定进行分配的资金"，该条第二款及第三款中的"股息资产"应替换为"资金"。除此之外，必要性的技术性替换由政令规定。

第一百三十八条　关于资金分配的责任

1. 在投资法人违反前条第一款的但书进行资金分配的情况下，通过该资金分配而获得资金者的下述人员，对该投资法人负有连带地支付与获得该款项者所获得资金数额相当的金额的义务。

   （1）履行有关该资金分配职责的业务执行人（指内阁府令规定的执行役员及其他在职务上参与该执行役员所执行业务的执行人员）。

   （2）内阁府令规定的向第一百三十一条第二款的役员会提出议案的执行役员。

2. 尽管有前款的规定，该款各项所列人员在证明其执行职务时并未疏忽大意，则不承担前款规定的义务。

3. 根据第一款规定，该款各项所列人员所承担的义务不能免除。但是，如果全体投资人同意，以从分配资金时的资产负债表上的净资产额中扣除基准净资产额后的所得金额为限度免除该义务的，则不在此限。

第一百三十九条　对投资人求偿权的限制等

1. 在前条第一款规定的情况下，如投资法人根据资金分配发放给投资人的资金总额，超过从该资金分配生效之日的资产负债表上的净资产额中扣除基准净资产额后的所得金额，则对这一事项怀有善意的投资人，就该投资人所获得的资金，没有义务向支付了该项资金的该款各项所列人士回应其所提出的求偿要求。

2. 在前条第一款规定的情况下，投资法人的债权人对于根据该款规定负有义务的投资人，可令其支付与其所获得资金金额（当该金额超过了该债权人对投资法人拥有的债权额时，则为该债权额）相当的资金。

第八节 投资法人债券

第一百三十九条之二 投资法人债券的发行

1. 规约中约定了不按投资人的要求退还投资份额的投资法人，可以根据规约规定的金额为限度，发行投资法人债。

2. 投资法人不能与其他投资法人联合发行投资法人债。

第一百三十九条之三 募集投资法人债相关事项的决定

1. 投资法人拟募集其所发行的投资法人债的认购人时，均须对募集投资法人债（指针对响应该募集而申请认购该投资法人债的主体进行分配的投资法人债。以下在本节中具有相同含义）作下列事项的规定。

（1）募集投资法人债的总额。

（2）各募集投资法人债的金额。

（3）募集投资法人债的利率。

（4）募集投资法人债的偿还方法及期限。

（5）利息支付的方式及期限。

（6）发行投资法人债券时的事宜。

（7）如投资法人债的债权人（下称"投资法人债权人"）不能依照第一百三十九条之七所准用的《公司法》第六百九十八条的规定提出全部或部分要求时，则为该事宜。

（8）如投资法人债管理人可不依据投资法人债权人集会的决议而执行第一百三十九条之九第四款第二项所列的行为时，则为该事宜。

（9）应确定接受募集投资法人债的分配的人员的期限。

（10）在前项期限之前，未确定接受投资公司债券总额分配人员的情况下，如有约定认购其余额的人员时，则列出其姓名或名称。

（11）各募集投资法人债的支付金额（指兑换各募集投资法人债而支付的金额。以下在本节中具有相同含义）或其最低金额或者该等金额的计算方法。

（12）募集投资法人债的缴款日。

（13）除前列各项之外，内阁府令规定的事项。

2. 内阁府令规定的前款第一项所列事项及其他与募集投资法人债的认购人相关的重要事项的决定，必须以役员会的决议为依据。

3. 投资法人，除存在第一款第十项规定的人员以外，在该款第九项的期限之前未确定接受投资法人募集债券总额分配人员的情况下，不得发行投资法人募集的全部债券。

第一百三十九条之四　募集投资法人债的申请

1. 投资法人必须向响应前条第一款募集而申请认购投资法人债的投资人通知下列事项。

（1）投资法人的商号及第一百八十九条第一款第二项中的登记日期及登记编号。

（2）申请对象为投资法人债。

（3）涉及该募集的前条第一款各项所列事项。

（4）一般事务受托人的姓名或名称及地址，以及委托给该人员的事务内容。

（5）资产运营公司的名称及与该资产运营公司签订的与资产运营相关的委托合同的概要。

（6）资产保管公司的名称。

（7）除前列各项之外，内阁府令规定的事项。

2. 响应前条第一款募集而申请认购投资法人债的主体，必须向投资法人提交记载下述事项的书面材料。

（1）申请主体的姓名或名称及地址。

（2）拟认购的债券金额及每份金额的数目。

（3）投资法人已确定前条第一款第十一项的最低金额时，所希望的支付金额。

3. 提出前款申请的人员，可以根据政令的规定，通过电磁方式提供该款的书面应记载事项，以代替同款书面资料的提交，取得投资法人的批准。在此情况下，提出该申请的主体，视为已提交了该款的书面资料。

4. 第一款的规定不适用于此情况，即投资法人向拟作出第一款申请的主体发放《金融商品交易法》第二条第十款所规定的记载了该款各项所列事项的发行说明书及其他内阁府令规定的不欠缺对拟申请认购其他募集投资法人债的主体保护的情况。

5. 投资法人在第一款各项记载的事项发生变更时，必须立即向提出第二款申请的主体（在下一款及下条中称为"申请人"）通知该事项及其变更。

6. 投资法人向申请人所作的通知或催告，发送至载于第二款第一项中的地址（该申请人另行通知投资法人其接受通知或催告的地点或联系方式的情况下，则为其指定的地点或联系方式）即可。

7. 前款所述的通知或催告，在其通常应该到达的时间，视为已送达。

第一百三十九条之五　募集投资法人债的分配

1. 投资法人应当从申请人中确定接受募集投资法人债的分配主体，并且确定分配给该主体的募集投资法人债金额及每份金额的数目。在此情况下，投资法人可使拟分配给该申请人的募集投资法人债的每份金额的数目少于前条第二款第二项的数目。

2. 投资法人必须于第一百三十九条之三第一款第十二项规定期限的前一日，向申请人通知分配给该申请人的募集投资法人债金额以及每份金额的数目。

第一百三十九条之六　募集投资法人债的申请及分配的特殊规则

1. 前二条的规定，在拟认购募集投资法人债的主体签订其认购总额合同的情况下，不予适用。

第一百三十九条之七　《公司法》的准用

1.《公司法》第六百八十条至第七百〇一条的规定准用于由投资法人发行投资法人债情况下的投资法人债、投资法人债权人、投资法人债原簿或投资法人债券。在此情况下，该法第六百八十条第二项中的"前条"应替换为"《投资法人法》第一百三十九条之六"，该法第六百八十一条第一项中的"第六百七十六条第三项至第八项"应替换为"《投资法人法》第一百三十九条之三第一款第三项至第八项"，该法第六百八十四条第一款中的"其公司总部（如有公司债券原簿管理人的情况，则为其进行营业活动的场所）"应替换为"《投资法人法》第一百六十六条第二款第八项规定的投资人名册中管理人进行营业活动的场所"，该条第四款及第五款中的"裁判所"应替换为"内阁总理大臣"，该法第六百九十八条中的"第六百七十六条第七项"应替换为"《投资法人法》第一百三十九条之三第一款第七项"。除此之外，必要的技术性替换由政令规定。

第一百三十九条之八　投资法人债管理人的设置

1. 投资法人在发行投资法人债的情况下，必须确定投资法人债管理人，委托其为投资法人债权人进行偿还领取、债权保全以及其他投资法人债的管理。但是，各投资法人债金额在1亿日元以上的，及其他内阁府令规定不存在对其他投资法人债权人的保护不足之可能性的，不在此限。

第一百三十九条之九　投资法人债管理人的权限等

1. 投资法人债管理人有权为投资法人债权人接受投资法人债的相关债权的偿还，或者实施为保全投资法人债相关债权的实现所需的一切审判或审判以外的行为。

2. 投资法人债管理人收到前款偿还的情况下，投资法人债权人可以向其投资法人债管理人要求支付投资法人债的偿还额及利息。在此情况下，当规定了发行投资法人债券的事宜时，投资法人债权人必须要求支付该偿还额以兑换投资法人债券，并要求支付该利息以兑换利息券。

3. 基于前款前段规定的请求权，在十年内不予行使的，则根据时效消灭。

4. 投资法人债管理人，未经投资法人债权人集会的决议，不得做出下列行为。但是，关于第二项所列行为，在第一百三十九条之三第一款第八项中所列举的事项有规定时，则不受此限制。

（1）对全部该投资法人债进行延期支付、对债务的不履行而产生的责任的免除或和解（下一项所列的行为除外）。

（2）属于针对该投资法人债的全部而实施的诉讼行为或破产程序、再生程序或特别清算程序的行为（第一款的行为除外）。

5. 投资法人债管理人，根据前款但书的规定，未通过投资法人债权人集会的决议而实施同款第二项所列之行为时，应当及时公告该事项，并且单独通知已知的投资法人债权人。

6. 基于前款规定的公告必须根据发行投资法人债的投资法人（下一款中称为"投资法人债发行法人"）中的公告方法进行。但是，当该方法为电子公告（指第一百八十六条之二第一款第三项所列的电子公告。在第十三节中具有相同含义）时，则该公告必须以刊登于政府公报上的方法进行。

7. 投资法人债管理人对于接受其管理委托的投资法人债，需要实施第一款的行为或第四款各项所列行为的，可针对投资法人债发行法人与其一般事务受托人、资产运营公司及资产保管公司，调查投资法人债的发行法人的业务及财产的状况。

8.《公司法》第七百〇三条、第七百〇四条、第七百〇七条至第七百一十四条、第八百六十八条第四款、第八百六十九条、第八百七十条第一款（仅限于与第二项相关的部分）、第八百七十一条、第八百七十二条（仅限于与第四项相关的部分）、第八百七十四条（仅限于与第一项及第四项相关的部分）、第八百七十五条及第八百七十六条的规定准用于投资法人债管理人。在此情况下，该等规定中的"公司债券""公司债权人"及"公司债权人集会"应分别替换为"投资法人债""投资法人债权人"及"投资法人债权人集会"，该法第七百〇九条第二款中的"第七百〇五条第一款"应替换为"《投资法人法》第一百三十九条之九第一款"，该法第七百一十条第一款中的"该法律"应替换为"《投资法人法》"，该法第七百一十一条第二款中的"第七百〇二条"应替换为"《投资法人法》第一百三十九条之八"。除此之外，必要的技术性替换由政令规定。

第一百三十九条之十　投资法人债权人集会

1. 投资法人债权人按照投资法人债的种类（指第一百三十九条之十所准用的《公司

法》第六百八十一条第一项规定的种类）组织投资法人债权人集会。

2.《公司法》第七百一十六条至第七百四十二条、第七编第二章第七节、第八百六十八条第四款、第八百六十九条、第八百七十条第一款（仅限于与第七项至第九项相关的部分）、第八百七十一条、第八百七十二条（仅限于与第四项相关的部分）、第八百七十三条、第八百七十四条（仅限于与第四项相关的部分）、第八百七十五条及第八百七十六条的规定，准用于投资法人发行投资法人债情况下的投资法人债、投资法人债权人、投资法人债券、投资法人债管理人或投资法人债权人集会。在此情况下，该法第七百一十六条中的"该法律"应替换为"《投资法人法》"；该法第七百二十四条第二款第一项中的"第七百〇六条第一款各项"应替换为"《投资法人法》第一百三十九条之九第四款各项"；该款第二项中的"第七百〇六条第一款"应替换为"《投资法人法》第一百三十九条之九第四款的规定"；该法第七百三十三条第一项中的"第六百七十六条"应替换为"《投资法人法》第一百三十九条之三第一款"；该法第七百三十七条第二款及第七百四十一条第三款中的"第七百〇五条第一款"应替换为"《投资法人法》第一百三十九条之九第一款"；该法第七百四十条第一款中的"第四百四十九条、第六百二十七条、第六百三十五条、第六百七十条、第七百七十九条（包括准用的第七百八十一条第二款）、第七百八十九条（包括准用的第七百九十三条第二款）、第七百九十九条（包括准用的第八百〇二条第二款）或第八百一十条（第八百一十三条第二款）"应替换为"《投资法人法》第一百四十二条第一款至第五款或第一百四十九条之四（《投资法人法》第一百四十九条之九或第一百四十九条之十四）"；该条第二款中的"第七百〇二条"应替换为"《投资法人法》第一百三十九条之八"；该条第三款中的"第四百四十九条第二款、第六百二十七条第二款、第六百三十五条第二款、第六百七十条第二款、第七百七十九条第二款（包括准用的第七百八十一条第二款。以下在该款中具有相同含义）、第七百八十九条第二款（包括准用的第七百九十三条第二款。以下在该款中具有相同含义）、第七百九十九条第二款（包括准用的第八百〇二条第二款。以下在该款中具有相同含义）及第八百一十条第二款（第八百一十三条第二款）"应替换为"《投资法人法》第一百四十二条第二款及第一百四十九条之四第二款（《投资法人法》第一百四十九条之九及第一百四十九条之十四）"；"第四百四十九条第二款、第六百二十七条第二款、第六百三十五条第二款、第六百七十条第二款、第七百七十九条第二款及第七百九十九条第二款"应替换为"《投资法人法》第一百四十二条第二款及第一百四十九条之四第二款"。除此之外，必要的技术性替换由政令规定。

第一百三十九条之十一　　《有担保公司债信托法》等的适用关系

1.关于《有担保公司债信托法》［明治三十八年（1905年）法律第五十二号］及其

他政令规定法令的适用，根据政令的规定，投资法人债视为公司债。

第一百三十九条之十二　涉及短期投资法人债的特例

1. 尽管存在第一百三十九条之七所准用的《公司法》第六百八十一条的规定，对于符合下列要件之一的投资法人债（下一款及下一条中称为"短期投资法人债"），发行其的投资法人无须编制投资法人债原簿。

（1）各投资法人债的金额不低于一亿日元的。

（2）关于本金的偿还，规定了确定的期限，即自投资法人债总额的支付之日起不满一年，且并无分期付款的规定的。

（3）规定了利息的支付期限与前项的本金偿还期限为同一日的。

（4）根据《有担保公司债信托法》的规定，不附带担保的。

2. 关于短期投资法人债，第一百三十九条之八至第一百三十九条之十的规定不适用。

第一百三十九条之十三　短期投资法人债的发行

1. 除下列情况外，投资法人不得发行短期投资法人债。

（1）满足下列所有必要条件的情况：

A. 为取得特定资产（仅限于不动产及其他政令规定的资产）所需的资金进行筹措及其他内阁府令规定的目的而发行。

B. 在规约中规定了其发行限额。

C. 除A、B所列事项之外，内阁府令规定的保护投资人所需的必要条件。

（2）以偿还短期投资法人债为目的而筹措资金的情况（仅限于内阁府令规定的情况）。

第九节　规约变更

第一百四十条　规约变更

1. 投资法人在其成立后，经投资人大会的决议，可变更规约。

第一百四十一条　关于退还投资份额的规约变更

1. 在变更规约规定对投资份额的退还要求不予回应的情况下，如投资人在前条的投资人大会之前向投资法人作出反对该规约变更的通知，并且在该投资人大会上已反对该规约的变更，则可要求投资法人以公平的价格购买其所持有的投资份额。

2. 投资法人必须在规约（规定对投资份额的退还要求不予回应）变更生效前的二十日之内，向其投资人就该变更事项作出通知。

3. 前款所规定的通知，可以用公告代替。

4. 前条所规定的规约变更中（规定对投资份额的退还要求予以回应的规约变更），只有在投资法人债不存在结余的情况下才能进行。

5.《公司法》第一百一十六条第五款至第九款、第一百一十七条、第八百六十八条第一款、第八百七十条第二款（仅限于与第二项相关的部分）、第八百七十条之二、第八百七十一条正文、第八百七十二条（仅限于与第五项相关的部分）、第八百七十二条之二、第八百七十三条正文、第八百七十五条及第八百七十六条的规定准用于第一款所规定的要求。在此情况下，必要的技术性替换由政令规定。

第一百四十二条　规定减少最低净资产额的规约变更

1. 在变更规约规定减少最低净资产额的情况下，投资法人的债权人可以对该投资法人就该规约变更提出异议。

2. 在前款的情况下，该投资法人必须在政府公报上对下列事项进行公告，并分别对已知债权人发出催告。但是，第二项的期限不能少于一个月。

（1）最低净资产额的减少内容。

（2）债权人可在一定期限内提出异议。

3. 无论前款的规定如何，当第一款的投资法人除了政府公报形式外，还可按照第一百八十六条之二第一款规定的规约规定，通过该款第二项或第三项所列的公告方法，进行前款规定的公告时，则无须分别发出催告。

4. 债权人在第二款第二项的期限内没有提出异议时，则视为该债权人已同意减少该最低净资产额。

5. 债权人在第二款第二项的期限内提出异议时，则第一款的投资法人必须向该债权人进行清偿，或提供适当担保，或者为使该债权人接受清偿而委托信托公司等就相当数额的财产进行信托。但是，在减少该最低净资产额不会损害该债权人的情况下，则不受此限制。

6.《公司法》第八百二十八条第一款（仅限于与第五项相关的部分）及第二款（仅限于与第五项相关的部分）、第八百三十四条（仅限于与第五项相关的部分）、第八百三十五条第一款、第八百三十六条至第八百三十九条、第八百四十六条与第九百三十七条第一款（仅限于与第一项B的相关部分）的规定准用于减少最低净资产额无效的诉讼。在此情况下，必要的技术性替换由政令规定。

第十节　解散

第一百四十三条　解散事由

1. 投资法人根据下列事由解散公司。

(1) 规约规定的存续期限届满。

(2) 发生规约规定的解散事由。

(3) 投资人大会决议。

(4) 合并（仅限于因合并而导致该投资法人消灭的情况）。

(5) 决定启动破产程序。

(6) 基于第一百四十三条之三第一款的规定或第一百四十四条所准用的《公司法》第八百二十四条第一款的规定命令解散的裁判。

(7) 撤销第一百八十七条的注册。

(8) 否决根据第一百九十条第一款规定的第一百八十七条的注册。

第一百四十三条之二　已解散投资法人的合并限制

1. 在投资法人已解散的情况下，则该投资法人不得合并。

第一百四十三条之三　投资法人的解散诉讼

1. 在下列情况下，当有不得已的事由时，持有已发行投资份额十分之一（若规约规定了低于此比例的情况时，则为该比例）以上份额的投资人，可以以诉讼的形式要求解散投资法人。

(1) 投资法人在执行业务过程中遇到明显的困难状况，该投资法人发生或可能发生无法挽回的损失时。

(2) 因投资法人的财产管理或处置明显失当，而危及该投资法人的存立时。

2.《公司法》第八百三十四条（仅限于与第二十项相关的部分）、第八百三十五条第一款、第八百三十六条第一款及第三款、第八百三十七条、第八百三十八条、第八百四十六条与第九百三十七条第一款（仅限于与第一项Ⅰ相关的部分）的规定准用于投资法人的解散诉讼。在此情况下，必要的技术性替换由政令规定。

第一百四十四条　《公司法》的适用

1.《公司法》第八百二十四条、第八百二十六条、第八百六十八条第一款、第八百七十条第一款（仅限于与第十项相关的部分）、第八百七十一条正文、第八百七十二条（仅限于与第四项相关的部分）、第八百七十三条正文、第八百七十五条、第八百七十六条、第九百○四条及第九百三十七条第一款（仅限于与第三项B相关的部分）的规定准用于投资法人的解散命令，该法第八百二十五条、第八百六十八条第一款、第八百七十条第一款（仅限于与第一项相关的部分）、第八百七十一条、第八百七十二条（仅限于与第一项及第四项相关的部分）、第八百七十三条、第八百七十四条（仅限于与第二项及第三项相关的部分）、第八百七十五条、第八百七十六条、第九百○五条及第九百○六条的规定准用于发生本条所准用的该法第八百二十四条第一款的申请的情况下的投资法人的财产保全。在此情况下，该法第八百二十四条第一款、第八百二十五条第一款及第三款、第八百二十六条、第九百〇四条与第九百〇六条第四款中的"法务大臣"应替换为"内阁总理大臣"；该法第八百二十四条第一款第三项中的"业务执行取缔役、执行役或执行业务的员工"应替换为"执行役员或监督役员"。除此之外，必要的技术性替换由政令规定。

第十一节 合并

第一分节 总则

第一百四十五条 合并合同的签订

1. 投资法人可以与其他投资法人合并。在此情况下，进行合并的投资法人必须签订合并合同。

第一百四十六条 出于合并目的而停止退还

1. 第八十六条第一款规定的投资法人，为了签订合并协议及合并，可以公告退还停止期限或向各投资人发出通知，以停止退还投资份额。

2. 前款的退还停止期限不得超过三个月。

3. 基于第一款规定的公告或通知，必须在该款的退还停止期限日的前一个月以上进行。

第二分节 吸收合并

第一百四十七条 吸收合并合同

1. 投资法人进行吸收合并（指投资法人与其他投资法人进行的合并，合并后存续的投资法人继承因合并而消灭的投资法人的所有权利和义务。下同）的情况下，在吸收合并合同中，必须规定下列事项。

（1）吸收合并后存续的投资法人（下称"吸收合并存续法人"）及因吸收合并而消灭的投资法人（下称"吸收合并消灭法人"）的商号及地址。

（2）吸收合并存续法人在吸收合并时，交付给吸收合并消灭法人的投资人的、用以代替其投资份额的该吸收合并存续法人的投资份额数目或该数目的计算方法及该吸收合并存续法人出资总额的相关事项。

（3）吸收合并消灭法人的投资人（吸收合并消灭法人及吸收合并存续法人除外。在下一款中具有相同含义）在前项投资份额的分配的相关事项。

（4）吸收合并消灭法人发行新投资份额预约权时，吸收合并存续法人在吸收合并时，交付给该新投资份额预约权的新投资份额预约权人的、用以代替该新投资份额预约权的资金的金额或其计算方法。

(5) 吸收合并生效之日（在下一条及第四款中称为"生效之日"）。

2. 在前款规定的情况下，关于该款第三项所列事项的规定，必须根据吸收合并消灭法人投资人所持有的投资份额数目交付吸收合并存续法人的投资份额。

第一百四十七条之二　吸收合并的生效等

1. 吸收合并存续法人将在生效之日继承吸收合并消灭法人的权利义务。

2. 吸收合并消灭法人因吸收合并导致的解散，除非在吸收合并登记之后，否则不能以此来对抗第三人。

3. 吸收合并消灭法人的投资人，根据前条第一款第三项所列事项的规定，将在生效之日成为该款第二项投资份额的投资人。

4. 吸收合并消灭法人的新投资份额预约权将在生效之日消灭。

5. 前各款规定，不适用于依据第一百四十九条之四（包括准用第一百四十九条之九的情况）规定的程序尚未结束的情况或吸收合并已中止的情况。

第三分节　新设合并

第一百四十八条　新设合并合同

1. 在两个以上的投资法人进行新设合并（两个以上的投资法人进行的合并，因合并而消灭的投资法人的所有权利义务由因合并而设立的投资法人继承。下同）的情况下，在新设合并合同中必须规定下列事项。

(1) 因新设合并而消灭的投资法人（下称"新设合并消灭法人"）的商号及地址。

(2) 因新设合并而设立的投资法人（下称"新设合并设立法人"）的目的、商号、总部所在地及可发行的投资总份额。

(3) 除前项所列事项之外，新设合并设立法人规约规定的事项。

(4) 新设合并设立法人在设立时的执行役员、设立时监督役员及设立时审计人的姓名或名称。

(5) 新设合并设立法人在新设合并时，交付给新设合并消灭法人的投资人的、用以代替其投资份额的该新设合并设立法人投资份额数目或该数目的计算方法及该新设合并设立法人出资总额相关事项。

(6) 新设合并消灭法人的投资人（除新设合并消灭法人。在下款中具有相同含义）在前项投资份额的分配相关事项。

(7) 新设合并消灭法人在发行新投资份额预约权时，新设合并设立法人在新设合并时，交付给该新投资份额预约权的新投资份额预约权人的、用以代替该新投资份额预约权的资金的金额或其计算方法。

2. 在前款规定的情况下，该款第六项所列事项的规定，必须以根据新设合并消灭法人投资人所持有的投资份额数目交付新设合并设立法人的投资份额为内容。

第一百四十八条之二　新设合并的生效等

1. 新设合并设立法人将在其成立之日继承新设合并消灭法人的权利义务。

2. 在前条第一款规定的情况下，新设合并消灭法人的投资人，将在新设合并设立法人成立之日，根据该款第六项所列事项的规定，成为该款第五项投资份额的投资人。

3. 新设合并消灭法人的新投资份额预约权，将在新设合并设立法人成立之日消灭。

第四分节　吸收合并的程序

第一目　吸收合并消灭法人的程序

第一百四十九条　吸收合并合同相关书面资料等的置备及查阅等

1. 吸收合并消灭法人，必须在下列任一日期中较早的日期到生效之日期间，在其总部置备记载或记录了吸收合并合同内容及其他内阁府令规定事项的书面资料或电磁记录。

（1）下一条第一款中投资人大会之日的两周前之日。

（2）第一百四十九条之三第二款规定的通知日期或该条第三款公告日期中较早的日期。

（3）若存在应接收第一百四十九条之三第二款规定的通知的新投资份额预约权人时，则为该款所规定的通知日期或该条第三款公告日期中较早的日期。

（4）第一百四十九条之四第二款规定的公告日期或该款规定的催告日期中较早的日期。

2. 吸收合并消灭法人的投资人及债权人可在吸收合并消灭法人的营业时间内随时向其提出以下要求。但是，在提出第二项或第四项所列要求时，必须支付该吸收合并消灭法人规定的费用。

（1）要求查阅前款的书面资料。

（2）要求交付前款书面资料的誊本或复印件。

（3）要求查阅通过内阁府令规定的方法显示前款电磁记录中的记录事项内容。

（4）要求利用电磁方法，根据吸收合并消灭法人规定的形式，提供前款电磁记录中的记录事项，或者要求交付记载该事项的书面资料。

第一百四十九条之二　吸收合并合同的批准等

1. 吸收合并消灭法人必须在生效之日的前一日之前，经投资人大会的决议，取得对吸收合并合同的批准。

2. 吸收合并消灭法人必须在生效之日的二十日之前，向其注册投资份额质权人及注册新投资份额预约权质权人就吸收合并的事宜作出通知。

3. 基于前款规定的通知可以用公告代替。

第一百四十九条之三　反对投资人的投资份额购买要求

1. 在吸收合并的情况下，如投资人在前条第一款的投资人大会之前，向吸收合并消灭法人就反对该吸收合并发出通知，并且在该投资人大会上已反对该吸收合并，则可以要求该吸收合并消灭法人以公平的价格购买其所持有的投资份额。

2. 吸收合并消灭法人必须在生效之日的二十日之前，向其投资人就吸收合并的事宜以及吸收合并存续法人的商号及地址发出通知。

3. 前款规定的通知可以用公告代替。

4.《公司法》第七百八十五条第五款至第九款、第七百八十六条、第八百六十八条第一款、第八百七十条第二款（仅限于与第二项相关的部分）、第八百七十条之二、第八百七十一条正文、第八百七十二条（仅限于与第五项相关的部分）、第八百七十二条之二、第八百七十三条正文、第八百七十五条及第八百七十六条的规定准用于第一款规定的要求。在此情况下，必要的技术性替换由政令规定。

第一百四十九条之三之二　新投资份额预约权购买要求

1. 在吸收合并的情况下，吸收合并消灭法人的新投资份额预约权的新投资份额预约权人可以要求吸收合并消灭法人以公平的价格购买其所持有的新投资份额预约权。

2. 吸收合并消灭法人在生效之日的二十日之前，必须向其新投资份额预约权的新投资份额预约权人就吸收合并的事宜以及吸收合并存续法人的商号及地址发出通知。

3. 前款规定的通知可以用公告代替。

4.《公司法》第七百八十七条第五款、第六款及第八款至第十款，第七百八十八条（第八款除外）、第八百六十八条第一款，第八百七十条第二款（仅限于与第二项相关的部分）、第八百七十条之二、第八百七十一条正文、第八百七十二条（仅限于与第五项相关的部分）、第八百七十二条之二、第八百七十三条正文、第八百七十五条与第八百七十六条的规定准用于第一款规定的要求。在此情况下，必要的技术性替换由政令规定。

第一百四十九条之四　债权人的异议

1. 在吸收合并的情况下，吸收合并消灭法人的债权人可以向该吸收合并消灭法人就吸收合并提出异议。

2. 在前款规定的情况下，吸收合并消灭法人必须在政府公报上对下列事项进行公告，并分别对已知债权人发出催告。但是，第三项的期限不能少于一个月。

（1）吸收合并的事宜。

（2）吸收合并存续法人的商号及地址。

（3）债权人在一定期限内可以提出异议。

3. 尽管有前款规定，就该款所规定的公告，吸收合并消灭法人除了政府公报的形式外，按照第一百八十六条之二第一款规定的规约约定，通过该款第二项或第三项所列的公告方法进行公告时，则无须按欠款规定分别发出催告。

4. 债权人在第二款第三项的期限内没有提出异议时，则视为该债权人已同意该吸收合并。

5. 债权人在第二款第三项期限内提出异议时，则吸收合并消灭法人必须向该债权人进行清偿，或提供相当的担保，或者为使该债权人接受清偿，委托信托公司等就相当数额的财产进行信托。但是，在进行该吸收合并且不会损害该债权人的情况下，则不受此限制。

第一百四十九条之五　吸收合并生效日期的变更

1. 吸收合并消灭法人根据与吸收合并存续法人的协商一致，可以变更生效日期。

2. 根据前款规定变更生效日期的情况下，吸收合并消灭法人必须在变更生效日期（变更后的生效日期早于变更前生效日期的情况下，则为该变更后的生效日期）前一日之前，公告变更后的生效日期。

3. 根据第一款的规定变更生效日期后，将变更后的生效日期视为生效日期，适用于本款及第一百四十七条之二的规定。

第二目　吸收合并存续法人的程序

第一百四十九条之六　吸收合并合同相关书面资料等的置备及查阅等

1. 吸收合并存续法人在自下列日期中较早的日期起到生效之日后经过 6 个月之日为止的期间内，必须在其总部置备记载或记录吸收合并合同内容及其他内阁府令规定事项的书面资料或电磁记录。

（1）关于吸收合并合同，须经投资人大会决议并取得其批准时，则为该投资人大会之日两周前的之日。

（2）第一百四十九条之八第二款规定的通知日期或该条第三款公告日期中较早的日期。

（3）第一百四十九条之九所准用的第一百四十九条之四第二款规定的公告日期或该款所规定的催告日期中较早的日期。

2. 第一百四十九条第二款的规定准用于吸收合并存续法人置备的前款书面资料或电

磁记录。

第一百四十九条之七　吸收合并合同的批准等

1. 吸收合并存续法人，必须在生效日期的前一日之前，经投资人大会决议，取得吸收合并合同的批准。

2. 前款规定不适用于吸收合并存续法人在吸收合并时，交付给吸收合并消灭法人的投资人的投资总份额不超过其已发行投资总份额五分之一的情况。在此情况下，吸收合并存续法人在吸收合并合同中，必须对未经该款批准而进行吸收合并的事宜作出规定。

第一百四十九条之八　反对投资人的投资份额购买要求

1. 在吸收合并的情况下，如投资人在前条第一款投资人大会之前，向吸收合并存续法人通知其反对该吸收合并，并且在投资人大会上已反对该吸收合并，则可以要求该吸收合并存续法人以公平的价格购买其持有的投资份额。

2. 在生效日期的二十日之前，吸收合并存续法人必须通知其投资人有关吸收合并事宜以及吸收合并消灭法人的商号及地址。

3. 前款规定的通知可以用公告代替。

4.《公司法》第七百九十七条第五款至第九款、第七百九十八条、第八百六十八条第一款、第八百七十条第二款（仅限于与第二项相关的部分）、第八百七十条之二、第八百七十一条正文、第八百七十二条（仅限于与第五项相关的部分）、第八百七十二条之二、第八百七十三条正文、第八百七十五条及第八百七十六条的规定准用第一款规定的要求。在此情况下，必要的技术性替换由政令规定。

第一百四十九条之九　债权人的异议

1. 第一百四十九条之四的规定准用于吸收合并存续法人。在此情况下，该条第二款第二项中的"吸收合并存续法人"应替换为"吸收合并消灭法人"。

第一百四十九条之十　吸收合并相关书面资料等的置备及查阅等

1. 在生效日期后，吸收合并存续法人必须及时制作书面资料或电磁记录，以记载或记录内阁府令规定的吸收合并存续法人因吸收合并而继承的吸收合并消灭法人的权利义务及其他吸收合并相关事项。

2. 在生效日期后六个月内，吸收合并存续法人必须在其公司总部准备好前款的书面资料或电磁记录。

3. 第一百四十九条第二款的规定准用于吸收合并存续法人准备好的前款书面资料或电磁记录。

第五分节　新设合并的程序

第一目　新设合并消灭法人的程序

第一百四十九条之十一　新设合并合同相关书面资料等的准备及查阅等

1. 自下列日期中较早的日期起到新设合并设立法人成立之日为止的期间内，新设合并消灭法人必须在其总部置备记载或记录新设合并合同内容及其他内阁府令规定事项的书面资料或电磁记录。

   （1）下条第一款的投资人大会之日两周前之日。

   （2）第一百四十九条之十三第二款规定的通知日期或该条第三款公告日期中的较早日期。

   （3）若存在应接收第一百四十九条之十三之二第二款的规定的通知的新投资份额预约权人，则为该款所规定的通知日期或该条第三款公告日期中的较早日期。

   （4）第一百四十九条之十四所准用的第一百四十九条之四第二款规定的公告日期或该款规定的催告日期中较早日期。

2. 第一百四十九条第二款的规定，准用于新设合并消灭法人置备的前款书面资料或电磁记录。

第一百四十九条之十二　新设合并合同的批准

1. 新设合并消灭法人必须经投资人大会决议，取得新设合并合同的批准。

2. 自前款投资人大会决议之日起两周内，新设合并消灭法人必须通知其注册投资份额质权人及注册新投资份额预约权质权人有关新设合并的事宜。

3. 前款规定的通知，可以用公告代替。

第一百四十九条之十三　反对投资人的投资份额购买要求

1. 在新设合并的情况下，如投资人在前条第一款投资人大会之前，向新设合并消灭法人通知其反对该新设合并，并且在投资人大会上已反对该新设合并，则可以要求该新设合并消灭法人以公平的价格购买其持有的投资份额。

2. 自前条第一款的投资人大会决议之日起两周内，新设合并消灭法人必须通知其投资人有关新设合并事宜、其他的新设合并消灭法人以及新设合并设立法人的商号及地址。

3. 前款规定的通知，可以用公告代替。

4. 《公司法》第八百〇六条第五款至第九款、第八百〇七条、第八百六十八条第一款、第八百七十条第二款（仅限于与第二项相关的部分）、第八百七十条之二、第八百七十一条正文、第八百七十二条（仅限于与第五项相关的部分）、第八百七十二条之二、第八百七十三条正文、第八百七十五条及第八百七十六条的规定准用于第一项规定的要求。在此情况下，该法第八百〇六条第五款中的"第三款"应替换为"《投资法人法》第一百四十九条之十三第二款"，"前款"应替换为"该条第三款"，除此之外，必要的技术性替换由政令规定。

第一百四十九条之十三之二　新投资份额预约权购买要求

1. 在新设合并的情况下，新设合并消灭法人的新投资份额预约权的新投资份额预约权人可以要求新设合并消灭法人以公平的价格购买其持有的新投资份额预约权。

2. 自第一百四十九条之十二第一款的投资人大会决议之日起两周内，新设合并消灭法人必须通知其新投资份额预约权的新投资份额预约权人有关新设合并事宜、其他的新设合并消灭法人以及新设合并设立法人的商号及地址。

3. 前款规定的通知，可以用公告代替。

4. 《公司法》第八百〇八条第五款、第六款及第八款至第十款，第八百〇九条（第八款除外），第八百六十八条第一款，第八百七十条第二款（仅限于与第二项相关的部分），第八百七十条之二，第八百七十一条正文，第八百七十二条（仅限于与第五项相关的部分），第八百七十二条之二，第八百七十三条正文，第八百七十五条及第八百七十六条的规定准用于第一款规定的要求。在此情况下，该法第八百〇八条第五款中的"第三款"应替换为"《投资法人法》第一百四十九条之十三之二第二款"，"前款"应替换为"该条第三款"，除此之外，必要的技术性替换由政令规定。

第一百四十九条之十四　债权人的异议

1. 第一百四十九条之四的规定准用于新设合并消灭法人。在此情况下，该条第二款第二项中的"吸收合并存续法人"应替换为"其他的新设合并消灭法人及新设合并设立法人"。

第二目　新设合并设立法人的程序

第一百四十九条之十五　投资法人设立的特别规则

1. 第二节［第六十七条（第一款第五项及第十六项至第十八项以及第三项除外）及第七十四条除外］的规定不适用于新设合并设立法人的设立。

2. 新设合并消灭法人必须制定新设合并设立法人的规约。

第一百四十九条之十六　新设合并相关书面材料等的置备及查阅等

1. 新设合并设立法人在其成立之日后，必须及时制作书面资料或电磁记录，以记载或记录新设合并设立法人因新设合并而继承的新设合并消灭法人的权利义务及内阁府令规定的其他新设合并事项。

2. 自成立之日起的六个月内，新设合并设立法人必须在其公司总部准备好前款的书面资料或电磁记录，以及记载或记录新设合并合同内容及其他内阁府令规定事项的书面资料或电磁记录。

3. 第一百四十九条第二款的规定准用于新设合并设立法人准备的前款书面资料或电磁记录。

第六分节 杂项

第一百四十九条之十七 不满一份的尾数处理

1. 实施下列各项所列行为时，向该各项规定人员交付投资法人投资份额的情况下，当必须向该主体交付的该投资法人投资份额数目有不满一份的尾数时，为了以公平的金额出售，必须以内阁府令规定的适当方法，出售相当于该尾数总数（其合计数有不满一份的尾数的情况下，应将其舍掉）的投资份额数目，并且将与该位数相应的出售所得的资金交付给该主体。

(1) 吸收合并（仅限该投资法人因吸收合并而存续的情况）：吸收合并消灭法人的投资人。

(2) 基于新设合并合同设立时发行的投资份额：新设合并消灭法人的投资人。

2. 第八十八条第二款及第三款的规定准用于前款的情况。

第一百五十条 《公司法》的准用

1.《公司法》第七百八十四条之二、第七百九十六条之二及第八百〇五条之二的规定适用于投资法人放弃合并的要求，该法第八百二十八条第一款（仅限于与第七项及第八项相关的部分）及第二款（仅限于与第七项及第八项相关的部分）、第八百三十四条（仅限于与第七项及第八项相关的部分）、第八百三十五条第一款、第八百三十六条至第八百三十九条、第八百四十三条（第一款第三项及第四项与第二款补充条款例外）、第八百四十六条以及第九百三十七条第三款（仅限于与第二项及第三项相关的部分）的规定准用于针对投资法人合并无效所提起的诉讼，该法第八百六十八条第六款、第八百七十条第二款（仅限于与第六项相关的部分）、第八百七十一条之二、第八百七十一条正文、第八百七十二条（仅限于与第五项相关的部分）、第八百七十二条之二、第八百七十三条正文、第八百七十五条及第八百七十六条的规定准用于该条所准用的该法第八百四十三条第四款申请。在此情况下，必要的技术性替换由政令规定。

第十二节 清算

第一分节 总则

第一百五十条之二 清算开始的原因

1. 投资法人在下列情况下，必须根据本节规定进行清算。

(1) 进行解散的（因第一百四十三条第四项所列事由而解散的情况，及因决定启动破产程序而解散的而该破产程序尚未结束的情况除外）。

(2) 认可设立无效诉讼的请求的判决已确定的情况。

第一百五十条之三　清算投资法人的能力

1. 根据前条规定进行清算的投资法人（下称"清算投资法人"）在清算目的范围内，到清算结束为止，依然被视为存续状态。

第一百五十条之四　设置投资人大会以外的机构

1. 清算投资法人必须设置下列机构。

(1) 一个或两个以上清算执行人。

(2) 清算监督人（其人数至少比清算执行人多1人以上）。

(3) 清算组会议。

(4) 审计人。

2. 第九十五条的规定不适用于清算投资法人。

第一百五十一条　清算执行人等的就任

1. 下列人士为清算投资法人的清算执行人。

(1) 执行役员（下一项或第三项所列人士除外）。

(2) 规约规定的人员。

(3) 经投资人大会的决议而被选任的人员。

2. 下列人士为清算投资法人的清算监督人。

(1) 监督役员（下一项或第三项所列的人士除外）。

(2) 规约规定的人员。

(3) 经投资人大会的决议而被选任的人员。

3. 根据第一项规定没有人成为清算执行人，或者根据前项规定没有人成为清算监督人时，除已开始进行特别清算的情况外，由内阁总理大臣根据利害关系人的申请或利用其职权，选任清算执行人或清算监督人。

4. 尽管有前三款的规定，除已开始进行特别清算的情况外，对于因第一百四十三条第六项所列事由而解散的清算投资法人或符合第一百五十条之二第二项所列情况的清算投资法人，内阁总理大臣将根据利害关系人的申请或利用其职权，选任清算执行人及清算监督人。

5. 无论第一款至第三款的规定如何，除已开始进行特别清算的情况外，对于因第一百四十三条第七项或第八项所列事由而解散的清算投资法人，内阁总理大臣将其利用职权选任清算执行人及清算监督人。

6. 第九十七条的规定准用于清算执行人及清算监督人，第九十八条的规定准用于清算执行人，第一百条的规定准用于清算监督人。在此情况下，必要的技术性替换由政令规定。

第一百五十二条　清算执行人等的备案

1. 自就任之日起两周内，清算执行人及清算监督人（由内阁总理大臣选任的人员以及开始进行特别清算情况下的清算执行人及清算监督人除外）必须向内阁总理大臣备案下列事项。但是，在此期间开始进行特别清算的情况，则不受此限。

（1）解散事由（当成为符合第一百五十条之二第二项所列情况的清算投资法人时，则报告其事由）及解散日期。

（2）清算执行人及清算监督人的姓名及地址。

第一百五十三条　解除清算执行人等的职务

1. 除已开始特别清算的情况外，内阁总理大臣认为有重要的事由时，可以根据利害关系人的申请或利用其职权，解除清算执行人或清算监督人的职务。在此情况下，内阁总理大臣可以选任清算执行人或清算监督人。

2. 第一百〇八条第一款及第二款以及《公司法》第三百四十六条第三款及第四百七十九条第一款的规定准用于清算执行人或清算监督人。在此情况下，第一百〇八条第二款中的"内阁总理大臣"应替换为"内阁总理大臣（已经开始进行特别清算的情况，则为裁判所）"，该法第三百四十六条第三款中的"前款"应替换为"《投资法人法》第一百五十三条第二款中所替换准用的《投资法人法》第一百〇八条第二款"，该法第四百七十九条第一款中的"根据前条第二款至第四款的规定，裁判所"应替换为"内阁总理大臣或裁判所"，除此之外，必要的技术性替换由政令规定。

第一百五十三条之二　清算执行人的职务

1. 清算执行人执行下列职务。

（1）了结现有业务。

（2）征收债权及清偿债务。

（3）分配剩余财产。

第一百五十三条之三

1. 清算执行人在执行清算投资法人业务时，代表清算投资法人。

2. 第一百〇九条第三款及《公司法》第三百四十九条第四款及第五款，第三百五十五条，第三百六十条第一款及第四百八十四条的规定准用于清算执行人，该法第三百五十二条、第八百六十八条第一款、第八百六十九条、第八百七十一条、第八百七十四条（仅限于与第四项相关的部分）、第八百七十五条及第八百七十六条的规定准用于代行清算执行人职务的人员。在此情况下，该法第三百六十条第一款中的"显著损失"应替换为"不可挽回的损失"，除此之外，必要的技术性替换由政令规定。

第一百五十四条　清算执行人的报酬

1. 对于清算执行人（由内阁总理大臣或裁判所选任的人员除外）的报酬，在规约未规定其金额的情况下，若规约规定了有关该支付的基准时，则根据该基准并清算组会议的决议确定其金额；若规约未规定其金额及基准时，则经投资人大会决议来确定该金额。

2. 若内阁总理大臣根据第一百五十一条第三款至第五款或者第一百五十三条第一款的规定，选任了清算执行人，则根据内阁府令的规定，可以确定清算投资法人向该清算执行人支付的报酬金额。

第一百五十四条之二　清算监督人的职务

1. 清算监督人监督清算执行人执行其职务。

2. 第一百一十一条第二款及前条及《公司法》第三百五十五条、第三百八十一条第三款及第四款、第三百八十四条、第三百八十五条及第三百八十六条第一款（仅限于与第一项相关的部分）及第二款（仅限于与第一项及第二项相关的部分）的规定准用于清算监督人。在此情况下，必要的技术性替换由政令规定。

第一百五十四条之三　清算组会议

1. 清算组会议由所有清算执行人及清算监督人构成。

2. 第一百一十三条及第一百一十四条第一款及《公司法》第三百六十八条及第三百六十九条的规定准用于清算组会议，该法第三百七十一条（第三款除外）的规定准用于清算投资法人。在此情况下，该法第三百六十九条第一款中的"取缔役的"应替换为"成员的"，该条第二款中的"取缔役"及该条第三款中的"取缔役及监查役"应替换为"清算执行人及清算监督人"，该条第五款中的"通过取缔役"应替换为"通过清算执行人及清算监督人"，该法第三百七十一条第二款中的"在株式会社的营业时间内，随时都可以"应替换为"取得内阁总理大臣（如果开始进行特别清算时，则为裁判所。在第四款及第六款中具有相同含义）的许可"，该条第四款及第六款中的"裁判所"应替换为"内阁总理大臣"。除此之外，必要的技术性替换由政令规定。

3. 当内阁总理大臣针对前项替换准用的《公司法》第三百七十一条第二款及第四款（包括准用于该条第五款的情况）规定的许可申请进行处分时，必须听取清算投资法人关于该申请的陈述。

第一百五十四条之四　清算执行人等对清算投资法人的损害赔偿责任

1. 清算执行人或清算监督人没有履行其职责时，有责任向清算投资法人赔偿由此产生的损害。

2. 未经全体投资人的同意，不能免除前款的责任。

第一百五十四条之五　清算执行人等对第三方的损害赔偿责任

1. 清算执行人或清算监督人在执行其职务时存在故意或重大过失的，该清算执行人或者清算监督人应负责赔偿由此对第三方造成的损害。

2. 清算执行人或清算监督人实施了下列行为的，与前款作同样处理。但是，在证明该清算执行人或清算监督人在实施该行为时没有疏忽大意时，则不受此限制。

（1）关于应记载或记录于第一百五十五条第一款规定的财产目录等重要事项的虚假记载或记录。

（2）虚假登记。

（3）虚假公告。

第一百五十四条之六　清算执行人等的连带责任

1. 清算执行人、清算监督人或审计人负责赔偿对清算投资法人或第三方产生的损失的情况下，其他清算执行人、清算监督人或审计人也有赔偿该损失的责任时，这些人员为连带债务人。

2. 第一百一十五条之八的规定不适用于前款。

第一百五十四条之七　清算执行人等的责任追究诉讼

1.《公司法》第七编第二章第二节（第八百四十七条第二款，第八百四十七条之二，第八百四十七条之三，第八百四十九条第二款、第三款第二项及第三项与第六款至第十一款，第八百五十一条第一款第一项及第二款与第八百五十三条第一款第二项及第三项除外）的规定准用于清算执行人或清算监督人的责任追究诉讼。在此情况下，必要的技术性替换由政令规定。

第一百五十四条之八　执行役员等相关规定的准用

1. 关于清算投资法人，第七十七条之二第四款及第四节第一分节的规定中与执行役员、监督役员或役员会有关的规定，分别作为与清算执行人、清算监督人或清算组会议相关的规定适用于清算执行人、清算监督人或清算组会议。

第一百五十五条　财产目录等的编制等

1. 清算执行人在其就任后，必须及时调查清算投资法人的财产现状，并根据内阁府令规定，编制符合第一百五十条之二各项所列情况之日的财产目录及资产负债表（在该条及下一条中称为"财产目录等"）。

2. 根据内阁府令规定，财产目录等必须接受审计人的审计。

3. 清算执行人必须向清算组会议提交或提供接受了前款审计的财产目录等及审计报告，并取得其批准。

4. 除已开始进行特别清算的情况外，清算执行人在取得前款批准后，应及时向内阁总理大臣提交该款的财产目录等及审计报告。

5. 在自编制完财产目录等时起到登记清算结束为止的期间内，清算投资法人必须保存该财产目录等。

第一百五十六条　财产目录等的提交命令

1. 裁判所可以根据申请或依职权，命令诉讼当事人提交全部或部分财产目录等。

第一百五十七条　债务清偿等

1. 在符合第一百五十条之二各项所列情况下，对于其债权人，清算投资法人必须及时在一定期限内在政府公报上对债权申报事宜进行公告，并且对已知的债权人进行个别催告。但是，该期限不能少于一个月。

2. 前款公告中还应记载，该等债权人在此期限内不提出申报的话，将丧失清算中的权利。

3.《公司法》第五百条至第五百〇三条的规定准用于清算投资法人的债务清偿。在此情况下，该法第五百条第一款及第二款中的"前条第一款"以及该法第五百〇三条第一款中的"第四百九十九条第一款"应替换为"《投资法人法》第一百五十七条第一款"，该法第五百条第二款及第五百〇一条第一款中的"裁判所"应替换为"内阁总理大臣（当开始进行特别清算时，则为裁判所）"。除此之外，必要的技术性替换由政令规定。

第一百五十八条　剩余财产的分配

1. 清算投资法人拟分配剩余财产时，必须通过清算组会议的决议，规定下列事项。

（1）剩余财产的种类。

（2）关于投资人分配剩余财产的事项。

2. 关于前款第二项所列事项的规定内容必须为根据投资人（该清算投资法人除外）所持有的投资份额数目分配剩余财产。

3.《公司法》第五百〇五条及第五百〇六条的规定准用于清算投资法人。在此情况下，必要的技术性替换由政令规定。

第一百五十九条　决算报告的编制等

1. 清算投资法人在清算事务结束后，必须根据内阁府令的规定，及时编制决算报告。

2. 除开始进行特别清算的情况外，决算报告必须根据内阁府令规定，接受审计人的审计。

3. 清算执行人必须向清算组会议提交或提供接受前款审计的决算报告及审计报告（在开始进行特别清算的情况下，则为决算报告），并取得其批准。

4. 清算执行人（开始进行特别清算时的清算执行人除外。在下一项及下一条第一款及第四款中具有相同含义）在取得前款批准的情况下，当与该批准有关的该款审计报告中记载或记录了决算报告违反法令或规约，未正确表示决算状况记载的内容时，则必须向投资人大会提交或提供接受了第二款的审计的决算报告及审计报告，并取得其批准。

5. 当取得第三款批准（在前款规定的情况下，则为前款规定的投资人大会的批准）时，应免除因疏忽职务而造成清算执行人赔偿损失的责任。但是，清算执行人在职务执行时，存在违法行为的话，则不在此限。

第一百六十条　清算事务结束的通知等

1. 清算执行人在取得前条第三款的批准后，必须及时向投资人通知清算事务已结束。但是，该条第四款规定的情况不受此限。

2. 第一百三十一条第四款的规定准用于前款正文规定的通知。

3. 根据第一款正文规定作出通知时，必须根据内阁府令规定，向投资人提供前条第三款的决算报告及审计报告。

4. 清算执行人在取得前条第三款的批准（在该条第四款规定的情况下，则为该款所规定的投资人大会的批准）后，必须及时向内阁总理大臣提交与该批准相关的决算报告及审计报告的誊本。

第一百六十一条　账簿资料的保存

1. 《公司法》第五百〇八条的规定准用于清算投资法人的账簿及其业务以及与清算相关的重要资料的保存。在此情况下，该条第二款中的"裁判所根据利害关系人的申请"应替换为"内阁总理大臣（在开始进行特别清算的情况下，则为裁判所）根据利害关系人的申请或依职权（在开始进行特别清算的情况下，则根据利害关系人的申请）"，除此之外，必要的技术性替换由政令规定。

第一百六十二条　清算的监督命令

1. 内阁总理大臣在投资法人清算（特别清算除外）的情况下，认为有必要时，可以命令该投资法人或其一般事务受托人、资产运营公司或资产保管公司采取财产保管及其他清算监督方面的必要措施。

第一百六十三条　《公司法》的准用

1.《公司法》第八百六十八条第一款、第八百六十九条、第八百七十条第一款（仅限于与第一项、第五项及第六项相关的部分）及第二款（仅限于与第一项相关的部分）、第八百七十条之二、第八百七十一条、第八百七十二条（仅限于与第四项及第五项相关的部分）、第八百七十二条之二、第八百七十三条、第八百七十四条（仅限于与第一项及第四项相关的部分）、第八百七十五条与第八百七十六条的规定准用于投资法人的清算。在此情况下，必要的技术性替换由政令规定。

第二分节　特别清算

第一百六十四条

1. 裁判所认定清算投资法人有下列事由时，将基于第四款所适用的《公司法》第五百十四条的规定，根据申请，命令该清算投资法人开始进行特别清算。

（1）存在明显阻碍执行清算的情况。

（2）有资不抵债（清算投资法人的财产不足以清偿债务的状态。在第三款中具有相同含义）的嫌疑。

2. 债权人、清算执行人、清算监督人或投资人可以提出开始进行特别清算的申请。

3. 当清算投资法人有资不抵债的可能时，清算执行人必须提出开始进行特别清算的申请。

4.《公司法》第五百一十二条至第五百一十八条之二、第二编第九章第二节第二分节至第十分节（第五百二十二条第三款与第五百三十六条第一款第三项及第三款除外）、第七编第二章第四节与第三章第一节（第八百六十八条第二款至第六款及第八百七十条至第八百七十四条除外）及第三节（第八百七十九条、第八百八十条、第八百八十二条第二款及第八百九十六条第二款除外）与第九百三十八条（第六款除外）的规定准用于清算投资法人的特别清算。在此情况下，该法第五百二十一条中的"第四百九十二条第三款"应替换为"《投资法人法》第一百五十五条第三款"，该法第五百二十二条第一款中的"从六个月（在章程规定了低于此期间的情况下，则为该期间）前开始连续持有超过总股东（在股东大会上无法就可决议的全部事项行使表决权的股东除外）表决权的百分之三（在章程规定了低于此比例的情况下，则为该比例）的表决权的股东"应替换为"从六个月（在章程规定了低于此期间的情况下，则为该期间）前开始连续持有超过已发行投资份额百分之三（在章程规定了低于此比例的情况下，则为该比例）数目的投资份额的股东",该法第五百二十三条及第五百二十六条第一款中的"清算人"应替换为"清算执行人及清算监督人",该法第五百二十四条中的"清算人"应替换为"清算执行人或清算监督人",该法第五百二十五条第一款中的"清算人将"应替换为"清算执行人将","清算人代理"应替换为"清算执行人代理",该法第五百三十条第一款中的"清算人及监查役以及经理及其他雇佣人员"应替换为"清算执行人及清算监督人以及一般事务受托人、资产运营公司及资产保管公司",该法第五百四十二条第一款中的"设立时取缔役、设立时监查役、第四百二十三条第一款规定的役员等或清算人"应替换为"设立时执行役员、设立时监督役员、《投资法人法》第一百一十五条之六第一款规定的役员等、清算执行人或清算监督人",该法第五百六十二条中的"第四百九十二条第一款规定的清算人"应替换为"清算执行人","该款"应替换为"《投资法人法》第一百五十五条第一款",该法第九百三十八条第一款中的"公司总部(在第三项所列情况下,因特别清算的结束而确定终结特别清算时,则为公司总部及分部)"应替换为"公司总部",该条第二款第一项中的"第四百七十九条第四款所准用的第三百四十六条第二款或第四百八十三条第六款所准用的第三百五十一条第二款"应替换为"《投资法人法》第一百五十三条第二款所替换准用的《投资法人法》第一百○八条第二款"。此之外,必要的技术性替换由政令规定。

第十三节 登记

第一百六十五条 关于投资法人的登记

1.《公司法》第九百○八条至第九百一十条的规定准用于投资法人的登记。在此情况下,这些规定中的"该法律"应替换为"《投资法人法》"。

第一百六十六条 设立登记

1. 设立投资法人的登记,必须在其公司总部的所在地,自下列日期中较晚日期起的两周内进行。

(1) 第七十三条第一款所规定的调查结束之日。

(2) 当根据第七十三条第三款的规定召集了创立大会时,则为该创立大会终结之日。

(3) 当进行了第六十九条第七款所准用的《公司法》第九十七条的创立大会决议时,则为自该决议之日起两周后之日。

2. 在前款登记中,必须登记下列事项。

(1) 目的。

(2) 商号。

(3) 公司总部所在地。

(4) 当规定了投资法人的存续期间或者解散事由时，则为其规定。

(5) 最低净资产额。

(6) 可发行的投资总份额。

(7) 根据投资人的要求退还投资份额事宜或不进行退还事宜。

(8) 投资人名册等管理人（指代替投资法人制作并准备投资人名册、新投资份额预约权原簿及投资法人债原簿，以及从事其他的投资人名册、新投资份额预约权原簿及投资法人债原簿相关事务的人员。在第一百七十三条第一款第六项中具有相同含义）的姓名或名称以及地址和营业场所。

(9) 执行役员的姓名及地址。

(10) 监督役员的姓名。

(11) 审计人姓名或名称。

(12) 当设置了应执行基于第一百〇八条第三款规定被选任为临时审计人职务的人员时，则为其姓名或名称。

(13) 当规约规定了第一百一十五条之六第七款所规定的执行役员、监督役员或审计人责任免除事宜时，则为其规定。

(14) 当规约规定了与第一百一十五条之六第十二款所准用的《公司法》第四百二十七条第一款规定的审计人承担责任限度有关的合同签订事宜时，则为其规定。

(15) 当规约规定了与第一百八十六条之二第一款规定的公告方法［指投资法人进行公告（根据该法律或其他法律规定，必须通过刊载于政府公报上的方法进行的情况除外）的方法］有关的事宜时，则为其规定。

(16) 当前项规约规定了以电子公告为公告方法时，则为下列事项。

A. 不特定的多数人为接收应通过电子公告的方式进行公告的内容信息所必要的事项，且为《公司法》第九百十一条第三款第二十八项规定的事宜。

B. 当第一百八十六条之二第二款后段规定作出了规约规定时，则为其规定。

(17) 当没有第十五款的规约规定时，则根据第一百八十六条之二第三款的规定以该条第一款第一项所列的方法为公告方法。

第一百六十七条　变更登记等

1. 当前条第二款各项所列事项发生变更时，投资法人必须于两周内在其公司总部所在地办理变更登记。

2. 《公司法》第九百一十六条（仅限于与第一项相关的部分）的规定、该法第九百一十七条（仅限于与第一项相关的部分）的规定分别准用于执行役员或监督役员。在此情况下，该法第九百一十六条第一项中的"第九百一十一条第三款各项"应替换为"《投资法人法》第一百六十六条第二款各项"。

第一百六十八条　解散登记

1. 当投资法人根据第一百四十三条第一项至第三项规定解散时，必须于两周内在其总部所在地办理解散登记。

第一百六十九条　合并登记

1. 当投资法人发生吸收合并时，必须于自生效之日起两周内，在其总部所在地，办理对吸收合并消灭法人的解散登记，以及对吸收合并存续法人的变更登记。

2. 两个以上的投资法人进行新设合并时，必须于自下列各项所列日期中较晚的日期起两周内，在其总部所在地办理对新设合并消灭法人的解散登记，以及对新设合并设立法人的设立登记。

（1）第一百四十九条之十二第一款的投资人大会决议之日。

（2）自作出第一百四十九条之十三第二款规定的通知或该条第三款公告之日起的第二十日。

（3）当新设合并消灭法人发行新投资份额预约权时，则为自作出第一百四十九条之十三之二第二款规定的通知或该条第三款公告之日起的第二十日。

（4）第一百四十九条之十四所准用的第一百四十九条之四规定的手续办理完毕之日。

（5）新设合并消灭法人根据协商一致确定的日期。

第一百七十条　清算执行人等的登记

1. 当执行役员成为清算执行人时，必须于自清算投资法人解散之日起两周内，而当选清算执行人时，则必须于两周内，在其总部所在地登记清算执行人的姓名及地址。

2. 当监督役员成为清算监督人时，必须于自清算投资法人解散之日起两周内，而当选清算监督人时，则必须于两周内，在其总部所在地登记清算监督人的姓名。

3. 第一百六十七条第一款的规定、《公司法》第九百一十七条（仅限于与第一项相关的部分）的规定分别准用于清算执行人或清算监督人。在此情况下，必要的技术性替换由政令规定。

第一百七十一条　清算结束登记

1. 当清算投资法人的清算结束时，必须于取得第一百五十九条第三款批准（在该条第四款规定的情况下，则为该款规定的投资人大会批准）后的两周内，在其总部所在地办理清算结束登记。

第一百七十二条　登记簿

1. 登记处备有投资法人登记簿。

第一百七十三条　设立登记的申请

1. 第一百六十六条第一款的登记申请书，除法令另有规定之外，必须随附下列书面资料。

（1）规约。

（2）证明第六十九条第一款规定的向内阁总理大臣进行的备案已获受理的书面资料。

（3）设立时募集之投资份额认购申请的书面证明。

（4）记载了设立时执行役员及设立时监督役员调查报告的书面资料及其附件。

（5）关于第七十一条第十款所准用的《公司法》第六十四条第一款的金钱保管证明。

（6）与投资人名册等管理人签订的合同书面证明。

（7）关于设立时执行役员、设立时监督役员及审计人的选任书面资料。

（8）召开创立大会时的会议记录。

（9）根据该法规的规定，被选任的设立时执行役员及设立时监督役员同意就任的书面证明。

（10）关于设立时审计人的下列书面资料。

A. 同意就任的书面证明。

B. 若其为法人时，则为该法人的登记事项证明。但是，该法人的主要办事处位于该登记处管辖区域内的情况除外。

C. 若非法人时，则为证明其为第一百〇二条第一款规定人员的书面资料。

2. 根据第七十三条第四款准用的《公司法》第八十二条第一款的规定，通过创立大会决议的，则必须在前款的登记申请书中，附上符合该情况的书面证明，以代替该款第八项的会议记录。

第一百七十四条　合并登记的申请

1. 吸收合并的变更登记申请书必须随附下列书面资料。

（1）吸收合并合同。

（2）在第一百四十九条之七第二款规定的情况下，则附上符合该款规定情况的书面证明。

（3）根据第一百四十九条之九所准用的第一百四十九条之四第二款规定作出公告及催告（根据第一百四十九条之九所准用的第一百四十九条之四第三款的规定，

除政府公报的形式之外,通过刊载时事相关事项的日刊报纸或电子公告作出公告时,则为此类公告),且债权人提出异议时,则附上书面资料,证明已向该债权人清偿,或已提供适当担保,或为使该债权人取得清偿而将适当财产进行了信托,或者即使进行该吸收合并也不会损害该债权人。

(4) 通过吸收合并来增加最低净资产额时,则附上书面资料,证明存在超过增加后的最低净资产额的净资产。

(5) 吸收合并消灭法人的登记事项证明。但是,吸收合并消灭法人的公司总部位于该登记处管辖区域内的情况除外。

(6) 证明已取得第一百四十九条之二第一款规定的批准的书面资料。

(7) 根据第一百四十九条之四第二款规定作出公告及催告(根据该条第三款的规定,除政府公报的形式之外,通过刊载时事相关事项的日刊报纸或电子公告作出公告时,则为此类公告),且吸收合并消灭法人的债权人提出异议时,则附上书面资料,证明已向该债权人清偿,或已提供适当担保,或为使该债权人取得清偿而将适当财产进行了信托,或者即使进行该吸收合并也不会损害该债权人。

(8) 证明吸收合并消灭法人已作出第八十七条第一款正文规定的公告书面资料,或证明并未就全部投资份额发行投资证券的书面资料。

(9) 当吸收合并消灭法人发行新投资份额预约权时,则附上书面资料,证明已作出第八十八条之二十二第一款规定公告,或证明并未发行新投资份额预约权证券。

第一百七十五条

1. 新设合并的设立登记申请书必须随附下列书面资料。

(1) 新设合并合同。

(2) 规约。

(3) 第一百七十三条第一款第六项、第七项、第九项及第十项所列的书面资料。

(4) 证明存在超过最低净资产额的净资产的书面资料。

(5) 新设合并消灭法人的登记事项证明。但是,新设合并消灭法人的总部位于该登记处管辖区域内的情况除外。

(6) 证明已取得第一百四十九条之十二第一款规定的批准的书面资料。

(7) 根据第一百四十九条之十四所准用的第一百四十九条之四第二款规定作出公告及催告(根据第一百四十九条之十四所准用的第一百四十九条之四第三款的规定,除政府公报的形式之外,通过刊载时事相关事项的日刊报纸或电子公告作出公告时,则为此类公告),且新设合并消灭法人的债权人提出异议时,则附上书面资料，证明已向该债权人清偿，或已提供适当担保，或者为使该债权人取得清偿而将适当财产进行了信托，或者即使进行该新设合并也不会损害该债权人的书面资料。

(8) 证明新设合并消灭法人已作出第八十七条第一款正文规定公告的书面资料，或证明并未就全部投资份额发行投资证券的书面资料。

(9) 当新设合并消灭法人发行新投资份额预约权时，则附上证明已作出第八十八条之二十二第一款规定公告的书面资料，或证明并未发行新投资份额预约权证券的书面资料。

第一百七十六条　关于清算执行人的登记申请

1. 下列各项所列登记的申请书必须随附以下规定的书面资料。

(1) 在执行役员成为清算执行人，或监督役员成为清算监督人情况下，清算执行人或清算监督人的登记申请书规约。

(2) 在规约规定的人员成为清算执行人或清算监督人的情况下，清算执行人或清算监督人的登记申请书规约及证明该人员同意就任的书面资料。

(3) 在投资人大会上被选任的清算执行人或清算监督人的选任登记申请书，以及证明该人员同意就任的书面资料。

(4) 内阁总理大臣或裁判所选任的清算执行人或清算监督人的选任登记申请书，以及证明该选任的书面资料。

(5) 清算执行人或清算监督人退任时的变更登记申请书，以及证明退任的书面资料。

第一百七十七条　《商业登记法》的准用

1.《商业登记法》第一条之三至第五条，第七条至第十五条，第十七条第一款、第二款及第四款，第十八条至第十九条之三，第二十条第一款至第二款，第二十一条至第二十七条，第三十三条，第三十四条，第四十六条第一款及第二款，第四十七条第一款及第三款，第五十一条至第五十五条，第六十四条，第七十条，第七十一条，第七十五条，第七十九条，第八十二条，第八十三条，第一百三十二条至第一百三十七条与第一百三十九条至第一百四十八条的规定准用于投资法人的相关登记。在此情况下，该法第十五条中的"第十七条"应替换为"第十七条第一款、第二款及第四款，第十八条"，"第二十四条、第四十八条至第五十条（包括准用第九十五条、第一百一十一条及第一百一十八条的情况）、第五十一条第一款及第二款、第五十二条、第七十八条第一款及第三款、第八十二条第二款及第三款、第八十三条、第八十七条第一款及第二款、第八十八条、第九十一条第一款及第二款、第九十二条"应替换为"第二十四条"，该法第十七条第四款中的"事项或根据前款规定应记载于申请书的事项"应替换为"事项"，"前二款"应替换为"该款",该法第二十四条第七项中的"或第三十条第二款或"应替换为"或",该法第四十六条第一款中的"全体股东或全体类别股东"应替换为"全体投资人","取缔役或清算人"应替换为"执行役员或清算执行人",该条第二款中的"股东大会或类别股东大会、取缔役会"应替换为"投资人大会、役员会",该条第五十四条第一款中的"取缔役、监查役、代表取缔役或特别取缔役［指设置监查等委员会的公司身兼监查等委员的取缔役或除此之外的取缔役、代表取缔役或特别取缔役,设置提名委员会等的公司的取缔役、委员（提名委员会、监查委员会或薪酬委员会的委员）、执行役或代表执行役］"应替换为"执行役员或监督役员",该条第二款及第三款中的"会计参与或审计人"应替换为"审计人",该条第二款第三项中的"该法第三百三十七条第一款"应替换为"《投资法人法》第一百〇二条第一款",该法第五十五条第一款中的"《公司法》第三百四十六条第四款"应替换为"《投资法人法》第一百〇八条第三款",该法第六十四条中的"股东名册管理人"应替换为"投资人名册等管理人（指《投资法人法》第一百六十六条第二款第八项规定的投资人名册等管理人）","章程及该人员"应替换为"该人员",该法第七十条中的"资本金额"应替换为"最低净资产额","《公司法》第四百四十九条第二款"应替换为"《投资法人法》第一百四十二条第二款",该法第七十一条第三款中的"《公司法》第四百七十八条第一款第一项"应替换为"《投资法人法》第一百五十一条第一款第一项",该法第七十五条中的"《公司法》第五百〇七条第三款"应替换为"《投资法人法》第一百五十九条第三款","批准"应替换为"批准（在该条第四款规定的情况下,则为该款所规定的投资人大会批准）",该法第八十二条第三款中的"第八十条或前条"应替换为"《投资法人法》第一百七十四条或第一百七十五条"。除此之外,必要的技术性替换由政令规定。

第一百七十八条　略
第一百七十九条　略
第一百八十条　略
第一百八十一条　略
第一百八十二条　略

第十四节　杂项

第一百八十三条　内阁总理大臣所选任的检查人员等的报酬

1. 第一百五十四条第二款的规定准用于内阁总理大臣根据该法律或该法律所准用的《公司法》的规定选任投资法人的检查人员、临时执行役员等（指担任临时执行役员、监督役员、清算执行人或清算监督人等职务的人员。在下一条第一款第二项中具有相同的含义）或鉴定人的情况。

第一百八十四条　内阁总理大臣的登记委托

1. 内阁总理大臣在下列各项中的任一情况下，均必须委托该投资法人总部所在地的登记处就该事项进行登记。

（1）根据第一百五十三条第一款的规定，已解除清算执行人或清算监督人的职务时。

（2）已选任临时执行役员等时。

（3）投资法人因第一百四十三条第七项或第八项所列事由而解散时。

2. 当内阁总理大臣根据前款规定委托登记时，委托书必须附上书面资料，证明已就导致该登记原因作出相关处分。

第一百八十五条　《民事诉讼法》的准用

1.《民事诉讼法》（1996年法律第一百〇九号）第三条之三第七项C及第五条第八项C的规定准用于投资法人。在此情况下，这些规定中的"发起人"应替换为"公司创始人"。

第一百八十六条　《国税征收法》等的准用

1. 关于投资法人解散情况下的《国税征收法》（1959年法律第一百四十七号）第三十四条第一款及《地方税法》（1950年法律第二百二十六号）第十一条之三第一款规定的准用，这些规定中的"清算人"应替换为"清算执行人"。

第一百八十六条之二　公告

1. 投资法人可将规约规定的下列方法中的任何一个作为公告方法。

（1）在政府公报上刊登。

（2）在刊登时事相关事项的日刊报纸上刊登的方法。

（3）电子公告［指公告方法中，利用电磁方法（指《公司法》第二条第三十四项规定的电磁方法）使不特定的多数人处于可以获取到应予以公告的内容的状态下所采取的该项规定措施的一种方法。以下在该条中具有相同的含义］。

2. 在投资法人通过规约约定以前款第三项所列方法为公告方法时，在该规约中规定电子公告为公告方法即可。在此情况下，可以规定在因事故及其他不得已的理由而导致不能使用电子公告作为公告方法时，将该款第一项或第二项所列方法中的任一种作为公告方法。

3. 第一款规定中未作出规定的投资法人的公告方法，为该款第一项所列的方法。

4.《公司法》第九百四十条第一款（第二项除外）及第三款、第九百四十一条、第九百四十六条、第九百四十七条、第九百五十一条第二款、第九百五十三条及第九百五十五条的规定准用于投资法人通过电子公告对该法律规定进行公告的情况。在此情况下，必要的技术性替换由政令规定。

第二章　投资法人的业务

第一节　注册

第一百八十七条　注册

1. 如投资法人未接受内阁总理大臣的注册，则不得实施第一百九十三条规定的资产运用行为。

第一百八十八条　注册申请

1. 拟接受前条注册的投资法人，必须向内阁总理大臣提交记载下列事项的注册申请书。

（1）第六十七条第一款第一项至第四项、第六项至第十项、第十二项、第十三项及第十五项所列事项以及总部所在地。

（2）执行役员、监督役员及审计人的姓名或名称及地址。

（3）资产运营公司的名称及地址。

（4）与资产运营公司签订有关资产运营的委托合同概要。

（5）资产保管公司的名称及地址。

（6）若规约规定了投资法人存续期限或解散事由时，则记载其规定。

（7）其他内阁府令规定的事项。

2. 前款的注册申请书必须随附下列有关该投资法人的文件。

（1）当前款第一项所列事项与该投资法人于设立时根据第六十九条第二款规定所提出的规约记载不同时，则提交记载该事项及其理由的书面资料。

（2）当前款第二项所列执行役员与根据第六十九条第一款规定已备案的设立时的执行役员的候选人不同时，则提交记载该事项及其理由的书面资料。

（3）与资产运营公司签订有关资产运营的委托合同复印件。

（4）其他内阁府令规定的文件。

第一百八十九条　实施注册

1. 内阁总理大臣在接到前条注册申请时，除了根据下一条第一款的规定拒绝注册之外，还必须将下列事项在投资法人登记簿注册。

（1）前条第一款各项所列事项。

（2）注册日期及注册编号。

2. 内阁总理大臣办理完前款规定的注册后，必须将该情况及时通知提出该注册申请的投资法人。

3. 内阁总理大臣必须将投资法人登记簿公开供公众查阅。

第一百九十条　拒绝注册

1. 在提出注册申请中，投资法人符合下列各项中的任一项时，或者注册申请书或其附件中有虚假记载，或欠缺重要事实记载时，内阁总理大臣必须拒绝其注册。

（1）基于不法目的而计划实施第一百九十三条规定的行为时。

（2）将申请之日前五年内实施过违反第一百九十七条规定行为的人员，作为设立企划人（设立企划人为法人的，则包括其役员及政令规定的雇员）时。

（3）将符合第九十八条各项人员作为执行役员，或将符合第一百条各项人员作为监督役员时。

（4）将注册会计师及监查法人以外的主体或符合第一百〇二条第三款各项人士作为审计人时。

（5）将资产运营委托给金融商品交易商（在第一百九十九条各项所列情况下，则为各项规定的金融商品交易商）以外的人士或符合第二百条各项的金融商品交易商时。

（6）将符合第二百〇八条第二款各项法人以外的机构作为资产保管公司时。

2. 内阁总理大臣根据前款规定拒绝注册时，必须及时说明理由，并将该情况通知申请注册投资法人。

第一百九十一条　备案变更

1. 当第一百八十八条第一款各项所列事项发生变更时，注册投资法人必须将该情况自当日起两周内向内阁总理大臣进行备案。

2. 内阁总理大臣在受理前款规定的备案时，必须将备案事项在投资法人登记簿上注册。

第一百九十二条　备案解散等

1. 注册投资法人符合下列各项中任何一项时，则各项规定人员必须自该日起三十日内，向内阁总理大臣就该事项进行备案。

（1）因合并而消灭时，则为担任其执行役员的人员。

（2）因决定开始破产手续而解散时，则为其破产管理人。

（3）因第一百四十三条第一项到第三项所列事由而解散时，则为其清算执行人。

2. 注册投资法人符合前款各项中的任何一项时，则第一百八十七条的注册将失去其效力。

第二节 业务

第一分节 业务范围

第一百九十三条　资产运营范围

1. 注册投资法人可以按照规约规定的资产运营对象及方针，对特定资产开展下列交易。

（1）有价证券的取得或转让。

（2）有价证券的借贷。

（3）不动产的取得或转让。

（4）不动产的借贷。

（5）不动产的委托管理。

（6）除前列各项所列以外，政令规定的交易。

2. 注册投资法人除根据前款规定外，还可以按照规约规定的资产运营对象及方针，就特定资产以外的资产开展取得或转让及其他交易。

第一百九十四条　资产运营限制

1. 注册投资法人在第一项所列数目超过第二项所列数目的情况下，不得取得同一法人发行的股份。

（1）持有关于该股份表决权的总数。

（2）涉及该股份表决权的总数乘以内阁府令规定比例所得到的数目。

2. 前款规定不适用于，当政令就注册投资法人针对国外的特定资产，根据该特定资产所在国的法令规定及其他限制，无法开展前条第一款第三项到第五项所列交易作出规定时，取得专门以开展此类交易为目的的法人所发行的股份的情形。

第一百九十五条

1. 注册投资法人与下列主体之间不得实施第一百九十三条规定的行为（政令规定的行为，即在针对该条第一款第五项所列交易中其他注册投资法人的投资人的保护被认定为欠缺可能性较小时被政令认可的行为）。

（1）其执行役员或监督役员。

（2）其资产运营公司。

（3）除前两项所列之外，政令规定的主体。

第一百九十六条　投资法人发行的投资证券等的募集等

1. 投资法人的执行役员不得进行涉及该投资法人发行的投资证券等的募集等［包括

募集（指《金融商品交易法》第二条第三款规定的有价证券的募集）、私募（指同款规定的有价证券的私募）及其他政令规定的行为，下同〕事务。

2．关于在投资法人的资产运营公司系为接受了与该投资法人发行的投资份额或投资法人债的认购人的募集，或者接受新投资份额预约权无偿划转相关事务委托的一般事务受托人的情况下的《金融商品交易法》的适用问题，该资产运营公司针对该投资法人所发行的投资证券等的募集所进行的处理，及所开展的其他政令规定的行为的业务，视为该法第二十八条第二款规定的第二种金融商品交易业务。

3．关于投资法人依据基于第八十五条第三款所准用的《公司法》第二百一十七条第一款到第五款的规定，或第八十六条第一款的规定不予发行投资证券的情况下，基于前两款、下一条及第二百一十九条规定，将应在该投资证券上加以显示的投资份额，视为投资证券。

第一百九十七条 《金融商品交易法》对募集投资证券等的准用等

1．《金融商品交易法》第三十六条第一款，第三十七条（第一款第二项除外），第三十七条之三第一款（第二项及第六项除外）及第二款，第三十七条之四，第三十八条（第七项及第八项除外），第三十九条第一款、第三款及第七款，第四十条，第四十四条之三第一款（第三项除外）以及第四十五条（第三项及第四项除外）的规定中，当设立企划人系参与正在设立中的投资法人所发行的投资证券进行募集等情况下的设立企划人（如果是法人，则包含其役员及雇员。以下在本条中称为"特定设立企划人等"），该法第三十九条第二款及第五款的规定准用于特定设立企划人等的客户。在此情况下，必要的技术性替换由政令规定。

第二分节 业务的委托

第一百九十八条 向资产运营公司委托与资产运营相关的业务

1．注册投资法人必须向资产运营公司委托与其资产运营相关的业务。

2．前款与委托相关的合同（与应当成为第六十七条第一款第十四项规定的资产运营公司的机构签订的合同除外）未经投资人大会的批准，则不生效。

第一百九十九条 资产运营公司

1．资产运营公司必须是金融商品交易商（在下列各项所列的情况下，则为该各项规定中的金融商品交易商）。

(1) 注册投资法人将不动产包含在投资对象资产中的情况下，则为获得《住宅用地建筑物交易业法》第三条第一款规定许可的金融商品交易商。

(2) 注册投资法人在以主要针对不动产投资运营为目的的情况下，则为获得《住宅用地建筑物交易业法》第五十条之二第一款规定许可的金融商品交易商。

（3）除前两项所列情况之外，政令规定的情况下，则为政令规定的金融商品交易商。

第二百条　禁止委托具有利害关系的金融商品交易商等

1. 注册投资法人不得委托符合下列各项中任何一项的金融商品交易商办理有关其资产运营的业务。

（1）以该注册投资法人的监督役员作为其役员或雇员或者子公司的役员或雇员（以下在本项中称为"役员等"）的金融商品交易商或者曾作为其役员等的金融商品交易商。

（2）向该注册投资法人的监督役员给予持续报酬的金融商品交易商。

（3）除前两项所列之外，内阁府令规定的与该注册投资法人的监督役员具有利害关系的金融商品交易商。

第二百〇一条　特定资产价格等的调查

1. 对于进行资产运营的投资法人，进行特定资产（仅限于政令规定的土地或建筑物或者与该等相关的权利或资产）的取得或转让时，资产运营公司必须根据内阁府令的规定，使用非为利害关系人的不动产鉴定师（指政令规定的拥有该资产运营公司总股东的过半数表决权者及其他的与该资产运营公司有密切关系者。在下一款、下一条第一款及第二百〇三条第二款中具有相同的含义）进行该特定资产有关的不动产鉴定评价。但是，在该取得或转让之前已进行该鉴定评价的，则不受此限制。

2. 对于进行资产运营的投资法人进行前款规定的特定资产以外的资产（指定资产除外）的取得或转让及其他内阁府令规定的行为时，资产运营公司必须让政令规定的该投资法人、其资产运营公司（包括其利害关系人等）及其资产保管公司以外的机构开展针对该特定资产的价格及其他内阁政府规定的事项的调查。但是，在该行为之前，已开展该调查的，则不受此限制。

第二百〇一条之二　与利害关系人等的交易限制

1. 在资产运营公司接受注册投资法人的委托进行该注册投资法人的资产运营的情况下，当该注册投资法人和该资产运营公司的利害关系人等将进行第一百九十三条第一款第一项到第四项所列的交易（内阁府令规定的对该注册投资法人资产造成影响较轻微的交易除外）时，则该资产运营公司必须事先取得该注册投资法人的同意。

2. 执行役员为予以前款的同意，必须得到役员会的批准。

第二百〇二条　投资法人委托权限的再委托等

1. 资产运营公司在接受投资法人的委托进行其资产运营的情况下，不得将该投资法人委托的资产运营相关权限全部再委托给其他人。

2. 在资产运营公司将投资法人委托的资产运营相关权限的一部分再委托的情况下，关于第二百〇一条规定的适用，该条中的"资产运营公司"应替换为"资产运营公司（包括接受该资产运营公司有关资产运营的部分权限的再委托者）"。

第二百〇三条　向已签订合同的投资法人等交付书面资料

1. 资产运营公司必须向进行其资产运营的投资法人，每三个月交付一次载明下列事项的书面资料。

(1) 在该资产运营公司通过自己的计算而进行的有价证券买卖及其他政令所规定的交易中，有无就与进行的该投资法人的资产运营相同的品种进行交易的事实。

(2) 在前项的情况下，当有进行交易的事实时，则说明买或卖及其他内阁府令规定的事项。

(3) 有无该资产运营公司通过自己的计算而进行的不动产买卖及其他政令规定的交易（仅限于该投资法人作为投资对象的特定资产中包含不动产的情况）。

(4) 在前项的情况下，当有进行交易的事实时，则说明买或卖及其他内阁府令规定的事项。

(5) 除前面各项所列之外，政令规定的事项。

2. 进行资产运营的投资法人与自己或者其取缔役或执行役、进行资产运营的其他投资法人、利害关系人等其他政令规定的主体之间，进行特定资产（指定资产及内阁府令规定的资产除外。以下在该款中具有相同的含义）的买卖及其他政令规定的交易时，资产运营公司必须根据内阁府令的规定向该投资法人、进行资产运营的其他投资法人（仅限于将与该特定资产同种类的资产作为投资对象的投资法人）及其他政令规定的主体交付记载有该交易相关事项的书面资料。

3. 第五条第二款的规定准用于第一款所规定的书面资料的交付。在此情况下，该条第二款中的"拟获取受益证券的主体"应替换为"进行资产运营的投资法人"。

4. 第五条第二款的规定准用于第二款所规定的书面资料的交付。在此情况下，该条第二款中的"拟获取受益证券的人员"应替换为"进行资产运营的投资法人、进行资产运营的其他投资法人（仅限于将与该特定资产同种类的资产作为投资对象的投资法人）及其他政令规定的人员"。

第二百〇四条　资产运营公司的责任

1. 资产运营公司（包括接受该资产运营公司有关资产运营的部分权限的再委托的主体。以下在该条中具有相同的含义）因懈怠其工作而使投资法人产生损害的，则资产运营公司对该投资法人承担连带损害赔偿责任。

2. 如资产运营公司负责赔偿投资法人或第三方产生的损害时，执行役员、监督役员、一般事务受托人或审计人也负责赔偿该损害的，则其资产运营公司、执行役员、监督役员、一般事务受托人及审计人为连带债务人。

3.《公司法》第四百二十九条第一款的规定准用于资产运营公司，该法第四百二十四条的规定准用于第一款的责任，该法第七编第二章第二节（第八百四十七条第二款，第八百四十七条之二，第八百四十七条之三，第八百四十九条第二款、第三款第二项及第三项以及第六款至第十一款，第八百五十一条第一款第一项及第二项以及第八百五十三条第一款第二项及第三项除外）的规定准用于资产运营公司的责任追究诉讼。在此情况下，必要的技术性替换由政令规定。

第二百〇五条　资产运营公司的资产运营相关委托合同的解除

1. 资产运营公司未经注册投资法人的同意，不能解除与该注册投资法人签订的资产运营相关委托合同。

2. 执行役员若要同意前款内容，必须取得投资人大会的批准。但是，如果有不得已的理由，并取得了内阁总理大臣的许可，则不受此限制。

第二百〇六条　投资法人的资产运营相关委托合同的解除

1. 注册投资法人未经投资人大会的决议，不能解除与资产运营公司签订的资产运营相关委托合同。

2. 注册投资法人在符合下列各项中的任何一项时，无论前款的规定如何，根据役员会的决议，可解除与资产运营公司签订的资产运营相关委托合同。

（1）资产运营公司违反职务上的义务或渎职时。

（2）除前款所列情况之外，存在无法继续委托资产运营相关业务的重大理由时。

第二百〇七条

1. 当资产运营公司符合下列各项中的任何一项时，投资法人必须解除与该资产运营公司签订的资产运营相关委托合同。

（1）不再是金融商品交易商（在第一百九十九条各项所列情况下，为该各项规定的金融商品交易商）时。

（2）符合第二百条各项中的任何一项时。

（3）解散时。

2. 当欠缺从事与投资法人的资产运营有关的全部或部分业务的资产运营公司时，执行役员必须确定应继承该全部或部分业务的资产运营公司，并委托该业务。

3. 在作出了前款的委托的情况下，执行役员必须及时就与资产运营公司签订的委托合同取得投资人大会的批准。在此情况下，如不能取得该批准，则该合同将失去其效力。

第二百〇八条　向资产保管公司委托资产保管相关业务等

1. 注册投资法人必须向资产保管公司委托其资产保管相关业务。

2. 资产保管公司必须是符合下列各项中任何一项的法人（在注册投资法人委托与有价证券及其他内阁府令规定资产以外的资产的保管相关业务的情况下，第二项所列法人除外）。

（1）信托公司等。

（2）《金融商品交易法》第二条第九款规定的金融商品交易商（仅限于从事该法第二十八条第五款规定的有价证券等管理业务的主体）。

（3）除前二项所列之外，内阁府令规定的作为注册投资法人的资产保管相关业务的受托方的适当的法人。

第二百〇九条　资产保管公司的义务

1. 资产保管公司必须为投资法人忠实地执行其业务。

2. 资产保管公司必须以善良管理人的注意义务向投资法人执行其业务。

第二百〇九条之二　资产的分别保管

1. 资产保管公司，必须根据内阁府令规定的切实、有序的保管方法，将投资法人的资产与自身固有财产分开保管。

第二百一十条　资产保管公司的责任

1. 资产保管公司因懈怠其工作而使投资法人产生损害的，则其对该投资法人负有连带损害赔偿责任。

2. 资产保管公司负责赔偿投资法人产生的损害时，执行役员、监督役员、一般事务受托人、审计人或资产运营公司也负责赔偿该损害的，则其资产保管公司、执行役员、监督役员、一般事务受托人、审计人及资产运营公司为连带债务人。

第三节　监督

第二百一十一条　业务相关的账簿文件

1. 投资法人必须根据内阁府令的规定编制并保存与其业务（仅限于与投资法人有关的业务。在下一项中具有相同的含义）相关的账簿文件。

2. 资产保管公司必须根据内阁府令的规定编制并保存与其业务相关的账簿文件。

第二百一十二条　营业报告的提交

1. 注册投资法人在每个营业期间（在该营业期间短于六个月的情况下，则为六个月。以下在该条中具有相同的含义），必须按照内阁府令规定的格式编制营业报告，并于每个营业期间后的三个月内，提交给内阁总理大臣。

第二百一十三条　实地检查等

1. 内阁总理大臣在实施本法律所必要的限度内，可以命令设立中的投资法人的设立企划人、设立时的执行役员或设立时的监督役员（以下在本款中称为"设立企划人等"）提交对于该设立中的投资法人相关业务应作为参考的报告或资料，或者指派职员进入该设立中的投资法人的设立企划人等的营业场所或办事处，检查该设立中的投资法人相关的业务或账簿文件及其他物品，或询问相关人员。

2. 内阁总理大臣在实施本法律所必要的限度内，可以命令投资法人提交对于该投资法人相关业务应作为参考的报告或资料，或者指派职员进入该投资法人的总部，检查与该投资法人相关的业务或账簿文件及其他物品，或询问相关人员。

3. 内阁总理大臣在实施本法律所必要的限度内，可以命令投资法人的资产保管公司或一般事务受托人或曾经从事该等业务的主体（以下在本款及第五款中称为"资产保管公司等"）提交对于该投资法人相关业务应作为参考的报告或资料，或者指派职员进入该投资法人的资产保管公司等营业场所或办事处，检查该投资法人相关的业务或账簿文件及其他物品，或者询问相关人员。

4. 内阁总理大臣在实施本法律所必要的限度内，可以命令投资法人的执行役员或曾经为执行役员的人员或者监督役员或曾经为监督役员的人员（以下在本款中称为"执行役员等"）提交对于该投资法人相关业务应作为参考的报告或资料，或者指派职员进入该投资法人的执行役员等的办事处，检查该投资法人相关的业务或账簿文件及其他物品，或者询问相关人员。

5. 内阁总理大臣在实施本法律所必要的限度内，对于就该投资法人相关业务与投资法人或该投资法人的资产保管公司等进行交易者，可以命令其提交对于该投资法人相关业务应作为参考的报告或资料。

6. 第二十二条第二款及第三款的规定准用于第一款至第四款规定的实地检查。

第二百一十四条　业务改善命令

1. 内阁总理大臣根据设立中的投资法人的设立企划人、设立时的执行役员或设立时的监督役员或投资法人或者该投资法人的资产运营公司、接受该资产运营公司与资产运营有关部分权限的再委托的主体、资产保管公司或一般事务受托人的业务（仅限于与投资法人相关的业务。以下在本款中具有相同的含义）状况，认为有必要确保投资法人健全且适当的业务运营，以保护投资人时，可命令该设立企划人或该投资法人在其必要的限度内，应采取业务方式的变更、资产运营公司的变更及其他业务运营改善所必要的措施。

2. 内阁总理大臣拟根据前款的规定作出处分时，无论《行政手续法》第十三条第一款所规定的意见陈述所需手续存在何种区别，均须进行听证。

3. 内阁总理大臣在根据第一款的规定作出处分的情况下，必须及时将此事项及其理由以书面形式通知接受处分的投资法人。

第二百一十五条　通知等

1. 注册投资法人在其净资产额有可能低于基准净资产额时，必须迅速按照内阁府令规定的格式编制临时报告，并将其提交给内阁总理大臣。

2. 内阁总理大臣在注册投资法人的净资产额低于最低净资产额时，必须向该注册投资法人发出载有在一定期限内如其净资产额未恢复到该最低净资产额以上时则撤销注册之内容的通知。

3. 前款期限不能低于三个月。

第二百一十六条　撤销注册

1. 内阁总理大臣在注册投资法人符合下列各项中的任何一项时，可以撤销第一百八十七条的注册。

（1）符合第一百九十条第一款第一项或第三项至第六项中的任何一项时。

（2）以不正当手段办理了第一百八十七条的注册时。

（3）违反本法律或基于本法律的命令，或者基于此的处分时。

2. 即使内阁总理大臣发出了前条第二款的通知，但在同款期限内，接收到该通知的注册投资法人的净资产额不能恢复到最低净资产额以上的情况下，则必须撤销该注册投资法人的第一百八十七条的注册。

第二百一十七条　注销注册

1. 内阁总理大臣根据第一百九十二条第二款的规定，该注册投资法人在第一百八十七条的注册失去其效力时，或根据前条的规定已撤销第一百八十七条的注册时，必须注销该注册。

第二百一十八条　监督处分的公告

1. 内阁总理大臣在发出第二百一十五条第二款的通知，或根据第二百一十六条的规定作出撤销第一百八十七条的注册的处分时，必须根据内阁府令的规定，对该事项作出公告。

第二百一十九条　禁止或停止处理投资证券等的募集等的命令

1. 当裁判所认为就投资证券的募集的处理等符合下列各项中的任何一项时，可根据内阁总理大臣的申请,命令现在执行或计划执行该行为的主体(以下在本条中称为"行为人")禁止或停止该行为。

(1) 在该行为人违反本法律或基于本法律的命令,或基于此的处分的情况下,存在防止投资人损失扩大的紧急必要时。

(2) 在发行该投资证券等的投资法人的资产运营明显不合理,且事实上投资人的利益现在正受到显著损害或者明显将受到损害的情况下,存在防止投资人损失扩大的紧急必要时。

2. 第二十六条第二款至第六款的规定准用于前款所规定的审理。

3. 《金融商品交易法》第一百八十七条及第一百九十一条的规定准用于第一款所规定的申请。

第三章　外国投资法人

第二百二十条　外国投资法人的备案

1. 外国投资法人或相当于设立企划人的主体,在进行该外国投资法人发行的投资证券、新投资份额预约权证券或类似于投资法人债券的证券(以下在本条及第二百二十三条中称为"外国投资证券")的募集的处理等(政令规定的,考虑到其内容等事项,被认为不会对保护投资人造成障碍的情况除外)的情况下,必须根据内阁府令的规定,事先向内阁总理大臣就该外国投资法人相关的下列事项进行备案。

(1) 目的、商号及住所。

(2) 关于组织及役员的事项。

(3) 关于资产的管理及运营的事项。

(4) 关于计算及利润分配的事项。

(5) 关于外国投资证券标明的权利的事项。

(6) 关于外国投资证券的退还或回购的事项。

(7) 除前面各项所列之外,内阁府令规定的事项。

2. 前款所规定的备案必须附上该外国投资法人的规约或其他内阁府令规定的相当于该规约的文件。

第二百二十一条　外国投资法人的变更备案

1. 外国投资法人(仅限于已进行前条第一款所规定备案的外国投资法人。在下一条中具有相同的含义)计划变更该款各项所列之事项时,必须事先向内阁总理大臣就该事项进行备案。

2. 前条第二款的规定准用于前款的情况。

第二百二十二条　外国投资法人的解散备案

1. 当外国投资法人因决定启动破产手续及其他内阁府令规定的事由而解散时，破产管理人或清算人或负有与此相当的义务的主体必须迅速就该事项向内阁总理大臣进行备案。

2 外国投资法人，除前款规定的情况之外，在计划解散时，必须事先就该事项向内阁总理大臣进行备案。

第二百二十三条　禁止或停止处理外国投资证券的募集等的命令

1. 当裁判所认为，针对外国投资证券的募集的处理等，在发行该外国投资证券的外国投资法人的资产运营明显不合理，且事实上投资人的利益现在正受到显著损害或者明显将受到损害的情况下，存在防止投资人的损失扩大的紧急的必要时，则可根据内阁总理大臣的申请，命令现在执行或计划执行该行为的主体禁止或停止该行为。

2. 第二十六条第二款至第六款的规定准用于前款所规定的审理。

3.《金融商品交易法》第一百八十七条及第一百九十一条的规定准用于第一款所规定的申请。

第三部分
新加坡

全球主要REITs
市场法规汇编

一、市场情况与法规概述

新加坡是亚洲继日本之后第二个推出 REITs 的国家，是亚洲第二大 REITs 市场，也是亚洲第一个允许跨境资产发行 REITs 的国家。根据行业分类标准，截至 2019 年年末，在新加坡证券交易所上市的 REITs（S－REITs）已经达到了 34 只，总市值达到 738.62 亿美元，超过 75% 的新加坡 REITs 拥有新加坡以外的资产，来源地包括亚太、南亚、欧洲和美国，其中 15 家 REITs 完全由新加坡以外的其他国家或地区资产组成。

20 世纪 80 年代，新加坡经济严重衰退，为了探索促使房地产市场走出低迷的办法，政府及一些私营机构代表共同成立了新加坡房地产咨询委员会。1986 年，新加坡房地产咨询委员会首次提出将 REITs 作为振兴房地产市场的工具之一引入新加坡市场。

1998 年，东南亚金融风暴对新加坡房地产市场造成重大影响，新加坡证券交易所审核委员会随即提出设立新加坡房地产投资信托基金，以振兴新加坡房地产市场。1999 年，新加坡金融管理局发布了第一版《新加坡房地产基金指引》，为新加坡 REITs（以下简称"S－REITs"）的发展奠定了基础，标志着 S－REITs 正式起步。

然而，《新加坡房地产基金指引》出台后，并未引起市场的快速反应，其原因在于，新加坡私人房地产开发商认为该版本的 S－REITs 在税收优惠政策上存在模糊性，是开发商参与 REITs 的一大障碍。据此，为了加快 S－REITs 的落实，新加坡税务部门在 2001 年颁布的《REITs 所得税处理条款》(*Income Tax Treatment of Real Estate Investment Trusts*) 中，对 S－REITs 各种收入所得税征收情况以及同税收相关的行政办法进行了说明，明确 S－REITs 只要遵守分红比例（90%）要求，其在 REITs 层面免征所得税，只须在投资者层面征收，避免了重复征税问题。同年，新加坡对《证券和期货法案》进行了相应修改，明确界定了上市房地产投资信托基金这一类别。

在多项政策的推动之下，2002 年 7 月，新加坡第一只 REIT——凯德商用新加坡信托（CapitaLand Mall Trust）在新加坡交易所主板成功上市，S－REITs 正式落地。在随后几年中，新加坡为推动 S－REITs 发展，先后修订颁布了《证券和期货法》《证券期货法则》《新加坡公司法》和《单位信托手册》等，进一步规范完善了REITs的运营管理。

从S-REITs的起步不难看出，经济金融形势是助推REITs发展的重要因素。S-REITs从提出到正式推出指引文件，都伴随着新加坡国内经济形势走弱的宏观环境，是激活金融市场、促进经济复苏的有力工具。

本书新加坡REITs法规部分主要翻译的是新加坡金融管理局（Monetary Authority Of Singapore）公布并于2020年3月修订的《集合投资计划守则》（*Code on Collective Investment Schemes*）附件六房托基金部分。这一部分规定了与新加坡房地产信托相关方权利义务、房托的投资活动、期间管理等各项内容。

二、法规编译（集合投资计划守则房托基金部分）

《集合投资计划守则》第二部分[一]

本部分适用于房托基金。为免歧义，房托基金的管理人和受托人应满足第1~7章的相关规定，但不适用第2.3条第（b）条款、第3.2条第（b）条款、第5.1条和第5.2条所述半年度报告和年度报告的寄送、编制和内容规定，第3.6条所述的业绩报酬规定以及第4.2条第（b）条款的计划禁止行为规定。

附录六

投资：房托基金

1 范围和定义

1.1 本附录仅适用于主要投资或拟主要投资于不动产或不动产相关资产的集合投资计划（"房托基金"）。房托基金可以在证券交易所上市（也可以不上市）。

1.2 在本附录中：

a) 关联方（Associate）

　i) 对于管理人的董事、首席执行官、控股股东或有控制权的房托基金份额持有人（若其为自然人），关联方是指：

　　A) 其配偶、子女、养子女、继子女、兄弟姐妹或父母；

[一] 来源：新加坡金融管理局（Monetary Authority Of Singapore）公布并于2020年5月23日生效的 *Code on Collective Investment Schemes*。

B）其本人或直系亲属是信托受益人的情况下，指该信托的受托人；或者在全权信托情况下，指信托对象；

C）其本人和直系亲属合计持有（直接或间接）30%或以上权益的公司。

ii）对于管理人的控股股东、管理人、受托人或有控制权的房托基金份额持有人（若该房托基金为公司的情形下），关联方是指其子公司、控股公司、该等控股公司的子公司，或上述公司直接或间接合计持有30%或以上权益的公司。

b）现金等价物（Cash Equivalent items）是指同现金一样具备高流动性和高安全性的投资工具或投资。

c）有控制权的份额持有人（Controlling Unitholder）是指满足以下条件之一的主体：

i）直接或间接持有的票面金额占房托基金全部有表决权份额的15%或以上。金融监管局有权决定前述主体不是有控制权的份额持有人；或

ii）实际上对房托基金行使控制权。

d）资产值（Deposited Property）是指基于最新一次评估的房托基金全部资产的价值。

e）案头评估（Desktop Valuation）是指未进行资产现场调查，仅根据相似不动产资产的交易价格或者收益率进行评估。

f）利害关系方（Interested Party）是指：

i）管理人的董事、首席执行官、控股股东，或房托基金的管理人、受托人、有控制权的份额持有人；

ii）管理人的董事、首席执行官或控股股东的关联方，或房托基金的管理人、受托人、有控制权的份额持有人的关联方。

g）不动产相关资产（Real Estate-related Assets）是指不动产公司发行的上市或者非上市的债券、上市的或发行的股票、抵押担保证券、其他房托基金，以及附属于不动产所有权的资产（如家具）。

h）不动产开发活动（Property Development Activities）是指针对建筑物或者不动产实施的实质性改造活动（包括建造和拆除），且该等改造活动导致房托基金无法在改造期间从建筑物或不动产收取或有权收取租金收入，但不包括整修、改装和翻新。

2 房托基金管理人

2.1 管理人可以选择在房托基金于证券交易所上市时与房托基金签署管理协议。若管理协议包括协议提前终止时的赔偿条款，则该等赔偿条款应：

a）与管理人履行职责时提供的商业服务有明确关系，且赔偿金额应根据客观依据确

定。管理人做出该等安排时应当审慎考虑其应为各参与方利益而应尽的职责；

b) 期限不得超过五年，且支付给管理人的赔偿金额不得超过该条款剩余期限内管理人未取得的管理费用的固定组成部分（不包括浮动部分和业绩报酬）之和；

c) 若提前终止系因管理人欺诈、破产或过失造成，不得向管理人支付赔偿金。

若管理协议含有其他条款以及赔偿条款，且该管理协议能明确地被证明系代表投资人利益同时亦未实质性限制投资人解任管理人的能力，则该等管理协议可能在极特别情形下被允许。该等情况下，应取得金融监管局的事前同意。

2.2 支付给管理人的业绩报酬应满足以下条件：

a) 业绩报酬的结算频率不得超过一年一次；

b) 业绩报酬应与适当的标准挂钩，且该等标准的确定应考虑房托基金及其投资人的长期利益；

c) 业绩报酬不应与房托基金的总收入挂钩。

3 房托基金受托人

3.1 受托人在履行其职能和职责时应尽职且勤勉尽责，包括保护投资人的权利和利益。

3.2 受托人在确保以下事项时，应尽合理的注意义务：

a) 房托基金对其拥有的不动产资产享有合法有效、充分可转让的所有权；

b) 代表房托基金签署的重大合同（如租赁合同）根据该等合同条款对房托基金而言是合法、有效、具有法律效力和可执行的。重大合同包括构成房托基金5%或以上收入的合同或在房托基金正常经营活动以外签署的合同；

c) 管理人为房托基金的不动产资产安排了足额的保险。

4 关于管理人解任和会议召集的信托合同条款

4.1 房托基金的信托合同应包括以下条款：

a) 管理人可由出席持有人大会的投资人以简单多数表决通过的决议解聘，前提是任何投资人均不得被剥夺表决权；

b) 不少于 50 名投资人或代表不低于房托基金已发行份额 10% 的投资人可通过书面方式提议要求召开持有人大会；

c) 除其他的持有人大会外，每一自然年度应至少召开一次"年度持有人大会"，且年度持有人大会距上一次该等年度持有人大会的召开不得超过 15 个月。但是，若房托基金在其获准成立后的 18 个月内召开其第一次年度持有人大会的，则在其成立当年或下一年可不必召开年度持有人大会；

d) 在年度持有人大会前，应当置备自上一次该等大会结束时（如为第一次年度持有人大会，则为房托基金设立时）至编制日止期间内的总收益表和资产负债表，总收益表的编制日应与资产负债表的编制日相同，编制日均不得早于年度持有人大会召开之日的 4 个月之前。该资产负债表应能够真实公允地反映房托基金在前述期间末时的状况；

e) 在年度持有人大会上置备的总收益表和资产负债表应当附有一份经管理人签署的声明。该声明应当就以下事项发表意见：总收益表是否真实公允地反映其所述期间内房托基金的经营成果，资产负债表是否能真实公允地反映其所述期间末时房托基金的状况以及在该声明的出具日是否有合理理由相信房托基金能够偿还其到期债务；

f) 在每一次年度持有人大会召开时，一位或多位主体应被任命为房托基金的审计师。该等被任命的审计师应任职至下一次年度持有人大会结束时止，除非其辞职或经持有人大会审议通过被解聘且由新审计师接替；

g) 审计师的费用和开销应由持有人大会确定，或者若投资人在上一次年度持有人大会时已授权给管理人的，则也可由管理人确定。

4.2 持有人大会的召集和召开应适当考虑《公司法》相关规定和《2012 年公司治理守则》中的原则。

4.3 年度持有人大会上提交的总收益表和资产负债表应当遵守本守则第 5.1.1 条关于财务报表的规定，且应经适当审计并附带有审计师提交给管理人的报告。

4.4 为本附录第 4.1 条第（a）款之目的，在房托基金于证券交易所上市之时，不得有任何会实质性限制投资人解聘管理人的安排。房托基金上市后，在同时满足以下条件的前提下，则可以引入上述安排：

a) 该等安排应经出席持有人大会的投资人以简单多数表决通过的决议特别批准。管理人及其关联方、其他利益相关方应当回避该等表决；

b) 受托人任命的一家独立财务顾问应当就该等安排是否符合正常商业惯例以及是否损害投资人权益发表意见。

5 利害关系方交易

5.1 在同时满足以下条件的前提下，房托基金可以向利害关系方购买或者出售资产，或投资利害关系方发行的证券：

a) 在招股说明书（适用于房托基金首次发行或发售的情形）或者通函（适用于房托基金存续期间内）中充分披露以下事项：

i) 利害关系方的身份及其与房托基金的关系；

ii）购买或者出售资产的详细情况，包括关于该等资产的描述及其坐落；

iii）购买或者出售资产的价格；

iv）评估的详细情况（包括评估师名称、评估方法和评估日期）和评估价格；

v）现有或者预期租金收益率；

vi）房托基金将收到的最低认购款项（如果房托基金收到该等金额的认购款项是交易的前提条件）；

vii）可能影响潜在投资人决定是否投资房托基金或者可能影响投资人决定是否批准拟议交易的其他重要信息。

b）对于首次公开发行或发售时进行的交易，房托基金已签署协议并约定按照第（a）条款第（iii）项所述价格从利害关系方购买资产。如果房托基金收到一定金额的最低认购款项是该交易的前提条件，则应在上述协议中对此事实情况予以约定。

c）每一项拟交易的不动产资产皆已按照第8条规定进行了两次独立评估，且其中一名评估师系由受托人独立委任；

d）自利害关系方购买的每一项拟交易的不动产资产，其价格不得超过两次评估价格的孰高者，向利害关系方出售的每一项拟交易的不动产资产，其价格不得低于两次评估价格的孰低者；

e）针对无须投资人批准的该等交易，受托人应出具书面声明，确认该等交易符合正常的商业惯例且不损害投资人的权益，并应满足以下条件之一：

i）收购资产时，资产收购价格超过两次评估价格的平均值；或者

ii）处置资产时，资产处置价格低于两次评估价格的平均值。

f）处置资产时，管理人审计委员会应出具书面声明，确认其已履行适当的程序，以确保该等资产处置的相关条件与向非利害关系方出售该等资产所能获得的条件大体上一致。

为免疑义，特殊目的实体发行的抵押担保证券不适用本条规定。

5.2 房托基金应遵守以下规定：

a）若拟议交易的金额大于或等于房托基金净资产值的3%，应立即公告该等交易；

b）若拟议交易的金额大于或等于房托基金净资产值的5%，应立即公告该等交易且获得持有人大会的多数同意。对交易结果享有商业、财务或者私人利益的主体（因作为投资人身份而对交易结果享有的利益除外），不得参与批准该等交易的会议表决。

指引：对于上市房托基金，应当按照交易所上市规定向交易所做出公告。对于非上

市房托基金，可通过（1）在至少一份全国范围内广泛发行的报纸上以发布付费广告的方式进行公告，或者（2）以向投资人寄送通函的方式进行公告。

5.3 为本附录第 5.2 条之目的，当前会计年度内与同一利害关系方进行的全部交易的金额应合并计算。但是，对于经投资人同意的交易或者已经合并到经投资人同意的交易，则该等交易无须再次合并计算。

指引：房托基金与同属于同一集团的多家利害关系方进行的交易应视为与同一利害关系方进行的交易。

5.4 为本附录第 5.1 条及第 5.3 条之目的，购买或者出售资产的协议应遵守以下规定：

a) 对于在房托基金首次公开发行或发售时进行的利害关系方交易，该等协议应当在首次公开发行或发售完成后的 6 个月内履行完毕；

b) 对于在房托基金首次公开发行或发售之后进行的利害关系方交易，则：

　　i) 若交易金额小于房托基金净资产值的 5%，该等协议应当在其签署日后的 6 个月内履行完毕；

　　ii) 若交易金额大于或等于房托基金净资产值的 5%，该等协议应当在第 5.2 条第（b）条款所述的取得投资人同意后的 6 个月内履行完毕；

c) 对于在当下会计年度内发生不止一次利害关系方交易且最近的一次交易导致超过第 5.2 条第（b）条款所述的 5% 临界线的，则该等协议应在前述最近一次交易取得投资人同意后的 6 个月内履行完毕。

5.5 在同时满足以下条件的情况下，房托基金可委托利害关系方作为其物业管理代理人或物业招商代理人：

a) 支付给该利害关系方的费用或佣金不超过市场费率；以及

b) 与该利害关系方签署的协议不包含会实质性限制房托基金解聘代理人的条款。

指引：就赋予管理人有权因故解聘代理人的条款，该等条款本身并不足以满足第 5.5 条第（b）条款的规定。

5.6 管理人审计委员会应当：

a) 在每两年到每五年的期间内至少进行一次确认（在代理人履约情况被评估为较差的情形下，前述频率应更高），确认管理人已经：

　　i) 定期核查了代理人遵守协议条款的履约情况；

　　ii) 在必要时采取了补救措施。

b) 记录其得出结论的原因。

指引：审计委员会进行核查的期间间隔应当与代理人协议的有效期相匹配及对应。

5.7 如果管理人在房托基金向利害关系方收购或出售不动产资产时，按一定比例收取费用的，则该等费用应当以房托基金届时按市价发行的份额进行支付。且该等份额自其发行之日起一年内不得出售。

6 合格投资

6.1 受限于第 7 条的限制和规定，房托基金仅允许投资于：

a) 新加坡境内/境外的拥有永久产权或者租赁权的不动产。投资不动产，可以通过直接持有所有权的方式，或通过持有为持有或拥有不动产而设立的非上市特殊目的实体（"SPV"）股权的方式。投资于经《证券与期货法》第 286 节第（1）分节和本附录授权的其他房托基金的，视为投资于不动产。

译者注：《证券与期货法》第 286 节第（1）分节第（b）条规定，满足第（3）分节规定条件的，金融管理局在收到按照第 341 节规定的形式和方式提交的申请后，授权在新加坡设立集合投资计划。《证券与期货法》第 286 节第（3）分节规定，计划管理人应分情况取得不动产投资信托管理或者基金管理的资本市场服务牌照。且金融监管局将会综合考量管理人的雇员、关联方、施加影响的主体、对其关联公司施加影响的主体等因素，判断管理人是否适当。

b) 不动产相关资产，无论相关的发行人/资产/证券的注册地/坐落地/发行地/交易地（视具体情况而定）在何处。

c) 境内/境外非房地产公司发行的上市债券和上市股票。

d) 政府证券（以新加坡政府或者其他国家政府名义发行的）以及跨国机构或新加坡法定机构发行的证券。

e) 现金或现金等价物。

6.2 房托基金可以依据信托合同的约定投资境内或境外资产。在投资于境外不动产资产时，管理人应确保该等投资符合当地的所有适用法律法规，例如与外资持有不动产所有权和产权相关的法律法规。

6.3 在投资于租赁的不动产时，管理人应考虑租约的剩余期限、房托基金的目的以及房托基金既有不动产组合的租约情况。

6.4 在以共同所有人形式投资于不动产时，房托基金的该等投资应满足以下条件：

a) 以共同承租人身份直接投资于该不动产；或者

b) 通过收购为持有或拥有该不动产而设立的非上市 SPV 的股权/权益的方式投资于该不动产。

房托基金应有权处置该等投资。如果是为满足境外某地的法律规定或监管要求而必须进行其他的所有权安排，或是有其他正当理由时，该等其他的所有权安排也是可被允许的。在前述情形下,该等所有权安排应取得金融监管局的事先同意。

6.5 为本附录第 6.4 条之目的,合资协议、组织大纲及章程或者其他组织性文件应包括以下条款:

a) 应分配的可分配利润的最低比例。房托基金应有权按比例取得分红;

b) 重大经营事项的否决权,包括:

i) 合资协议、组织大纲及章程或者其他组织性文件的修订;

ii) 停业或改变经营范围;

iii) 解散或清算;

iv) 改变股权结构;

v) 改变股利分配政策;

vi) 发行证券;

vii) 对外举借借款;

viii) 以资产对外提供担保;

ix) 资产转让或处置;

x) 批准资产改造计划以及针对该资产的资本支出计划;

xi) 与利害关系方进行交易。

c) 房托基金与合资企业合作方之间的争议解决方式。

6.6 仅在以下情形下允许使用金融衍生品:

a) 为对冲资产组合的既有头寸;

b) 为进行高效投资组合管理,且该等金融衍生品并非用于调整整体投资组合。

7 关于投资及业务的限制和规定

7.1 房托基金应遵守以下限制和规定:

a) 受限于第 7.5 条,房托基金总资产的至少 75% 应投资于可产生收入的不动产;

指引:某一不动产的资产收益率(不考虑任何人为提高资产收益率的安排)超过无风险报酬率,则该不动产可视为产生收入。为此目的,无风险报酬率为:在向金融监管局申请授权时所提交的估值报告草案签署日前 12 个月内新加坡政府 5 年期证券的最高收益率。

b) 房托基金不得从事不动产开发活动,无论是以其自己的名义、与他人合资或者通过投资非上市房地产开发公司的方式,除非房托基金计划在建设完成后持有该不动产;

c) 房托基金不得投资于空置土地或者抵押贷款(抵押担保证券除外)。但本条款并不禁止房托基金投资于在控制土地上已获批准的代建地产项目,或其他在建工程；

指引：在建工程是指未取得临时入住许可证（或者相关部门颁发的类似许可证）的不动产。[一]

d) 从事不动产开发活动以及投资在建工程的合同总价值应不得超过房托基金总资产值的10%；仅在满足以下条件的情况下，才可以超过10%，但最多不得超过25%：

i) 将不超过房托基金总资产15%的一笔额外资金用于对现有不动产进行重建，且房托基金已经持有该不动产至少三年，且重建后，房托基金将继续持有该不动产至少三年；

ii) 房托基金已就该等不动产的重建事宜在持有人大会上取得投资人的特别同意。

指引：为免歧义，每一次使用该等15%的额外资金均应取得投资人的特别同意。管理人在寻求投资人同意时，应列明拟使用该等15%额外资金的相关不动产资产。

为本条款之目的，合同价值是指合同约定的购买价格，而非届时已发生的进度付款。

e) 对于按照第6.1条第（c）条款、第（d）条款或者第（e）条款进行的合格投资（在合格金融机构的存款和投资优质货币市场工具或债券的除外），投资于单一发行人证券或者单一管理人基金的金额不得超过房托基金总资产的5%。一家公司及其子公司应视为同一发行人或管理人。向其他房托基金进行投资的，不应以规避第5条所述的有关限制利害关系方交易之规定及原则为目的。

指引："合格金融机构"和"高等级货币市场工具或债券"与"附录二：货币市场基金"[二]中的词语定义相同。

7.2 房托基金来源于以下收入之外的其他收入不得超过其收入的10%：

a) 房托基金所持不动产的租金收入；

指引：租金包括不动产租赁的附属或附带收入，如承租人支付的标识使用费和广告费收入。

[一] 根据新加坡建筑行业法例，任何建筑竣工可供居住或使用时，建设局将会颁发临时入住许可证。取得临时入住许可证约一年后，建设局将会颁发法定完工证书。——译者注

[二] 附录二：货币市场基金中，合格金融机构主要是指履约能力较高的金融机构。货币市场工具包括银行存单（Bank Certificate of Deposit）、银行承兑汇票（Banker's Acceptance）、商业票据（Commercial Paper）、商业汇票（Trade Bill）和国库券（Treasury Bill）。债券包括政府债券（Government Bond）、公司债券（Corporate Bond）、浮动利率票据（Floating Rate Note）和资产支持证券（Asset-Backed Security）。——译者注

b) 从 SPVs 和其他合格投资中获取的利息、股利及其他类似收入。

上述来源所产生收入的预期比例应较为稳定,而不应有显著波动。若违反此项规定,管理人不得采取任何可能进一步扩大其违规程度的措施。

7.3 管理人有权向房托基金投资人宣布分红。若管理人宣布的分红超过利润的,则管理人应与受托人协商并确认,其有合理的理由相信在该次分配后,房托基金将有能力以其资产偿还到期债务。管理人的该等确认应包括关于分红政策的说明以及从房托基金资产中获取该等可用于分红款项的相关措施和假设。该等确认应当在宣布分红的同时做出。

7.4 第7.1条第(d)条款和第(e)条款所述的投资限制和规定在签署相关交易时适用。若因以下任何事由导致违反上述规定的,房托基金无须处置任何违反上述规定的资产:

a) 房托基金资产的升值或贬值;

b) 房托基金份额的赎回或分配;

c) 投资于房地产公司或者非房地产公司(无论是否位于新加坡)发行的上市股票的,因配股、股票红利或其他资本性收益导致已发行证券的面值产生变化。

7.5 因房托基金退出投资或增发份额而导致房托基金对不动产投资的比例低于其总资产的75%的,房托基金应当在以下时间内提高其不动产投资的比例至75%:

a) 若不动产投资比例高于50%但低于75%的,为12个月;

b) 若不动产投资比例低于50%的,为24个月。

7.6 满足以下条件之一的,则不适用第7.5条规定:

a) 对于房托基金退出投资的情形,房托基金计划在12个月内[适用于第7.5条第(a)条款所述情形]或者24个月内[适用于第7.5条第(b)条款所述情形]以现金形式返还(以赎回的方式)或者分配该退出投资所获收益的至少70%;

b) 对于房托基金增发份额的情形,房托基金计划在12个月内[适用于第7.5条第(a)条款所述情形]或者24个月内[适用于第7.5条第(b)条款所述情形]返还因增发份额所收取认购款项的至少70%;

c) 房托基金正处在解散程序中的(不论是房托基金退出投资还是增发份额的情形)。

8 房托基金不动产投资的评估

8.1 针对房托基金的每一项不动产资产而言,应在每个会计年度内由一名评估师按照届时适用的评估实施守则对其进行至少一次全面评估。

8.2 若管理人拟增发份额或者赎回现有份额,且房托基金的不动产资产系于6个月前进行的评估,则管理人应当审慎考虑确定是否应对其不动产资产进行案头评估

（Desktop Valuation），特别是在市场情况表明不动产资产的价值已发生实质变化的情况下。

8.3 第 8 条中所述的进行全面评估或者案头评估的评估师，应当同时满足以下条件：

a) 其并非管理人的关联公司或与管理人有关联关系，其也并不是与房托基金具有合同关系且受托人认为此会影响其进行独立、专业评估的任何其他主体；

b) 其应向受托人披露其未决交易、正在谈判中的合同，与管理人或者和房托基金具有合同关系的其他主体之间的安排，以及影响其进行独立、专业评估的其他因素。受托人在决定该评估师是否能够充分独立地担任房托基金评估师时，受托人应对上述披露事项予以考量；

c) 其应经过该等评估所在地的州或者国家的法律授权，可从事评估业务；

d) 其应对拟评估资产的类型和相关领域具备必要的专业知识和经验；

e) 其不得在连续两个会计年度内对同一资产进行评估。

8.4 受限于第 5.1 条第（d）条款中针对利害关系方交易的规定，房托基金应当以合理价格收购或出售不动产资产。"合理价格"是指：

a) 资产收购时，不超过评估价格的 110%（评估师由房托基金聘任）且评估基准日未超过 6 个月；

b) 资产处置时，不低于评估价格的 90%（评估师由房托基金聘任）且评估基准日未超过 6 个月。

8.5 为第 8.4 条之目的，收购日或者处置日是指资产转让协议的签署日。若多名评估师对同一不动产资产进行评估的，管理人应当使用该等评估价格的平均值。

8.6 若不动产资产并未按照第 8.4 条所述的价格进行收购或出售的，则应当取得受托人的事先同意。

8.7 尽管有第 8.1 条和第 8.2 条的规定，如果受托人或者管理人为保障投资人利益而认为有必要进行评估的，则可对房托基金的不动产资产进行评估。

9 杠杆总额限制

9.1 对外举借的借款可用于投资或者赎回的目的。房托基金可以其资产为上述借款提供担保。

指引 1：借款包括信用借款（Guarantee）、债券（Bond）、票据（Note）、银团贷款（Syndicated Loan）、双边贷款（Bilateral Loan）或者其他债务形式。

指引 2：债券或者票据可以直接由房托基金发行，也可间接通过 SPV 发行。

指引 3：同时满足以下条件的，借款协议可以包括关于控制权变更的限制约定。（a）

该条款仅由贷款人要求；(b) 该条款经贷款人同意后可被豁免；(c) 该条款已按照证券交易所的规定进行披露。控制权变更的限制约定是指借款协议中涉及有控制权的份额持有人之利益的条款或者限制房托基金控制权变更的条款，违反该等条款或限制则将导致借款协议项下的违约。

9.2 房托基金的总借款额和延期付款额（合称"杠杆总额"）不得超过房托基金总资产值的45%。

指引1：延期付款额包括以现金形式或者房托基金份额形式结算的资产递延付款。

指引2：同时满足以下条件的混合证券可以不计算在第9.2条所述的杠杆总额范围内：(a) 该证券含有无期限条款；(b) 房托基金可自行决定是否赎回；(c) 红利分配是非累积的；(d) 不含有激励房托基金赎回份额的特征（如利率递增）；以及 (e) 该证券在清算时的受偿顺序较为劣后。

9.3 在房托基金举借借款用于收购新资产的全部或部分价款支付时，用于确定杠杆总额的总资产值可以包括拟购买资产的价值，但应受限于下述规定：

a) 借款日和资产购买完成日为同一天；如果借款日早于资产购买完成日的，该等借款系存放于由房托基金设立并保有且仅用于存放该等现金的单独银行账户；

b) 该等借款仅用于购买该等资产，包括用于相关的费用，如印花税、法律服务费、专家费、顾问费（该等费用应基于公平交易的原则确定），不得用于其他目的；以及

c) 若借款日早于资产购买完成日且管理人随后意识到或者其应有理由意识到该项收购将不会完成，则管理人应当尽快返还借款资金。

9.4 如果因管理人不能控制的情形导致发生以下情况，则不视为违反杠杆总额限制：

a) 房托基金的资产贬值；或者

b) 房托基金的份额赎回或者付款行为。

如果因上述第（a）条款或者第（b）条款而导致超过杠杆总额限制的，则管理人不应进一步举借借款或者签署进一步的递延付款安排。

9.5 针对既有借款的再融资不视为进一步举借借款。房托基金可以在既有借款到期日前以再融资为目的举借借款，且该等再融资资金不计入杠杆总额限制的范围，前提是该等再融资资金被预留且仅用于偿还到期借款。受托人应将该等资金存放在专项用于偿还到期借款的独立信托账户。

9.6 在计算杠杆总额以判断其是否符合杠杆总额限制时，如果房托基金通过持有非上市SPVs股权的方式投资不动产，该等SPVs的杠杆总额应按照房托基金持有该等SPVs

的股权比例计入房托基金的杠杆总额。为免歧义，该等 SPVs 的资产也应当按照房托基金持有该等的股权比例计入房托基金的资产值。

10 非上市房托基金的赎回规定

10.1　对于非上市的房托基金，管理人应当按照第 10.2 条和第 10.3 条的规定，至少每年发出一次关于赎回份额的要约。

10.2　按照第 10.1 条发出的赎回份额要约应提前通知并送达投资人，且应当载明：

a) 份额赎回的参考价格；

b) 要约有效期（有效期自要约发出后起算，不得少于 21 个日历日，但任何情形下均不得超过 35 个日历日）；

c) 用于满足第 10.3 条规定的最低赎回金额请求的资产或借款，或者管理人视情况而提议的更高金额。对于非现金资产而言，应当说明该等资产出售后的预期所得；

d) 受限于第 10.3 条规定的最低赎回金额，若可用的资金［来自于现金以及第（c）条款所述的非现金资产出售所得或者借款］无法满足全部赎回请求的，则应按比例满足赎回请求。为此目的，基于该等要约而提出的赎回申请在要约有效期届满前将无法得到满足；

e) 因房托基金的资产值在要约有效期内可能发生变动，份额的最终实际赎回价格可能与第（a）条款所述的参考价格存在偏差（份额的实际赎回价格应参考房托基金资产组合的最近一次评估结果，并在扣除合理交易成本后确定）；

f) 若无法满足投资人的全部赎回请求，投资人届时应选择确定其是否希望继续进行赎回；

g) 基于要约而提出的赎回申请将在要约有效期届满后的 30 个日历日内获得满足。若管理人使受托人确信，为房托基金的利益而有必要延长前述期限的，该等期限可以延长至要约有效期届满后的 60 个日历日。如经投资人同意，前述期限也可以延长至要约有效期届满后的 60 个日历日之后。

10.3　根据第 10.1 条发出的关于赎回份额的要约，该等要约应至少包括房托基金总资产值的 10%。若管理人收到的赎回份额请求的总金额低于房托基金总资产值的 10%，则该等赎回请求应全部得到满足。

11 信息披露规定

11.1　管理人应在每一会计年度末制备年度报告，该年度报告应披露以下事项：

a) 该会计年度达成的所有不动产交易的详细情况，包括购买方或出售方身份、购买价或出售价以及评估价格（包括评估该等资产所采取的方法）；

b) 房托基金的全部不动产资产的详细情况，包括资产的位置、购买价和最近一次评估情况、已收到租金和出租率，或者房托基金所持租赁不动产的剩余租期（如适用）；

指引：为了促进不同房托基金之间的积极竞争，年度报告应当披露房托基金投资于租赁不动产的详细情况。该等披露应当提供有效且有意义的信息，以便投资人可获得租赁不动产未到期租约条款的详细信息。一种方式是披露房托基金投资于租赁不动产的比例和该等资产未到期租约的加权平均值。

c) 房托基金不动产资产的承租人情况，包括：

   i) 租户总数；

   ii) 前十大租户，以及前十大租户中每家租户的租金占总租金收入的百分比；

   iii) 租户商业领域分布，以主要商业领域贡献的租金占总租金收入的百分比来体现；

   iv) 未来五年内每年的租约到期情况，以该等到期租约的租金收入占总租金收入的百分比来体现；

   v) 房托基金资产组合和当年新签租约的加权平均租赁期限及该等租约对应的收入比例。加权平均租赁期限应当以租约起始日进行计算。

指引：加权平均租赁期限的计算范围应包括免租期。

d) 关于房托基金其他资产的详细情况：

   i) 前十大持仓情况（包括按市值计算的基金总规模金额和百分比）；

   ii) 按国别、资产类别（如股票、抵押担保证券、债券等）和全部债券的信用等级（如AAA、AA等）分类的投资收益回报金额和百分比；

e) 房托基金金融衍生品相关风险的详细情况，包括金额（如累计的总合同价值净额）和按市值计算的衍生品投资占基金总规模的百分比；

f) 房托基金投资于其他房托基金的详细情况，包括投资金额和所占百分比；

g) 房托基金借款的详细情况，包括借款到期情况；

h) 房托基金延期支付安排的详细情况（如有）；

i) 房托基金的总运营费用，包括支付给管理人和利害关系方的费用和佣金（包括固定费用和按该会计年度末房托基金净资产价值比例计算的费用）以及与房托基金不动产资产相关的税费；

j) 该会计年度房托基金宣布的分红；

k) 房托基金的业绩表现，应当覆盖不同时间段（如1年、3年、5年或10年）：

  i) 对于非上市房托基金而言，其业绩表现应以该时间段内的要约出价为基础计算；

指引：针对房托基金和相关指数或者其他房托基金的业绩表现进行比较，该等比较应当符合《证券与期货法》第 26 条的规定。

  ii) 对于上市房托基金而言，其业绩表现应以该时间段内交易所成交单价的变化为基础计算。

指引：该等计算应当以前一报告期末当天的收盘价为基础（对于新设立基金，为其首个交易日的开盘价），与报告当期末当天的收盘价进行比较。

在进行业绩比较的计算时应包括分红和分配，并应假设该等分红和分配于支付当日即用于再投资至该房托基金；

指引：假设的分红和分配再投资价格系除息日或除权日的报价（非上市房托基金情形下）或者交易所收盘价（上市房托基金情形下）。

l) 每一信托单位于该会计年度期初和期末的资产净值；

m) 对于上市房托基金而言，该会计年度期初和期末的交易所报价以及该会计年度期间的最高价格、最低价格和交易量；

n) 房托基金于该会计年度收到的收入支持支付额和该等支付额对房托基金每一信托单位分红（DPU）的影响；

o) 若收入支持安排体现于不动产整租安排中，则应披露：在该会计年度内，该等整租安排项下的租金收入与该等不动产的预计市场租金收入（以整租安排的签署日或续约日为时点计算）之间的差额；

指引：若在整租安排的签署日或者续约日，整租安排项下的租金收入高于该等不动产散租的预计市场租金收入，则该整租安排应被视为具有收入支持安排。"市场租金"是指经过适当的营销，可由出租人和承租人本着公平交易的原则在评估日针对该等租赁达成合理租赁条件下的预估金额，且租赁双方均具备相应知识，自愿、慎重地达成协议。

p) 每一信托单位的实际分配与预期分配之间的实质偏差，以及相关的详细说明。

11.2 《证券与期货法》附表 3 要求招股说明书须披露投资房托基金的特定风险。该等风险包括但不限于：

a) 分散投资程度。相较于一般证券基金，房托基金的分散投资程度较低。

b) 高负债。房托基金可能处于高负债水平。利率快速上升即会导致相应风险。

c) 评估。不动产评估具有主观性且影响房托基金份额的报价。

d) 资产低流动性。房托基金的基础资产流动性往往较低。市场条件发生变化或者基金未上市/退市情况下为满足赎回请求，可能须出售不动产方可进行分配。当需求增加时，房托基金可能无法及时处置其基础资产。

11.3 管理人在房托基金收购不动产资产过程中拟收费或已收费的，应当在招股说明书、通函或者其他相关报告或文件中通过列表的方式向投资人披露以下信息（以比例或者美元价值的形式）：

a) 应向管理人支付的收购费用；以及

b) 在做出盈利预测的情形下：

　i) 房托基金的预期增量收入；以及

　ii) 应支付给管理人的预期增量基础费用和业绩奖励费。

11.4 管理人在房托基金处置不动产资产过程中拟收费或已收费的，该等费用（以比例或者美元价值的形式）应当在招股说明书、通函或者其他相关报告或文件中向投资人披露；同时应包含该等处置系如何保障投资人利益的解释说明。

11.5 如果以房托基金的资产对外支付费用的，应当在招股说明书（针对房托基金首次发行或发售的情形）、结束于2015年12月31日的会计年度及后续会计年度的第一份年度报告（针对现存房托基金）和通函（在房托基金存续期间）中向投资人披露支付每一类该等费用的合理性。在须支付业绩奖励费的情况下，招股说明书或者通函中应同时披露以下信息：

a) 业绩奖励费的计算方法；

b) 关于该等计算方法如何考虑投资人长期利益的合理性。

指引：该等披露应符合本附录附件二的指引。

11.6 若招股说明书、通函、公告、推介材料或者提供给房托基金投资人的相关报告或文件中提供了预期收益率，则应同时清晰、显著地披露任何实质性提高短期收益率但同时可能稀释长期收益率的现有或拟议安排。在招股说明书和通函中，应当同时披露该等安排的相关风险以及关于该等安排对当前和未来收益可能产生何等影响的分析。该等分析应当包括假设不存在该等安排情形下的预期收益率计算。为免疑义，本段规定不适用于仅为对冲风险而签署的安排。

11.7 如果房托基金和管理人签订管理协议的，应当清晰、显著地披露管理协议条款和协议有效期内因提前终止服务而须支付给管理人的赔偿金（如有）的计算标准。该等信息应在招股说明书、通函或者提供给投资人的其他相关报告或文件中予以披露。

12 折扣

房托基金上市时，机构投资者认购房托基金份额不应享受任何折扣。但若机构投资者在房托基金上市前认购且该等投资人承担房托基金未能上市的风险，或者无论房托基金后续是否上市其都认购份额的，则不适用前述禁止条款。

13 合订证券结构

若某活跃经营的实体满足以下条件之一的，房托基金份额在证券交易所上市时可以和该实体的证券合订发行：

a) 与房托基金在同一行业内经营业务；或者

b) 为房托基金所持有的资产提供附属经营业务或者服务。

14 监管沟通

如果管理人拟为房托基金引入某些机制，而该等机制可能会违背公平、平等对待全部投资人的原则或者降低拟议交易的价值透明度，则管理人应当事先与金融监管局沟通。

附件二

以房托基金资产向管理人支付费用的披露指引

1 范围

1.1 本指引旨在为《集合信托计划守则》附录 6 第 11.5 条中的费用披露规定提供一般指引。如有需要进一步明确之处，可以与金融监管局沟通。

2 一般原则

2.1 信息披露应当清晰、合理、有效且有意义。

2.2 信息披露应当向投资人详细说明从房托基金的资产中向管理人支付的不同类型的费用是如何设置的及其各自所对应的对价。

3 向管理人支付费用的解释说明和合理性

3.1 为促进和便于投资人理解该等费用的性质、类型、范围和总量，信息披露应当包括以下内容：

a) 支付给管理人的每一类费用的具体理由和目的，包括但不限于基本费用、业绩奖励费用、收购费、投资退出费、开发管理费；以及

b) 结合信托合同中的相关条款说明每一类费用的计算和支付方式（包括支付形式，如现金或者份额）。

3.2 本附件第 3.1 条第（a）条款所述每一类费用的理由和目的应有区别。不同类别的费用之间不应存在重合。

3.3 若支付给管理人的某项费用能够覆盖向其他方（而非管理人）支付的另一类型费用中对应的部分服务的，则管理人应当解释此情形产生的原因和合理性。

4 业绩奖励费的额外披露

4.1 若向管理人支付业绩奖励费的,管理人应当清晰地解释该等业绩奖励费的计算方法如何体现下述内容:

a) 激励管理人为全体投资人的利益而提高房托基金的长期价值和前景;

b) 不会鼓励管理人承担过多的短期风险。

4.2 为本附件第4.1条之目的,诸如业绩奖励费的计算系基于信托合同的约定或者业绩奖励费的计算方式系符合行业惯例,此类的声明不应视为具有充分的解释力。

第四部分
印　　度

全球主要REITs
市场法规汇编

一、市场情况与法规概述

金融危机爆发后，作为发展中国家的印度在经济发展相对放缓的情况下，提出了对 REITs 的设想。印度证券交易委员会（Securities and Exchange Board of India，简称 SEBI）于 2007 年首次提出 REITs 法规草案以征询公众意见，随后持续对 REITs 立法进行研究。

在 SEBI 与各行业参与者进行广泛互动之后，该机构于 2013 年 10 月发布了 REITs 法规草案。但由于税收结构难以确定，法规的正式推出遇到了瓶颈。经过进一步修改，财政部部长宣布了对 REITs 的税收优惠政策，扫清了障碍。

不同于美国和澳大利亚，印度以基础设施投资信托基金（InvITs）的形式对基础设施 REITs 展开尝试，成为全球首个对基础设施投资信托基金立法的国家。2014 年 9 月 26 日，印度证监会 SEBI 先后颁布《印度证券交易委员会（不动产投资信托）条例》和《印度证券交易委员会（基础设施投资信托）条例》，允许开展房地产投资信托基金（REITs）与基础设施投资信托基金（InvITs）业务。印度 REITs 和 InvITs 均是以信托（Trust）为载体。多年来，SEBI 与该国的利益相关方合作，包括政府机构、投资者和房地产开发商，以使这些法规与全球公认的规范保持一致。

规则出台后，印度市场已有两家基础设施项目成功发行上市，即经营电力网络的 IndiGrid 和经营收费公路的 IRB。由于估值、融资成本、税务等综合因素，首个 REITs 项目于 2019 年才得以推出。2018 年 9 月 24 日，美国私募投资巨头黑石集团（Blackstone）和印度房地产公司 Embassy 集团的合资公司向印度证券交易委员会递交了 Embassy Office Parks REIT 的招股文件。2019 年 4 月 1 日，Embassy Office Parks REIT 成功发行，为印度第一个上市房地产投资信托基金（REIT）。截至 2019 年年末，印度共发行 1 只 REITs 产品，2 只 InvITs 产品，合计 58.06 亿美元。

与中国类似，印度作为发展中国家，长期保持着每年 5% 以上的较快经济增速，在近年来面临着经济增速下行的压力之下，印度从 2007 年开始研究，并于 2014 年推出两个相应的 REITs 法规，以期为经济增长提供新的动能，助力经济进一步转型。此外，印度是首个对基础设施投资信托基金有单独专项立法的国家，因此，研究印度相关法规对我国有很大的借鉴意义。

本书的印度法规部分主要就 2014 年《印度证券交易委员会（不动产投资信托）条例》和 2014 年《印度证券交易委员会（基础设施投资信托）条例》两部法令进行了编译。两部法令分别对印度不动产投资信托和印度基础设施投资信托的主体资格确认、存续管理、各方相关方责任、各层面税收、分配要求以及注销清算等事项进行了全面、详细的规定。

二、法规编译（印度 InvITs 法规）

印度公报

特别版

第 III 部分第 4 编

主管当局公布

新德里，2014 年 9 月 26 日

印度证券交易委员会

公告

孟买，2014 年 9 月 26 日

2014 年《印度证券交易委员会（基础设施投资信托）条例》

编号：LAD – NRO/GN/2014 – 15/10/1577——根据 1992 年《印度证券交易委员会法》（1992 – 15）第 30 条（结合第 11 条和第 12 条内容）所赋予的权力，印度证券交易委员会就基础设施投资信托及其注册、监管等主要事项制定条例如下：

第一章　序言

简称和生效日期

1. (1) 本条例名称为 2014 年《印度证券交易委员会（基础设施投资信托）条例》。

(2) 本条例自在官方公报上公告之日起生效。

定义

2. (1) 除上下文另有所指外，本条例中的术语应具有下列定义所赋予的含义，且该等术语的衍生表述也应按照下述含义相应解释：

(a) "《法案》"是指1992年《印度证券交易委员会法》（1992-15）；

(b) 任何主体的"关联方"①是指2013年《公司法》或有关会计准则定义的"关联公司"，还应包括：

 (i) 由该主体直接或间接控制的任何主体；

 (ii) 直接或间接控制该主体的任何主体；

 (iii) 若该主体是公司或法人团体，则指定为该公司或法人团体的发起人之任何主体，及任何其他拥有相同发起人的公司或法人团体；

 (iv) 若该主体是自然人，则为该主体的任何亲属；

 (v) ［＊＊＊］②

 (vi) ［＊＊＊］③

 (vii) ［＊＊＊］④

 (viii) ［＊＊＊］⑤

(c) "证监会"是指根据《法案》第3条成立的印度证券交易委员会；

(d) "法人团体"应具有2013年《公司法》第2条（11）款赋予其的含义；

(e) "配送红股"是指在指定日期无偿配送给份额持有人的额外份额；

(f) "证书"是指根据本条例授予的注册证书；

(g) "控制权变更"：

 (i) 就公司或法人团体而言，控制权变更中的"控制"具有2013年《公司法》第2条（27）款规定的含义；

 (ii) 在其他情形下，是指控制权的变更。

注：在第（ii）目中，"控制权"是指直接或间接拥有百分之五十以上表决权或

---

① 由2016年11月30日生效的《印度证券交易委员会基础设施投资信托条例（修订）》（2016）所替代。在此之前表述为，任何主体所包含的"关联方"。

② 第（v）目于2016年11月30日生效的《印度证券交易委员会基础设施投资信托条例（修订）》（2016）中被删除。在此之前表述为，若该主体为公司、法人团体或有限合伙企业，则为其所属集体下属企业。

③ 第（vi）目于2016年11月30日生效的《印度证券交易委员会基础设施投资信托条例（修订）》（2016）中被删除。在此之前表述为，处于同一管理下的公司或有限合伙企业。

④ 第（vii）目于2016年11月30日生效的《印度证券交易委员会基础设施投资信托条例（修订）》（2016）中被删除。在此之前表述为，若该主体为一个InvIT，则为该InvIT的关联方。

⑤ 第（viii）目于2016年11月30日生效的《印度证券交易委员会基础设施投资信托条例（修订）》（2016）中被删除。在此之前表述为，该主体或其董事、合伙人单独或集体持有超过15%的实缴股本或有限合伙份额的公司、有限合伙企业或法人团体。

股权。

(h) "公司"是指2013年《公司法》第2条(20)款定义的公司；

(i) "已竣工并能够持续产生收入的项目"是指在InvIT取得或受让基础设施项目之日前，已满足下列条件的基础设施项目：

  (i) 基础设施项目已到有关项目协议（包括特许权协议、购电协议或就项目运营订立的其他类似协议）或与贷款人订立的任何协议中定义的运营起始日；

  (ii) 基础设施项目已取得开始运营所需的全部必要批准和资质；以及

  (iii) 基础设施项目已产生营运收入的时间不短于一年；

(j) "特许权协议"是指一个主体为实施特定项目之目的与特许权授予机关订立的协议；

(k) "特许权授予机关"是指公共事业领域PPP项目的特许权授予机关；

(l) "信用评级机构"是指根据1999年《印度证券交易委员会（信用评级机构）条例》在证监会注册的信用评级机构；

(m) "托管人"是指根据1996年《印度证券交易委员会（证券托管人）条例》在证监会注册的主体；

(ma)[一] "债券"应具有2008年《印度证券交易委员会（债券发行和上市）条例》第2条(1)款(e)项规定的含义；

(n) "指定证券交易所"是指具备InvIT份额上市或拟上市的资质，且InvIT为本条例下InvIT份额发行之目的所选择的指定证券交易所：

如果前述一个或多个交易所均拥有全国性交易终端，InvIT应选择其中一个作为指定证券交易所；

此外，InvIT可选择一个不同于首次发行场所的有资质的证券交易所作为指定证券交易所，按照本条例规定进行InvIT份额的后续发行；

(o) "合格的基础设施项目"是指于InvIT收购或受让基础设施项目之日前，满足下列条件的基础设施项目：

  (i) 就PPP项目而言：

    (1) 基础设施项目是已竣工并能够产生收入的项目，或(1a)[二]运营起始日之后的一年以上期间内，未有运营收入记录的基础设施项目，或

[一] 第(ma)项根据于2016年11月30日生效的《印度证券交易委员会基础设施投资信托条例（修订）》(2016)加入。

[二] 第(1a)项根据于2016年11月30日生效的《印度证券交易委员会基础设施投资信托条例（修订）》(2016)加入。

(2) 基础设施项目的运营起始日尚未届至的项目；

(ii) 就非 PPP 项目而言，系指已取得项目开始建设所需的全部必要批准和资质的基础设施项目；

(p) "后续发售"是指向公众发售新的 InvIT 份额以供认购，也包括存量份额持有人向公众要约出售 InvIT 份额；

(q) [* * *]^㊀

(r) "格式文件"是指附录一所示的任何格式文件；

(ra) "一般用途"包括在向证监会提交的发行文件草案中未明确具体金额的特定目的与有明确金额的一般用途，或任何类似的其他名目的目的：

但任何与发行有关的费用，不得仅因在向证监会提交的发行文件草案中未明确该等费用的特定金额，而被视为用于一般用途；

(s) "管理委员会"就有限合伙企业而言，是指有限合伙企业任命的，职权与公司董事会的董事类似的成员团队；

(sa)^㊁"holdco"或"控股公司"是指符合下列条件的公司或有限合伙企业：

(i) InvIT 拥有或拟拥有控制权并持有不低于百分之五十一的股本或股权，并且已通过对其他 SPV 投资最终持有基础设施资产；

(ii) 除持有下层 SPV、基础设施项目和与该等持有相关的其他活动之外，未参与任何其他活动；

(t) "基础设施"包括财政部于 2013 年 10 月 7 日通过公告定义的所有基础设施细分领域，并包括对该等设施细分领域的修订或增加；

(u) "基础设施项目"是指基础设施领域中的任何项目；

(ua)^㊂"首次发售"是指 InvIT 份额的首次发售，不论通过公开发行或非公开募集的方式，包括存量份额持有人要约出售 InvIT 份额；

(v) "首次公开发行"是 InvIT 份额向公众的首次发售，并包括存量份额持有人向公众要约出售 InvIT 份额；

㊀ 第（q）项于 2016 年 11 月 30 日生效的《印度证券交易委员会基础设施投资信托条例（修订）》(2016) 中被删除。在此之前表述为，"后续要约文件"是指与 InvIT 向公众作出后续发售有关的任何文件。

㊁ 第（sa）项根据于 2016 年 11 月 30 日生效的《印度证券交易委员会基础设施投资信托条例（修订）》(2016) 加入。

㊂ 第（ua）项根据于 2016 年 11 月 30 日生效的《印度证券交易委员会基础设施投资信托条例（修订）》(2016) 加入。

(w) [＊＊＊]^㊀

(x) "基础设施开发商"就 PPP 项目而言,是指获特许权的 SPV 的牵头方;

(y) "稽查员"是指证监会为行使本条例第五章赋予的权力而委任的一人或多人;

　　(ya)^㊁ "机构投资者"是指:

　　　　(i) 合格机构买方;或

　　　　(ii) 在印度储备银行注册的家族信托或在金融系统中重要的非银行金融机构或在证监会注册的中介机构,且根据最近一期经审计的财务报告,净资产超过五十亿卢比;

(z) "投资管理协议"是指受托人与投资管理人订立的协议,约定投资管理人在 InvIT 中承担的职能和责任;

　　(za) "InvIT"或"基础设施投资信托"是指根据本条例注册为基础设施投资信托的信托;

　　(zb) "InvIT 资产"是指 InvIT 直接或者通过控股公司和/或 SPV 间接持有的资产,以及因持有该等资产而产生或该等资产附带的所有权利、权益和利益;

　　(zc) "牵头方"就 PPP 项目而言,是指项目文件中定义的获特许权 SPV 的牵头成员;

　　(zd) "上市 InvIT"是指其份额在有资质的证券交易所上市的 InvIT;

　　(ze) "有限合伙企业"是指 2008 年《有限合伙企业法》定义的有限合伙企业;

　　(zf) "投资管理人"是指根据本条例第 10 条的规定,管理 InvIT 资产和投资并开展 InvIT 活动的公司、有限合伙企业或法人团体;

　　(zg) "NAV"或"资产净值"是指某一日 InvIT 资产扣除对外债务后的价值除以该日存量份额后所得数值;

　　(zh) "净值"就公司或法人团体而言,应具有 2013 年《公司法》第 2 条(57)款赋予其的含义;

　　(zi) "非 PPP 项目"是指 PPP 项目之外的基础设施项目;

　　(zj) "发行文件"是指为认购或购买 InvIT 份额的目的,公开发布的被描述为

㊀ 第(w)项于 2016 年 11 月 30 日生效的《印度证券交易委员会基础设施投资信托条例(修订)》(2016)中被删除。在此之前表述为,"首次公开发售文件"是指由 InvIT 向公众公布首次公开发售的任何文件。

㊁ 第(ya)项根据于 2018 年 10 月 4 日生效的《印度证券交易委员会基础设施投资信托条例(修订)》(2018)加入。

发行文件或作为发行文件出具的任何文件，包括任何通知、公告、广告或其他发售邀请文件，并包括首次公开发行文件、后续发行文件、认购权发行情况下的发售函以及证监会指定的任何其他发行文件；

(zk)"InvIT 参与人"包括发起人、投资管理人、项目管理人和受托人；

(zl)"募集备忘录"是指以非公开方式募集 InvIT 份额所依据的任何文件；

(zm)"PPP 项目"是指公共特许权授予机关与获特许权私营 SPV 开展的公私合营基础设施项目，且该 SPV 通过公开竞标或与有关主管机关签订的合作备忘录进行确定；

(zn)"运营起始日之前的项目"是指符合下列条件的基础设施项目：

(i) 尚未到达相关项目协议（包括特许权协议、购电协议或就项目运营订立的其他类似协议）或与贷款人订立的任何协议中定义的运营起始日；以及

(ii) 以下情形之一：

(1) 至少完成基础设施项目工程建设的百分之五十，并经该项目的独立工程师核证；或

(2) 支出百分之五十以上的有关项目协议中财务计划所述的计划总资本支出；

(zo)"优先发行"是指上市 InvIT 以私募的方式向任何特定主体或群体发行份额，不包括通过公开发行、认购权发行、派送红股、合格机构募集或证监会指定的其他发行方式的发售份额；

(zoa)"非公开募集"是指 InvIT 向任何特定主体或群体发行份额，不包括通过公开发行的方式发售份额；

(zob)"项目执行协议"或"项目管理协议"是指项目管理人、获特许权 SPV 和受托人订立的协议，约定项目管理人就项目执行和/或管理应承担的义务：

就 PPP 项目而言，该等义务须作为特许权协议或与特许权授予机关订立的任何该等协议项下约定责任的补充；

(zp)"项目管理人"是 InvIT 指定作为项目管理人的公司或有限合伙企业或法人团体，负责按照本条例第 11 条执行/管理项目；就 PPP 项目而言，则指根据特许权协议或任何其他有关项目文件执行和实现项目重大节点的实体；

(zq)"公众"就份额的发行和上市而言，是指除 InvIT 关联方之外的任何主体

或证监会规定的任何其他主体；

但 InvIT 的任何关联方是合格机构买方的，该主体应属于"公众"；

(zr) "公开发行"是指 InvIT 向公众发行份额，并包括首次公开发行和后续发售，或证监会规定的向公众作出的任何其他发行；

(zs) "合格机构买方"应具有 2009 年《印度证券交易委员会（股本发行和披露要求）条例》第 2 条（1）款（zd）项赋予其的含义；

(zt) "合格机构募集"是指上市 InvIT 根据本条例的规定，以非公开募集的方式向合格机构买方分配份额；

(zu) "有资质的证券交易所"是指 1956 年《证券合约（监管）法》(1956 – 42) 第 4 条确认的任何证券交易所；

(zv) "关联方"具有 2013 年《公司法》或有关会计准则规定的含义，还应包括：

(i) InvIT 参与人；

(ii) ［＊＊＊］[一]

(iii) 第（i）目所述之主体的发起人、董事和合伙人；

(zw) "配股"是指上市 InvIT 公司在份额发行之日向某一确定日期的 InvIT 份额持有人发出的要约；

(zx) "优先收购权"或"ROFR"是特定主体向 InvIT 授予的、优先于其他第三方与该特定主体进行交易的权利；

(zy) "SPV"或"特殊目的载体"是指符合下列条件的任何公司或有限合伙企业：

(i) InvIT 或控股公司持有或拟持有其控股权以及不低于百分之五十一的股本或股权；

但就 PPP 项目而言，政府部门、特许权协议或类似协议的规定禁止前述持有或者收购比例的，则本项不适用，但应受限于本条例第 12 条（3）款的规定；

(ii) 直接持有基础设施项目百分之九十以上的资产，且未投资于其他 SPV；以及

(iii) 除底层基础设施项目附带的或与之有关的活动之外，未参与任何其

[一] 第（ii）目于 2016 年 11 月 30 日生效的《印度证券交易委员会基础设施投资信托条例（修订）》(2016) 中被删除。

他活动；

(zz) "发起人"是指设立 InvIT 且在向证监会提交申请时被指定为发起人的任何公司、有限合伙企业或法人团体；

(zza) "战略投资者"是指根据 1999 年《外汇管理法》及其项下的规则、条例或指引的有关规定（如有），共同或单独投资 InvIT 总发售规模的百分之五以上或证监会不时确定的其他比例的下列机构：

　　a. 在印度储备银行注册为非银行金融公司的基础设施金融公司；

　　b. 商业银行；

　　c. 多边和/或双边发展金融机构；

　　d. 在印度储备银行注册的系统重要性非银行金融公司；

　　e. 境外投资者。

(zzb) "受托人"是指根据本条例，为份额持有人的利益，以信托的方式持有 InvIT 资产的主体；

(zzc) "在建项目"是指未到有关项目协议（包括特许权协议、购电协议或就项目运营订立的其他类似协议）或与贷款人订立的任何协议中约定的运营起始日，或运营起始日已经届至，但在此后至少一年的期限内，未有运营收入记录的基础设施项目，无论是 PPP 项目还是非 PPP 项目；

(zzd) "份额"是指 InvIT 的受益凭证；

(zze) "份额持有人"是指拥有 InvIT 份额的任何主体；

(zzf) "评估机构"是指 2013 年《公司法》第 247 条规定的"注册评估机构"或证监会不时确定的任何主体。

(zzg) "InvIT 资产价值"是指评估机构评估的 InvIT 直接或通过控股公司和/或 SPV 间接拥有的基础设施和其他资产的价值。

(2) 本条例使用的而未定义的术语和表达，但在《法案》、1956 年《证券合约（监管）法》(1956－42)、2013 年《公司法》(2013－18) 或其项下的任何规则或条例中进行定义的，应具有《法案》、前述规则或条例或对其任何法定修改或再颁布（视具体情况而定）赋予的含义。

第二章　InvIT 的注册

基础设施投资信托的注册

3. (1) 任何主体只有根据本条例取得证监会颁发的注册证书，才可作为 InvIT 行事。

(2) 发起人应按照附录一规定的格式文件 A，代表信托提交 InvIT 注册证书授予申请，并应按照附录二的规定缴纳不可退还的申请费。

(3) 为了保护投资者的利益，证监会有权任命信托记录和文件的保管主体，并制定与该等认命有关的条款和条件。

(4) 在审议是否授予注册证书时，证监会应考虑本条例所列要求。

合格标准

4. (1) 为了向信托授予注册证书，证监会应考虑与 InvIT 活动有关的所有事宜。

(2) 在不影响前述一般性规定的情况下，证监会应考虑下列强制性要求，即：

(a) 申请人是代表信托的发起人，且信托文书采用的是根据 1908 年《注册法》在印度依法登记的契约格式文件；

(b) 信托契约的主要目的是根据本条例开展 InvIT 活动，且信托契约包含受托人根据本条例第 9 条承担的义务；

(c) 已根据本条例任命发起人、投资管理人和受托人，且担任该等发起人、投资管理人和受托人的主体是独立实体；

(d) 就发起人而言：

(i) 各发起人应在向证监会提交的注册申请中和发行文件/募集备忘录中（视情况而定）予以明确；

(ii) 各发起人，

(1) 若为法人团体或公司，则净资产至少 10 亿卢比；或

(2) 若为有限合伙企业，则有形资产净值至少 10 亿卢比；

(iii) 发起人或其关联方在基础设施领域的开发或基金管理方面拥有良好的记录。

注：在本项中，"良好的记录"是指拥有 5 年以上的经验，若发起人是开发商，则该发起人应至少已经完成两个项目；

(e) 就投资管理人而言：

(i) 若投资管理人是法人团体或公司，则拥有至少一亿卢比的净资产；若投资管理人是有限合伙企业，则拥有至少一亿卢比的有形资产净值；

(ii) 投资管理人在基础设施领域的基金管理、咨询服务或开发方面拥有五年以上的经验，或者其董事/合伙人/雇员在基础设施领域的基金管理、咨询服务或开发方面的综合经验不少于 30 年：

在计算综合经验时，仅考虑在基础设施领域的基金管理、咨询服务或开发

方面具有 5 年以上经验的董事/合伙人/员工的经验。

(iii) 投资管理人拥有两名以上的员工，且该等员工在基础设施领域的基金管理、咨询服务或开发方面拥有五年以上的经验；

(iv) 投资管理人拥有一名以上员工，且该等员工在 InvIT 已投资或拟投资的细分领域拥有五年以上的经验；

(v) 投资管理人拥有至少二分之一的董事（若为公司）或管理委员会成员（若为有限合伙企业）是独立的，且并未担任另一 InvIT 投资管理人的董事或管理委员会成员；

(vi) 投资管理人在印度设有拟开展有关 InvIT 运营的办事处；

(vii) 投资管理人已与受托人订立投资管理协议，约定投资管理人根据本条例第 10 条应承担的义务；

(f) 已根据项目执行/管理协议任命项目管理人。

项目执行/管理协议应随附发行文件草稿/或募集备忘录一并申报；

(g) 就受托人而言，

(i) 受托人根据 1993 年《印度证券交易委员会（债券受托人）条例》向证监会注册，且不是发起人或投资管理人的关联方；及

(ii) 受托人根据证监会通函或指引的规定，拥有证监会要求的必要的用于基础设施投资和人员开支的资金；

(h) InvIT 的任何份额持有人不享有优先投票权或优于其他份额持有人的任何其他权利，且不得存在多种类别的 InvIT 份额。

尽管有前述规定，可以仅向发起人及其关联方发行投票以及其他权利劣后于其他份额的次级份额；

(i) [* * *]^㊀

(j) 申请人在注册时，已明确描述了与拟开展 InvIT 活动有关的详情；

(k) InvIT 及其参与人符合 2008 年《印度证券交易委员会（中介机构）条例》附录二所列的适格标准；

(l) 证监会是否已驳回 InvIT、InvIT 参与人或其各自董事/管理委员会成员的任何在先注册证书授予申请；

(m) 证监会或任何其他监管当局是否已根据《法案》或其项下的条例、通函或指

㊀ 第（i）项于 2016 年 11 月 30 日生效的《印度证券交易委员会基础设施投资信托条例（修订）》(2016) 中被删除。

引，对 InvIT、InvIT 参与人或其各自董事/管理委员会成员采取任何处分行动。

提供其他信息和解释

5.（1）证监会可根据申请审批的需要，要求申请人提供补充信息或澄清。

（2）证监会可要求申请人或其授权代表参加证监会有关注册证书授予的聆讯。

证书授予的程序

6.（1）证监会认为申请人满足本条例第 4 条所列要求的，应通知申请人，并在收到附录二规定的注册费时，应按照附录一的格式文件 B 授予注册证书：

证监会可向信托作出原则性批准，并在本条例第 4 条所列全部要求予以满足时，向信托授予最终注册。

（2）证监会授予注册证书时可附加其认为适当的条件。

证书授予的条件

7. 除本条例另有规定外，本条例第 6 条项下的证书授予还应遵守下列条件：

（a）InvIT 应遵守《法案》和本条例的规定；

（b）向证监会提交的任何信息或资料在任何重大方面存在错误或具有误导性的，或已经提交的信息有任何重大变更的，InvIT 应立即以书面的形式通知证监会；

（c）InvIT 及其当事方应始终满足本条例第 4 条所列的条件；

（d）InvIT 及其当事方应始终遵守附录六所列的行为守则（如适用）。

注册申请的驳回

8.（1）在证监会审议根据本条例第 3 条提出的申请之后，认为不应向信托授予证书的，可在给予申请人合理陈述的机会之后驳回申请。

（2）证监会作出的驳回申请决定，应在作出该决定之后的三十日内通知申请人。

第三章　InvIT 参与人、评估机构和审计机构的权利和义务

受托人的权利和义务

9.（1）受托人应为份额持有人的利益，根据信托契约和本条例的规定，以 InvIT 的名义持有 InvIT 资产。

（2）受托人应代表 InvIT，与投资管理人订立投资管理协议。

（3）受托人应为份额持有人的利益，监督投资管理人的活动，确保投资管理人遵守本条例第 10 条的规定，并应按季度要求投资管理人提供符合规定格式的合规证书。

（4）受托人应监督项目管理人按照本条例和项目执行协议/项目管理协议开展活动，并应按季度要求投资管理人提供符合规定格式的合规证书。

（5）受托人应确保投资管理人遵守本条例项下的报告和披露要求。投资管理人报告和披露存在延迟或不实的，受托人应要求投资管理人立即予以纠正。

（6）受托人应审查投资管理人和其关联方开展的交易。在投资管理人已告知可能存在利益冲突的情况下，受托人还应就该等交易的公允性获得执业注册会计师或评估机构（视具体情况而定）的确认。

（7）受托人应定期审查份额持有人的投诉和投资管理人的解决情况。

（8）受托人应根据本条例第 18 条（6）款、第 18 条（7）款和第 18 条（8）款的规定，向份额持有人分配红利，并确保投资管理人及时向份额持有人发送分红公告。

（9）受托人可要求投资管理人制定有效监督 InvIT 运作所需的制度、程序，并要求投资管理人向受托人提交所需的报告。

（10）受托人应确保认购款存放在以 InvIT 名义开立的独立银行账户中，且仅用于份额配售的调整或向申购人返还款项，直至该等份额上市。

（11）受托人应确保评估机构的报酬与正在进行评估的资产价值无关，且不基于该等价值。

（12）受托人应确保投资管理人根据本条例的规定召集份额持有人大会，并监督份额持有人投票权的行使。

（13）受托人应确保投资管理人每年召开一次以上的份额持有人大会，且两次会议的间隔时间不得超过十五个月。

（14）就任何份额持有人大会已经批准的事项，受托人有权面对证监会或指定证券交易所（视具体情况而定）行事。

（15）若因解任或其他原因导致投资管理人发生变更，则：

a. 在该变更之前，受托人应根据本条例第 22 条获得份额持有人和证监会的批准；

b. 受托人应自原有投资管理协议终止之日起三个月内，选任新投资管理人；

c. 经受托人酌情决定，在新投资管理人产生之前，原投资管理人应继续担任投资管理人；

d. 就原投资管理人所签署的全部文件，受托人应确保新任投资管理人接替原投资管理人在该等文件中的角色；

e. 尽管原有投资管理协议已终止，但受托人应确保原投资管理人继续为其所有接受的委托任务承担责任。

(16) 若因解任或其他原因导致项目管理人发生变更，则：

a. 受托人应自原有项目执行协议/项目管理协议终止之日起三个月内，选任新项目管理人；

b. 受托人可自行或根据特许权授予机关的建议，按照受托人认为适当的条款和条件选任基础设施项目的管理人；

c. 经受托人酌情决定，在新项目管理人产生之前，原项目管理人应继续担任项目管理人；

d. 因此所产生的所有费用和开支由新项目管理人承担；

e. 就原项目管理人签署的全部文件，受托人应确保新任项目管理人接替原项目管理人在该等文件中的角色；

f. 尽管原有项目管理协议已终止，但受托人应确保原项目管理人继续为其所有接受的委托任务承担责任。

(17) 投资管理人的控制权发生变更的，受托人应根据本条例第 22 条取得份额持有人的事先批准以及证监会的事先批准。

(18) PPP 项目的项目管理人的控制权发生变更的，受托人应确保在该变更之前根据特许权协议取得特许权授予机关的书面同意（如适用）。

(19) InvIT 的受托人不得投资于该 InvIT 的份额。

(20) 受托人应确保 InvIT 根据信托契约、本条例、发行文件或募集备忘录的规定开展经营活动，若受托人获知任何不合规行为，应立即以书面形式告知证监会。

(21) 受托人应根据证监会或指定证券交易所（如适用）的要求提供与 InvIT 活动有关的信息。

(22) 若受托人获悉任何损害份额持有人利益的行为，应立即通知证监会。

投资管理人的权利和义务

10. (1) 投资管理人应就 InvIT 的标的资产或项目作出投资决策，包括资产的进一步投资或剥离。

(2) 投资管理人应监督项目管理人按照本条例和项目执行协议/项目管理协议开展活动，且应要求项目管理人每季度提供符合规定格式的合规证书。

(3) 投资管理人应确保 InvIT、控股公司或 SPV 合法拥有基础设施资产的权属，并确保代表 InvIT 或 SPV 签订的所有重大合同均有效、合法、具有约束力并可由 InvIT 或 SPV 或其各自代表执行。

（4）投资管理人应确保 InvIT 根据本条例第 18 条规定的投资条件和 InvIT 的投资策略进行投资。

（5）投资管理人经与受托人协商，就有关 InvIT 的活动，根据本条例的规定及时选任评估机构、审计机构、注册服务机构、交易代理机构、商业银行、托管人和任何其他中介结构、服务提供商或代理（视具体情况而定）。

（6）投资管理人选任的审计机构，任期不得连续超过五年：

但审计机构不是个人的，可以连选连任，连任的任期不得连续超过五年，并应根据本条例第 22 条的规定，获得年度份额持有人大会的批准。

（7）投资管理人应为 InvIT 资产购买足额的保险：

但根据任何协议（包括特许权协议）、任何《法案》或任何特权授予机关、政府机关或当地机关的条例、通函或指引，InvIT 资产须由其他主体投保的，本项不予以适用：

如 InvIT 的任何资产由控股公司或 SPV 持有，投资管理人应确保控股公司或 SPV 持有的资产已购买足额保险。

（8）投资管理人应确保其拥有完备的基础办公设施，并拥有充足的经验丰富和符合资格的关键人员，以随时从事 InvIT 的管理事务。

（9）投资管理人和商业银行应负责 InvIT 份额的发行、上市有关的一切活动，包括：

a. 向证监会备案募集备忘录；

b. 在规定期限内，将发行文件报证监会和交易所备案；

c. 处理向份额持有人分配份额有关的所有事宜；

d. 取得指定证券交易所的原则上批准和最终上市、交易批准；

e. 处理本条例第六章和证监会发布的指引规定的 InvIT 份额发行、上市有关的所有事宜。

（10）投资管理人和商业银行应确保发行文件或募集备忘录中的披露，均是重大、真实、正确和充分的披露，并符合本条例和根据本条例发布的指引或通函的规定。

（11）投资管理人应根据本条例第 18 条第（6）款和第（7）款的规定，向份额持有人公告红利分配。

（12）投资管理人应审查项目管理人和其关联方开展的交易；项目管理人已告知可能存在利益冲突的，投资管理人还应就该等交易的公允性获得执业注册会计师或评估机构（视具体情况而定）的确认。

（13）投资管理人应确保适当、及时地解决份额持有人提出的所有关于 InvIT 活动的投诉。

（14）投资管理人应确保根据本条例和根据本条例发布的指引或通函的规定，向份额持有人、证监会、受托人和指定证券交易所作出披露或报告。

（15）投资管理人应向证监会或指定证券交易所（视具体情况而定）提供可能要求其提供的与 InvIT 活动有关的信息。

（16）投资管理人或其关联方不得就 InvIT 的有关交易，接受发行文件、募集备忘录或证监会为发行份额的目的指定的任何其他文件规定之外的任何佣金、回扣或其他报酬。

（17）投资管理人应确保评估机构根据本条例第 21 条的规定评估 InvIT 资产。

（18）投资管理人应按照以下要求向受托人提交相关资料：

a. 在每季度结束后的三十天内，向受托人提交有关 InvIT 活动的季度报告，包括 InvIT 资金的收支情况、对本条例（尤其是本条例第 18 条、第 19 条和第 20 条）的遵守情况、业绩报告、在建工程的开发情况；

b. 在收到评估机构出具的估值报告后的十五天内，向受托人提交本条例要求提供的估值报告；

c. 向受托人提交其关于任何收购、出售、开发或竞标任何资产或项目以及扩建现有完工资产或项目的决策及其理由；

d. 本条例规定的任何可能需要获得份额持有人的批准的行动，须向受托人提交该等行动的详情；

e. 发生其他任何重大事实（包括投资管理人董事变更、股权结构变更）的，或产生可能对 InvIT 的活动有重大影响的任何法律程序的，在发生后的七个工作日内，向受托人提交该等事实和法律程序的详情。

（19）投资管理人未及时向受托人提交上述第（18）款或本条例第 9 条（9）款所列信息或报告的，受托人应通知证监会，证监会可采取其认为合适的行动。

（20）投资管理人应在必要时配合受托人实施 InvIT 的运营。

（21）投资管理人应确保根据评估机构的估值计算和公告 InvIT 的资产净值，并在估值后的十五天内向证券交易所披露资产净值。

（22）投资管理人应确保审计机构每年至少对 InvIT 进行一次审计，且应在截至 3 月 31 日止的会计年度结束后的六十天内，将审计报告提交至交易所。

（23）投资管理人可选任一名托管人，提供受托人可能委托的托管服务。

（24）投资管理人应在每季度结束后三十天内，向董事会（若投资管理人为公司）或管理委员会（若投资管理人为有限合伙企业）提交 InvIT 业绩报告，且每季度应至少提交一次。

（25）投资管理人应指定一名员工或董事作为合规负责人，负责监督对本条例和根据本条例发布的指引或通函的遵守情况，若有任何不合规行为，须通知证监会。

（26）投资管理人应根据本条例第22条的规定召集份额持有人大会，并根据本条例第26条的规定保存会议记录。

（27）投资管理人应确保投资管理人选任的中介机构、代理或服务提供商根据本条例和根据本条例发布的指引或通函的规定开展活动。

项目管理人的职责

11.（1）项目管理人应自行或通过委任、监督相关代理，根据项目协议（包括PPP项目情况下的特许权协议）的约定，对InvIT资产进行运营和管理，以及适当的维护。

（2）对于InvIT投资的在建项目，项目管理人应：

(a) 直接或通过相关代理间接经营和管理项目；

(b) 在为项目执行的目的选任代理的情况下，监督开发进度、审批情况及其他方面，直至项目完工。

（3）项目管理人应履行在适当情况下及完成项目执行协议和工程建设的所有义务，并有义务根据项目管理协议执行、运营、维护和管理该基础设施项目。

发起人的权利和职责

12.（1）发起人应设立InvIT并选任InvIT的受托人。

（2）在分配InvIT的份额之前，发起人应向InvIT转让或承诺向InvIT转让其在控股公司和/或SPV的全部股权或权益和权利或基础设施项目的所有权，前述转让或转让承诺应当受限于有约束力的协议安排，并在发行文件或募集备忘录中进行充分披露：

但根据《法案》、政府或任何监管机关的条例、通函或指引或特许权协议的规定的强制性要求，发起人需持有控股公司和/或SPV的一定比例的股份或权益的，本款不予以适用。

（3）自份额上市之日起至少3年内，发起人在份额发行后合计持有的份额应占InvIT总份额的百分之十五以上，并应满足下列规定：

(i) 发起人应对InvIT就InvIT的设立，向InvIT出售/转让资产/控股公司/SPV的全部作为、不作为和陈述/承诺承担责任。

(ii) 发起人违反上述规定的，InvIT/InvIT的受托人有权向发起人追索。

(iii) 除非份额持有人通过受托人选任适当的新任项目管理人，InvIT份额上市及之后至少三年内，InvIT的项目管理人应由发起人或发起人的关联方担任：

但自InvIT份额上市之日起至少三年内，发起人共同持有的InvIT份额，占InvIT总份额的百分之二十五以上的，上述第（iii）目所列限制不予以适用。

且就PPP项目而言，InvIT通过SPV投资基础设施项目的，若政府或特许权协议或任何其他类似文件的任何条款禁止相关收购或持有行为：

(i) 发起人可在 SPV 层面继续维持持有；

(ii) 在 SPV 层面持有的合并价值和发起人持有的 InvIT 份额的价值，在份额发行后不得低于 InvIT 总份额的百分之十五；

(iii) 上述 InvIT 的份额和 SPV 的股权或利益的持有期限，不得短于 InvIT 份额上市之日起三年；

(iv) 发起人持有 SPV 股权或权益，导致 InvIT 不享有 SPV 的实际控制权以及 InvIT 持有 SPV 的股权或权益不足百分之五十一的，发起人应当与 InvIT 订立具有约束力的协议，以确保发起人的决策（包括有关 SPV 的投票权）符合本条例的规定、证监会制定的其他指引，以及 InvITs、份额持有人的利益。

（4）在 InvIT 份额上市时，发起人持有的 InvIT 份额超过 InvIT 总份额百分之十五的部分，应当继续持有不短于一年。

评估机构和审计机构的权利和义务

13. （1）评估机构应始终符合下列条件：

(a) 评估机构应确保 InvIT 资产的评估公正、真实和公平，并符合本条例第 21 条的规定；

(b) 评估机构应具备充分、健全的内部控制，以确保估值报告的完整性；

(c) 评估机构应拥有足够的经验丰富和符合资格的关键人员从事评估；

(d) 评估机构应拥有足够的资金，使其能够有效地开展业务、偿还债务；

(e) 自被任命为 InvIT 的评估机构时起，到终止担任该 InvIT 的评估机构后至少六个月的期限内，该评估机构及其参与 InvIT 资产评估的任何员工，不得：

(i) 投资 InvIT 份额或正在评估的资产；和

(ii) 出售在被任命为评估机构之前持有的 InvIT 资产或份额；

(f) 评估机构应以透明、公平的方式对 InvIT 资产进行评估，并始终提供高质量的服务，开展尽职调查，在对项目实际情况进行充分考虑的基础上进行独立专业判断；

(g) 评估机构在评估时应独立、客观、公正；

(h) 评估机构应高效、尽职地履行其对 InvIT 的职责，并尽其最大努力运用其知识、技能和经验完成委托的任务；

(i) 评估机构不得以任何方式，就为 InvIT 资产提供评估服务而接受除 InvIT 或其授权代表之外的任何主体提供的任何形式的报酬；

(j) 评估机构应在接受 InvIT 的任何关联方的委托之前，向 InvIT 披露评估机构就该委托可能形成的直接或间接影响；

(k) 评估机构应向 InvIT 披露与投资管理人或 InvIT 的当前合约对方之间的任何待定商业交易、正在磋商的合同和其他安排，并披露可能影响评估机构作出独立、专业资产评估的任何其他因素；

(l) 评估机构不得为了获得委托而作出虚假、具有误导性或夸大的声明；

(m) 评估机构不得通过提供不正确的信息或隐瞒有关信息，提供具有误导性的估值；

(n) 评估机构不得接受影响其公平估值能力的委托；

(o) 评估机构在进行评估之前，应熟悉有关该评估的所有法律或法规。

(2) 审计机构应始终符合下列条件：

(a) 审计机构应对 InvIT 账目进行审计，并在考虑证监会要求的有关会计和审计准则之后，根据其审查的账目编制审计报告；

(b) 审计机构应在其认知和能力的最大范围内，确保账目和财务报表真实、公允地反映 InvIT 的事宜情况，包括有关期间的利润、亏损和现金流量以及可能涉及的其他事项；

(c) 审计机构有权随时查阅有关 InvIT 业务的账簿和凭证；

(d) 对于审计机构认为履行其作为审计机构的职责所需的有关 InvIT 业务的信息和解释，审计机构有权要求 InvIT 或控股公司或 SPV 或其他参与人的员工或拥有该等信息的任何其他主体提供该等信息。

第四章　InvIT 份额的发行和上市

份额的发行和分配

14. (1) InvIT 份额首次发售，需要满足以下条件：

(a) InvIT 已根据本条例的规定向证监会注册；

(b) InvIT 资产的价值不低于五十亿卢比。

注：前述价值是指 InvIT 在有关资产或控股公司或 SPV 中持有的部分；

(c) 发售规模不低于二十五亿卢比；

在遵守上述（b）项和（c）项的要求的前提下，在根据发行文件/募集备忘录分配份额前，InvIT 可以通过与相关方签署有约束力的文件实施下述安排，但该等安排所需要的前提条件须在分配份额前全部实现，并向证监会和/或指定证券交易所作出有关声明

（如适用）以及在发行文件或募集备忘录中进行充分的披露：

(1A) 通过发行文件/募集备忘录向公众发售和分配的最小份额应，

(a) 若按照发售价格计算的 InvIT 发行后股本低于一百六十亿卢比，则至少占 InvIT 总份额的百分之二十五（且不低于二十五亿卢比）；

(b) 若按照发售价格计算的 InvIT 发行后资本等于或大于一百六十亿卢比且小于四百亿卢比，则至少为四十亿卢比；

(c) 若按照发售价格计算的 InvIT 发行后资本等于或大于四百亿卢比，则至少占 InvIT 总份额的百分之十；

向发起人、投资管理人、项目管理人或其各自关联方或关联方发售的任何份额，不得计入向公众发售的份额。

且对于上述第（b）项和第（c）项中公众持有的份额低于百分之二十五的任何上市 InvIT，该 InvIT 应在上市之日起的三年期间内，将公众持有的份额至少增加至百分之二十五。

(2) InvIT 通过非公开发行的方式募集资金的：

(a) 应通过募集备忘录的方式募集资金；

(b) 仅向印度或境外的机构投资者和法人团体募集资金；其中，向境外投资者募集资金的，应符合印度储备银行和政府不时制定的指引；

(c) 单个投资者的最低认购金额为一千万卢比；其中，如非公开发行的 InvIT 投资或者拟投资于已完工或者已经产生运营收益的资产的比例不低于百分之八十的，则投资者的最低认购金额为两亿五千万卢比；

(d) 投资者的数量不得少于五人，但不得多于一千人；

(e) 应在非公开发行开始前至少五日内，将募集备忘录报证监会备案，并应支付附录二规定的费用；非公开发行之日不得晚于收到交易所的原则上市批准后的三个月。

(f) 非公开发行的份额上市之日起的十个工作日内，应将最终的募集备忘录报证监会备案。

(3) [* * *]⊖

(4) InvIT 通过公开发行的方式募集资金的：

(a) 其应采用首次公开发行的方式募集资金；

(b) 首次公开发行后，可以采用后续发售、优先配售、合格机构募集、认购权发

⊖ 第（3）款于 2016 年 11 月 30 日生效的《印度证券交易委员会基础设施投资信托条例（修订）》（2016）中被删除。

行、派送红股、要约发售或任何其他证监会认可的机制募集资金;

(c) 首次发售和后续发售中,任何投资者的最低认购额应为十万卢比;

(d) [***]⊖

(e) 在首次公开发行和后续发售之前,商业银行应在向指定证券交易所和证监会提交发行文件之前至少提前三十个工作日将发行文件草稿报指定证券交易所和证监会,并支付附录二规定的费用;

(f) 向证监会备案的发行文件草稿,应公示于证监会、指定证券交易所、InvIT 和与发行有关的商业银行的网站,以供公众查询,公示期限至少二十一日;

(g) 证监会可将其意见反馈至牵头商业银行,并可为了投资者的利益,要求牵头商业银行在发行文件草稿中进行必要修改;

(h) 牵头商业银行应在向指定证券交易所提交发行文件之前,确保证监会对发行文件草案的反馈意见均已得到适当的响应;

(i) 如证监会收到牵头商业银行或管理人的满意答复之日起二十一个工作日内,未就发行文件草稿反馈任何问题的,InvIT 可将发行文件或后续发行文件报证监会和交易所备案;

(j) 发行文件草稿和发行文件应随附经牵头商业银行签署的尽职调查证明;

(k) 应在发售开始之前至少五个工作日内,将发行文件报指定证券交易所和证监会备案;

(l) InvIT 可在收到证监会反馈意见之日起一年内,开始首次公开发行、后续发售或认购权发行;

逾期则应重新提交发行文件初稿备案;

在快速配股的项目中,InvIT 无须向证监会提交发行文件初稿,但应遵守证监会不时制定的规则。

(m) InvIT 可邀请任何境内或者境外投资者认购并向其分配份额;但境外投资者认购份额的,应符合印度储备银行和政府可不时制定的指引;

(n) 认购申请应随附发行文件摘要,详细说明风险因素和发行条款;

(o) 首次公开发行和后续发售的认购期,不得超过三十日;

(p) 超额认购的,InvIT 应按照比例,向申请人分配份额,四舍五入至最近的整数,每个认购人的最低认购额见上述第(c)项的规定;

⊖ 第 (d) 项于 2016 年 11 月 30 日生效的《印度证券交易委员会基础设施投资信托条例(修订)》(2016) 中被删除。

(q) InvIT 应自发行结束之日起的十二个工作日内，分配份额或返还申请款（视具体情况而定）；

(r) InvIT 应仅以非实物的形式向所有申请人发行份额；

(s) 通过公开发行的方式发行的 InvIT 份额的价格，应根据证监会发布的指引以及证监会指定的方式通过簿记建档流程或其他流程予以确定；

(t) 在下列情况下，InvIT 应返还募集款项，

 (i) 如 InvIT 的认购金额未达发行文件重新规定的发行规模的百分之九十，应向申请人返还全部认购资金；

 (ii) 如收到的认购资金大于发行文件规定的超额认购金额的，应向申请人返还超出该超额认购金额的部分：

 超额认购规模不得超过发行规模的百分之二十五；

 发行文件应充分披露超额认购款项的使用情况，就超额认购保留的该等款项不得用于一般用途。

 (iii) 首次公开发行中，公众认购人的数量不足二十人的，应向申请人返还全部认购资金；

(u) 投资管理人在规定的期限内未分配份额、份额未成功上市或未返还款项的，投资管理人应按照每年百分之十五的利率向份额持有人支付利息，直至投资管理人分配前述份额，或前述份额成功上市或返还前述款项；此类利息不得以费用的方式或由 InvIT 向投资管理人支付的方式扣减或者抵扣；

(v) 在下列情形下，可向公众要约出售份额：

 (i) 在向证监会报送发行文件草案前至少一年，卖方已经持有该等份额的：

 计算上述一年期限时，份额持有人在持有该等份额之后，在控股公司或 SPV 层面持有股本、股份、可转换证券或权益的期限应计算在内：

 如在计算上述期限时，已将持有可转换证券的期间计算在内，则该等可转换证券应当在提交要约出售文件前转换为控股公司或 SPV 的股份。

 (ii) 证监会为此制定的指引规定的其他情形；

(va) 向证监会提交的发行文件草案中，发行目标涉及的用于一般用途的金额，不得超过 InvIT 通过发行份额募集款项的百分之十。

(5) InvIT 在向证监会注册之日起三年内，未通过公开发行或非公开发行的方式发售任何份额的，应向证监会交回注册证书，并不再作为 InvIT 行事。证监会有权决定将前述三年期限延长一年。

交回注册证书后，InvIT 可重新申请注册。

（6）证监会有权通过指引、通函等形式，明确 InvIT 公开或非公开发行、分配份额的其他适当要求。

发行文件或募集备忘录和广告

15.（1）InvIT 的发行文件或募集备忘录均应属于重大、真实、正确和充分的披露，以使投资者作出合理的决策。

（2）在不影响前述第一款的一般性规定的前提下，发行文件或募集备忘录应，

（i）不得具有误导性或含有任何不实陈述或误导；

（ii）不得向投资者承诺收益；

（iii）载明证监会指定的其他披露信息。

（3）发行文件应载明附录三规定的所有信息。

（4）募集备忘录应在适用的范围，载明附录三规定的所有信息。

（5）InvIT 通过非公开募集方式发行其份额的，不得发布与份额发行有关的任何广告。

（6）InvIT 公开发行份额的，InvIT 发布的与份额发售有关的广告应满足以下条件：

（i）该等广告材料不得具有误导性，且不得含有与发行文件无关的任何内容；

（ii）如广告中含有醒目文字标识的内容，则风险因素提示的内容应在所有方面（包括版本尺寸）与前述醒目文字的标识的内容在引人注意的程度上保持一致；

（iii）广告应符合证监会制定的任何通函或指引的规定。

份额的上市和交易

16.（1）所有 InvIT 的份额必须在具有全国性交易终端的有资质的证券交易所上市，不论是通过公开发行或非公开募集：

但首次发售未满足本条例第 14 条规定的最低认购金额或最低认购者数量的，本款不予以适用。

（2）份额的上市应符合 InvIT 和指定证券交易所订立的上市协议的规定。

（2A）未收到交易所的上市许可的或证监会撤回已出具的意见函的（视具体情况而定），份额不得上市交易，InvIT 应有义务立即向有关获配售投资人退还认购资金以及（如有）自份额分配之日起产生的利息，年利率为百分之十五。

（3）在指定证券交易所上市的 InvIT 份额，应根据指定证券交易所的细则和证监会制定的条件交易、清算、结算。

（4）InvIT 应仅通过回购的方式或在退市时赎回份额。

（5）份额应维持在指定证券交易所上市，除非根据本条例第 17 条退市。

（6）上市后，公众持有的最低 InvIT 份额，应符合本条例第 14 条（1A）分条的规定；不符合该规定的，应采取证监会和指定证券交易所要求的措施，包括本条例第 17 条规定的退市。

（7）在 InvIT 份额上市后，该 InvIT 的份额持有人（不包括发起人、其关联方和关联方）的最低人数应满足以下要求：

(a) 若该 InvIT 为非公开募集 InvIT 的，则应为五人，且每个持有人持有的比例不高于 InvIT 份额的百分之二十五；

(b) 若该 InvIT 部分为公开募集 InvIT 的，则应为二十人，且每个持有人持有的比例不高于 InvIT 份额的百分之二十五；

不符合前述规定的，应采取证监会和指定证券交易所要求的措施，包括本条例第 17 条下的份额退市。

（8）就非公开发行份额的上市而言，

(a) 其份额在分配之日起三十个工作日内，必须在指定证券交易所上市；

(b) 其份额在指定证券交易所交易的，交易单位应为一千万卢比；

如 InvIT 对投资于已完工以及可以持续产生收入的资产的比例大于 InvIT 资产价值的百分之八十的，其份额在指定证券交易所交易的，交易单位应为两千万卢比；

（9）就公开发售份额的上市而言，

(a) 其份额应在首次公开发行结束之日起十二个工作日内，必须在指定证券交易所上市；

但未满足本条例第 14 条规定的最低认购金额或最低认购者数量的，本款不予以适用；

(b) 其份额在指定证券交易所交易的，交易单位应为五十万卢比。

（10）除发起人外，在首次发售之前持有 InvIT 份额的持有人，应至少在份额上市之日起一年内继续持有该等份额。

（11）证监会和指定证券交易所可通过发行指引或通函的方式，详细列明有关 InvIT 份额上市和交易的任何其他要求。

份额退市和 InvIT 的清算

17.（1）在下列情形下，投资管理人应向证监会和指定证券交易所申请 InvIT 份额退市：

（a）公众持有的份额低于本条例第 16 条（6）款规定的特定限额的；

（b）InvIT 份额持有人的数量低于本条例第 16 条（7）款规定的限额的；

（c）InvIT 下不存在期限超过六个月的工程或资产，且 InvIT 未计划投资任何项目的：但经份额持有人以本条例第 22 条规定的方式授予批准，上述期限可延长六个月；

（d）由于违反上市协议、本条例或《法案》的规定，被证监会或指定证券交易所要求退市的；

（e）发起人或受托人请求退市的，且份额持有人根据本条例第 22 条的规定已批准该请求的；

（ea）非公开发行并上市的 InvIT 受托人和投资管理人请求退市的，且份额持有人根据本条例第 22 条的规定已批准该请求的，则对于上述审批时投反对票的份额持有人，应当确保其有权退出。

（f）份额持有人根据本条例第 22 条的规定申请退市的；

（g）证监会或指定证券交易所为了保护份额持有人的利益要求退市的：

但违反第（a）项或第（b）项的，受托人可给予投资管理人六个月的期限，对前述违反进行补救；投资管理人未采取补救措施的，应申请退市：

且就 PPP 项目而言，前述退市应受特许权协议中有关条款的约束。

（2）为了保护份额持有人的利益，证监会和指定证券交易所经考虑上述退市申请之后，作出批准或不予批准的决定。

（3）证监会可在其认为适当的情况下，给予 InvIT 或 InvIT 的参与人宽宥期，以遵守上述第（1）款的规定，而不是直接令其退市。

（4）违反上市协议、本条例或《法案》的，证监会可根据本条例或《法案》的规定，驳回退市申请并采取其认为适当的行动。

（5）InvIT 份额的退市程序，包括向份额持有人提供退出期权，应符合上市协议的约定和证监会、指定证券交易所不时指定的程序。

（6）份额退市后，InvIT 应向证监会交回注册证书，并不再以 InvIT 形式开展活动。

（7）即使已向证监会交回注册证书，但 InvIT 及其参与人应继续对在 InvIT 项下的作为或者不作为行为承担责任。

第五章　投资条件、关联交易、借款和资产估值

投资条件和分红政策

18.（1）InvIT 应根据本条例和发行文件或募集备忘录详述的投资策略，仅投资控股

公司和/或 SPV 或印度的基础设施项目或证券。

(2) 就 PPP 项目而言，InvIT 必须通过控股公司和/或 SPV 投资基础设施项目。

(3) InvIT 可通过 SPV 投资基础设施项目，但应满足下列条件：

(a) SPV 的其他股东或合伙人不应有任何权利阻止 InvIT 遵守本条例，且在向 SPV 投资之前，已与该等股东或合伙人签订相关协议；

股东协议或合伙协议应约定 InvIT 和控股公司和/或 SPV 的其他股东或合伙人之间争议的适当解决机制；

且前述协议若与本条例项下 InvIT 的义务有任何不一致之处，应以本条例规定的为准；

(b) SPV 是公司/有限合伙企业的，投资管理人应与受托人协商，并任命该等 SPV 的董事会或管理委员会（视具体情况而定）中的多数成员；

(c) 投资管理人应确保，InvIT 在 SPV 的每次会议（包括 SPV 的年度大会）上行使投票权。

(3A) InvIT 可通过控股公司投资基础设施项目，但应满足下列条件：

(a) InvIT 在底层 SPV 的最终持股权益不低于百分之二十六；

(b) 控股公司或 SPV 的其他股东或合伙人不得享有阻止 InvIT、控股公司或 SPV 遵守本条例的任何权利，且在向控股公司/SPV 投资之前，已与该等股东或合伙人签订有关协议；

股东协议或合伙协议应约定 InvIT 和控股公司和/或 SPV 的其他股东或合伙人之间争议的适当解决机制；

且前述协议若与本条例项下 InvIT 的义务有任何不一致之处，应以本条例规定的为准。

(c) 投资管理人应与受托人协商，并任命前述控股公司和/或 SPV 的董事会或管理委员会（视具体情况而定）的多数成员。

投资管理人应确保，InvIT 在控股公司和/或 SPV 的每次会议（包括控股公司和 SPV 的年度大会）上行使投票权。

(4) 就本条例第 14 条（2）款规定的 InvIT 而言，InvIT 直接或通过控股公司、SPV 间接向合格基础设施项目的投资，不得低于 InvIT 资产价值的百分之八十，其他资金可投资于本条例第 18 条（5）款（b）项（ii）-（v）目规定的工具。

(5) 就本条例第 14 条（4）款规定的 InvIT 而言，

(a) 按照 InvIT 的最终持有比例，向已竣工并能够持续产生收入的项目的投资应不低于 InvIT 资产价值的百分之八十，比例计算应满足下列条件：

（i）就通过控股公司和/或 SPV 进行投资的情形而言，不论通过股权、债权、权益性工具或合伙权益，本款下应仅考虑该控股公司和/或 SPV 直接投资已竣工并能够持续产生收入的项目的比例，剩余部分的比例计算见第（b）项；

（ii）任何项目分期实施的，本款下应考虑可以归类为已竣工并能够持续产生收入的项目部分，剩余部分的比例计算见第（b）项。

(b) 对下列项目的投资不得高于 InvIT 资产价值的百分之二十，

（i）在建基础设施项目，不论直接投资或通过控股公司和/或 SPV 间接投资，且对该等资产的投资不得超过 InvIT 资产的百分之十；

（ii）基础设施领域公司或法人团体的上市债券或未上市债券，但不包括向控股公司和/或 SPV 的任何债权投资；

（iii）在印度有资质的证券交易所上市的公司的股份，根据上一年度经审计的账目，该等股份的不低于百分之八十的收益应源自基础设施领域的营业收入；

（iv）政府证券；

（v）货币市场工具、具有流动性的共同基金或现金等价物。

(c) 若因标的资产或证券价格的市场变动违反上述第（a）项和第（b）项规定的条件，投资管理人应将上述违约情况告知受托人，并确保在该等违约后的六个月内满足本条例规定的条件。但经投资者根据本条例第 22 条作出批准，上述期限可延长至一年。

(5A) 发行文件/募集文件制定时及其后，均应遵守本条例第 18 条（4）款和第 18 条（5）款规定的投资条件。

(6) 就 InvIT、控股公司和/或 SPV 分配的红利而言，

(a) 在遵守 2013 年《公司法》或 2008 年《有限合伙企业法》有关规定的情况下，SPV 百分之九十以上的可分配现金流量净额，应按照 InvIT/控股公司在 SPV 的持有比例，向 InvIT/控股公司分配；

(b) InvIT 百分之九十以上的可分配现金流量净额，应向份额持有人分配；

(ba) 控股公司向 InvIT 分配净现金流应满足下列条件：

（i）控股公司从底层 SPV 收到的现金流应百分之百分配给 InvIT；以及

（ii）控股公司自身创造的现金流的百分之九十以上应向 InvIT 分配。

(c) 在每会计年度中：公开发售的 InvIT，应至少每六个月宣布、分配一次收益；非公开募集的 InvIT，应至少每年宣布、分配一次收益。InvIT 应当在每次宣告分

配后十五天内分配收益；

(d) 在遵守第（c）项的前提下，该等分配的方式应为发行文件或募集备忘录所述的方式。

(7) InvIT、控股公司或 SPV 出售任何基础设施资产的，或 InvIT 出售控股公司/SPV 的权益股或权益的，

(a) 若 InvIT 拟将出售收益再投资其他基础设施资产的，无须向 InvIT 或投资者分配任何出售收益；

(b) 若 InvIT 未计划在一年内将出售收益投资其他基础设施资产的，须根据上述第（6）款的规定分配该等出售收益；

(8) 在宣布分配后的十五天内未分配的，投资管理人有义务按百分之十五的年利率向份额持有人支付该等应分配收益的利息，直至作出分配；此类利息不得以费用的方式或由 InvIT 向投资管理支付的方式扣减或者抵扣。

(9) InvIT 不得投资其他 InvIT 的份额。

(10) 除 InvIT 已投资的控股公司和/或 SPV 之外，InvIT 不得向任何主体提供借款；但投资债券不得被视为提供借款。

(11) InvIT 直接或通过控股公司和/或 SPV 间接持有基础设施资产的期限不得少于三年，自 InvIT 购买该等资产之日起算；但投资 SPV 之外的基础设施领域的公司的证券的，本款不予以适用。

(12) 在任何交易中与任何主体共同投资的，

(a) 共同投资主体投资的条款不得比 InvIT 投资的条款更有利；

(b) 该投资项下，共同投资主体不应拥有阻止 InvIT 遵守本条例的任何权利；

(c) 与共同投资主体订立的协议应约定最低的现金流分配比例，InvIT 按照不低于持股比例享有红利分配的权利，InvIT 与共同投资主体之间争议的解决方式等内容。

(13) 不得在 InvIT 下设立其他计划。

(14) 证监会可对 InvIT 投资附加其认为合适的任何其他条件。

关联交易

19.（1）所有关联交易均是按照有关会计准则达成的公平交易，符合份额持有人的最大利益，并符合 InvIT 的策略和投资目标。

（2）InvIT 的所有关联交易的信息披露要求如下：

(a) 份额发售之前达成的任何关联交易和拟议的发售之后的任何关联交易，应在发

行文件或募集备忘录中披露;

(b) 根据上市协议和本条例的规定,定期向指定证券交易所和份额持有人披露。

(3) 首次公开发行之后,InvIT 进行下述关联交易前,应当根据本条例第 22 条的规定取得份额持有人的批准:

(a) 在一个会计年度中,直接或通过控股公司或 SPV 间接收购或出售资产或投资证券有关的所有关联交易的价值总额,超过 InvIT 资产价值的百分之五的;或

(b) 在一个会计年度中,自关联方借入的资金超过 InvIT、控股公司和 SPV 合并借款总额的百分之五的。

(4) 同一投资管理人管理的或同一发起人发起的两个或两个以上的 InvIT 之间的交易,应被视为各 InvIT 的关联交易,适用本条例第 19 条的规定:

如两个或两个以上 InvIT 的投资管理人或发起人虽为不同实体,但实际是关联方的,本款也应予以适用。

(5) 关联交易涉及的关联方收取或拟收取的任何费用或佣金的详情,应向指定证券交易所作出充分的披露。

(6) 任何关联方在与或有可能与 InvIT 的活动直接或间接竞争的公司拥有权益的,下列详情应在发行文件或募集备忘录中披露:

(a) 该公司的详情,包括该公司如何与 InvIT 竞争的详情;

(b) 关联方应独立于其关联公司向 InvIT 履行义务的声明;

(c) InvIT 是否有收购该公司的意向声明,若有意向收购,则须同时披露有关收购的详情。

(7) 证监会可对关联交易规定其认为合适的其他指引。

借款和延期付款

20. (1) 如果 InvIT 份额在有资质的证券交易所上市,InvIT 可以按照证监会指定的方式发行债券,该等债券亦应在有资质的证券交易所上市。

(2) InvIT、控股公司和 SPV 的合并借款和延期付款的总额,在扣除现金和现金等价物之后,不得超过 InvIT 资产价值的百分之七十。

(3) InvIT、控股公司和 SPV 的合并借款和延期付款的总额,在扣除现金和现金等价物之后,超过 InvIT 资产价值的百分之二十五的,就任何后续借款而言,

(a) 未超过 InvIT 资产价值百分之四十九的:

(i) 应取得在证监会注册的信用评级机构的信用评级;以及

(ii) 应以本条例第 22 条规定的方式取得份额持有人的批准。

（b）超过 InvIT 资产价值百分之四十九的：
　　　　（i）在证监会注册的信用评级机构，就其综合借款和拟议借款获得"AAA"或同等信用等级；
　　　　（ii）借款仅用于收购或者开发基础设施项目；
　　　　（iii）在拟议增加借款的财政年度之前的年度中，至少连续有六次本条例第 18 条第（6）款项下的分配记录；
　　　　（iv）应以本条例第 22 条第（5A）款规定的方式取得份额持有人的批准。
　　（4）若因有关资产或证券价格的市场变动违反上述第（1）款和第（2）款规定的条件，投资管理人应将上述违约情况告知受托人，并确保在该等违约后的六个月内满足前述条件。

资产估值

　　21.（1）评估机构不得为发起人、投资管理人或受托人的关联方，并应拥有五年以上的基础设施资产评估经验。
　　（2）完整评估包括评估机构对 InvIT 所有资产的详细评估，评估机构应当现场勘察每个基础设施项目。
　　（3）完整估值报告应包括附录五所述的强制性最低披露要求。
　　（4）评估机构应在每会计年度进行至少一次的完整评估，并在截至 3 月 31 日止的会计年度结束后的两个月之内完成。
　　（5）就公开发售 InvIT 而言，在过去六个月内发生任何关键性变更的，评估机构应在截至 9 月 30 日止的半年内，对 InvIT 资产进行半年度评估，并应在该半年结束之日起一个月内编制半年度估值报告。
　　（6）投资管理人收到的估值报告，应在收到该估值报告之日起十五天内提交给指定证券交易所。
　　（7）在公开发售 InvIT 发行份额（不包括派送红股）之前，评估机构应对 InvIT 的所有资产进行完整评估，并将完整评估载入发行文件，且截至份额发售之日，该估值报告的期限不得超过六个月；
　　如在份额发行前六个月内进行完整评估，且其后未发生任何重大变更的，本款不予以适用。
　　（8）就公开发售 InvIT 而言，在直接或通过控股公司和/或 SPV 间接购买或出售基础设施项目的任何交易中，
　　　　（a）评估机构应对特定项目进行完整评估；

(b) 下列情况应根据本条例第 22 条的规定，取得份额持有人的批准：

(1) 在购买交易中，计划以高于评估机构评估的资产价值的百分之一百一十的价格购买资产的；

(2) 在出售交易中，计划以低于评估机构评估的资产价值的百分之九十的价格出售资产的。

(9) 任何评估机构不得连续四年以上对同一项目进行评估，但在评估机构终止担任某 InvIT 的评估机构之日起两年后，该评估机构可以重新获得指定。

(10) ［＊＊＊］⊖

(11) 若须实施对 InvIT 的资产价值可能产生影响的重大开发，公开发售 InvIT 的投资管理人应要求评估机构在该事件发生之日起两个月内，对在建基础设施项目进行完整评估，并在该完整评估后的十五天内向受托人和指定证券交易所披露完整评估。

(12) 对于评估机构已参与收购或处置的任何资产，评估机构在最近十二个月内不得对该等资产进行评估，但 InvIT 聘请评估机构参与该等收购或处置的除外。

第六章　份额持有人的权利、一般义务、披露和报告

份额持有人的权利和份额持有人大会

22. (1) 份额持有人有权接收发行文件或募集备忘录规定的收益或红利。

(2) 就需要份额持有人批准的任何事宜，

(a) 当有权投票的份额持有人对有关决议所投的赞成票数大于反对票数时，应被视为通过本决议；

(b) 投票还可通过邮寄选票或电子方式进行；

(c) 应至少提前二十一日向份额持有人发出通知；

(d) 对一特定交易进行表决时，任何为该交易相关方的主体以及该等主体的关联方的投票应不予计算在内；

(e) 投资管理人应负责与份额持有人大会举行有关的所有活动，并接受受托人的监督；

就有关投资管理人的事宜，如投资管理人的变更，包括投资管理人的解任或投资管理人控制权的变更，应由受托人召集大会，并处理与会议举行有关的所有活动；

⊖ 第（10）款于 2016 年 11 月 30 日生效的《印度证券交易委员会基础设施投资信托条例（修订）》（2016）中被删除。

就有关受托人的事宜,包括受托人的变更,受托人不得以任何方式参与会议。

(3) 就 InvIT 而言,

(a) 每年应至少举行一次份额持有人年度大会,举行时间应为会计年度结束时起一百二十日内,两次会议的时间间隔不得超过十五个月;

(b) 对于份额持有人年度大会,

    (i) 会议上可以处理需要向份额持有人披露的任何信息以及在正常业务过程中可能需要份额持有人批准的任何问题,包括:

        (1) InvIT 最近一年的财务报表和业绩表现;

        (2) 审计机构的批准和该审计机构的费用(如需要);

        (3) 最新估值报告;

        (4) 评估机构的选任(如需要);

        (5) 任何其他事宜。

    (ii) 下列第(6)款规定之外的须取得份额持有人批准的任何事宜,提交份额持有人大会处理的,对该决议的赞成票数应大于反对票数;

(4) 在下列情况下,持有人决议的赞成票数大于反对票数时,视为获得份额持有人的批准:

(a) 须根据本条例第 18 条、第 19 条和第 21 条的规定获得份额持有人批准;

(b) 任何交易(借款除外)的价值等于或大于 InvIT 资产的百分之二十五;

(c) 任何借款额大于本条例第 20 条(3)款规定的特定限额;

(d) 在 InvIT 首次公开发行之后,以任何形式发行份额,但根据下文第(5)款可能由证监会审议的份额发行除外;

(e) 根据本条例第 18 条(5)款(c)项的规定,将遵守投资条件的期限延长至一年;

(f) 发起人、受托人或投资管理人认为,在正常营业过程中属于重大的且需要获得份额持有人批准的任何事宜(如有);

(g) 证监会或指定证券交易所要求根据本款获得批准的任何事宜。

(5) 在下列情况下,持有人的赞成票数大于反对票数的 1.5 倍时,视为获得份额持有人的批准:

(a) 投资管理人发生任何变更,包括投资管理人的解任或投资管理人的控制权变更;

(b) 投资策略发生任何重大变更或 InvIT 管理费发生任何变更;

(c) 发起人或投资管理人拟寻求 InvIT 份额退市;

(d) 发起人、投资管理人或受托人认为需要获得份额持有人批准的、非正常营业过程中的任何事宜；

（e）证监会或指定证券交易所要求根据本款获得批准的任何事宜；

（f）经份额持有人要求须讨论的任何事宜，

　　（i）投资管理人的解任，并向 InvIT 选任其他投资管理人；

　　（ii）审计机构的解任，并向 InvIT 选任其他审计机构；

　　（iii）评估机构的解任，并向 InvIT 选任其他评估机构；

　　（iv）份额持有人有充分的理由认为 InvIT 退市符合份额持有人的利益；

　　（v）份额持有人有充分的理由认为存在损害份额持有人利益的任何事宜；

　　（vi）在份额持有人有充分的理由认为受托人的行为损害份额持有人的利益的情况下变更受托人，

但是第（d）项所述事宜未获得批准的，发起人、投资管理人或受托人应按照证监会指定的方式，在证监会指定的范围内，向份额持有人提供退出权利。

（5A）任何金额大于本条例第 20 条（3）（b）款规定限额的借款，应当取得所持份额百分之七十五以上的份额持有人的同意。

（5B）就本条例第 17 条（ea）（1）款所述的份额退市而言，应当取得所持份额百分之九十以上的份额持有人的同意，并且为不同意退市的份额持有人提供退出权利。

（6）就份额持有人在上述第（5）款（f）项下的权利而言，

（a）所持份额百分之二十五以上的份额持有人（不包括交易的任何有关方和其关联方）应就此目的以书面的形式向受托人申请；

（b）在收到上述申请之后，受托人应将该等事宜提交投资管理人，以本条例规定的方式安排投票事宜；

（c）就第（vi）项所述事宜，所持份额百分之六十以上的份额持有人应就此目的以书面的形式向受托人申请。

披露

23.（1）非公开募集 InvIT 应确保募集备忘录中的披露符合本条例第 15 条（4）款和证监会发布的任何有关通函或指引的规定。

（2）公开发售 InvIT 应确保发行文件中的披露符合附录三和证监会发布的任何有关通函或指引的规定。

（3）所有 InvIT 的投资管理人应于有关会计年度结束后的三个月内，以电子或纸质版副本的方式向所有份额持有人提交年度报告，并向指定证券交易所提交年度报告。

（4）投资管理人应在截至 9 月 30 日止的半年结束后的四十五天内，向指定证券交易所提交半年度报告。就公开募集且按照本条例第 20 条约定的合并借款和延期付款比例超过百分之四十九的 InvIT 而言，还应当在截至 6 月 30 日和 12 月 31 日的季度结束后三十日内，向指定证券交易所提交季度报告。

（5）年度报告、半年度报告和季度报告应包含附录四 A、B、C 部分分别要求的披露信息。

（6）投资管理人应向指定证券交易所披露任何影响 InvIT 经营或业绩的信息和价格敏感信息，包括但不限于下列内容：

（a）直接或通过控股公司或 SPV 间接取得或处置任何价值超过 InvIT 资产价值百分之五的项目；

（b）控股公司、SPV 或 InvIT 层面的增加超过 InvIT 资产价值百分之十五的借款；

（c）InvIT 对份额的追加发行；

（d）InvIT 取得的任何信用评级的详情及该等评级的变更；

（e）需要获得份额持有人批准的任何发行；

（f）可能对 InvIT 运作产生重大影响的任何法律程序；

（g）份额持有人大会的通知和结果；

（h）不符合本条例的任何情况，包括违反本条例规定的限额；

（i）投资管理人或受托人认为须向份额持有人披露的任何重大事宜。

（7）InvIT 还应按照上市协议的要求，定期向指定证券交易所和持有人提供前述信息。

（8）InvIT 应以证监会指定的方式，向指定证券交易所、份额持有人和证监会提供前述信息。

（9）InvIT 还应以证监会指定的方式，披露 InvIT 已投资或拟投资的领域或细分领域的信息或报告有关具体信息。

向证监会提交报告

24. 证监会可随时要求 InvIT 或 InvIT 参与人提交与 InvIT 的活动有关的报告。

要求提供信息的权利

25.（1）证监会可随时要求 InvIT、控股公司、SPV 或 InvIT、SPV 的当事方、任何份额持有人或任何其他主体，提供与任何 InvIT 活动事宜有关的任何信息。

（2）要求根据上述第（1）款提供任何信息的，应在证监会规定的时间内提供。

保存记录

26. （1）投资管理人保存有关 InvIT 活动的记录（如适用），包括：
   （a）InvIT 的所有投资或撤资和证明该等投资或撤资的文件，包括该等投资或撤资的说明；
   （b）InvIT 或其代表订立的协议；
   （c）与选任本条例第 10 条（5）款所述之主体有关的文件；
   （d）基础设施项目的保险政策；
   （e）投资管理协议；
   （f）份额发行和上市有关的文件，包括募集备忘录、发行文件草稿和终稿、指定证券交易所的原则批准、与指定证券交易所订立的上市协议、份额认购和分配的详情等；
   （g）向份额持有人宣布和分配红利；
   （h）向受托人、证监会、份额持有人和指定证券交易所披露并定期作出报告，包括年度报告、半年度报告等；
   （i）估值报告，包括估值方法；
   （j）账簿和财务报表；
   （k）审计报告；
   （l）向投资管理人董事会提交的有关 InvIT 的报告；
   （m）处理份额持有人的投诉和采取的有关行动，包括与份额持有人和证监会的通信副本（如有）；
   （n）任何其他重大文件；
   （2）受托人应保存与下列内容有关的记录（如有）：
   （a）证监会授予的注册证书；
   （b）注册的信托契约；
   （c）有关向证监会申请注册 InvIT 的文件；
   （d）基础设施资产的所有权：
   但所有权文件的原件因任何贷款或借款存放在借款人或任何其他主体处的，受托人应保存该等所有权文件的副本；
   （e）向份额持有人发送的会议通知和会议议程；
   （f）该等会议的会议记录以及通过的会议决议；
   （g）受托人收到的投资管理人提供的定期报告和披露；

(h) 定期或以其他方式向证监会、份额持有人和指定证券交易所作出的披露；

(i) 任何其他重大文件。

(3) 上述信息可以以纸质版或电子版的形式保存；如相关信息记录需要正式签署但以电子版形式保存的，应对该等记录进行电子签署。

第六章 A　非公开募集 InvIT 的份额配售框架

26A. 申请

(1) 本章的规定应适用于根据本条例拟以私募方式发行或已以私募方式发行份额 InvIT。

(2) 上述拟发行或者已发行的份额不得在有资质的证券交易所上市。

(3) 除下述规定外，本条例针对所有非公开或者公开募集份额的规定，应当同样适用于本第六章 A 所述的份额：

(a) 第 10 条第（4）、(9)、(10) 和（12）款；

(b) 第 14 条第（1A）、(2) 款；

(c) 第 16 条；

(d) 第 17 条；

(e) 第 20 条；

(f) 第 21 条第（6）款；

(g) 第 22 条第（5）款第（f）(iv) 项；

(h) 第 23 条；

(i) 第 9 条第（15）款关于就投资管理人的任何变更取得证监会同意的规定；

(j) 第 9 条第（17）款关于就投资管理人实际控制权的任何变更取得证监会同意的规定。

26B. 资金募集和投资

(1) 通过非公开配售募集资金的 InvIT，应当：

(a) 通过募集备忘录募集资金；

(b) 仅向境内外机构投资者或者法人团体筹集资金，其中，向境外投资者募集资金的，应当符合印度储备银行或政府不时颁布的各项指引；

(c) 单个投资者的投资应少于一千万卢比；

(d) 募集对象不得超过_十名；

(e) 至少应在发行开始前 5 天向证监会提交募集备忘录并交纳附表 II 规定的费用；

(f) 在将份额分配给投资者之日起十个工作日内，证监会提交最终募集备忘录；

(g) 直接或通过控股公司或通过 SPV 在合格的基础设施项目中投资不少于 InvIT 资产价值的百分之八十；且未投资资金仅投资于第 18 条第 5 款（b）项（ii）、（iii）、（iv）和（v）目所规定的工具。

(2) 在征得信托契约中指定数量的投资者的批准后，InvIT 可以在信托契约所允许的范围内进行借款。

26C. 信息披露

(1) 就本章项下的 InvIT 份额发行，应确保募集备忘录中的披露符合本条例第 15 条第（4）款以及证监会在此方面发布的任何通函或指引。

(2) InvIT 的投资经理应以电子方式或通过纸质副本向 InvIT 的受托人和单位持有人提交年度报告、半年度报告和评估报告。

(3) 年度报告和半年度报告应在适用的范围内包含附表 IV 所规定的披露信息。

(4) 投资经理应向受托人和份额持有人披露任何与 InvIT 的运作或绩效有关的信息，包括但不限于以下内容：

(a) 直接或通过控股公司或 SPV 收购或处置任何项目，其价值超过 InvIT 资产价值的百分之五；

(b) 新增份额发行；

(c) InvIT 获得的任何信用评级的详细信息以及该评级的任何变化；

(d) 任何需要获得份额持有人批准的问题；

(e) 任何可能对 InvIT 的运作产生重大影响的法律程序；

(f) 份额持有人会议的通知和结果；

(g) 任何不遵守本条例的情况，包括违反本条例规定的任何限制；

(h) 投资管理人或受托人认为需要向份额持有人披露的任何重大事项。

26D. 概述

(1) 投资管理人应负责与发行份额有关的所有活动，包括向证监会备案募集备忘录，并处理与向份额持有人分配份额有关的所有事项。

(2) 投资管理人应确保在募集备忘录中作出重大、真实、正确和充分的披露，并符合证监会发布的相关规定、准则或通函。

(3) 投资管理人应确保 InvIT 进行的投资符合本条例规定的投资条件以及 InvIT 的投

资策略。

（4）投资管理人应确保对 InvIT 的账目进行每年不少于一次的审计，并以电子方式或通过纸质副本将该报告提交给受托人和单位持有人。

26E. 注册证书交回

（1）已按本章规定发行份额的 InvIT，可以选择向证监会交回其注册证书，并且在注册证书交回后不再从事 InvIT 的活动。

（2）尽管已向证监会注册，但 InvIT 及其参与人仍应对其在 InvIT 活动中的所有作为或者不作为的行为负责。

26F. 份额上市

按照本章规定发行份额的 InvIT，可以将该等份额在有资质的证券交易所上市，但应遵守本条例对私募和上市 InvIT 规定的要求，并符合证监会不时制定的规则。

第七章 检查

证监会的检查权

27. 证监会可自行或在收到信息或投诉后，指定一人或多人作为稽查员，检查有关 InvIT、控股公司、SPV 或 InvIT 参与人活动的账簿、记录和文件，
    （a）以确保 InvIT 或 InvIT 参与人正以本条例规定的方式维持账簿、记录和文件；
    （b）以检查来自份额持有人、客户或任何其他主体与影响 InvIT 活动的任何事宜有关的投诉；
    （c）以确认 InvIT 及 InvIT 参与人当前是否遵守《法案》和本条例的规定；
    （d）为了保护证券市场或投资者的利益，自行检查 InvIT 事宜。

检查前的通知

28. （1）在下达命令进行本条例第 27 条下的检查之前，证监会应提至少提前十日向 InvIT 的受托人发出通知。

（2）尽管有第（1）款规定，但证监会认为为了保护投资者的利益，不应提前发出通知的，可通过发出通过书面命令指示检查 InvIT 的事宜，而无须提前发出通知。

（3）在检查的过程中，正在接受检查的 InvIT 和 InvIT 参与人应有义务履行本条例第 29 条规定的义务。

检查过程中 InvIT、InvIT 参与人和任何其他关联方的义务

29. (1) 已根据本条例第 27 条接受检查命令的各 InvIT、InvIT 参与人、拥有与该 InvIT 行为和事宜有关的信息的任何其他关联方（包括 InvIT 代表），有义务根据稽查员为检查目的提出的要求，向稽查员提供其保管的或控制的账簿、账目、其他文件以及声明和信息。

(2) 各 InvIT、InvIT 参与人和拥有与 InvIT 行为和事宜有关的信息的任何其他关联方，有义务向稽查员给予检查所需的协助，扩大检查所需的合作范围，并提供稽查员寻求的与检查有关的信息。

(3) 稽查员为检查的目的有权力检查并记录下列人员的声明：InvIT、InvIT 参与人、控股公司、SPV、负责 InvIT 活动的任何主体或与 InvIT 活动有关联的任何主体、拥有与该 InvIT 有关信息的任何其他关联方的员工和董事。

(4) 稽查员为检查的目的，有权从控制或保管文件、账簿或账目的主体处获得经核证的该等文件、账簿或账目之副本。

向证监会提交报告

30. 稽查员应在完成检查后尽快向证监会提交检查报告，并根据证监会的要求提交临时报告。

告知 InvIT 结果等

31. 为了保护证券市场或投资者的利益，证监会可在审阅检查报告后，并在给予 InvIT、InvIT 参与人或其代表或任何该等主体合理解释的机会后，发出其任何合适的具有下列性质的指示：

(a) 要求 InvIT 将其份额从交易所退市，并交出注册证书；

(b) 要求 InvIT 清算；

(c) 要求 InvIT 出售其资产；

(d) 要求 InvIT 或 InvIT 参与人采取符合投资者利益的行动；

(e) 禁止 InvIT 或 InvIT 参与人在某一特定期限内在资本市场运营或禁止进入资本市场。

第八章 违约行为的程序

违约行为的责任

32. InvIT、InvIT 参与人或参与 InvIT 活动的任何其他主体违反《法案》、本条例或

证监会根据《法案》发布的通知、指引、通函或指示的规定的，应对《法案》规定的一项或多项行为［包括2008年《印度证券交易委员会（中介机构）条例》规定的行为］承担责任。

第九章 其他

证监会发布解释的权力

33. 针对本条例适用或解释的相关问题，证监会可以以适当的方式发布解释或指引。

放宽本条例严格执行程度的权力

33A. 为了投资者的利益或为了发展证券市场，证监会有权针对下述情形放松对本条例的要求的严格执行程度：

（a）本质上属于程序性或技术性的要求；
（b）可能为投资者带来不必要困难的要求；
（c）披露要求与上市实体的特定行业或类型不相关；
（d）曾因发行人无法控制的因素导致不合规；
（e）须优先适用上市实体成立所依据的或适用的《法案》、规则和条例的任何条件。

其他 InvIT

34. 证监会可为本条例规定的 InvIT 类别之外的其他 InvIT 制定监管框架。

附录一

格式文件 A
2014 年《印度证券交易委员会（基础设施投资信托）条例》

见本条例第 3 条

基础设施投资信托注册证书授予申请

说明

1. 本格式文件供申请人申请基础设施投资信托注册证书使用。
2. 申请人应填写本格式文件，并将该格式文件和所有支持性文件一同交至证监会。
3. 本申请书应根据本条例的规定予以提交备案。
4. 证监会应审阅申请书，但条件是申请书在所有方面予以填妥。
5. 本申请书中的所有答案必须清晰、易于辨认，每页必须标有页码并签字/盖章。
6. 需要更详细说明的信息可以另加附页填写，附于本申请书之后，并标明适当的页码。
7. 必须对申请书签字，且所有签字必须是原始签字。
8. 申请书必须随附本条例附录二规定的申请费。

1. 一般信息

（a）InvIT 的名称、地址、电话号码、传真号码、电子邮箱地址。

（b）联系人的姓名、直拨号码、手机号码和电子邮箱地址。

（c）信托/发起人/投资管理人/项目管理人或其各自关联方或受托人是否在印度证券交易所、印度储备银行或任何其他监管当局注册，以及注册的详情。

（d）基础设施投资信托所持有的基础设施的详情。

2. 信托的详情

（a）有关信托活动的详细描述。

（b）信托契约是否根据 1980 年《印度注册法》的规定注册。

（c）信托契约的主要目标是否是根据本条例第 9 条开展 InvIT 活动，是否包括受托人的责任（随附注册信托契约的有关摘要）。

（d）InvIT 的任何份额持有人是否享有优先投票权或优于其他份额持有人的权利。

（e）是否存在多种类别的 InvIT 份额。

3. 受托人的详情

   (a) 受托人的名称、注册办事处地址、通信地址或主营业地、电话号码、传真号码、电子邮箱地址。

   (b) 联系人的姓名、直拨电话、手机号码和电子邮箱地址。

   (c) 受托人活动的简要信息。

   (d) 债券受托人登记的详情。

   (e) [* * *]⊖

   (f) 与 InvIT 的受托人活动有关的基础设施、人员等详情。

   (g) 受托人及其董事的身份和地址证明。

   (h) 受托人公司是否以任何身份在印度证券交易所之外的其他监管当局注册,以及注册的详情。

   (i) 经签署的信托契约的副本。

4. 发起人的详情(请单独提供每个发起人的详情)

   (a) 发起人的名称、注册办事处地址、通信地址或主营业地、电话号码、传真号码、电子邮箱地址。

   (b) 联系人的姓名、直拨电话、手机号码和电子邮箱地址。

   (c) 发起人的营业执照、注册日期和地点(如适用)。

   (d) 董事/合伙人(包括其各自的执业资格)的持有方式详情和个人信息详情。

   (e) 发起人、其董事或合伙人的身份证明和地址证明。

   (f) 有关发起人/其关联方活动的详细描述,包括基础设施领域的基础设施开发或基金管理经验。

   (g) 发起人是否曾使任何在印度证券交易所注册的 InvIT 上市,若是,请提供详情。

   (h) 发起人在发行后拟持有 InvIT 的情况。

   (i) 上一会计年度的财务报表副本。

   (j) 注册会计师为发起人出具的验资报告,自申请日起不得超过六个月。

5. 投资管理人的详情

   (a) 投资管理人的名称、注册办事处地址、通信地址、电话号码、传真号码。

⊖ 第(e)项于 2016 年 11 月 30 日生效的《印度证券交易委员会基础设施投资信托条例(修订)》(2016)中被删除。

(b) 联系人的姓名、直拨电话、手机号码和电子邮箱地址。

(c) 营业执照、注册日期和地点（如适用）。

(d) 经签署的投资管理协议的副本。

(e) 有关投资管理人活动的详细描述，包括基础设施领域的基金管理/咨询服务或开发经验。

(f) 董事/管理委员会成员的名单。

(g) 投资管理人、其董事或合伙人的身份证明和地址证明。

(h) 董事/合伙人的持股/合伙权益和个人信息。

(i) 关键人员的详情，包括其经验和专业资格。

(j) 上一年会计年度的财务报表副本。

(k) 注册会计师为管理人出具的验资报告，自申请日起不得超过六个月。

(l) 投资管理人是否是在印度证券交易所注册的 InvIT 的管理人。若是，请提供详情。

6. 项目管理人的详情（请单独提供每个项目管理人的详情）

(a) 项目管理人的名称、注册办事处地址、通信地址、电话号码、传真号码。

(b) 联系人的姓名、直拨电话、手机号码和电子邮箱地址。

(c) 营业执照、注册日期和地点（如适用）。

(d) [＊＊＊]⊖

(e) 有关项目管理人活动的详细描述。

(f) 项目管理人、其董事或合伙人的身份证明和地址证明。

7. 商业计划和投资策略的详情

(a) 投资目标和投资类型。

(b) 拟首次发售的详情。

(c) 拟持有 InvIT 项下资产的简要信息。

(d) 控股公司/SPV 和 InvIT 层面的当前和拟议资金杠杆的详情。

(e) 费用结构。

⊖ 第（d）项于 2016 年 11 月 30 日生效的《印度证券交易委员会基础设施投资信托条例（修订）》(2016) 中被删除。

8. 过去采取的监管行动（如有）的详情

(a) InvIT 或 InvIT 参与人或其各自的董事/管理委员会成员当前或过去是否涉及可能涉及会对 InvIT 的业务带来不利影响的有关证券市场的诉讼，是否曾违反证券法。(若是，请提供详情；若否，请附上与此有关的声明）。

(b) 证监会或任何其他监管当局是否根据《法案》或根据法案制定的条例/指引，针对 InvIT 或 InvIT 参与人或其各自的董事/管理委员会成员采取纪律行动。(若是，请提供详情；若否，请附上与此有关的声明）。

(c) 证监会是否拒绝向 InvIT 或 InvIT 参与人或其各自的董事/管理委员会成员出具证书，或其证书在本次申请之前的任何时间是否已经中止。(若是，请提供详情；若否，请附上与此有关的声明）。

9. 其他信息/声明

须声明，根据 2008 年《印度证券交易委员会（中介机构）条例》规定的标准，InvIT 和 InvIT 参与人是合适人选。

声明陈述（详情见下文）

我们谨此同意并声明，本申请书（包括附页）中提供的信息均完整、真实。

我们进一步同意，本申请书中提供的信息如有任何变更，我们应立即通知印度证券交易委员会。

我们进一步同意，我们应遵守并受限于 1992 年《印度证券交易委员会法》、2014 年《印度证券交易委员会（基础设施投资信托）条例》和印度证券交易委员会不时通知或发布的任何其他条例、通函或指引的规定。

我们进一步同意，作为注册的前提条件之一，我们应遵守印度证券交易委员会发布的运营指示/指令的规定。

（申请人名称）

授权签字人

（签字）

格式文件 B
2014 年《印度证券交易委员会（基础设施投资信托）条例》

见本条例第 6 条（2）款

基础设施投资信托注册证书

1. 根据 1992 年《印度证券交易委员会法》（1992-15）第 12 条（1）款规定的权利，证监会特此向＿＿＿＿＿＿＿＿＿＿授予基础设施投资信托注册证书，以受《法案》及其项下条例所列条件的限制。

2. 基础设施投资信托的注册号为：＿＿＿＿＿＿＿＿＿＿。

日期：

地点：

印度证券交易委员会

签章

附录二

2014 年《印度证券交易委员会（基础设施投资信托）条例》

见本条例第 3 条（2）款、第 6 条（1）款和第 14 条（4）款（k）项

费用

1. 每个申请人在提交注册证书授予申请时，应支付十万卢比的申请费，该申请费不予退还。

2. 每个申请人应在收到证监会的通知日起十五天内，支付一百万卢比的注册费，该注册费不予退还。

3. 就公开发售 InvIT 而言：

a. InvIT 在向证监会备案发行文件草稿时，应支付下列比例的备案费，该备案费不予退还：

　i. 是首次发售和后续发售的，总发行规模（包括预计的超额认购保留额）的 0.1%；

　ii. 认购权发行的，总发行规模（包括预计的超额认购保留额）的 0.05%。

b. InvIT 预计的发行规模与最终的发行规模有偏差的，并因此：

　i. 导致 InvIT 支付的费用不足的，剩余费用应在向证监会和有资质的证券交易所（视具体情况而定）备案发行文件终稿/募集备忘录终稿时，由发行人支付；

　ii. 导致支付的费用有任何超额的，超额部分应由证监会返还给 InvIT。

4. 就非公开募集 InvIT 而言，InvIT 应在向证监会提交备案募集备忘录时，支付总发行规模［包括绿鞋期权（若有）］的 0.1% 作为备案费，该备案费不予退还；

5. 前述申请费、登记费和备案费应由申请人或 InvIT 通过下列方式支付：通过 NEFT（全国电子资金转账系统）/RTGS（即时支付结算系统）/IMPS（即时支付服务系统）或印度储备银行允许的其他方式直接存入银行账户，或通过可能需要在孟买、有关地区办事处或当地办事处兑付的即期汇票，且受益人为"印度证券交易委员会"。

附录三

见本条例第 14 条、第 15 条、第 19 条、第 21 条和第 23 条

发行文件、募集备忘录或后续发行文件中的强制披露

1. 介绍

    a. InvIT 的名称、注册营业地址、通信地址、联系人、联系方式和电子邮箱地址。

    b. InvIT 的成立地点和时间。

    c. 在证监会注册的注册编号和注册日期。

2. 发起人、投资管理人、项目管理人、受托人和其他当事方的详情

    a. 发起人：

    （若有多个发起人的，请提供每个发起人的详情）

      i. 名称、注册办事处地址、通信地址、联系人、联系方式和电子邮箱地址。

      ii. 发起人背景，包括发起人正在开展的有关基础设施的活动。

      iii. 发起人在 InvIT 持有或拟持有的份额。

    b. 投资管理人和项目管理人：

      i. 投资管理人和项目管理人的背景，包括在基础设施领域的管理、咨询服务和开发经验。

      ii. 投资管理人和项目管理人的职能、义务和责任简要信息。

      iii. 投资管理人董事的简要个人信息描述及其在 InvIT 持有或拟持有的份额（如有）。

    c. 受托人：

      i. 受托人为债券受托人的，受托人的背景，包括向证监会注册的详情。

      ii. 董事的姓名和个人信息。

      iii. 受托人的职能、义务和责任。

    d. 其他当事方：

    参与 InvIT 架构（包括与其他关键当事方或实体订立的协议的核心条款）的其他关键当事方或实体的名称、详情、背景和经验、职能、义务和责任简要信息、任免政策等。

3. InvIT 的简要背景

    a. 术语或缩写表。

    b. InvIT 的结构和描述。

c. 在发行前就有关 InvIT 资产与各方订立的任何协议详情。

d. 发行前 InvIT 的持有结构,包括 InvIT 参与人持有的份额的明细,以及其他持有百分之五以上 InvIT 份额持有人的明细。

e. 上述有关方在发行后拟持有份额的结构。

f. 各方收取的 InvIT 支付或应支付的费用和开支,包括投资管理人、评估机构、审计机构、受托人和任何其他第三方收取的或拟收取的费用,还应包括任何设立成本。

g. 获得的任何信用评级(如有)的详情。

4. 发行条款

   a. 发售条款包括份额数量、价格、发行开始日、发行结束日、条款和条件、投资者作出合理决定所需的其他信息。

   b. 向份额持有人分配红利的政策,包括计算方式和分配频率。

   c. 份额上市:

      i. 指定证券交易所的名称;

      ii. 上市时间表;

      iii. 已向指定证券交易所取得事先原则批准的声明。

   d. 战略投资者提供的承诺函(如有)。

5. 市场概述

   a. 基础设施领域的一般市场概述。

   b. InvIT 已投资或拟投资的细分领域的概述。

6. InvIT 下的资产描述

   a. InvIT 所有资产的总体描述:

      i. 本条例第 18 条(5)款(a)项和第 18 条(5)款(b)项下的 InvIT 持有各项资产的明细或拟议明细;

      ii. InvIT 持有基础设施项目的拟议持有结构;

      iii. 对于通过控股公司或 SPV 持有或拟持有的项目,该控股公司或 SPV 的详情,包括发行前(当前)和发行后(拟议)的资本结构、InvIT 在控股公司或 SPV 持有份额的方式、持有的份额、InvIT 在控股公司或 SPV 享有的权利等。此外,还应披露控股公司或 SPV 的债务和其他工具的核心条款的详情;

      iv. InvIT 直接持有或计划持有项目的,应披露项目的所有主体在发行前(当前)

和发行后（拟议）持有份额的详情，包括持有的比例、InvIT 与其他所有主体相比享有的权利等；

v. 贷款人对标的项目的同意情况，以及对根据 InvIT 收购资产对贷款人协议修订（如有）的同意情况；

vi. 受托人就所有基础设施资产提供足够保险的确认书。

b. InvIT 持有或拟持有基础设施资产的项目详情：

i. 项目名称、地点、图片和其他详情；

ii. InvIT 持有项目的结构；

iii. 基础设施项目的特性（如有）；

iv. 有关项目的关键协议和限制的描述，如特许权协议、购电协议等；

v. 资产寿命（包括合约寿命和需要维护和置换的物理寿命）以及延长寿命的权利；

vi. 土地尽职调查概要；

vii. 针对细分领域的技术报告，如交通数据报告、风能报告或太阳能报告等；

viii. 下列有关月份的收入：自发行文件或募集备忘录中最新财务报告之日起至提交发行文件草稿/发行文件或募集备忘录备案之前的完整月份。

c. 就在建项目而言，应对项目作出下列其他披露：

i. 工程进度以及截至年底完工的比例；

ii. 开发进度；

iii. 预计完工时间；

vi. 各当局的批准或评定情况，包括法定评定和环境因素；

v. 可能导致项目延期的主要风险点。

7. **商业详情和策略**

a. 投资策略：

- InvIT 投资策略的描述；
- 发起人对未来资产的优先收购权（如有），包括发起人在该等情形下对未来收购的估值方法；
- 资本和风险管理策略。

b. 款项的使用：

- 发行的目的；
- 发行费用。

8. 资金杠杆

    a. InvIT 资产的资本结构，包括在发行前后的有关 InvIT 资产的任何借款或延期支付义务（单体报表和合并报表）。

    b. 借款政策。

9. 关联交易

    a. 处理关联交易的程序。

    b. 最近三个会计年度和当前会计年度开展的关联交易和未来拟议开展的任何该等关联交易的详情。

10. 估值

    a. 最新完整估值报告的评估概要。

    b. 估值方法。

    c. 估值频次和资产净值声明。

11. 财务报表

    a. InvIT 下项目（有关项目）在过去三年内的营运现金流量。

    b. InvIT、投资管理人和发起人在过去三年内的财务报表概况（如适用）。

    c. 投资管理人董事对影响财务状况和经营结果因素的管理层讨论和分析。

    d. InvIT 对有关项目预估未来三年内的收入和经营现金流量，包括审计机构认可的假设详情。

    e. 支付记录和营运资金的详情。

    f. 发行文件/募集备忘录中披露的截至最新财务信息之日的或有债务。

12. 份额持有人的权利

    a. 份额持有人的权利。

    b. 直接或通过在指定证券交易所网站以公共传播的方式间接向份额持有人的拟议披露。

    c. 份额持有人大会召开的频次和方式。

13. 所有权披露、批准披露、诉讼和监管行动

    a. 项目的所有权披露，包括与项目有关的任何重大诉讼。

    b. 有关监管当局、标的项目的批准情况以及根据《法案》或政府或监管当局的规则、条例或指引的规定，项目需要定期批准的情况。

c. 针对 InvIT、发起人、投资管理人、项目管理人或其各自关联方和受托人而提起的重大未决诉讼和监管行动的简要信息（如有）。

14. 风险因素
15. 使投资者能够作出合理决定的税务和监管方面的简要情况
16. 其他一般信息

审计机构的选任政策和审计准则见下文。

17. 有关领域的特定信息

投资者投资 InvIT 份额的有关领域或细分领域的任何信息。

18. 支持性文件

a. 完整估值报告；
b. 审计机构报告；
c. 任何其他类似报告。

19. 使投资者能够作出合理决定所需的该等其他重大和适当信息
20. （由投资管理人和发起人的董事会签署的）声明

应向证监会提供下列文件：

a）完整估值报告、发行文件/募集备忘录；
b）项目执行/管理协议、发行文件草稿或募集备忘录；
c）尽职调查证书、发行文件草稿、发行文件/募集备忘录。

以获得交易所的原则批准。

附录四

强制性披露
年度报告中的强制性披露

见本条例第 23 条（5）款

（非公开募集 InvIT 可以仅披露可能适用于其结构和活动的信息）

1. 投资管理人的 InvIT 活动报告简要，以及经审计的 InvIT 年度合并财务报表。
2. 投资管理人的董事对有关年度的 InvIT 活动进行的管理层讨论和分析、预测和未来的行动。
3. InvIT 所有资产有关项目的简要信息。
4. 标的项目的有关年度的项目收入详情。
5. 截至有关年度结束时的完整估值报告中有关估值的简要信息。
6. 投资者投资 InvIT 份额有关的特定领域或细分领域的信息或报告。
7. 有关年度内，下列变更的详情：
   a. 资产的追加投资和撤资，包括买方或卖方的身份、购买价或出售价以及该等交易中有关估值的简要信息；
   b. （完整估值报告）中资产和资产净值的评估；
   c. 借款或还款（单独列出和合并列出）；
   d. 信用评级；
   e. 发起人、投资管理人、评估机构、受托人或投资管理人或发起人的董事等；
   f. 信托契约、投资管理协议或订立的与 InvIT 活动有关的任何其他协议的条款；
   g. 已影响或可能影响标的项目现金流量的任何监管变更；
   h. 重大合同的变更，或有关 InvIT 合同的履行风险变更；
   i. 可能对 InvIT 的活动、收入或现金流量产生重大影响的任何法律程序；
   j. 有关年度内的任何其他重大变更。
8. InvIT 在过去五年内的项目收入。
9. 在建项目开发的更新（如有）。
10. 截至有关年度结束时合并和单独列出的 InvIT 尚未结清借款和延期付款的详情，包括 InvIT 的任何信用评级、债务到期情况、负债比率。
11. InvIT 总营业费用以及明细表，包括有关年度内向投资管理人和任何其他方支付的费用和开支（如有）。

12. InvIT 在过去五年内有关每一份额的价格、分配的红利及利润（如适用）的表现。

13. 会计年度开始和结束时在交易所挂牌的每一份额的价格，在有关会计年度每一份额的最高价格、最低价格以及日均成交量。

14. （1）有关年度内其价值超过 InvIT 资产价值百分之五的所有关联交易的详情；

（2）InvIT 向其已经投资的控股公司或特殊目的载体出借款项的详情。

15. 有关年度内份额发行和回购（如有）的详情。

16. 重大价格敏感信息的简要信。

17. 截至有关年度止，针对 InvIT、发起人、投资管理人、项目管理人或其各自的关联方和受托人提出的未决重大诉讼和监管行动（如有）的详情。

18. 风险因素。

19. 年度报告强制随附的附录：

1. 完整估值报告摘要；

2. 审计报告。

半年度报告中的强制性披露

（非公开募集 InvIT 可以仅披露可能适用于其结构和活动的信息）

1. 在过去半年或截至半年结束时止（视具体情况而定）的年度报告提供的上述所有详情［第（2）款和强制随附的附录除外］。

2. 半年度财务报表；单独列出和合并列出。

3. 评估机构在对过去半年的任何重大进展考虑之后更新的评估报告。

4. 过去半年内发生的任何其他重大事件。

附录五

完整估值报告中的强制性最低披露要求

见本条例第 21 条（3）款

完整估值报告应包含下列信息：

a. 评估机构的名称和简要信息、2013 年《公司法》项规定的注册详情。
b. 有关估值基准的所有重大详情。
c. 采用的估值方法的描述和解释，包括使用的假定条件、假定条件的合理性，若采用或可能采用一种以上的估值方法的，选择某一估值方法的理由等。
d. 有关市场的总体结构和条件，包括供需情况、市场趋势和投资活动的分析。
e. 特定领域或细分领域的有关资产评估的任何信息或报告。
f. 就每个项目而言，应在适用的范围内提供下列详情：
    i. 项目的详情，包括交易是否为关联交易；
    ii. 项目的最新图片；
    iii. 项目的当前使用情况；
    iv. InvIT 在项目中持有或拟持有权益的性质、InvIT 在项目持有权益的比例；
    v. 检查日期和估值日期；
    vi. 资质和假定条件；
    vii. 使用的估值方法；
    viii. 采用的估值标准；
    ix. 评估机构的调查范围、依赖数据的性质和来源；
    x. InvIT 的项目购买价（针对 InvIT 的现存项目）；
    xi. 过去三年内项目的估值（针对 InvIT 的现存项目）；
    xii. 评估机构计算的项目估值详情；
    xiii. 获得或正在获得的一次性制裁/批准清单；
    xiv. 最新/逾期定期结算清单；
    xv. 计入资产的明细表；
    xvi. 已经进行的预估、拟议的大修和改建以及预计的完工时间；
    xvii. 待定收入，包括与 InvIT 资产和复合费用有关的地方机构税（如有）；
    xviii. 正在进行的重大诉讼，包括与资产有关的税务纠纷（如有）；

xix. 城镇规划/建设控制中可能未考虑的自然或诱发危害的安全隐患；

f a. 计算估值时考虑的假定因素如贴现率、期限等的信息。

g. 可能影响项目或其价值的任何其他事宜。

h. 评估机构作出的下列声明：

　　i. 评估机构有估值的资格。

　　ii. 评估机构具有独立性，编制的报告公平、公正。

　　iii. 评估机构已根据本条例第 21 条（10）款规定的估值标准，对项目进行评估。

附录六

InvIT 和 InvIT 参与人的行为守则

见本条例第 7 条（d）项

1. InvIT 和 InvIT 参与人处理 InvIT 所有事务的方式，应符合 InvIT 所有份额持有人的利益。

2. InvIT 和 InvIT 参与人应根据本条例的规定，充分、准确、详细并及时地向所有份额持有人、证券交易所和证监会披露证券交易所不时指定的有关重大信息。

3. InvIT 和 InvIT 参与人在处理 InvIT 事宜时应尽可能地防范利益冲突，并在所有方面始终遵守所有份额持有人利益优先的原则。在无法避免的情况下，应确保向份额持有人进行适当披露，并公平对待份额持有人。

4. InvIT 和 InvIT 参与人应确保其就 InvIT 的活动收取的费用是公平、合理的。

5. 投资管理人应开展 InvIT 的业务，根据发行文件或募集备忘录所述的投资目标进行投资，并应仅为份额持有人的利益做出投资决定。

6. InvIT、InvIT 参与人和投资管理人指定的任何第三方不得以不符合道德的方式出售、推销或诱使任何主体购买 InvIT 份额；投资管理人指定的第三方不符合本条件的，投资管理人应对此承担责任。

7. InvIT 和 InvIT 参与人在其所有交易和经营的过程中，应始终保持公平和诚信。

8. InvIT 和 InvIT 参与人应始终提供高质量的服务，开展尽职调查，确保合理的注意程度并作出独立的专业判断。

9. InvIT 和 InvIT 参与人不得对其资质、能力或经验作出任何口头或书面的夸大声明。

印度证券交易委员会主席

三、法规编译（印度 REITs 法规）

印度公报

特别版

第 III 部分第 4 编

主管当局公布

新德里，2014 年 9 月 26 日

印度证券交易委员会

公告

孟买，2014 年 9 月 26 日

2014 年《印度证券交易委员会（不动产投资信托）条例》

编号：LAD – NRO/GN/2014 – 15/11/1576——根据 1992 年《印度证券交易委员会法》（1992 – 15）第 30 条（结合第 11 条和第 12 条内容）所赋予的权力，印度证券交易委员会就不动产投资信托及其注册、监管等主要事项制定条例如下：

第一章 序言

简称和生效日期

1. （1）本条例名称为 2014 年《印度证券交易委员会（不动产投资信托）条例》。

（2）本条例自在官方公报上公告之日起生效。

定义

2. （1）除上下文另有所指外，本条例中的术语应具有下列定义所赋予的含义，且该等术语的衍生表述也应按照下述含义相应解释：

(a) "《法案》"是指 1992 年《印度证券交易委员会法》（1992 – 15）；

(b) 任何主体的"关联方"⊖是根据 2013 年《公司法》或有关会计准则定义的，此外还应包括：

⊖ 于 2016 年 11 月 30 日生效的《印度证券交易委员会不动产投资信托条例（修订）》（2016）中被替换。在此之前表述为，"关联方包含"。

(i) 由该主体直接或间接控制的任何主体；

(ii) 直接或间接控制该主体的任何主体；

(iii) 若该主体是公司或法人团体，则指定为该公司或法人团体的发起人之任何主体，及任何其他拥有相同发起人的公司或法人团体；

(iv) 若该主体是自然人，则为该主体的任何亲属；

(v) [＊＊＊]㊀

(vi) [＊＊＊]㊁

(vii) [＊＊＊]㊂

(viii) [＊＊＊]㊃

(c) "证监会"是指根据《法案》第 3 条成立的印度证券交易委员会；

(d) "法人团体"应具有 2013 年《公司法》第 2 条（11）款赋予其的含义；

(e) "配送红股"是指在指定日期无偿配送给份额持有人的额外份额；

(f) "注册证书"是指根据本条例授予的注册证书；

(g) "控制权变更"：

    (i) 就公司或法人团体而言，控制权变更中的"控制"具有 2013 年《公司法》第 2 条（27）款规定的含义；

    (ii) 在其他情形下，是指控制权的变更。

注：在第（ii）目中，"控制权"是指直接或间接拥有 [不少于]㊄百分之五十表决权或股权。

(h) "公司"是指 2013 年《公司法》第 2 条（20）款定义的公司；

(i) "已竣工物业"是指已从相关当局取得㊅产权证的物业资产；

(j) "信用评级机构"是指根据 1999 年《印度证券交易委员会（信用评级机构）条

㊀ 于 2016 年 11 月 30 日生效的《印度证券交易委员会不动产投资信托条例（修订）》（2016）中被删除。在此之前第（v）目表述为，"若该主体为公司、法人团体或有限合伙企业，则为其所属集体下属企业"。

㊁ 于 2016 年 11 月 30 日生效的《印度证券交易委员会不动产投资信托条例（修订）》（2016）中被删除。在此之前第（vi）目表述为，"处于同一管理下的公司或有限合伙企业"。

㊂ 于 2016 年 11 月 30 日生效的《印度证券交易委员会不动产投资信托条例（修订）》（2016）中被删除。在此之前第（vii）目表述为，"若该主体为一个 REIT，则为该 REIT 的关联方"。

㊃ 于 2016 年 11 月 30 日生效的《印度证券交易委员会不动产投资信托条例（修订）》（2016）中被删除。在此之前（viii）目表述为，"该主体或其董事、合伙人单独或集体持有超过 15% 的实缴股本或有限合伙份额的公司、有限合伙企业或法人团体"。

㊄ 于 2018 年 4 月 10 日生效的《印度证券交易委员会不动产投资信托条例（修订）》（2018）中被替换。在此之前表述为"多于"。

㊅ "产权证"原文为"occupancy certificate"，下文同。

例》在证监会注册的信用评级机构；

(k) "托管人"是指根据 1996 年《印度证券交易委员会（证券托管人）条例》在证监会注册的主体；

(ka)[一] "债券"应具有 2008 年《印度证券交易委员会（债券发行和上市）条例》第 2 条（1）款（e）项规定的含义。

(l) "指定证券交易所"是指具备 REIT 份额上市或拟上市的资质，且 REIT 为本条例下 REIT 份额发行之目的所选择的指定证券交易所：

如果前述一个或多个交易所均拥有全国性交易终端，REIT 应选择其中一个作为指定证券交易所；

此外，在遵守本规定的前提下，REIT 可选择一个不同于首次发行场所的有资质的证券交易所作为指定证券交易所，按照本条例规定进行 REIT 份额的后续发行；

(m) "建筑面积指标（FSI）"是指由主管部门规定的在一块土地上可建造的面积；

(n) "后续发售"是指向公众发售新的已上市 REIT 份额以供认购，也包括存量份额持有人向公众要约出售 REIT 份额；

(o) [* * *][二]

(p) "格式文件"是指本规定附录一所示的任何格式文件；

(pa)[三] "一般用途"包括在向证监会提交的发行文件中未明确具体金额的特定目的与有明确金额的一般用途，或任何类似的其他名目的目的：

但任何与发行有关的费用，不得仅因在向证监会提交的发行文件中未明确该等费用的特定金额，而被视为用于一般用途；

(q) "管理委员会"就有限合伙企业而言，是指有限合伙企业任命的、职权与公司董事会的董事类似的成员团队；"首次发售"是 REIT 份额向公众的首次发售，并包括存量份额持有人向公众要约出售的 REIT 份额；

(qa)[四] "holdco"或"控股公司"应指符合下列条件的公司或有限合伙企业：

[一] 第（ka）项根据于 2016 年 11 月 30 日生效的《印度证券交易委员会基础设施投资信托条例（修订）》(2016) 插入。

[二] 第（o）项于 2016 年 11 月 30 日生效的《印度证券交易委员会不动产投资信托条例（修订）》(2016) 中被删除。在此之前表述为，"'后续要约文件'是指由 REIT 向公众作出后续发售有关的任何文件"。

[三] 第（pa）项根据于 2016 年 11 月 30 日生效的《印度证券交易委员会不动产投资信托条例（修订）》(2016) 插入。

[四] 第（qa）项根据于 2016 年 11 月 30 日生效的《印度证券交易委员会不动产投资信托条例（修订）》(2016) 插入。

　　　　　（ⅰ）REIT 拥有或拟拥有控制权并持有［＊＊＊］^㊀不低于百分之五十［＊＊＊］^㊁的股本或股权，并且已通过对其他 SPV 投资最终持有物业资产；

　　　　　（ⅱ）除持有下层 SPV、物业资产和与该等持有相关的其他活动之外，未参与任何其他活动；

　　（qb）"首次发售"是 REIT 份额向公众的首次发售，并包括存量份额持有人向公众要约出售的 REIT 份额；

（r）［＊＊＊］^㊂；

（s）"稽查员"是指证监会为行使本条例第七章赋予的权力而委任的一人或多人；

（t）"投资管理协议"是指受托人与管理人订立的协议，约定管理人在 REIT 中承担的职能和责任；

（u）"上市 REIT"是指其份额在有资质的证券交易所上市的 REIT；

（v）"有限合伙企业"是指 2008 年《有限合伙企业法》定义的有限合伙企业；

（w）"管理人"是指在印度注册成立的，管理 REIT 资产和投资并开展 REIT 经营活动的公司、有限合伙企业或法人团体；

（x）"资产净值"或"NAV"是指某一日 REIT［资产扣除对外债务后的价值］^㊃除以该日存量份额后所得数值；

（y）"净值"就公司或法人团体而言，应具有 2013 年《公司法》第 2 条（57）款赋予其的含义；

（za）"产权证"是指主管当局签发的竣工证明，或其他允许根据当时有效的法律对任何财产进行占用的类似证明；

（zb）"发行文件"是指为认购或购买 REIT 份额的目的，［通过公开发布的方式］^㊄被描述为发行文件或作为发行文件出具的任何文件，包括任何通知、公告、广告或其他发售邀请文件，并包括首次公开发行文件、后续发行文件、［认购权发行情况下的发售函］^㊅以及证监会指定的任何其他发行文件；

㊀　于 2018 年 10 月 4 日生效的《印度证券交易委员会不动产投资信托条例（修订）》（2018）中删除了"控股权"一词。

㊁　同上，删除了"一个"一词。

㊂　第（r）项于 2016 年 11 月 30 日生效的《印度证券交易委员会不动产投资信托条例（修订）》（2016）中被删除。在此之前表述为，"'首次公开发行相关文件'是指 REIT 首次向公众公开发行相关的任何文件"。

㊃　于 2016 年 11 月 30 日生效的《印度证券交易委员会基础设施投资信托条例（修订）》（2016）中插入。

㊄　于 2016 年 11 月 30 日生效的《印度证券交易委员会不动产投资信托条例（修订）》（2016）中被替换。在此之前表述为，"在公开发售中"。

㊅　于 2016 年 11 月 30 日生效的《印度证券交易委员会基础设施投资信托条例（修订）》（2016）中插入。

(zc)"REIT 参与人"包括[发起人集团]⊖、重新指定的发起人、管理人和受托人;

(zd)"优先发行"是指上市 REIT 以私募的方式向任何特定主体或群体发行份额,不包括通过公开发行、认购权发行、派送红股、合格机构募集或证监会指定的其他发行方式的发售份额;

(ze)"公众"就份额的发行和上市而言,是指除 REIT 关联方之外的任何主体或证监会规定的任何其他主体:

但 REIT 的任何关联方是合格机构买方的,该主体应属于"公众";

(zf)"公开发行"是指 REIT 向公众发行份额,包括首次公开发行和后续发售,或证监会规定的向公众作出的任何其他发行;

(zg)"合格机构买方"应具有 2009 年《印度证券交易委员会(股本发行和披露要求)条例》第 2 条(1)款(zd)项赋予其的含义;

(zh)"合格机构募集"是指上市 REIT 根据本条例的规定,以非公开募集的方式向合格机构买方分配份额;

(zi)"不动产"或"物业"是指土地及其任何永久附有的改良物,包括建筑物、工棚、车库、围墙、配件、固定装置、仓库、停车场等的租赁权和永久业权,以及与土地相关的任何其他资产所有权,但不包括抵押:

但根据 2013 年 10 月 7 日财政部通过公告定义的,所有属于"基础设施"范围之内的任何资产,包括对其进行的任何修改或添加,均不应被视为针对"不动产"或"物业"的规定;

[尽管有上述规定,但在上述基础设施定义范围内的以下资产应视为"不动产"或"物业":

(i)构成综合房地产项目一部分的酒店、医院和会议中心,无论是产生租金还是产生收入;

(ii)公用基础设施项目、工业园区和经济特区;]⊖

(zj)["不动产资产"是指 REIT 以直接或通过控股公司和/或 SPV 间接,以自持或租赁方式持有的资产]⊜;

⊖ 于 2016 年 11 月 30 日生效的《印度证券交易委员会不动产投资信托条例(修订)》(2016)中被替换。在此之前表述为,"发起人"。

⊖ 于 2016 年 11 月 30 日生效的《印度证券交易委员会基础设施投资信托条例(修订)》(2016)中插入。

⊜ 于 2018 年 4 月 10 日生效的《印度证券交易委员会不动产投资信托条例(修订)》(2018)中被替换。在此之前表述为,"'房地产资产'是指 REIT 直接或通过 SPV 持有的不动产"。

(zk) "有资质的证券交易所"是指 1956 年《证券合约（监管）法》（1956–42）第 4 条确认的任何证券交易所；

(zl) "重新指定的发起人"是指从本条第一款（z）条款（zt）所指定的人或其后的任何重新指定的发起人中承担了第 11 条规定的发起人责任的任何人；

(zm) "REIT"或"不动产投资信托"是指根据本条例注册为不动产投资信托的信托；

(zn) ["REIT 资产"是指 REIT 直接或者通过控股公司和/或 SPV 间接，以自持或租赁方式持有的不动产或其他资产；]①

(zo) "关联方"具有 2013 年《公司法》或有关会计准则规定的含义，还应包括：

  （i）REIT 参与人；

  （ii）[＊＊＊]②

  （iii）第（i）目所述之主体的发起人、董事和合伙人；

(zp) "产生租金的物业"是指以产生租金为目的，已订立租赁协议或已出租的物业；

(zq) "配股"是指上市 REIT 公司在为份额发行之目的，向某一确定日期的 REIT 份额持有人发出的要约；

(zr) "优先收购权"或"ROFR"是特定主体向 REIT 授予的、优先于其他第三方与该特定主体进行交易的权利；

(zs) "特殊目的载体"或"SPV"是指符合下列条件的任何公司或有限合伙企业：

  （i）REIT 或控股公司持有或拟持有③其控股权以及不低于百分之五十⑤[＊＊＊]④的股本或股权；

  （ii）直接持有物业百分之八十以上的资产，且未投资于其他 SPV；以及

  （iii）除持有或开发底层物业或其附带的与之有关的活动之外，未参与任何其他活动；

(zt) "发起人"是指设立 REIT 且在向证监会提交申请时被指定为发起人的任何人；

---

① 替换同上。在此之前表述为"'REIT 资产'是指 REIT 直接或通过[控股公司和/或] SPV 获得持有的不动产或任何其他资产"。

② 第（ii）目于 2016 年 11 月 30 日生效的《印度证券交易委员会基础设施投资信托条例（修订）》（2016）中被删除。

③ 于 2018 年 10 月 4 日生效的《印度证券交易委员会不动产投资信托条例（修订）》（2018）中删除了"控股和"字样。

④ 同上删除了"—"字样。

⑤ 于 2016 年 11 月 30 日生效的《印度证券交易委员会基础设施投资信托条例（修订）》（2016）中插入。

(zta) ⊖"发起人集团"包括：

 （i）发起人；

 （ii）如果发起人是法人团体：

  a. 由该法人团体控制的实体或个人；

  b. 控制该法人团体的实体或个人；

  c. 由 b 条所述的实体或个人控制的实体或个人。

 （iii）如果发起人是个人：

  a. 该人的直系亲属（即该人的任何配偶，或其配偶的任何父母、兄弟、姐妹或子女）；和

  b. 由该个人控制的实体或个人；]

(ztb) ⊖"战略投资者"是指根据 1999 年《外汇管理法》及其项下的规则、条例或指引的有关规定（如有），共同或单独投资 REIT 总发售规模的百分之五以上或证监会不时确定的其他比例的下列机构：

 a. 在印度储备银行注册为非银行金融公司的基础设施金融公司；

 b. 商业银行；

 c. 多边和/或双边发展金融机构；

 d. 向印度储备银行注册的系统重要性非银行金融公司；

 e. 境外投资者。

(zu)"可转让的开发权"或"TDR"是指相关机关根据有关法律代表所有者或开发商放弃或交出的，或通过政府或当局宣布的激励措施而发布的开发权；

(zv)"受托人"是指根据本条例，为份额持有人的利益，以信托的方式持有 REIT 资产的主体；

(zw)"在建物业"是指未完工并且未收到产权证的物业；

(zx)"份额"是指 REIT 的受益凭证；

(zy)"份额持有人"是指拥有 REIT 份额的任何主体；

(zz)"评估机构"是指 2013 年《公司法》第 247 条规定的"注册评估机构"或证监会不时确定的任何主体。

⊖ 于 2016 年 11 月 30 日生效的《印度证券交易委员会基础设施投资信托条例（修订）》(2016) 中插入。

⊖ 于 2017 年 12 月 15 日生效的《印度证券交易委员会基础设施投资信托条例（修订）》(2016) 中插入。

（zza）[* * *]①

（zzb）"REIT 资产价值"是指评估机构评估的 REIT 拥有的所有资产的总价值。

（2）本条例使用的而未定义的术语和表达，但在《法案》、1956 年《证券合约（监管）法》(1956-42)、2013 年《公司法》(2013-18) 或其项下的任何规则或条例中进行定义的，应具有《法案》、前述规则或条例或对其任何法定修改或再颁布（视具体情况而定）赋予的含义。

第二章 REIT 的注册

不动产投资信托的注册

3.（1）任何主体只有根据本条例在证监会注册，才可作为 REIT 行事。

（2）发起人应按照本法则附录一规定的格式文件 A，代表信托提交 REIT 注册证书授予申请，并应按照附录二以规定方式缴纳规定金额的不可退还的申请费。

（3）为了保护投资者的利益，证监会有权任命 REIT 的信托记录和文件的保管主体，并制定与该等认命有关的条款和条件。

（4）在审议是否授予注册证书时，证监会应考虑本条例所列要求。

合格标准

4.（1）为了向信托授予注册证书，证监会应考虑与 REIT 活动有关的所有事宜。

（2）在不影响前述一般性规定的情况下，证监会应考虑下列强制性要求，即：

（a）申请人是代表信托的发起人，且信托文书采用的是根据 1908 年《注册法》在印度依法登记的契约格式文件；

（b）信托契约的主要目的是根据本条例开展 REIT 活动，且信托契约包含受托人根据本条例第 9 条承担的义务；

（c）已根据本条例任命发起人、管理人和受托人，且担任该等发起人、管理人和受托人的主体是独立实体；

（d）就发起人而言：

（i）按首次公开发行后 REIT 的份额数目为基准，[各发起人应持有或拟持有]②

---

① 第（zza）项于 2018 年 4 月 10 日生效的《印度证券交易委员会不动产投资信托条例（修订）》(2018) 中被删除。在此之前（zza）项表述为"'REIT 资产价值'是指审计师根据直接或通过 SPV 持有的 REIT 资产的价值核实的 REIT 的价值，不包括其任何债务或负债"。

② 于 2016 年 11 月 30 日生效的《印度证券交易委员会不动产投资信托条例（修订）》(2016) 中被替换。在此之前表述为，"每个持有或拟持有的发起人不超过三名"。

不少于百分之五的股份；

(ia) 各发起人和发起人集团应在向证监会提交的注册申请中和发行文件/募集备忘录中（视情况而定）予以明确：

对于每个发起人集团，应有不少于一个人被认定为发起人；

[进一步规定，在归类为发起人集团的实体中，只能考虑以下实体：

a) 直接或间接持有拟转让给 REIT 的资产、SPV 或控股公司的权益或股份的个人或实体。

b) 在发行后直接或间接持有 REIT 份额的个人或实体。

c) 发起人利用其经验满足本条例第 4 条第（2）款（d）项（iii）目要求的资格条件的个人或实体。]㊀

(ii) 发起人的净资产总额至少 10 亿卢比：

其中每个发起人的净资产至少 2 亿卢比；以及

(iii) 发起人或其关联方在不动产领域的开发或基金管理方面拥有五年以上的经验：

其中若发起人是开发商，则该发起人应至少已经完成两个项目；

(e) 就管理人而言：

(i) 若管理人是法人团体或公司，则拥有至少一亿卢比的净资产；若管理人是有限合伙企业，则拥有至少一亿卢比的有形资产净值；

(ii) 管理人或合伙人在不动产领域或不动产开发领域的基金管理、咨询服务或物业管理方面拥有五年以上的经验；

(iii) 管理人拥有两名以上的关键人员，且该等人员分别在不动产领域或不动产开发领域的基金管理、咨询服务或物业管理方面拥有五年以上的经验；

(iv) 管理人拥有至少二分之一的董事（若为公司）或管理委员会成员（若为有限合伙企业）是独立的，且并未担任另一 REIT 管理人的董事或管理委员会成员；

(v) 管理人已与受托人订立投资管理协议，约定管理人根据本条例第 10 条应承担的义务；

(f) 就受托人而言，

(i) 受托人根据 1993 年《印度证券交易委员会（债券受托人）条例》向证监会

㊀ 于 2018 年 4 月 10 日生效的《印度证券交易委员会不动产投资信托条例（修订）》（2018）中插入。

注册，且不是发起人或管理人的关联方；及

(ii) 受托人根据证监会通函或指引的规定，拥有证监会要求的必要的用于基础设施和人员的资金；

(g) REIT 的任何份额持有人不享有优先投票权或优于其他份额持有人的任何其他权利，且不得存在多种类别的 REIT 份额。

尽管有前述规定，可以仅向发起人及其关联方发行投票以及其他权利劣后于其他份额的次级份额；

(h) [* * *]⊖

(i) 申请人在申请注册时，已明确描述了与拟开展 REIT 活动有关的详情；

(j) REIT 及其参与人符合 2008 年《印度证券交易委员会（中介机构）条例》附录二所列的适格标准；

(k) 证监会是否已驳回 REIT、REIT 参与人或其各自董事/管理委员会成员的任何在先注册证书授予申请；

(l) 证监会或任何其他监管当局是否已根据《法案》或其项下的条例、通函或指引，对 REIT、REIT 参与人或其各自董事/管理委员会成员采取任何处分行动。

提供其他信息、解释与个人代表

5.（1）证监会可根据申请审批的需要，要求申请人提供补充信息或澄清。

（2）证监会可要求申请人或其授权任何代表参加证监会有关注册证书授予的聆讯。

注册证书授予的程序

6.（1）证监会认为［信托］⊖满足本条例第 4 条所列要求的，应通知信托，并在收到附录二规定的注册费时，应按照附录一的格式文件 B 授予注册证书；

（2）证监会在认为全部要求予以满足时，向信托授予注册。

注册证书授予的条件

7. 除本条例另有规定外，本条例第 6 条项下的注册证书授予还应遵守下列条件，即：

⊖ 第（i）项于 2016 年 11 月 30 日生效的《印度证券交易委员会基础设施投资信托条例（修订）》（2016）中被删除。

⊖ 于 2018 年 4 月 10 日生效的《印度证券交易委员会不动产投资信托条例（修订）》（2018）中被替换。在此之前表述为，"申请人"。下同。

(a) REIT 应遵守《法案》和本条例的规定；

(b) 向证监会提交的任何信息或资料在任何重大方面存在错误或具有误导性的，或已经提交的信息有任何重大变更的，REIT 应立即以书面的形式通知证监会；

(c) REIT 及其当事方应始终满足本条例第 4 条所列的条件；

(d) REIT 及其当事方应始终遵守附录六所列的行为守则（如适用）。

注册申请的驳回

8.（1）在证监会审议根据本条例第 3 条提出的申请之后，认为不应向信托授予注册证书的，可在给予信托合理陈述的机会之后驳回申请。

（2）证监会作出的驳回申请决定，应在作出该决定之后的三十日内通知申请人。

第三章　REIT 参与人、评估机构和审计机构的权利和义务

受托人的权利和义务

9.（1）受托人应为份额持有人的利益，根据信托契约和本条例的规定，持有 REIT 资产。

（2）受托人应代表 REIT，与管理人订立投资管理协议。

（3）受托人应为份额持有人的利益，监督管理人的活动，确保管理人遵守本条例第 10 条的规定，并应按季度要求管理人提供符合规定格式的合规证书。

（4）受托人应确保管理人遵守本条例项下的报告和披露要求。管理人报告和披露存在延迟或不实的，受托人应要求管理人立即予以纠正。

（5）受托人应审查管理人和其关联方开展的交易。在管理人已告知可能存在利益冲突的情况下，受托人还应就该等交易的公允性获得执业注册会计师或评估机构（视具体情况而定）的确认。

（6）受托人应定期审查份额持有人的投诉和管理人的解决情况。

（7）受托人应根据本条例第 18 条（16）款的规定，向份额持有人分配红利，并确保管理人及时向份额持有人发送分红公告。

（8）受托人可要求管理人制定有效监督 REIT 业绩和运作所需的制度，并要求管理人向受托人提交所需的报告。

（9）受托人应确保认购款存放在以 REIT 名义开立的独立银行账户中，且仅用于份额配售的调整或向申购人返还款项，直至该等份额上市。

（10）受托人应确保评估机构的报酬与正在进行评估的资产价值无关，且不基于该等

价值。

（11）受托人应确保管理人根据本条例的规定召集份额持有人大会，监督份额持有人投票权的行使并公布投票的结果。

（12）就任何年度大会或特别会议已经批准的事项，受托人有权面对证监会或指定证券交易所行事。

（13）若因解任或其他原因导致管理人发生变更，则：

a. 在该变更之前，受托人应根据本条例第 22 条获得份额持有人和证监会的批准；

b. 受托人应自原有投资管理协议终止之日起三个月内，选任新管理人；

c. 经受托人酌情决定，在新管理人产生之前，原管理人应继续担任管理人；

d. 就原管理人所签署的全部文件，受托人应确保新任管理人接替原管理人在该等文件中的角色；

e. 尽管原有投资管理协议已终止，但受托人应确保原管理人继续为其所有接受的委托任务承担责任。

（14）管理人的控制权发生变更的，受托人应根据本条例第 22 条取得份额持有人的事先批准以及证监会的事先批准。

（15）[REIT 的]⊖受托人不得投资于该 REIT 的份额。

（16）受托人应确保 REIT 根据信托契约、本条例和发行文件的规定开展经营活动，若受托人获知任何不合规行为，应立即以书面形式告知证监会。

（17）受托人应根据证监会或指定证券交易所的要求提供与 REIT 活动有关的信息。

（18）若受托人获悉任何损害份额持有人利益的行为，应立即通知证监会。

管理人的权利和义务

10.（1）管理人应就 REIT 的物业资产作出投资决策，包括资产的进一步投资或处置。

（2）管理人应确保 REIT、控股公司和/或 SPV 合法拥有不动产资产的权属和交易权限，并确保代表 REIT、控股公司和/或 SPV 签订的所有重大合同包括出租或租赁合同均有效、合法、具有约束力并可由 REIT、控股公司和/或 SPV 或其各自代表执行。

（3）管理人应确保 REIT 根据本条例第 18 条规定的投资条件和 REIT 的投资策略进行投资。

⊖ 于 2016 年 11 月 30 日生效的《印度证券交易委员会不动产投资信托条例（修订）》（2016）中被替换。在此之前表述为，"REIT 的受托人和其合伙人"。

（4）管理人应直接或通过任命并监督合适的代理机构来进行REIT资产管理，包括租赁管理、资产维护、定期结构审核和定期的安全审核等。

（5）就有关REIT资产的管理、REIT份额的发行和上市以及和REIT有关的任何活动，管理人应与受托人协商后，根据本条例的规定及时选任评估机构、审计机构、注册服务机构、交易代理机构、商业银行、托管人和任何其他中介结构、服务提供商或代理。

（6）管理人选任的审计机构，任期不得连续超过五年；但审计机构不是个人的，可以连选连任，连任的任期不得连续超过五年，并应获得年度份额持有人大会的批准。

（7）管理人应为REIT的不动产资产购买足额的保险；如资产由控股公司和/或SPV持有的，管理人应确保控股公司和/或SPV持有的不动产资产已购买足额保险。

（8）如REIT按照本条例投资在建物业，则管理人：

（a）可以直接或通过SPV进行房地产开发，或任命任何其他人进行此类房地产开发；和

（b）须监督物业的开发进度、审批情况及其他相关事务，直至竣工为止。

（9）管理人应确保其拥有完备的基础办公设施，并拥有充足的经验丰富和符合资格的关键人员，以随时从事REIT的管理事务。

（10）管理人和商业银行应负责包括：

（a）在规定期限内，将发行文件报证监会和交易所备案；

（b）取得指定证券交易所的原则上批准和最终上市、交易批准；

（c）处理本条例第六章和证监会可能发布的指引规定的REIT份额发行、上市有关的所有事宜。

（11）管理人和商业银行应确保发行文件或其他任何证监会要求的内容中的披露，均是重大、真实、正确和充分的披露，并符合本条例和根据本条例发布的指引或通函的规定。

（12）管理人应根据本条例第18条第（16）款的规定，向份额持有人公告红利分配。

（13）管理人应确保适当、及时地解决份额持有人提出的所有关于REIT活动的投诉。

（14）管理人应确保根据本条例和根据本条例发布的指引或通函的规定，适当、及时地向份额持有人、证监会、受托人和指定证券交易所作出披露。

（15）管理人应向证监会或指定证券交易所提供可能要求其提供的与REIT活动有关的信息。

（16）管理人必须确保采取适当的控制措施，以确保将其作为REIT管理人的活动与其他活动区分开。

（17）管理人或其关联方不得就REIT的有关交易，接受发行文件或证监会为发行份

额的目的指定的任何其他文件规定之外的任何佣金、回扣或其他报酬。

（18）管理人应按照以下要求向受托人提交相关资料：

（a）在每季度结束后的三十天内，向受托人提交有关 REIT 活动的季度报告，包括其资金的收支情况、对本条例（尤其是本条例第 18 条、第 19 条和第 20 条）的遵守情况、业绩报告、在建物业的开发情况；

（b）在收到评估机构出具的估值报告后的十五天内，向受托人提交本条例要求提供的估值报告；

（c）向受托人提交其关于任何收购、出售、开发任何物业以及扩建现有完工物业的决策及其理由；

（d）本条例规定的任何需要获得份额持有人的批准的行动，须向受托人提交该等行动的详情；

（e）发生其他任何重大事实（包括管理人董事变更）的，或产生可能对 REIT 的活动有重大影响的任何法律程序的，在发生后的七个工作日内，须向受托人提交该等事实和法律程序的详情。

（19）管理人未及时向受托人提交本条第（18）款或本条例第 9 条（8）款所列信息或报告的，受托人应通知证监会，证监会可采取其认为合适的行动。

（20）管理人应在必要时配合受托人实施 REIT 的运营。

（21）管理人应确保 REIT 资产的估值是由估值师根据本条例第 21 条进行的。

（22）管理人应确保根据评估机构的估值计算 REIT 的资产净值，并在估值后的十五天内向证券交易所披露资产净值。该估值应至少每六个月完成并公布一次。

（23）管理人应确保审计机构每年至少对 REIT 进行一次审计，且应在截至 3 月 31 日止的会计年度结束后的六十天内，将审计报告提交至指定交易所。

（24）管理人可选任一名托管人，提供受托人可能委托的托管服务，并监督该托管人的活动。

（25）管理人应每三个月，向董事会（若管理人为公司）或管理委员会（若管理人为有限合伙企业）提交 REIT 业绩报告。

（26）管理人应指定一名员工或董事作为合规负责人，负责监督对本条例和根据本条例发布的通函的遵守情况；若有任何不合规行为，须通知证监会。

（27）管理人应根据本条例第 22 条的规定召集份额持有人大会，并根据本条例第 26 条的规定保存会议记录。

（28）管理人应确保 REIT 的相关活动遵守州或地方机构的相关适用法律，包括当地的建筑法律。

(29) 管理人应确保任何有关 REIT 资产管理的活动，以及管理人选任的中介机构、代理或服务提供商的活动，均根据本条例和根据本条例发布的通函的规定开展。

发起人 [和发起人集团]⊖的权利和职责

11. (1) 发起人和发起人集团应设立 REIT 并选任 REIT 的受托人。

(2) 在分配 REIT 的份额之前，发起人和发起人集团应向 REIT 转让或承诺向 REIT 转让其在控股公司和/或 SPV 的全部股权或权益和权利或不动产的所有权，前述转让或转让承诺应当受限于有约束力的协议安排，并在首次发行文件中进行充分披露：

但根据《法案》、政府或任何监管机关不时规定的条例、通函或指引规定的强制性要求，发起人或发起人集团须持有控股公司和/或 SPV 的一定比例的股份或权益的，本款不予以适用。

(3) 关于 REIT 份额持有的规定，[* * *]⊖：

(a) 发起人和发起人集团在份额首次发行后合计持有的份额应占 REIT 发行后总份额的至少百分之二十五；

本条例规定发起人和发起人集团持有期应为自份额上市之日起至少三年；

进一步规定，发起人和发起人集团超过本条规定的最低持股量的任何持有份额，应自该份额上市之日起至少持有一年；

(b) 发起人和发起人集团在任何时候合计持有不少于上市 REIT 流通份额的百分之十五；

(c) 各发起人分别在任何时候均应持有不少于上市 REIT 流通份额的百分之五。

(4) 如果发起人和发起人集团拟出售其所持有低于本条第 (3) (b) 款或第 (3) (c) 款规定的限额的份额，则：

(a) 该等单位仅可在该单位上市之日起三年后出售；

(b) 在出售该等份额之前，发起人和发起人集团应安排其他个人或实体担任重新指定的发起人，重新指定的发起人应符合第 4 条规定的发起人资格标准；

发起人也可以将该等份额出售给现有其他发起人；

(c) 被提名的重新指定的发起人应根据指导原则获得份额持有人的批准或提供份额持有人退出的选择权；

⊖ 于 2016 年 11 月 30 日生效的《印度证券交易委员会基础设施投资信托条例 (修订)》(2016) 中插入。

⊖ 于 2016 年 11 月 30 日生效的《印度证券交易委员会不动产投资信托条例 (修订)》(2016) 中被删除。在此之前表述为，"发起人应"。

但本条款不适用于拟将份额出售给现有发起人或发起人集团的成员的情况。

（5）如经重新指定的发起人建议将其份额出售给任何其他人，则必须遵守本条第（4）（b）款和第（4）（c）款规定的条件。

评估机构和审计机构的权利和义务

12.（1）评估机构应始终符合下列条件：

（a）评估机构应确保 REIT 资产的评估公正、真实和公平，并符合本条例第 21 条的规定；

（b）评估机构应具备充分、健全的内部控制，以确保估值报告的完整性；

（c）评估机构应时时刻刻拥有足够的经验丰富和符合资格的关键人员从事物业评估；

（d）评估机构应拥有足够的资金，使其能够有效地开展业务、偿还债务；

（e）自被任命为 REIT 的评估机构时起，到终止担任该 REIT 的评估机构后至少六个月的期限内，该评估机构及其参与 REIT 资产评估的任何员工，不得：

　　i. 投资 REIT 份额或正在评估的资产；和

　　ii. 出售在被任命为评估机构之前持有的 REIT 资产或份额；

（f）评估机构应以透明、公平的方式对 REIT 资产进行评估，并始终提供高质量的服务，开展尽职调查，在对项目实际情况进行充分考虑的基础上进行独立专业判断；

（g）评估机构在评估时应独立、客观、公正；

（h）评估机构应高效、尽职地履行其对 REIT 的职责，并尽其最大努力运用其知识、技能和经验完成委托的任务；

（i）评估机构不得以任何方式，就为 REIT 资产提供评估服务而接受除 REIT 或其授权代表之外的任何主体提供的任何形式的报酬；

（j）评估机构应在接受 REIT 的任何关联方的委托之前，向 REIT 披露评估机构就该委托可能形成的直接或间接影响；

（k）评估机构应向受托人披露与管理人或 REIT 的当前合约对方之间的任何待定商业交易、正在磋商的合同和其他安排，并披露可能影响评估机构作出独立、专业物业资产评估的任何其他因素；

（l）评估机构不得为了获得委托而作出虚假、具有误导性或夸大的声明；

（m）评估机构不得通过提供不正确的信息或隐瞒有关信息，提供具有误导性的估值；

（n）评估机构不得接受包括 REIT 提前指定报告中意见和结论的委托；

(o) 评估机构在进行评估之前，应熟悉有关该评估的所有法律或法规。

审计机构的权利和义务

13.（1）审计机构应对 REIT 账目进行审计，并在考虑证监会要求的有关会计和审计准则之后，根据其审查的账目准备审计报告；

（2）审计机构应在其认知和能力的最大范围内，确保账目和财务报表真实、公允地反映事宜情况，包括有关期间的利润、亏损和现金流量以及可能涉及的其他事项；

（3）审计机构有权随时查阅有关 REIT 业务的账簿和凭证；

（4）对于审计机构认为履行其作为审计机构的职责所需的有关 REIT 业务的信息和解释，审计机构有权要求 REIT 或控股公司或 SPV 或其他参与人的员工或拥有该等信息的任何其他主体提供该等信息。

第四章 份额的发行和上市

份额的发行和分配

14.（1）REIT 仅可通过公开发行的方式对其单位进行首次发售。

（2）REIT 份额首次发售，需要满足以下条件：

（a）REIT 已根据本条例的规定向证监会注册；

（b）REIT 资产的价值不低于五十亿卢比。

注：前述价值是指 REIT 在有关资产或控股公司或 SPV 中持有的部分；

[（ba）除发起人、发起人关联方及其合伙人以外的份额持有人应不少于 200 人；]⊖

（c）[＊ ＊ ＊]⊖

（d）发售规模不低于二十五亿卢比；

在遵守上述（b）项对于资产所有权的要求和（d）项对于 REIT 规模的要求的前提下，在根据发行文件/募集备忘录分配份额前，REIT 可以通过与相关方签署有约束力的文件实施份额分配，但该等安排所需要的前提条件须在分配份额前全部实现，并向证监会和指定证券交易所作出有关声明以及在发行文件中进行充分的披露。

（2A）对于通过首次发售募集资金的 REIT，通过这种首次发售向公众发行的份额应：

⊖ 于 2016 年 11 月 30 日生效的《印度证券交易委员会基础设施投资信托条例（修订）》(2016) 中插入。

⊖ 第（c）项于 2016 年 11 月 30 日生效的《印度证券交易委员会不动产投资信托条例（修订）》(2016) 中被删除。

(a) 若按照发售价格计算的 REIT 发行后股本低于一百六十亿卢比，则至少占 REIT 通过发行文件向公众发售总份额的百分之二十五（且不低于二十五亿卢比）；

(b) 若按照发售价格计算的 REIT 发行后资本等于或大于一百六十亿卢比且小于四百亿卢比，则至少为四十亿卢比；

(c) 若按照发售价格计算的 REIT 发行后资本等于或大于四百亿卢比，则不少于 REIT 总份额的百分之十：

向发起人、管理人或其各自关联方或关联方发售的任何份额，不得计入向公众发售的份额；

且对于上述第（b）项和第（c）项中公众持有的份额低于百分之二十五的任何上市 REIT，该 REIT 应在上市之日起的三年期间内，将公众持有的份额增加至至少百分之二十五。

（3）REIT 后续发售的任何份额都可以采用后续发售、优先配售、合格机构募集、认购权发行、派送红股、要约发售或任何其他证监会认可的机制募集资金；

（4）REIT 应通过商业银行，在向指定证券交易所和证监会提交发行文件之前至少提前三十个工作日将发行文件草稿报送指定证券交易所和证监会，并支付附录二规定的费用；

（5）向证监会备案的发行文件草稿，应公示于证监会、指定证券交易所、REIT 和与发行有关的商业银行的网站，以供公众查询，公示期限至少二十一日；

（6）[发行文件草案和/或发行文件]⊖应附有 [＊＊＊]⊖牵头商业银行签署的尽职调查证明；

（7）证监会可将其意见反馈至牵头商业银行，并可为了投资者的利益，要求牵头商业银行在发行文件草稿中进行必要修改；

（8）牵头商业银行应在向指定证券交易所提交发行文件之前，确保证监会对发行文件草案的反馈意见均已得到适当的响应；

（9）如证监会收到牵头商业银行或管理人的满意答复之日起二十一个工作日内，未就发行文件草稿中发反馈任何问题的，REIT 可将发行文件或后续发行文件报证监会和交易所备案；

⊖ 于 2016 年 11 月 30 日生效的《印度证券交易委员会不动产投资信托条例（修订）》（2016）中被替换。在此之前表述为"草案和最终发行文件"。

⊖ 于 2016 年 11 月 30 日生效的《印度证券交易委员会不动产投资信托条例（修订）》（2016）中删除了"管理人和"字样。

[＊ ＊ ＊]⊖

（10）应在发售开始之前至少五个工作日内，将发行文件报指定证券交易所和证监会备案；

（11）REIT可在收到证监会反馈意见之日起一年内，开始首次公开发行、后续发行或认购权发行；

逾期则应重新提交发行文件初稿备案；

在快速配股的项目中，REIT无须向证监会提交发行文件初稿，但应遵守证监会不时制定的规则。

（12）REIT可邀请任何境内或者境外投资者认购并向其分配份额；

但境外投资者认购份额的，应符合印度储备银行和政府不时制定的指引；

（13）认购申请应随附包含发行文件摘要，详细说明风险因素和发行条款；

[（14）首次和/或公开发行中，任何投资者的最低认购额应为五万卢比；]⊖

（15）首次公开发行和后续发售的认购期，不得超过三十日；

（16）超额认购的，REIT应按照比例，向申请人分配份额，四舍五入至最近的整数，每个认购人的最低认购额见上述第（14）条的规定；

（17）REIT应自发行结束之日起的十二个工作日内，分配份额或返还申请款（视具体情况而定）；

（18）REIT应仅以非实物的形式向所有申请人发行份额；

（19）通过公开发行的方式发行的REIT份额的价格，应根据证监会发布的通函或指引以及证监会指定的方式通过簿记建档流程或其他流程予以确定；

（20）在下列情况下，REIT应返还募集款项，

  i. 如REIT的认购金额未超过发行文件重新规定的发行规模的百分之九十，应向申请人返还全部认购资金；

  ii. 如收到的认购资金大于发行文件规定的超额认购金额的，应向申请人返还超出该超额认购金额的部分；

超额认购规模不得超过发行规模的百分之二十五；

⊖ 于2016年11月30日生效的《印度证券交易委员会不动产投资信托条例（修订）》（2016）中被删除。此前的表述为"在发出最终发行文件之前，应将其提交指定的证券交易所和证监会；"

⊖ 于2019年4月22日生效的《印度证券交易委员会不动产投资信托条例（修订）》（2019）中被替换。在此之前第（14）条的表述为"（14）在首次公开发售和后续的公开发售中，REIT均不得接受申请人认购少于20万卢比的款项；"

发行文件应充分披露超额认购款项的使用情况，就超额认购保留的该等款项不得用于一般用途。

　　iii. 首次公开发行中，公众认购人的数量不足二百人的，应向申请人返还全部认购资金；

（21）管理人在规定的期限内未分配份额、份额未成功上市或未返还款项的，管理人应按照每年百分之十五的利率向份额持有人支付利息，直至管理人分配前述份额，或前述份额成功上市或返还前述款项；此类利息不得以费用的方式或由 REIT 向管理人支付的方式扣减或者抵扣；

（22）在下列情形下，可向公众要约出售份额：

　　（i）在向证监会报送发行文件草案前至少一年，现份额持有人已经持有该等份额的：

　　　　计算上述一年期限时，份额持有人在持有该等份额之后，在控股公司和/或 SPV 层面持有股本、股份、可转换证券或权益的期限应计算在内；

　　　　如在计算上述期限时，已将持有可转换证券的期间计算在内，则该等可转换证券应当在提交要约出售文件前转换为控股公司或 SPV 的股份。

　　（ii）证监会为此制定的指引规定的其他情形；

（22A）向证监会提交的发行文件草案中，发行目标涉及的用于一般用途的金额，不得超过 REIT 通过发行份额募集款项的百分之十。

（23）REIT 在向证监会注册之日起三年内，未进行首次公开发行的，应向证监会交回注册证书，并不再作为 REIT 行事：

　　证监会有权决定将前述三年期限延长一年。

　　交回注册证书后，REIT 可重新申请注册。

（24）证监会有权通过指引、通函等形式，明确 REIT 发行、分配份额的其他适当要求。

发行文件和广告

15.（1）REIT 的发行文件均应属于重大、真实、正确和充分的披露，以使投资者作出合理的决策。

（2）在不影响前述第一款的一般性规定的前提下，发行文件应，

　　（i）载明本条例附录三规定的，以及证监会在通函或指引中规定的所有有关信息；

　　（ii）不得具有误导性或含有任何不实陈述或误导；

（iii）不得向投资者承诺收益；

（iv）载明证监会指定的其他披露信息。

（3）REIT 发布的任何与份额发售有关的广告材料不得具有误导性，且不得含有与发行文件无关的任何内容。

（4）如广告中含有醒目文字标识的内容，则风险因素提示的内容应在所有方面（包括版本尺寸）与前述醒目文字的标识的内容在引人注意的程度上保持一致；

（5）广告应符合证监会制定的任何通函或指引的规定。

份额的上市和交易

16.（1）所有 REIT 的份额必须在发行结束后的 12 个工作日内于具有全国性交易终端的有资质的证券交易所上市。

（2）REIT 份额的上市应符合 REIT 和指定证券交易所订立的上市协议的规定。

（2A）未收到交易所的上市许可的或证监会撤回已出具的意见函的（视具体情况而定），份额不得上市交易，REIT 应有义务立即向有关获配售投资人退还认购资金以及（如有）自份额分配之日起产生的利息，年利率为百分之十五。

（3）在有资质的证券交易所上市的 REIT 份额，应根据相关证券交易所的细则和证监会制定的条件交易、清算、结算。

（4）REIT 份额交易的交易手数应为每手 100 个单位份额。

（5）REIT 应仅通过回购的方式或在退市时赎回份额。

（6）REIT 份额应维持在指定证券交易所上市，除非根据本条例第 17 条退市。

（7）公众持有的最低上市 REIT 份额，应符合本条例第 14 条（2A）分条的规定；不符合该规定的，应采取证监会和指定证券交易所要求的措施，包括本条例第 17 条规定的退市。

违反前述规定的，受托人可给予管理人 6 个月的期限，对前述违反进行补救，未采取补救措施的，应根据本条例第 17 条规定退市。

（8）除发起人外，在首次发售之前持有 REIT 份额的持有人，根据证监会发行的指引或通函中的规定，应至少在份额上市之日起一年内继续持有该等份额。

（9）证监会和指定证券交易所可通过发行指引或通函的方式，详细列明有关 REIT 份额上市和交易的任何其他要求。

份额退市

17.（1）在下列情形下，管理人应向证监会和指定证券交易所申请 REIT 份额退市：

(a) 公众持有的份额低于本条例第 16 条（7）款规定的特定限额的；

(b) [＊＊＊]⊖

(c) REIT 下不存在期限超过六个月的工程或资产，且 REIT 未计划投资任何项目的：但经份额持有人以本条例第 22 条规定的方式授予批准，上述期限可延长六个月；

(d) 由于违反上市协议、本条例或《法案》的规定，被证监会或指定证券交易所要求退市的；

(e) 发起人或受托人请求退市的，且份额持有人根据本条例第 22 条第（6）款的规定已批准该请求的；

(f) 份额持有人根据本条例第 22 条的规定申请退市的；

(g) 证监会或指定证券交易所因发起人或受托人违反上市协议、本条例或《法案》，或为了保护份额持有人的利益要求退市的：

(2) 为了保护份额持有人的利益，证监会和指定证券交易所经考虑上述退市申请之后，作出批准或不予批准的决定。

(3) 证监会可在其认为适当的情况下，可给予 REIT 或 REIT 的参与人宽宥期，以遵守规定，而不是直接令其退市。

(4) 违反上市协议、本条例或《法案》的，证监会可根据本条例或《法案》的规定，驳回退市申请并采取其认为适当的行动。

(5) REIT 份额的退市程序，包括向份额持有人提供退出期权，应符合上市协议的约定和证监会、指定证券交易所不时指定的程序。

(6) 董事会可要求 REIT 清算并出售其资产，以赎回份额持有人所持有的份额，从而得以退市，证监会可通过通函或指引的方式规定清算或出售的方式。

(7) 份额退市后，REIT 应向证监会交回注册证书，并不再以 REIT 形式开展活动。

即使已向证监会交回注册证书，但 REIT 及其参与人应继续对在 REIT 项下的作为或者不作为行为承担责任。

第五章 投资条件、关联交易、借款和资产估值

投资条件和分配政策

18.（1）REIT 应根据本条例和发行文件列明的投资策略，仅投资于印度的控股公司

⊖ 第（b）项于 2016 年 11 月 30 日生效的《印度证券交易委员会不动产投资信托条例（修订）》(2016) 中被删除。在此之前表述为"REIT 公众份额持有人人数低于 200；"。

和/或 SPV、物业资产或证券或 TDR。

(2) REIT 不得投资于空置土地或农业用地或抵押贷款证券以外的抵押品；

但此规定不适用于任何持续的且正在分期开发的现有项目的毗邻或者延伸土地。

(3) REIT 可通过 SPV 投资物业资产，但应满足下列条件：

(a) SPV 的其他股东或合伙人不应有任何权利阻止 REIT 遵守本条例，且在向 SPV 投资之前，已与该等股东或合伙人签订相关协议；

股东协议或合伙协议应约定 REIT 和 SPV 的其他股东或合伙人之间争议的适当解决机制；

且前述协议若与本条例项下 REIT 的义务有任何不一致之处，应以本条例规定的为准；

(b) 管理人应与受托人协商，在控股公司/SPV 的董事会或管理委员会（视具体情况而定）中任命至少一定比例的成员以保证 REIT 持有人在 SPV 中的持股权益；

(c) 管理人应确保，REIT 在 SPV 的每次会议（包括 SPV 的年度大会）上行使投票权。

(3A) REIT 可通过控股公司投资物业资产，但应满足下列条件：

(a) REIT 在底层 SPV 的最终持股权益不低于百分之二十六；

(b) 控股公司或 SPV 的其他股东或合伙人不得享有阻止 REIT、控股公司或 SPV 遵守本条例的任何权利，且在向控股公司/SPV 投资之前，已与该等股东或合伙人签订有关协议；

股东协议或合伙协议应约定 REIT 和控股公司和/或 SPV 的其他股东或合伙人之间争议的适当解决机制；

且前述协议若与本条例项下 REIT 的义务有任何不一致之处，应以本条例规定的为准。

(c) 管理人应与受托人协商，在控股公司/SPV 的董事会或管理委员会（视具体情况而定）中任命至少一定比例的成员以保证 REIT 持有人在 SPV 中的持股权益。

管理人应确保，REIT 在控股公司和/或 SPV 的每次会议（包括控股公司和 SPV 的年度大会）上行使投票权。

(4) 向已竣工且租出并能够持续产生收入的项目的投资应不低于 REIT 资产价值的百分之八十，比例计算应满足下列条件：

(a) 就通过控股公司和/或 SPV 进行投资的情形而言，不论通过股权、债权、权益性工具或合伙权益，本款下应仅考虑该控股公司和/或 SPV 直接投资已竣工并

能够持续产生收入的项目的部分,剩余部分的比例计算见本条第(5)项;

(b) 任何项目分期开发的,本款下应考虑可以归类为已竣工和/或租出并能够持续产生收入的项目部分,剩余部分,包括本条第(2)款涉及的毗连土地的比例计算,均应包括在本条第(5)(a)款之内。

(5) 对下列项目以及未在第(4)项中提及的投资不得高于REIT资产价值的百分之二十,

(a) 以下物业资产,不论直接投资或通过公司或合伙形式间接投资:

　ⅰ. 在建项目,且REIT在其竣工后3年内须继续持有。

　ⅱ. 在建项目,属于REIT已持有的产生收入的物业资产的一部分,且REIT在其竣工后3年内须继续持有。

　ⅲ. 竣工但不产生租金的项目,且REIT在收购该物业后持有期限不短于3年。

(b) 公司或法人团体在不动产投资方面募集的上市债券或未上市债券,但本不包括向控股公司和/或SPV的任何债权投资;

(c) 抵押贷款证券;

(d) 在印度有资质的证券交易所上市的公司的股份,根据上一年度经审计的账目,该等股份的不低于百分之七十五的收益应源自不动产的经营活动收入;

(da) 未上市的股权,根据上一年度经审计的账目,该等股份的不低于百分之七十五的收益应源自不动产的经营活动收入;对于未上市的股权投资,投资标的为竣工或在建未租赁的物业项目,与本条(a)款保持一致。

(e) 政府证券;

(f) 已投资项目未被使用的建筑面积指标;

(g) TDR,出于使用目的已获得且用于已投资项目;

(h) 货币市场工具、具有流动性的共同基金或现金等价物。

(5A) 发行文件/募集文件制定时及其后,均应遵守本条例第18条(4)款和第18条(5)款规定的投资条件。

(6) REIT(含控股公司及SPV)除已处置物业资产外的综合收益的百分之五十一应来源于不动产的租金及其他租赁收入。

(7) [* * *]

(8) [* * *]

(9) REIT的所购资产应以半年为基准,根据本条第(4)—(8)款的投资条件进行监控;若因市场波动导致的资产或证券价格变动或因租户变更、租约到期而导致不符合本条第(4)　(8)款的投资条件时,管理人应该及时如实告知受托人并确保在违规

6个月内，满足本条例所列明的条件；根据本条例第 22 条，在投资者批准的情况下，调整期限可被延长 6 个月。

（10）REIT 直接或间接通过控股公司/SPV 持有已竣工且产生租金的物业资产，并且 REIT 持有该等物业的期限不应短于自购买之日起三年。

（11）一个财政年度内，直接或者间接出售超过 REIT 总资产的百分之十的物业资产时，管理人应根据本条款第 22 条获得份额持有人的批准。

（12）REIT 不得投资其他 REIT 的份额。

（13）除 REIT 已投资的控股公司和/或 SPV 之外，REIT 不得向的任何主体提供借款；但投资债券不得被视为提供借款。

（14）对于租赁资产，在做出任何投资之前，管理人应考虑 REIT 租赁不动产的剩余租赁期限、REIT 的目标、REIT 现有资产的租赁概况及其他相关因素。

（15）在任何交易中与任何主体共同投资的，

（a）共同投资主体投资的条款不得比 REIT 投资的条款更有利；

（b）该投资项下，共同投资主体不应拥有阻止 REIT 遵守本条例的任何权利；

（c）与共同投资主体订立的协议应约定最低的现金流分配比例、REIT 按照不低于持股比例享有红利分配的权利、REIT 与共同投资主体之间争议的解决方式等内容。

（16）就 REIT、控股公司和/或 SPV 分配的红利而言，

（a）在遵守 2013 年《公司法》或 2008 年《有限合伙企业法》有关规定的情况下，SPV 百分之九十以上的可分配现金流量净额，应按照 REIT/控股公司在 SPV 的持有比例，向 REIT/控股公司分配；

（aa）控股公司的可分配现金流净额也应遵循 2013 年《公司法》或 2008 年《有限合伙企业法》的有关规定，满足下列条件：

（i）控股公司从底层 SPV 收到的现金流应百分之百分配给 REIT；以及

（ii）控股公司自身创造的现金流的百分之九十以上应向 REIT 分配。

（b）REIT 百分之九十以上的可分配现金流量净额，应向份额持有人分配；

（c）在每个会计年度中：公开发售的 REIT，应至少每六个月宣布、分配一次收益；非公开募集的 REIT，应至少每年宣布、分配一次收益。REIT 应当在每次宣告分配后的十五天内分配收益；

（d）REIT、控股公司或 SPV 出售任何基础设施资产的，或 REIT 出售控股公司/SPV 的权益股或权益的，

（i）若 REIT 拟将出售收益再投资其他基础设施资产的，无须向 REIT 或投资者

分配任何出售收益；

(ii) 若 REIT 未计划在一年内出售收益再投资其他基础设施资产的，须根据上述第（16）款第（a）—（d）项的规定分配该等出售收益不少于百分之九十的部分。

(e) 在宣布分配后的十五天内未分配的，管理人有义务按百分之十五的年利率向份额持有人支付该等应分配收益的利息，直至作出分配；此类利息不得以费用的方式或由 REIT 向投资管理支付的方式扣减或者抵扣。

(17) 不得在 REIT 下设立其他计划。

(18) 证监会可对 REIT 投资附加其认为合适的任何其他条件。

关联交易

19.（1）所有关联交易均是按照有关会计准则达成的公平交易，符合份额持有人的最大利益，并符合 REIT 的策略和投资目标，REIT 应该根据指定的证券交易所的规定，定期向份额持有人披露。

(2) 在符合以下指明条件的基础上，REIT 可：

(a) 从关联方获取资产；

(b) 向关联方出售资产或证券；

(c) 向关联方出租资产；

(d) 租用关联方资产；

(e) 投资关联方募集的证券；

(f) 向关联方借款。

(3) 对于在首次公开发行之后，购买和出售物业资产：

(a) 应获得两份由不同评估机构出具的资产评估报告；

(b) 资产评估机构应该根据本条例第 21 条对所购买或出售的资产进行全面的评估；

(c) 购买资产的价格应该不高于两份报告评估价格平均价的百分之一百一十；出售资产的价格应该不低于两份报告评估价格平均价的百分之九十。

(4) 首次公开发行前发生了关联交易的，

(a) 应在初始报价文件中对此进行充分披露，包括所有此类资产的综合全面估值报告；

(b) REIT 应以初始报价文件中所述的价格、利率或租赁价值与该关联方签订适当有效的协议；

(c) 如果交易以 REIT 获得最低认购金额为条件，则应在要约文件和相关协议中进行充分披露。

(5) 首次公开发行后发生关联交易的,
(a) 应当向份额持有人和指定的证券交易所充分披露;
(b) 以下融资需要事前获得份额持有人的批准:
　　(i) 在一个财政年度内,直接或通过控股公司/SPV 间接购置/出售财产或证券投资有关的所有关联交易的金额超过 REIT 总价值的百分之十;
　　(ii) 在一个财政年度内,REIT 直接或者通过控股公司/SPV 间接向关联方借入的资金超过 REIT 总融资额的百分之十。
(c) 首次公开发行之后,REIT 进行下述关联交易前,应当根据本条例第 22 条的规定取得份额持有人的批准。

(6) 下列详情应在发行文件或募集备忘录中披露:
(a) 关联方的详情信息,包括该公司与 REIT 及其他关联方的关系;
(b) 已发生关联交易的性质及细节的详情说明;
(c) 购买、出售、租赁或拟购买、出售或租赁的资产或证券的价格或价值,如果租赁或拟租赁,则为租赁价值;
(d) 买卖不动产资产的预估房价;没有预估房价的,应当披露财产税评估值或者政府部门公布的类似数值;
(e) 评估报告摘要;包括现值及预期租赁收益;
(f) 如果交易是以 REIT 收到规定数量的认购为条件的,则为该等认购的最低金额;
(g) 向关联方借款的金额和利率;
(h) 投资者作出知情决定所需的任何其他信息。

(7) 对于在首次公开发行之前和之后租赁给 REIT 关联方的任何物业资产,若,
(a) 租赁面积超过物业资产的总面积的 20%;
(b) 租赁资产价值超过物业资产总额的 20%;
(c) 从这些租赁资产获得的租金收入超过所有物业资产租金收入的 20%。

管理人应获得独立评估机构的公允评估意见并呈交受托人,并根据本条例第 22 条的规定获得份额持有人的批准。

(8) 对于任何需要单位持有人批准或拟在首次发售后立即进行的关联交易,本协议应在首次发售结束之日或单位持有人批准之日(视情况而定)起六个月内签订;但如在上述期间内没有订立协议,则可根据第 22 条及更新后的估值报告,向单位持有人申请将协议延期六个月。

(9) 后续要约文件应充分披露后续要约前已达成的所有关联交易。

（10）两个或多个 REITs 与共同管理人或发起人之间的交易应视为各自的关联交易，本条例的规定应适用于 REITs 的管理人或发起人为不同实体但为关联方的情况。

（11）对于任何关联交易，关联方所收到或将收到的任何费用或佣金的详细情况应充分披露给份额持有人和指定的证券交易所。

（12）任何关联方不得因将 REIT 资产交易推介给房地产代理而保留任何房地产代理的现金或其他回扣。

（13）任何关联方在与或有可能与 REIT 的活动直接或间接竞争的公司拥有权益的，下列详情应在发行文件或募集备忘录中披露：

（a）该公司的详情，包括该公司如何与 REIT 竞争的详情；

（b）关联方应独立于其关联公司向 REIT 履行义务的声明；

（c）REIT 是否有收购该公司的意向声明，若有意向收购，则须同时披露有关收购的详情。

（14）除本条例所列外，与任何关联方的任何安排、交易或合同均应披露给份额持有人和指定的证券交易所。

借款和延期付款

20.（1）如果 REIT 份额在有资质的证券交易所上市，REIT 可以按照证监会指定的方式发行债券，该等债券亦应在有资质的证券交易所上市。

（2）REIT、控股公司和 SPV 的合并借款和延期付款的总额，在扣除现金和现金等价物之后，不得超过 REIT 资产价值的百分之四十九。但上述借款及递延付款不包括任何可退还租户的保证金。

（3）REIT、控股公司和 SPV 的合并借款和延期付款的总额，在扣除现金和现金等价物之后，超过 REIT 资产价值的百分之二十五的，就任何后续借款而言，

（a）信用评级应从在证监会注册的信用评级机构获得；以及

（b）应按照条例规定的方式获得份额持有人的批准。

（4）如因物业资产或证券价格的市场变动而违反第（1）及（2）款所规定的条件，管理人须如实通知受托人确保在 6 个月内恢复到满足上述规定条件的状态。

资产估值

21.（1）评估机构不得为发起人、管理人或受托人的关联方，并应拥有五年以上的不动产资产评估经验。

（2）完整评估包括评估机构对 REIT 所有资产的详细评估，评估机构应当现场勘察每

个物业资产项目。

（3）完整估值报告应包括本条例附录五所述的强制性最低披露要求。

（4）评估机构应在每会计年度进行至少一次的完整评估，并在截至3月31日止的会计年度结束后的两个月之内完成。

（5）就公开发售REIT而言，在过去六个月内发生任何关键性变更的，评估机构应在截至9月30日止的半年内，对REIT资产进行半年度评估，并应在该半年结束之日起四十五天内编制半年度估值报告。

（6）管理人收到的估值报告，应在收到该估值报告之日起十五天内提交给指定证券交易所和份额持有人。

（7）在向公众发售REIT发行份额和任何其他份额发行之前，评估机构应对REIT的所有资产进行完整评估，并将评估报告的摘要载入发行文件，

且截至份额发售之日，该估值报告的期限不得超过六个月；

如在份额发行前六个月内进行完整评估，且其后未发生任何重大变更的，本款不予以适用。

（8）在直接或通过控股公司和/或SPV间接购买或出售物业的任何交易中，

(a) 如果交易是关联交易，则评估应符合第19条的规定；

(b) 如果交易不是关联交易，

(i) 评估机构应对特定物业进行完整评估；

(ii) 下列情况应根据本条例第22条的规定，取得份额持有人的批准：

（1）在购买交易中，计划以高于评估机构评估的物业价值的百分之一百一十的价格购买物业的；

（2）在出售交易中，计划以低于评估机构评估的物业价值的90%的价格出售物业的。

（9）任何评估机构不得连续四年以上对同一物业进行评估，但在评估机构终止担任某REIT的评估机构之日起两年后，该评估机构可以重新获得指定。

（10）[* * *]⊖

（11）若须实施对REIT的资产价值可能产生影响的重大开发，REIT的管理人应要求评估机构在该事件发生之日起两个月内，对在建物业进行完整评估，并在该完整评估后的十五天内向受托人、投资者和指定证券交易所披露完整评估。

⊖ 第（10）款于2016年11月30日生效的《印度证券交易委员会基础设施投资信托条例（修订）》（2016）中被删除。

（12）对于在最近十二个月内评估机构已参与收购或处置的任何资产，评估机构不得对该等资产进行评估，但 REIT 聘请评估机构参与该等收购或处置的除外。

第六章　份额持有人的权利、一般义务、披露和报告

份额持有人的权利和份额持有人大会

22.（1）份额持有人有权接收发行文件或信托契约规定的收益或红利。

（2）就需要份额持有人批准的任何事宜，

（a）当有权投票的份额持有人对有关议案所投的赞成票数超过反对票数达到本条例规定的特定比例时，该议案应被视为通过；

（b）投票还可通过邮寄选票或电子方式进行；

（c）应至少提前二十一日，通过书面或电子方式向份额持有人发出通知；

（d）对一特定交易进行表决时，任何为该交易关联方的主体以及该等主体的关联方的投票应不予计算在内；

（e）管理人应负责与份额持有人大会举行有关的所有活动，并接受受托人的监督：

就有关管理人的事宜，如管理人的变更，包括管理人的解任或管理人控制权的变更，应由受托人召集大会，并处理与会议举行有关的所有活动；

就有关受托人的事宜，例如受托人的变更，受托人不得以任何方式参与会议。

（3）每年应至少举行一次份额持有人年度大会，举行时间应为会计年度结束时起一百二十日内，两次会议的时间间隔不得超过十五个月；

（4）对于份额持有人年度大会，

（a）会议上可以处理需要向份额持有人披露的任何信息以及在正常业务过程中可能需要份额持有人批准的任何问题，包括：

（1）REIT 最近一年的财务报表和业绩表现；

（2）审计机构的批准和该审计机构的费用（如需要）；

（3）最新估值报告；

（4）评估机构的选任（如需要）；

（5）任何其他事宜，包括第（6）款规定的特殊事项。

（b）对于此类份额持有人大会上需要获得份额持有人批准的任何议案，对该议案投赞成票的比例应大于对该议案投反对票的比例。

（5）在下列情况下，份额持有人的赞成票数大于反对票数时，视为获得份额持有人的批准：

（a）须根据本条例第 18 条、第 19 条和第 21 条的规定获得份额持有人批准；

(b) 任何作价等于或大于 REIT 资产的百分之二十五的交易（借款除外）；

(c) 任何大于本条例第 20 条（2）款规定的特定限额的借款；

(d) 在 REIT 首次公开发行之后，以任何形式发行份额，但根据本条第（6）款可能由证监会审议的份额发行除外；

(e) 根据本条例第 18 条（9）款附带条款的规定，将遵守投资条件的期限延长至一年；

(f) 发起人、受托人或管理人认为，在正常营业过程中属于重大的且需要获得份额持有人批准的任何事宜（如有）；

(g) 证监会或指定证券交易所要求根据本款获得批准的任何事宜。

(6) 在下列情况下，份额持有人的赞成票数大于反对票数的 1.5 倍时，视为获得份额持有人的批准：

(a) 管理人发生任何变更，包括管理人的解任或管理人的控制权变更；

(b) 投资策略发生任何重大变更或 REIT 管理费发生任何变更；

(c) 发起人或管理人拟寻求 REIT 份额退市；

(d) 在认购任何额外份额之前，一个人与除了发起人及其合伙人以外的合伙人持有的单位价值超过 REIT 流通总份额价值的百分之五十；

(e) 发起人、管理人或受托人认为需要获得份额持有人批准的、非正常营业过程中的任何事宜；

(f) 证监会或指定证券交易所要求根据本款获得批准的任何事宜；

(g) 经份额持有人要求须讨论的任何事宜，

 (i) 管理人的解任，并向 REIT 选任其他管理人；

 (ii) 审计机构的解任，并向 REIT 选任其他审计机构；

 (iii) 评估机构的解任，并向 REIT 选任其他评估机构；

 (iv) 份额持有人有充分的理由认为 REIT 退市符合份额持有人的利益；

 (v) 份额持有人有充分的理由认为存在损害份额持有人利益的任何事宜；

 (vi) 在份额持有人有充分的理由认为受托人的行为损害份额持有人的利益的情况下变更受托人，

 但是第（d）项所述事宜未获得批准的，应按照证监会指定的方式，在证监会指定的范围内，向份额持有人提供退出权利。

(7) 就份额持有人在上述第（6）款（g）项下的权利而言，

(a) 所持份额百分之二十五以上的份额持有人（不包括交易的任何有关方和其关联方）应就此目的以书面的形式向受托人申请；

(b) 在收到上述申请之后，受托人应将该等事宜提交管理人，以本条例规定的方式安排投票事宜；

(c) 就第（6）款（g）项（vi）目所述事宜，所持份额百分之六十以上的份额持有人应就此目以书面的形式向受托人申请。

(8) 如发起人或重新指定的发起人有任何变动，发起人或重新指定的发起人的控制权有所变更，则：

(a) 在作出此类变更之前，应先获得份额持有人的批准，其中赞成该决议案的票数不得少于反对该决议案票数的 3 倍；

(b) 如果变更没有获得份额持有人的批准，则：

 (i) 发起人或重新指定的发起人变更时，拟购买单位的拟重新指定的发起人，应以购买其持有的份额的方式，向持异议的份额持有人提供退出的选择权。

 (ii) 发起人或重新指定的发起人的控制权变更时，发起人或者重新指定的发起人应以购买其持有的份额的方式，向持异议的份额持有人提供退出的选择权。

(c) 如果由于出售，导致公众份额持有人的数量低于［根据第 14 条第（2A）款的要求］⊖200 人，或［受托人可以向管理人提供为期一年的期限进行改正，］⊖后仍不能达到要求，［管理人］⊖应按照第 17 条的规定，将 REIT 的份额退市。

披露

23.（1）管理人应确保发行文件中的披露符合本条例附录三和证监会发布的任何有关通函或指引的规定。

（2）管理人应于有关会计年度结束后的三个月内，向所有份额持有人提交有关 REIT 活动的年度报告。

（3）管理人应在截至 9 月 30 日止的半年结束后的四十五天内，向所有份额持有人提交有关 REIT 活动的半年度报告。

（4）年度报告和半年度报告应包含本条例附录四要求的披露信息。

（5）管理人应向指定证券交易所披露任何影响 REIT 经营或业绩的信息和价格敏感信息，包括但不限于下列内容：

(a) 取得或处置任何价值超过 REIT 资产价值百分之五的物业；

⊖ 于 2016 年 11 月 30 日生效的《印度证券交易委员会基础设施投资信托条例（修订）》（2016）中插入。

⊖ 于 2016 年 11 月 30 日生效的《印度证券交易委员会不动产投资信托条例（修订）》（2016）中被替换。在此之前表述为"百分之二十五"。

⊖ 替换"受托人"，受托人可以向管理人提供一年的期限以纠正该情况。

（b）控股公司、SPV 或 REIT 层面的增加借款，超过 REIT 借款后当年资产价值百分之五的；

（c）REIT 对份额的追加发行；

（d）REIT 取得的任何信用评级的详情及该等评级的变更；

（e）需要获得份额持有人批准的任何发行；

（f）可能对 REIT 运作产生重大影响的任何法律程序；

（g）份额持有人大会的通知和结果；

（h）不符合本条例的任何情况，包括违反本条例规定的限额；

（i）管理人或受托人认为须向份额持有人披露的任何重大事宜。

（6）管理人应按照上市协议的要求，定期向指定证券交易所和持有人提供前述信息。

（7）管理人应以证监会指定的方式，向指定证券交易所、份额持有人和证监会提供前述信息。

向证监会提交报告

24. 证监会可随时要求 REIT 或 REIT 参与人提交与 REIT 的活动有关的报告。

要求提供信息的权力

25.（1）证监会可随时要求 REIT、控股公司、SPV 或 REIT 的当事方、任何份额持有人或任何其他主体，提供与任何 REIT 活动事宜有关的任何信息。

（2）要求根据上述第（1）款提供任何信息的，应在证监会规定的时间内提供。

保存记录

26.（1）管理人应保存有关 REIT 活动的记录不低于七年，包括：

（a）管理人对于所有投资或撤资的决策和证明该等投资或撤资的文件；

（b）REIT 的投资细节和证明该等投资的文件；

（c）REIT 或其代表订立的协议；

（d）与选任本条例第 10 条（5）款所述之主体有关的文件；

（e）不动产资产的保险政策；

（f）投资管理协议；

（g）份额发行和上市有关的文件，包括首次公开发行文件、后续发行文件或其他发行文件、指定证券交易所的原则批准、与指定证券交易所订立的上市协议、份额认购和分配的详情文件等；

（h）向份额持有人宣布和分配红利；

（i）向受托人、证监会、份额持有人和指定证券交易所披露并定期作出报告，包括年度报告、半年度报告等；

（j）估值报告，包括估值方法；

（k）账簿和财务报表；

（l）审计报告；

（m）向管理人董事会提交的有关 REIT 的报告；

（n）处理份额持有人的投诉和采取的有关行动，包括与份额持有人和证监会的通信副本（如有）；

（o）任何其他重大文件；

（2）受托人应保存与下列内容有关的记录：

（a）证监会授予的注册证书；

（b）注册的信托契约；

（c）有关向证监会申请注册 REIT 的文件；

（d）不动产资产的所有权：

但所有权文件的原件因任何贷款或借款存放在借款人处的，受托人应保存该等所有权文件的副本；

（e）向份额持有人发送的会议通知和会议议程；

（f）该等会议的会议记录以及通过的会议决议；

（g）受托人收到的管理人提供的定期报告和披露；

（h）定期或以其他方式向证监会、份额持有人和指定证券交易所作出的披露；

（i）任何其他重大文件。

（3）第二条中规定的信息可以以纸质版或电子版的形式保存；如相关信息记录需要正式签署但以电子版形式保存的，应对该等记录进行电子签署。

第七章　检查

证监会的检查权

27. 证监会可自行或在收到信息或投诉后，指定一人或多人作为稽查员，检查有关 REIT、控股公司、SPV 或 REIT 参与人活动的账簿、记录和文件，

（a）以确保 REIT 或 REIT 参与人正以本条例规定的方式维持账簿、记录和文件；

（b）以检查来自份额持有人、客户或任何其他主体与影响 REIT 活动的任何事宜有

关的投诉；

(c) 以确认 REIT 及 REIT 参与人当前是否遵守《法案》和本条例的规定；

(d) 为了保护证券市场或投资者的利益，自行检查 REIT 事宜。

检查前的通知

28．（1）在下达命令进行本条例第 27 条下的检查之前，证监会应至少提前十日向 REIT 的受托人发出通知。

（2）尽管有第（1）款规定，但证监会认为为了保护投资者的利益，不应提前发出通知的，可通过发出通过书面命令指示检查 REIT 的事宜，而无须提前发出通知。

（3）在检查的过程中，正在接受检查的 REIT 和 REIT 参与人应有义务履行本条例第 29 条规定的义务。

检查过程中 REIT、REIT 参与人和任何其他关联方的义务

29．（1）已根据本条例第 27 条接受检查命令的各 REIT、REIT 参与人、拥有与该 REIT 行为和事宜有关的信息的任何其他关联方（包括 REIT 代表），有义务根据稽查员为检查目的提出的要求，向稽查员提供其保管的或控制的账簿、账目、其他文件以及声明和信息。

（2）各 REIT、REIT 参与人和拥有与 REIT 行为和事宜有关的信息的任何其他关联方，有义务向稽查员给予检查所需的协助，扩大检查所需的合作范围，并提供稽查员寻求的与检查有关的信息。

（3）稽查员为检查的目的有权力检查并记录下列人员的声明：REIT、REIT 参与人、控股公司、SPV、负责 REIT 活动的任何主体或与 REIT 活动有关联的任何主体、拥有与该 REIT 有关信息的任何其他关联方的员工和董事。

（4）稽查员为检查的目的，有权从控制或保管文件、账簿或账目的主体处获得经核证的该等文件、账簿或账目之副本。

向证监会提交报告

30．稽查员应在完成检查后尽快向证监会提交检查报告，并根据证监会的要求提交临时报告。

告知 REIT 结果等

31．为了保护证券市场或投资者的利益，证监会可在审阅检查报告后，并在给予

REIT、REIT 参与人或其代表或任何该等主体合理解释的机会后，发出其任何合适的具有下列性质的指示：

(a) 要求 REIT 将其份额从指定交易所退市，并交出注册证书；

(b) 要求 REIT 出售其资产；

(c) 要求 REIT 或 REIT 参与人采取符合投资者利益的行动；

(d) 禁止 REIT 或 REIT 参与人在某一特定期限内在资本市场运营或禁止进入资本市场。

第八章　违约行为的程序

违约行为的责任

32. REIT、REIT 参与人或参与 REIT 活动的任何其他主体违反《法案》、本条例或证监会根据《法案》发布的通知、指引、通函或指示的规定的，应对《法案》规定的一项或多项行为［包括 2008 年《印度证券交易委员会（中介机构）条例》规定的行为］承担责任。

第九章　其他

证监会发布解释的权力

33. 针对本条例适用或解释的相关问题，证监会可以以适当的方式发布解释和指引。

放宽本条例严格执行程度的权力

33A. 为了投资者的利益或为了发展证券市场，证监会有权针对下述情形放松对本条例的要求的严格执行程度：

(a) 本质上属于程序性或技术性的要求；

(b) 可能为投资者带来不必要困难的要求；

(c) 披露要求与上市实体的特定行业或类型不相关；

(d) 曾因发行人无法控制的因素导致不合规；

(e) 放松对条例的严格执行程度会对资证券市场有利的要求；

(f) 须优先适用上市实体成立所依据的或适用的《法案》、规则和条例的任何条件。

其他条例的修正

34. 本条例附注七中规定的条例可以通过其中规定的方法修改至规定的范围。

附录一

格式文件

格式文件 A

2014 年《印度证券交易委员会(不动产投资信托)条例》

不动产投资信托注册证书授予申请

见本条例第 3 条

印度证券交易委员会

SEBI 大楼,C4–A,G 街区,Bandra Kurla 社区,孟买 400051 – 印度

说明

1. 本格式文件供申请人申请不动产投资信托注册证书使用。
2. 申请人应填写本格式文件,并将该格式文件和所有支持性文件一同交至证监会。
3. 本申请书应根据本条例予以提交备案。
4. 证监会应审阅申请书,但条件是申请书在所有方面予以填妥。
5. 本申请书中的所有答案必须清晰、易于辨认,每页必须标有页码并签字/盖章。
6. 需要更详细说明的信息可以另加附页填写,附于本申请书之后,并标明适当的页码。
7. 必须对申请书签字,且所有签字必须是原始签字。
8. 申请书必须随附本条例附录二规定的申请费。

1. 一般信息

(a) REIT 的名称、地址、电话号码、传真号码、电子邮箱地址;

(b) 联系人的姓名、直拨号码、手机号码和电子邮箱地址;

(c) 信托/发起人/管理人或其各自关联方或发起人集团/受托人是否在印度证券交易所、印度储备银行或任何其他监管当局注册,以及注册的详情;

(d) 不动产投资信托所持有的经营活动所需的基础设施的详情。

2. 信托的详情

(a) 有关信托活动的详细描述;

(b) 信托契约是否根据 1980 年《注册法》的规定注册;

(c) 信托契约的主要目标是否是根据本条例第 9 条开展 REIT 活动,是否包括受托人

的责任（随附注册信托契约的有关摘要）；

(d) REIT 的任何份额持有人是否享有优先投票权或优于其他份额持有人的权利；

(e) 是否存在多种类别的 REIT 份额。

3. 受托人的详情

(a) 受托人的名称、注册办事处地址、通信地址或主营业地、电话号码、传真号码、电子邮箱地址；

(b) 联系人的姓名、直拨电话、手机号码和电子邮箱地址；

(c) 受托人活动的简要信息；

(d) 债券受托人登记的详情；

(e) [* * *][○]

(f) 与 REIT 的受托人活动有关的基础设施、人员等详情；

(g) 受托人及其董事的身份和地址证明；

(h) 受托人公司是否以任何身份在印度证券交易所之外的其他监管当局注册，以及注册的详情；

(i) 经签署的信托契约的副本。

4. 发起人的详情（请单独提供每个发起人的详情）

(a) 发起人的名称、注册办事处地址、通信地址或主营业地、电话号码、传真号码、电子邮箱地址；

(b) 联系人的姓名、直拨电话、手机号码和电子邮箱地址；

(c) 发起人的营业执照、注册日期和地点（如适用）；

(d) 如果发起人是个人，请提供发起人（包括其执业资格）的简要资料，如果发起人不是个人，请提供董事/合伙人（包括其各自的执业资格）的持有方式详情和个人信息详情；

(e) 如果发起人是个人，请提供发起人的身份证明和地址证明，如果发起人是公司，请提供发起人董事的身份证明和地址证明，如果发起人是有限合伙企业，请提供发起人的合伙人的身份证明和地址证明；

(f) 有关发起人/其关联方活动的详细描述，包括不动产领域的不动产开发或基金管

○ 第（e）项于 2016 年 11 月 30 日生效的《印度证券交易委员会基础设施投资信托条例（修订）》（2016）中被删除。在此之前表述为"受托人的相关方列表,"。

理经验；

(g) 发起人是否曾使任何在印度证券交易所注册的 REIT 上市，若是，请提供详情；

(h) 发起人在发行后拟持有 REIT 的情况；

(i) 上一会计年度的财务报表副本；

(j) 注册会计师为发起人出具的验资报告，且报告出具的基准日距申请日不得超过六个月。

5. 管理人的详情

   (a) 管理人的名称、注册办事处地址、通信地址、电话号码、传真号码；

   (b) 联系人的姓名、直拨电话、手机号码和电子邮箱地址；

   (c) 营业执照、注册日期和地点（如适用）；

   (d) 经签署的投资管理协议的副本；

   (e) 有关管理人/管理人的参与人活动的详细描述，包括不动产或不动产开发领域的基金管理/咨询服务或物业管理经验；

   (f) 董事/管理委员会成员的名单；

   (g) 投管理人、其董事或合伙人的身份证明和地址证明；

   (h) 董事/合伙人的持股/合伙权益和个人信息；

   (i) 关键人员的详情，包括经验和专业资格；

   (j) 上一年会计年度的财务报表副本；

   (k) 注册会计师为管理人出具的验资报告，且报告出具的基准日距申请日起不得超过六个月；

   (l) 管理人是否是目前已在印度证券交易所注册的 REIT 的管理人。若是，请提供详情。

6. 商业计划和投资策略的详情

   (a) 投资目标和投资风格；

   (b) 拟首次公开发行的详情；

   (c) 拟持有 REIT 项下资产的简要信息；

   (d) 控股公司和/或 SPV 和 REIT 层面的当前和拟议资金杠杆的详情；

   (e) 费用结构。

7. 过去采取的监管行动（如有）的详情

   (a) REIT 或 REIT 参与人或其各自的董事/管理委员会成员当前/过去是否涉及可能

会对 REIT 的业务带来不利影响的有关证券市场的诉讼,是否曾违反证券法(若是,请提供详情;若否,请附上与此有关的声明)。

(b) 证监会或任何其他监管当局是否根据《法案》或根据法案制定的条例/指引,针对 REIT 或 REIT 参与人或其各自的董事/管理委员会成员采取纪律行动。(若是,请提供详情;若否,请附上与此有关的声明)。

(c) 证监会是否拒绝向 REIT 或 REIT 参与人或其各自的董事/管理委员会成员出具注册证书,或其注册证书在本次申请之前的任何时间是否已经中止。(若是,请提供详情;若否,请附上与此有关的声明)。

8. 其他信息/声明

(a) 须声明,发起人个人持有份额应不少于 REIT 首次公开发行后总份额的百分之五。

(b) 须声明,根据 2008 年《印度证券交易委员会(中介机构)条例》规定的标准,REIT 和 REIT 参与人是合适人选。

声明陈述(详情见下文)

我们谨此同意并声明,本申请书(包括附页)中提供的信息均完整、真实。

我们进一步同意,本申请书中提供的信息如有任何变更,我们应立即通知印度证券交易委员会。

我们进一步同意,我们应遵守并受限于 1992 年《印度证券交易委员会法》、2014 年《印度证券交易委员会(不动产投资信托)条例》和印度证券交易委员会不时通知或发布的任何其他条例、指引或通函的规定。

我们进一步同意,作为注册的前提条件之一,我们应遵守印度证券交易委员会发布的运营指示/指令的规定。

(申请人名称)

授权签字人

(签字)

格式文件 B
2014 年《印度证券交易委员会（不动产投资信托）条例》

见本条例第 6 条（1）款

不动产投资信托注册证书

Ⅰ. 根据 1992 年《印度证券交易委员会法》（1992–15）第 12 条（1）款规定的权利，证监会特此向_____授予不动产投资信托注册证书，以受《法案》及其项下条例所列条件的限制。

Ⅱ. 不动产投资信托的注册号为：_____。

日期：

地点：

印度证券交易委员会

签章

附录二

2014 年《印度证券交易委员会（不动产投资信托）条例》

见本条例第 3 条（2）款、第 6 条（1）款和第 14 条（10）款

注册 REIT 须缴纳的费用

1. 每个申请人在提交注册证书授予申请时，应支付十万卢比的申请费，该申请费不予退还。

2. 每个申请人应在收到证监会的通知日起十五天内，支付一百万卢比的注册费，该注册费不予退还。

3. REIT 在向证监会备案发行文件草稿时，应支付下列比例的备案费，该备案费不予退还：

   i. 是首次发售和后续发售的，总发行规模（包括预计的超额认购保留额）的 0.1%；

   ii. 认购权发行的，总发行规模（包括预计的超额认购保留额）的 0.05%。

4. REIT 预计的发行规模与最终的发行规模有偏差的，并因此：

   i. 导致 REIT 支付的费用不足的，剩余费用应在向有资质的证券交易所（视具体情况而定）备案发行文件终稿时，由发行人支付；

   ii. 导致支付的费用有任何超额的，超额部分应由证监会返还给 REIT。

5. 前述申请费、登记费和备案费应由申请人或 REIT 通过下列方式支付：通过 NEFT（全国电子资金转账系统）/RTGS（即时支付结算系统）/IMPS（即时支付服务系统）或印度储备银行允许的其他方式直接存入银行账户，或通过可能需要在孟买、有关地区办事处或当地办事处兑付的即期汇票，且受益人为"印度证券交易委员会"。

附录三

发行文件或后续发行文件中的强制披露

见本条例第 15 条和第 23 条

1. **介绍**
   a. REIT 的名称、注册营业地址、通信地址、联系人、联系方式和电子邮箱地址。
   b. REIT 的成立地点和时间。
   c. 在证监会注册的注册编号和注册日期。

2. **REIT 当事方的详情**
   a. 发起人
      i. 名称、注册办事处地址、通信地址、联系人、联系方式和电子邮箱地址。
      ii. 发起人背景,包括发起人正在开展的有关不动产的活动。
   b. 管理人
      i. 管理人的背景,包括在不动产领域的管理、咨询服务。
      ii. 管理人的职能、义务和责任简要信息。
      iii. 管理人董事的简要个人信息描述及其在 REIT 持有的份额(如有)。
   c. 受托人
      i. 受托人的背景,包括向证监会注册的详情。
      ii. 董事的姓名和个人信息。
      iii. 受托人的职能、义务和责任。
   d. 评估机构
      i. 评估机构的背景,包括过去在房地产评估中的经验,尤其是按性质和位置对类似资产进行评估的经验。
      ii. 任免政策。

3. **REIT 的简要背景**
   a. 术语或缩写表。
   b. REIT 的结构和描述。
   c. 在发行前就物业管理/租赁管理和有关 REIT 资产与各方订立的任何协议详情。
   d. 发行前 REIT 的持有结构,包括 REIT 发起人、管理人和其他参与人持有的份额的明细,以及其他持有 5% 以上 REIT 份额持有人的明细。

e. 上述有关方在发行后拟持有份额的结构。

f. 各方收取的 REIT 支付或应支付的费用和开支，包括管理人、评估机构、审计机构、受托人和任何其他第三方收取的费用，还应包括任何设立成本。

4. 发行条款

a. 发售条款包括份额数量、价格、发行开始日、发行结束日、条款和条件、投资者作出合理决定所需的其他信息。

b. 分配红利的政策，包括计算方式和分配频率。

c. 份额上市：

  i. 份额拟上市的指定证券交易所的名称；

  ii. 上市时间表；

  iii. 已向指定证券交易所取得事先原则批准的声明；

d. 战略投资者提供的承诺函（如有）。

5. 市场概述

6. REIT 下的资产描述

a. 本条例第 18 条下的 REIT 持有各项资产的明细或拟议明细。

b. REIT 持有不动产资产的详情，包括 REIT 持有的或拟获取的所有物业资产的总体特征和竞争条件，以及这些物业的图片。

c. 物业的关键数据（区域、产权、位置等）。

d. 物业资产的特性（如有）。

e. 对于通过控股公司或 SPV 持有或拟持有的项目，该控股公司和/或 SPV 的详情，包括 REIT 在控股公司和/或 SPV 持有份额的方式、持有的份额、REIT 在控股公司或 SPV 享有的权利等。

f. REIT 直接持有物业资产的，应披露物业资产的全部所有主体持有份额的详情，包括持有的比例、REIT 与其他所有主体相比享有的权利等。

g. 受托人提供足够保险的确认书。

h. 对租出的物业（物业整体），应进行以下补充披露：

  i. 租户总数；

  ii. 前 10 名租户的租金收入占毛收入总额的百分比；

  iii. 未来五年租赁到期情况资料，以租金毛收入总额的百分比表示；

  iv. 授予物业租客的任何分租或租约的条款摘要，包括维修义务；

  v. 全部或部分出租的物业现有税前月租金收入，以及租金的任何开支或支出的金额和说明；

vi. 当前可获得的每月租金的市场水平估价，基于该物业在被估价时处于可供出租的有效日期；

vii. 房租审查规定的摘要；

viii. 物业家具的配备水平，属于毛坯或已经配备齐全；

ix. 租赁协议中是否存在任何条款，可通过提供更长的宽限期换取更高的租赁价值。如有，应提供细节。

i. 就在建物业而言，应对物业资产作出下列其他披露：

 i. 工程进度以及截至年底完工的比例；

 ii. 建造进度；

 iii. 预计完工时间；

 iv. 各当局的批准或评定情况，包括有关发展法规和规划规范的法定评定和环境因素。

7. 商业详情和策略

 a. 投资策略：

 - REIT 投资策略的描述，包括种类、类型、位置、所述类别、对物业资产的共同投资等；
 - 发起人对任何物业资产的优先收购权；
 - 资本和风险管理策略；

 b. 款项的使用：

 - 发行的目的；
 - 发行费用。

 c. [* * *]⊖

8. 资金杠杆

 a. REIT 资产的资本结构，包括在发行前后的有关 REIT 资产的任何借款或延期支付义务（单体报表和合并报表）。

 b. 借款政策。

⊖ 第 c 款于 2016 年 11 月 30 日生效的《印度证券交易委员会不动产投资信托条例（修订）》(2016) 中被删除。在此之前表述为，"从当前会计年度开始，未来三年 REIT 的收入预测，由管理人就计算和假设进行认证，由审计师对算术准确性进行认证"。

9. **利益冲突和关联交易**

    a. 处理利益冲突和关联交易的程序。

    b. 最近三个会计年度和当前会计年度开展的关联交易和未来拟议开展的任何该等关联交易的详情。

10. **估值**

    a. 完整估值报告的评估概要。

    b. 估值方法。

    c. 估值频次和资产净值的发布。

11. **财务报表**

    a. REIT 下物业（有关物业）在过去三年内的租金收入总额。

    b. REIT、管理人和发起人在过去三年内的财务报表概况（如适用）。

    c. 管理人对影响财务状况和经营结果因素的管理层讨论和分析。

    d. 根据管理人和审计机构认可的计算和假设，预估 REIT 从当前财务年度起，未来三年内的收入。

    e. 支付记录和营运资金的详情。

12. **份额持有人的权利**

    a. 份额持有人的权利。

    b. 直接或通过在指定证券交易所网站以公共传播的方式间接向份额持有人的拟议披露。

    c. 份额持有人大会召开的频次和方式。

13. **所有权披露、诉讼和监管行动**

    a. 物业的所有权披露，包括与物业有关的任何重大诉讼。

    b. 有关监管当局、标的项目的批准情况以及根据《法案》或政府或监管当局的规则、条例或指引的规定，项目需要定期批准的情况。

    c. 针对 REIT、发起人、管理人或其各自关联方、发起人集团、受托人和评估机构而提起的重大未决诉讼和监管行动的简要信息（如有）。

14. **风险因素**

15. **使投资者能够作出合理决定的税务和监管方面的简要情况**

16. 其他一般信息

    a. 与 REIT 有关的重要协议的条款,包括但不限于投资管理协议。
    b. 审计机构的选任政策和审计准则。
    c. 解决投资者投诉的政策和时间表。

17. 支持性文件

    a. [＊＊＊]^㊀;
    b. 审计机构报告;
    c. 任何其他类似报告。

18. 使投资者能够作出合理决定所需的该等其他重大和适当信息

19. (由管理人和发起人的董事会签署的) 声明

20. 应向证监会提供下列文件:

    a. 完整估值报告、发行文件;
    b. 尽职调查证书、发行文件草稿、发行文件;
    c. 交易所的原则性批准。

㊀ 第 a 项于 2016 年 11 月 30 日生效的《印度证券交易委员会不动产投资信托条例(修订)》(2016)中被删除。在此之前表述为"完整估值报告"。

附录四

强制性披露
年度报告中的强制性披露

见本条例第23条（4）款

1. 管理人的REIT活动报告简要，以及经审计的REIT年度独立财务报表和合并财务报表。

2. 管理人的董事对有关年度的REIT活动进行的管理层讨论和分析、预测和未来的行动。

3. REIT所有资产有关项目的简要信息，包括房地产资产和其他资产的拆分、物业的位置、物业的面积、现有租户（按租赁价值计不少于前十名租户）、租赁期限概况、在建物业的详细信息（如果有）等。

4. 截至有关年度结束时的完整估值报告中有关估值的简要信息。

5. 有关年度内，下列变更的详情：

   a. 资产的追加投资和撤资，包括买方或卖方的身份、购买价或出售价以及该等交易中有关估值的简要信息；

   b. （完整估值报告）中资产和资产净值的评估；

   c. 资产租赁、出租率、租赁期限、主要租户等；

   d. 借款或还款（单独列出和合并列出）；

   e. 发起人、管理人、评估机构、受托人或管理人或发起人的董事等；

   f. 信托契约、投资管理协议或订立的与REIT活动有关的任何其他协议的条款；

   g. 有关年度内的任何其他重大变更；

6. 在建物业开发的更新（如有）。

7. 截至有关年度结束时合并和单独列出的REIT尚未结清借款和延期付款的详情，包括REIT的任何信用评级、债务到期情况、负债比率。

8. 未来五年的债务到期情况以及债务契约（如果有）。

9. REIT总营业费用，包括有关年度内向管理人和任何其他方支付的费用和开支（如有）。

10. REIT在过去五年内有关每一份额的价格、分配的红利及利润（如适用）的表现。

11. 会计年度开始和结束时在指定交易所挂牌的每一份额的价格,在有关会计年度每一份额的最高价格、最低价格以及日均成交量。

12. (1) 有关年度内其价值超过 REIT 资产价值百分之五的所有关联交易的详情;

(2) REIT 向其已经投资的控股公司或 SPV 出借款项的详情。

13. 有关年度内资金募集(如有)的详情。

14. [＊＊＊]⊖

14A. 重大价格敏感信息的简要信息。

15. 截至有关年度止针对 REIT、发起人、管理人或其各自的关联方和发起人集团和受托人提出的未决重大诉讼和监管行动(如有)的详情。

16. 风险因素。

17. REIT 联系人的信息。

年度报告强制随附的附录:

1. 完整估值报告摘要,应抓住报告中的关键信息;

2. 审计报告。

半年度报告中的强制性披露

(非公开募集 REIT 可以仅披露可能适用于其结构和活动的信息)

1. 在过去半年或截至半年结束时止(视具体情况而定)的年度报告提供的上述所有详情 [第 (2) 款和强制随附的附录除外]。

2. 半年度财务报表;单独列出和合并列出。如果没有经过审计的财务报表,则可以提供未经审计的财务报表,但需要对此进行披露。

3. 评估机构在对过去半年的任何重大进展考虑之后更新的评估报告。

4. 过去半年内发生的任何其他重大事件。

⊖ 第 14 条于 2016 年 11 月 30 日生效的《印度证券交易委员会不动产投资信托条例(修订)》(2016) 中被删除。在此之前表述为"公司治理简要报告"。

附录五

完整估值报告中的强制性最低披露要求

见本条例第 21 条（3）款

完整估值报告应包含下列信息：

a. 评估机构的名称和简要信息。
b. 有关估值基准的所有重大详情。
c. 采用的估值方法的描述和解释，包括使用的关键假设、假定条件的合理性，若采用或可能采用一种以上的估值方法的，选择某一估值方法的理由等。
d. 有关市场的总体结构和条件，包括供需情况、市场趋势和投资活动的分析。
e. 就每个物业而言，应在适用的范围内提供下列详情：

  i. 物业地址，所有权和所有权详情，包括交易是否为关联交易（评估机构可以根据管理人为此目的提供产权披露）；

  ii. 物业的位置（包括最新图片）、正式的现场鉴定、物理特性现场服务（例如尺寸、构造、建筑正面、地形）、城市规划等；

  iii. 如果物业已完工并产生收入，则应提及以下内容：

    1. 物业的当前使用情况；
    2. 对物业的简要说明，包括建筑物的使用年限、占地面积、可开发区域、可出租区域、完工区域、占用区域等；
    3. 租用率。

  iv. 如果是在建物业，则应提及以下内容：

    1. 物业的完成阶段；
    2. 截至评估日收到和正在等待的法定批准；
    3. 根据已批准的建筑计划对物业使用的批准。

  v. 有关或影响物业的优先购买权或其他产权负担；

  vi. REIT 在物业中持有或拟持有权益的性质（无论是永久性业权还是租赁）、REIT 在物业持有权益的比例（如果是租赁，则为剩余期限）；

  vii. 检查日期和估值日期；

  viii. 资质和假定条件；

  ix. 使用的估值方法；

x. 对不动产估值采用的估值标准；

xi. 评估机构的调查范围、依赖数据的性质和来源；

xii. REIT 的物业购买价（针对 REIT 的现存物业）；

xiii. 过去三年内物业的估值（针对 REIT 的现存物业）；

xiv. 评估机构计算的物业估值详情；

xv. 最新计算便览利率（由州政府发布）；

xvi. 获得或正在获得的一次性制裁/批准清单；

xvii. 最新/逾期定期结算清单；

xviii. 计入资产的明细表；

xix. 已经进行的预估、拟议的大修和改建以及预计的完工时间；

xx. 待定收入，包括与 REIT 资产和复合费用有关的地方机构税（如有）；

xxi. 正在进行的重大诉讼，包括与资产有关的税务纠纷（如有）；

xxii. 城镇规划/建设控制中可能未考虑的自然或诱发危害的安全隐患。

f. 可能影响物业或其价值的任何其他事宜。

g. 评估机构作出的下列声明：

i. 评估机构有估值的资格；

ii. 评估机构具有独立性，编制的报告公平、公正；

iii. 评估机构已根据本条例第 21 条（10）款规定的估值标准，对项目进行评估。

附录六

REIT 和 REIT 参与人的行为守则

见本条例第 7 条（d）项

1. REIT 和 REIT 参与人处理 REIT 所有事务的方式，应符合 REIT 所有份额持有人的利益。

2. REIT 和 REIT 参与人应根据本条例的规定，充分、准确、详细并及时地向所有份额持有人、指定证券交易所和证监会披露指定证券交易所不时指定的有关重大信息。

3. REIT 和 REIT 参与人在处理 REIT 事宜时应尽可能地防范利益冲突，并在所有方面始终遵守所有份额持有人利益优先的原则。在无法避免的情况下，应确保向份额持有人进行适当披露，并公平对待份额持有人。

4. REIT 和 REIT 参与人应确保其就 REIT 的活动收取的费用是公平、合理的。

5. 管理人应开展 REIT 的业务，根据发行文件所述的投资目标进行投资，并应仅为份额持有人的利益做出投资决定。

6. REIT、REIT 参与人和管理人指定的任何第三方不得以不符合道德的方式出售、推销或诱使任何主体购买 REIT 份额；管理人指定的第三方不符合本条件的，管理人应对此承担责任。

7. REIT 和 REIT 参与人在其所有交易和经营的过程中，应始终保持公平和诚信。

8. REIT 和 REIT 参与人应始终提供高质量的服务，开展尽职调查，确保合理的注意程度并作出独立的专业判断。

9. REIT 和 REIT 参与人不得对其资质、能力、经验或成就作出任何口头或书面的夸大声明。

10. 无论任何合同或协议中有任何规定，REIT 和 REIT 的参与人应对单位持有人的行为或不作为行为负责。

附录七

2012年印度证券交易委员会
（另类投资基金）实施细则修正案

见本条例第34条

在第2条第（1）款第（o）项中，在"或法人团体"之后，在"其中另类投资基金"之前，应插入"或房地产投资信托或基础设施投资信托"。

印度证券交易委员会主席

第五部分
澳大利亚

全球主要REITs
市场法规汇编

一、市场情况与法规概述

澳大利亚是全球最早开展 REITs 业务的国家之一。A-REITs（澳大利亚房地产信托投资基金）创立之初一直都被称作上市房地产信托（List Property Trusts, LPTs），澳大利亚的第一只 LPT——The General Property Trust 成立于 1971 年。2008 年，澳大利亚交易所正式开设 REITs，发展到现在，A-REITs 的规模一度成为美国之外全球第二大 REITs 市场。根据行业分类标准（ICB），截至 2019 年年末，澳大利亚共有上市 REITs 55 只，市值规模 1,002.69 亿美元。

A-REITs 经历了多次法规政策调整。不同于其他国家的 REITs 市场，澳大利亚初期并没有制定一套关于 REITs 的规则。REITs（及其附带的税收优惠）源自英国信托法，并于 1936 年被纳入澳大利亚的《所得税评估法》。在 1956 年，澳大利亚高等法院确认了单位信托基金（契约型基金）有权享有显著的税收优惠，即基金单位持有人有权享有物业资产产生的一种专有利息及收入（可理解为税收中性）。此判决于 1956 年后促成了第一批 REITs 的雏形。

到了 20 世纪 70 年代末和 80 年代初，几只备受瞩目的信托基金的崩盘，迫使市场要求政府制定更为清晰的基本法则。1985 年，澳大利亚政府在《所得税评估法》中加入了第 6C 章节第 IIIA 条。第 6C 章节订立了一条规则，即税务优惠只适用于那些产生和分发租金收入的 REITs。之后，上市与非上市信托基金便进入了高速发展期。到了 1987 年，已经有将近 450 只信托基金以各式各样的基金名义存在于市场上（管理的基金总额接近 520 亿澳元）。随后而来的是 1987 年的股市崩盘、1990 年的经济衰退及金融危机。经济增长放缓首先导致了大量投资资金转向非上市房地产，之后投资者出于紧张情绪，试图索回已投出的资金，从而引发了流动性危机。

REITs 引发的资金流失，促使澳大利亚政府启动了长达 12 个月的赎回资金禁令，这打击了投资者对未上市 REITs 的信心。因此，大多数上市的房地产集团以及很多已走出财务困境的房地产公司，纷纷进行重组并以新公司示人，随后其中大多数都在澳大利亚证券交易所上市。此次市场的混乱也促使政府对企业、投资管理尤其是 REITs 的现行立法做出了重大改革。同时，这场混乱也强化了澳大利亚证券和投资委员会（ASIC）所须承担的责任。

这一时期陆续推出了《管理投资计划》（Managed Investment Scheme）条例、"责任实体"（responsible entity）司法解释、澳大利亚独有的合订证券结构及更透明的管治和披露准则。政府新的立法范本，也清楚地阐明了 REITs 的税务优惠待遇，包括更低的预扣税（withholding taxes）。作为进一步带动 REITs 发展的政策，澳大利亚政府在 1992 年推出强制性的公积金计划（superannuation）。现代 REITs 时代就此正式开启。㊀

本书澳大利亚 REITs 法规部分主要就 2001 年《公司法》"第 5C 章 管理投资计划"这一章节进行了翻译。该章节对主体资格确认、存续管理、注销清算等事项进行了规定。

二、法规编译（澳大利亚公司法管理投资计划部分）

第 5C 章　管理投资计划

第 5C.1 节　管理投资计划的注册

第 601EA 条　注册申请

（1）注册管理投资计划必须向澳大利亚证券和投资委员会（ASIC）提出申请。

（2）申请须载明：

（a）拟注册责任实体的名称和注册办事处地址；以及

（b）同意担任合规计划审计师的名称和地址。

（3）在提交申请时，申请人须取得上述第（2）款（b）项所述审计师的同意。在该计划注册之后，申请人应同意责任实体的履职。在履职期间，责任实体须始终征得该等同意。

（4）提交申请时须随附下列文件：

（a）该计划的章程副本；

（b）该计划的合规计划副本；

（c）拟注册责任实体的董事签署的有关下列内容的声明：

㊀ 《澳大利亚 REITs 连载之一 | 澳大利亚 REITs 的历史和演变》，https://www.shangyexinzhi.com/article/details/id_138215/。

(ⅰ) 该计划的章程符合第 601GA 条和第 601GB 条；

(ⅱ) 该计划的合规计划符合第 601HA 条。

注释：第 601HC 条要求，合规计划副本须由责任实体的董事签字。

第 601EB 条　管理投资计划的注册

(1) 除 ASIC 认为存在下列情形外，ASIC 须在申请提交之后的 14 日内注册该计划：

(a) 申请不符合第 601EA 条的要求；或

(b) 拟注册责任实体不符合第 601FA 条的要求；或

(c) 该计划的章程不符合第 601GA 条和第 601GB 条的要求；或

(d) 该计划的合规计划不符合第 601HA 条的要求；或

(e) 与申请一同提交的合规计划副本未根据第 601HC 条的要求签署；或

(f) 就对合规计划开展的审计，未做出符合第 601HG 条要求的安排。

(2) 如果 ASIC 注册该计划，则 ASIC 须授予其澳大利亚注册计划编号（ARSN）。

(3) ASIC 须保存该计划的注册档案。

(4) 为了确认该计划是否满足上述第（1）款：

(a) 在第 5C.3 节、第 5C.4 节和第 5C.5 节中对已注册计划的提述，须被视为是对该计划的提述；以及

(b) 在第 5C.3 节、第 5C.4 节和第 5C.5 节中对已注册计划的责任实体的提述，须被视为是对该计划的拟注册责任实体的提述。

第 601EC 条　向 ASIC 提交印有 ARSN 或 ABN 的所有文件等

在管理投资计划注册之后，向澳大利亚证券和投资委员会（ASIC）提交的有关该计划的所有文件须载明：

(a) 该计划的澳大利亚注册计划编号（ARSN）；或

(b) 若该计划的 ARSN 后 9 位数字与其澳大利亚商业编号（ABN）的后 9 位数字相同，并且顺序相同，则须载明该计划的 ABN。

注释：在任何使用该计划的 ARSN 的情形下，如果满足第 1344 条的规定，则可改用该计划的 ABN。

第 601ED 条　管理投资计划必须进行注册的情形

(1) 受限于第（2）款的规定，如果满足以下条件，则必须根据第 601EB 条对管理投资计划进行注册：

(a) 该计划拥有 20 名以上的投资者；或

(b) 该计划是由某人或某人的合伙人发起，且该人士或该人士的合伙人在发起该计

划时是从事管理投资计划发起业务的；或

(c) 第（3）款下的与该计划相关的决定有效，且与前述决定相关的所有管理投资计划的投资者总数超过 20 名。

（2）如果管理投资计划的所有权益事项在发行时已确定，而无须根据第 7.9 节第 2 分部的规定作出产品披露声明，则该计划无须注册。

（3）ASIC 可以书面的形式决定多个管理投资计划是密切相关的，并当上述所有管理投资计划的投资者总数超过 20 名时，每个管理投资计划须按要求随时进行注册。ASIC 须就此决定向各管理投资计划的经营方发出书面通知。

（4）为本条之目的，在计算一项管理投资计划的投资者数量时：

(a) 该计划权益的联名持有人作为一个投资者计算；以及

(b) 以信托的方式为受益人持有的该计划之权益，在下列情形下被认为是由该受益人（而非受托人）持有：

(i) 该受益人当前对信托财产享有份额或享有信托财产收益的权利；或

(ii) 该受益人单独或与其他受益人共同控制受托人。

（5）任何人不得在本司法管辖区经营本条要求根据第 601EB 条注册的管理投资计划，除非该计划已注册。

（6）为上述第（5）款之目的，某人仅从事下述行为，不应被视为经营一项计划：

(a) 作为另一人士的代理人或雇员；或

(b) 对该计划进行清算，或对导致该计划注销的过失进行补救。

（7）如果某人因以信托的方式为 2 个或以上的受益人持有某计划的权益［见第（4）款（b）项］而可能违反上述第（5）款，若该人士证明其不知晓且没有理由怀疑是以前述方式持有权益的，则不属于违反上述第（5）款。

第 601EE 条　未注册的管理投资计划可能被清算

（1）如果某人在经营管理投资计划的过程中违反第 601ED（5）款，则下列人士可向法院申请对该计划进行清算：

(a) ASIC；

(b) 该计划的经营者；

(c) 该计划的投资者。

（2）法院可就该计划的清算作出其认为适当的任何命令。

第 5C.2 节 责任实体

第 1 分部 职责和权力

第 601FA 条 责任实体须为公众公司并持有澳大利亚金融服务许可证

注册计划的责任实体须是持有澳大利亚金融服务许可证,并根据许可证被授权经营某项管理投资计划的公众公司。

第 601FB 条 责任实体经营管理投资计划

(1) 注册计划的责任实体须经营管理投资计划,并履行该计划的章程和本法所赋予的职能。

(2) 责任实体有权指定代理人或以其他方式聘用相关人士,从事其被授权从事的与该计划有关之事宜。为确定是否:

(a) 对投资者承担责任;或

(b) 责任实体已为第 601GA(2)款之目的适当履行了其职责;

责任实体被视为已完成(或未能完成)代理人或其他人因被委任或聘用而已完成(或未能完成)的任何事项,即使该代理人或人士存在欺诈行为或超出其权限或聘用的范围行事。

注释:管理投资计划的章程可规定责任实体获得赔偿,参见第 601GA(2)款。

(3) 由:

(a) 上述第(2)款提及的代理人或相关人士;或

(b) 根据本款须被视为责任实体代理人之人士,

所委任的代理人或聘用的人士,如果从事责任实体被授权从事的与该计划有关之事宜,则该等代理人或人士应被视为该责任实体委任的代理人,而从事上述第(2)款中的事宜。

(4) 如果:

(a) 代理人代表责任实体持有管理投资计划的财产;以及

(b) 该代理人有责任赔偿责任实体因下列情形而遭受的任何损失或损害:

(i) 责任实体因该代理人的错误或疏忽的作为或不作为遭受的任何损失或损害;以及

(ii) 因责任实体未履行其与该计划有关的职责而造成的任何损失或损害;

根据赔偿获得的任何款项均构成管理投资计划财产的一部分。

第 601FC 条 责任实体的职责

（1）注册计划的责任实体在行使权力和履行职责时，须：

（a）诚实行事；以及

（b）尽到一个理性人在其担任责任实体职务时所能尽到的谨慎和勤勉程度；以及

（c）为投资者最大化利益行事；且当投资者的利益与其自身的利益存在冲突时，应以投资者的利益为优先；以及

（d）平等对待持有同一类别权益的投资者以及公平对待持有不同类别权益的投资者；以及

（e）不得为下列目的，使用作为责任实体而获取的信息：

　　（i）为自己或他人谋取不正当利益；或

　　（ii）损害该计划投资者的利益；以及

（f）确保该计划的章程符合第 601GA 条和第 601GB 条的要求；以及

（g）确保该计划的合规计划符合第 601HA 条的要求；以及

（h）遵守该计划的合规计划；以及

（i）确保该计划的财产：

　　（i）明确确定为管理投资计划财产；以及

　　（ii）与责任实体的财产及任何其他计划的财产分开持有；以及

（j）确保根据该计划财产的性质对财产进行定期评估；以及

（k）确保从计划财产中支付的所有款项均符合计划的章程和本法规定；以及

（l）一旦知悉有下列任何违反本法的行为，应立即向 ASIC 报告：

　　（i）与该计划相关的；以及

　　（ii）已经或可能对投资者的利益产生重大不利影响的；

（m）履行或遵守该计划的章程赋予责任实体的任何其他不违反本法的职责。

（2）责任实体应以信托的方式持有管理投资计划投资者的计划财产。

注释：根据第 601FB（2）款的规定，责任实体可委任某代理人以独立于其他财产的方式持有管理投资计划财产。

（3）责任实体在上述第（1）款或第（2）款下承担的职责优先于任何高管或职员于第 2D.1 节下承担的任何与之冲突的职责。

（5）违反上述第（1）款的责任实体以及涉及责任实体违反该条款的任何人，均属违反本款。

注释1：第 79 条对涉及作了定义。

注释2：第（5）款是民事处罚条款（请参见第 1317E 条）。

第 601FD 条　责任实体高管的责任

(1) 担任注册计划的责任实体的高管须：

(a) 诚实行事；以及

(b) 尽到一个理性人在其担任高管职务时所能尽到的谨慎和勤勉程度；以及

(c) 为投资者最大化利益行事；且当投资者的利益与其自身的利益存在冲突时，应以投资者的利益为优先；以及

(d) 不得为下列目的，使用作为责任实体高管而获取的信息：

(i) 为自己或他人谋取不正当利益；或

(ii) 损害该计划投资者的利益；以及

(e) 不得不正当地利用其作为高管的职务之便，为其自身或他人直接或间接谋取利益，或损害该计划投资者的利益；以及

(f) 采取一个理性人在其担任高管职务时所会采取的任何措施，以确保责任实体遵守：

(i) 本法；以及

(ii) 对责任实体所持有的澳大利亚金融服务许可证施加的任何条件；以及

(iii) 该计划的章程；以及

(iv) 该计划的合规计划。

(2) 责任实体的高管在上述第（1）款下承担的职责优先于在第 2D.1 节下承担的任何与之冲突的职责。

(3) 违反上述第（1）款或涉及违反该条款的人士，均属违反本款。

注释1：第 79 条对涉及作了定义。

注释2：第（3）款是民事处罚条款（请参见第 1317E 条）。

(4) 任何人不得故意或间接故意地违反或涉及违反上述第（1）款。

601FE　责任实体雇员的责任

(1) 注册计划的责任实体雇员不得：

(a) 为下列目的，使用作为责任实体雇员而获取的信息：

(i) 为自己或他人谋取不正当利益；或

(ii) 损害该计划投资者的利益；或

(b) 利用其作为雇员的职务之便，为自己或他人直接或间接谋取利益，或损害该计划投资者的利益。

(2) 责任实体的雇员在上述第（1）款下承担的职责优先于在第 2D.1 节下承担的任何与之冲突的职责。

（3）违反上述第（1）款或涉及违反该条款的人士，均属违反本款。

注释1：第79条对涉及作了定义。

注释2：第（3）款是民事处罚条款（请参见第1317E条）。

（4）任何人不得故意违反或涉及违反上述第（1）款。

601FF ASIC开展的监督检查

（1）ASIC可以不定期检查注册计划的责任实体是否遵守该计划的章程、合规计划和本法。

注释：为此，ASIC可行使ASIC法案第3节第3分部所述权利。

（2）责任实体及其高管须采取一切合理措施，以协助ASIC开展上述第（1）款下的检查。

（3）任何人不得故意或间接故意地违反上述第（2）款的规定。

601FG 责任实体取得管理投资计划权益

（1）仅在下列情形下，注册计划的责任实体可取得并持有该计划的权益：

（a）获取权益所支付的对价不得低于该权益由其他人获得时应支付的对价；以及

（b）受限于不会对其他投资者不利的条款和条件。

注释：如果责任实体持有该计划的权益，则受限于第253E条的规定（部分投资者不得投票或被计算在内）。

（2）违反上述第（1）款的责任实体，以及涉及责任实体违反该款的任何人，均属违反本款。

注释1：第79条对涉及作了定义。

注释2：第（2）款是民事处罚条款（请参见第1317E条）。

（3）任何人不得故意涉及责任实体对第（1）款的违反。

601FH 责任实体的清算人等有权行使赔偿权

如果作为注册计划的责任实体的公司正在进行清算，处于破产管理之下或已签署债务重组协议且该协议尚未终止，则：

（a）该计划章程的条款或其他文书的条款声称否认公司从计划财产中获得赔偿的权利，但该权利是公司如果未被清算、未处于破产管理之下或未签署企业债务重组协议的情况下本应享有的，则该条款对清算人、公司的破产管理人或债务重组协议无效；

（b）公司从计划财产中获得赔偿的权利仅可由清算人、破产管理人或企业债务重组协议行使。

第 2 分部　变更责任实体

第 601FJ 条　ASIC 变更注册记录时,变更方可生效

(1) 无论本分部有任何其他规定,但在 ASIC 的注册记录中被指定为已注册计划的责任实体或临时责任实体的公司,仍是该计划的责任实体,直到记录被变更为将另一家公司指定为计划的责任实体或临时责任实体时为止。

(2) 除非满足本分部的规定,否则计划责任实体的变更无效。

第 601FK 条　须满足第 601FA 条的要求

一家公司不得被选任为或委任为注册计划的责任实体或临时责任实体,除非其满足第 601FA 条的规定。

第 601FL 条　责任实体的卸任

(1) 如果注册计划的责任实体希望卸任,则须召开投资者会议以说明其希望卸任的理由,并允许投资者对选任一家公司作为新责任实体的决议进行表决。如果该计划未上市,则该决议须为特别决议。

(2) 如果投资者选任一家公司作为新责任实体,且该公司已经书面同意成为该计划的责任实体,则:

(a) 在决议通过后 2 个工作日内,在任何情况下,现任责任实体须在切实可行的范围内尽快向 ASIC 提交通知,要求 ASIC 变更该计划的注册记录,以将选任的公司指定为该计划的责任实体;以及

(b) 如果现任责任实体未提交第(a)项要求的通知,则投资者选任的作为新责任实体的公司可提交该通知;以及

(c) ASIC 须遵守所提交的通知。

(3) 如果投资者未选任出一家公司作为新责任实体,或投资者选任的公司不同意成为该计划的责任实体,则现任责任实体可根据第 601FP 条的规定向法院申请委任临时责任实体。

(4) 任何人不得根据第(2)款提交通知,除非在提交该通知前已获得该款所提述的同意。

第 601FM 条　投资者罢免责任实体

(1) 如果注册计划的投资者希望罢免责任实体,则可根据第 2G.4 节第 1 分部采取行动,要求召开投资者会议审议并表决如下决议:罢免现任责任实体,选任一家公司作为新责任实体。如果该计划未上市,该等决议须为特别决议。

(2) 如果投资者表决罢免责任实体,并在同一会议上选任一家公司作为新责任实体,

且该责任实体以书面的形式同意成为该计划的责任实体,则:

(a) 在决议通过后 2 个工作日内,在任何情况下,现任责任实体须在切实可行的范围内尽快向 ASIC 提交通知,要求 ASIC 变更该计划的注册记录,以将选任的公司指定为该计划的责任实体;以及

(b) 如果现任责任实体未提交第(a)项要求的通知,则投资者选任的作为新责任实体的公司可提交该通知;以及

(c) ASIC 须按照其收到的通知变更注册记录。

(3) 任何人不得根据第(2)款提交通知,除非在提交该通知前已获得该款所提述的同意。

注释:如果投资者表决罢免责任实体,但在同一会议上未选任一家公司作为新责任实体,或投资者选任的公司不同意成为该计划的责任实体,则该计划必须进行清算(请参见第 601NE 条)。

第 601FN 条　ASIC 或管理投资计划投资者可向法院申请委任临时责任实体

如果注册计划没有符合第 601FA 条要求的责任实体,则 ASIC 或注册计划的投资者可根据第 601FP 条,向法院申请委任该计划的临时责任实体。

第 601FP 条　法院委任临时责任实体

(1) 对于第 601FL 条或第 601FN 条下的申请,如果法院认为委任符合投资者的利益,则法院可通过命令的方式,委任一家公司作为注册计划的临时责任实体。

(2) 法院可作出其认为必要的其他命令。

(3) 如果申请是由现任责任实体提出,其须在法院作出委任临时责任实体的命令之后,在切实可行的范围内尽快向 ASIC 发出通知,告知 ASIC 法院作出的委任。

(4) 于委任之后,ASIC 须在可行范围内尽快变更该计划的注册记录,以将获委任公司指定为该计划的临时责任实体。

第 601FQ 条　临时责任实体须按步骤委任新责任实体

(1) 注册计划的临时责任实体须召开投资者会议,以便投资者通过决议选任一家公司作为新责任实体。如果该计划未上市,则决议须为特别决议。任何情况下,临时责任实体都必须在履任后 3 个月之内召开会议。

(2) 在履任后 3 个月内,临时责任实体可召开投资者会议,以选任一家公司作为新责任实体。在 3 个月结束之前,临时责任实体可向法院申请延长该期限。如果法院批准延长期限,则临时责任实体可在延长期限内,召开进一步的投资者会议,以选任一家公司成为新责任实体。

（3）如果临时责任实体仍符合第 601FA 条的要求，则不得阻止临时责任实体公司被选任为新责任实体。

（4）如果投资者选任一家公司作为新责任实体，且该公司已书面同意成为该计划的责任实体，则临时责任实体须在切实可行的范围内尽快向 ASIC 提交通知，要求其变更该计划的注册记录，将被选任公司指定为该计划的责任实体。ASIC 须遵守所提交的通知。

（5）临时责任实体须向法院申请该计划清算的指示命令，且法院在下述情形下可作出该命令：

（a）在 3 个月内或延长的期间内，未召开任何会议以选任一家公司作为新责任实体的；或

（b）在前述期间内就前述目的召开的一次或多次会议，投资者未选任出一家同意成为该计划的新责任实体的公司作为新责任实体。

如果临时责任实体未向法院申请该计划清算的指示命令，则 ASIC 或该计划的投资者可申请该命令。

（6）临时责任实体不得根据上述第（4）款提交通知，除非在提交通知前已获得该款所提述的同意。

第 3 分部　责任实体变更的后果

第 601FR 条　原责任实体须交出账簿，并提供合理协助

如果注册计划的责任实体发生变更，则原责任实体须：

（a）在切实可行的范围内，尽快向新责任实体交付本法要求保存的由原责任实体占有或控制的、与该计划相关的所有账簿；以及

（b）向新责任实体提供其他合理的协助，以推动责任实体的变更。

第 601FS 条　原责任实体的权利、义务和责任

（1）如果注册计划的责任实体发生变更，则原责任实体与该计划相关的权利、义务和责任，由新责任实体全部承继。

（2）尽管有上述第（1）款的规定，下列权利和责任仍是原责任实体的权利和责任：

（a）原责任实体有权就其停止作为责任实体之前履行的职责收取报酬；以及

（b）原责任实体有权就其停止作为责任实体之前发生的费用获得补偿；以及

（c）原责任实体作为该计划的投资者享有和承担的任何权利、义务或责任；以及

（d）如果原责任实体仍为该计划责任实体的，则无法从该计划的财产中获得任何赔偿的责任。

第 601FT 条　责任实体变更对原责任实体所订立文件等的影响

（1）如果注册计划的责任实体发生变更，则下列文件：

（a）原责任实体作为一方的文件，提及原责任实体的文件，或原责任实体已经取得或产生权利、义务或责任的文件，或如果其仍是责任实体则可能已经取得或产生权利、义务或责任的文件；以及

（b）可在变更后生效的文件；

具有等同于新责任实体（而非原责任实体）作为该文件的一方或在该文件中被提及，或依据该文件已取得或产生或可能取得或产生权利、义务或责任的效力。

（2）上述第（1）款不适用于下列权利、义务或责任：根据第601FS（2）款的规定，仍属于原责任实体的权利、义务或责任。

第5C.3节 章程

第601GA条 章程的内容

（1）注册计划的章程须就下列内容作出适当规定：

（a）为取得该计划的权益而须支付的对价；以及

（b）责任实体在投资或以其他方式处置计划财产的权力；以及

（c）处理投资者有关该计划的投诉的方法；以及

（d）清算该计划。

（2）如果责任实体有权从计划财产中收取费用，或有权从计划财产中因与履行职责有关的责任或费用获得赔偿，则这些权利：

（a）须在该计划的章程中载明；以及

（b）仅在适当履行其职责的情况下方可行使；

任何其他协议或安排，在其意图授予该等权利的范围内无效。

（3）如果责任实体有权为该计划借入或筹集资金，则：

（a）该等权利须在该计划的章程中载明；以及

（b）任何其他协议或安排，在其意图授予该等权利的范围内无效。

（4）如果投资者有权自该计划赎回，则该计划的章程须：

（a）载明该权利；以及

（b）如果在该计划具有流动性（定义见第601KA条）时可行使该权利，则须规定提出和处理该等赎回请求的适当程序；以及

（c）如果在该计划不具有流动性（定义见第601KA条）时可行使该权利，则须规定应根据第5C.6节行使该权利，并规定适用于提出和处理该等赎回请求的任何其他适当程序（与第5C.6节相符）。

赎回的权利和章程中规定的提出和处理赎回请求程序的任何条款，必须对所有投资

者公平。

第 601GB 条　章程必须具有法律效力

注册计划的章程必须包含在投资者和责任实体之间的具有法律效力的文件中。

第 601GC 条　变更章程

(1) 注册实体的章程可通过下列方式修改或废除并由新章程取代：

(a) 通过该计划的投资者的特别决议；或

(b) 如果责任实体合理认为，该变更不会对投资者的权利产生不利影响，则由该责任实体变更。

(2) 责任实体须向 ASIC 提交章程修改的副本或新章程的副本。该等修改或废除和取代只有在向 ASIC 提交副本之后，方可生效。

(3) 如果 ASIC 指示，责任实体必须向 ASIC 提交该计划章程的合并副本。

(4) 如果该计划的投资者出现下列情形，则责任实体须在 7 日之内将该计划的章程副本发送给投资者：

(a) 书面要求责任实体提供章程副本；以及

(b) 支付责任实体要求的任何费用（不超过规定的金额）。

第 5C.4 节　合规计划

第 601HA 条　合规计划的内容

(1) 注册计划的合规计划须列明适用于责任实体以经营该计划的适当措施，以确保遵守本法和该计划的章程，包括下列安排：

(a) 确保所有管理投资计划财产被明确地认定为计划财产，并与责任实体的财产和任何其他计划的财产分别持有［请参见第 601FC (1) (i) 项］；以及

(b) 如果该计划须设立合规委员会（请参见第 601JA 条），则确保合规委员会正常运行，包括有关下列内容的适当安排：

(i) 该委员会成员；以及

(ii) 召开委员会会议的频次；以及

(iii) 委员会向责任实体提交的报告和建议；以及

(iv) 委员会查阅该计划的会计记录，并接触该计划财务报表的审计师；以及

(v) 委员会查阅与责任实体遵守本法有关的信息；以及

(c) 确保按照适合该计划财产性质的时间间隔，对该计划财产进行评估；以及

(d) 确保根据第 601HG 条的要求，对合规计划的遵守情况进行审计；以及

(e) 确保充分保留该计划的经营记录；以及

（f）条例规定的其他事宜。

（2）如果：

（a）因第 1457（1）（a）（i）目下通过的决议，提出注册申请；以及

（b）决议包括第 1457（1A）款下的指示；

则与申请一同提交的合规计划须规定管理投资计划财产应由责任实体之外的人持有，或由与责任实体无关联关系的人持有，且前述人士作为责任实体的代理人。

第 601HB 条　合规计划可并入其他管理投资计划的合规计划的条款

（1）注册计划的责任实体可在向 ASIC 提交的注册计划的合规计划中并入其他注册计划的合规计划中在指定时间有效的特定条款，若该责任实体还是前述其他注册计划的责任实体。

（2）在指定时间有效的特定条款须视为包含在前述合规计划中。

第 601HC 条　董事须在提交的合规计划副本上签字

向 ASIC 提交的注册计划的合规计划副本，须由责任实体的所有董事签字。

第 601HD 条　ASIC 可要求进一步提供有关合规计划的信息

（1）ASIC 可指示注册计划的责任实体提供合规计划中包含的关于相关安排的信息。该指示须通过书面通知的方式向责任实体发出。

（2）若违反上述第（1）款，则应承担严格责任。

注释：有关严格责任，请参见《刑法典》第 6.1 条。

第 601HE 条　变更合规计划

责任实体的权利

（1）注册计划的责任实体可修订其合规计划，或废除合规计划并由新合规计划取代。

ASIC 可要求作出修改

（2）ASIC 可指示注册计划的责任实体按照指示修改该计划的合规计划，以确保合规计划与第 601HA 条一致。指示须以书面通知的方式向责任实体发出。

提交修改后的计划或新计划

（3）责任实体须在作出修改或旧合规计划废除之后 14 日内向 ASIC 提交该计划的合规计划修改版副本或新合规计划副本。该副本须由责任实体的所有董事签字。

第 601HF 条　ASIC 可要求提交经汇编的合规计划

（1）ASIC 可指示注册计划的责任实体，提交该计划的合规计划的汇编副本。

（2）汇编副本中须载明：

(a) 根据提交时间修改的计划；以及

(b) ASIC 指示要求的，根据第 601HB（2）款载入合规计划的条款之全部内容。

第 601HG 条　合规计划的审计

（1）注册计划的责任实体须根据本条规定确保始终聘请注册公司审计师、审计机构或被授权审计公司就该计划对合规计划的遵守情况进行审计。该审计师、审计机构或审计公司被称为合规计划的审计师。

（2）任何人如存在下列情况的，则不得担任合规计划的个人审计师、牵头审计师或复核审计师：

(a) 责任实体的关联方；或

(b) 代表责任实体持有管理投资计划财产的代理人，或为前述代理人的关联方；或

(c) 责任实体财务报表的审计师，

（2A）但是：

(a) 合规计划的审计师和责任实体财务报表的审计师可来自同一家审计机构或审计公司；以及

(b) 合规计划的牵头审计师或复核审计师（一方）和责任实体财务报表的牵头审计师或复核审计师（另一方）可来自同一家审计机构或审计公司。

（3）在该计划的会计年度结束后 3 个月内，合规计划的审计师须：

(a) 审查该计划的合规计划；以及

(b) 在下列情形下，开展如下审计：

　(i) 如果该计划在上述会计年度期间仅有一个责任实体，则审计该责任实体在上述会计年度期间对合规计划的遵守情况；或

　(ii) 如果该计划在上述会计年度期间有一个以上的责任实体，则审计各责任实体在其作为该计划的责任实体所在会计年度的部分期间内，对合规计划的遵守情况；以及

(c) 向该计划的现任责任实体提交报告，载明审计师的下列意见：

　(i) 该责任实体或各责任实体在前述会计年度期间或其作为该计划的责任实体所在会计年度的部分期间，是否遵守该计划的合规计划；以及

　(ii) 前述合规计划是否持续满足本节的要求。

个人审计师违反规定

（4）如果审计合规计划的个人审计师发生下列任一情形，即属违反本款：

(a) 该审计师知悉下列情形：

　(i) 有合理的理由怀疑该审计师存在违反本法的行为；或

(ii) 就前述审计而言，存在任何人试图不正当地影响、胁迫、操纵或误导任何参与审计的人士（请参见第（12）款）的行为；或

(iii) 存在任何人试图以其他方式阻碍正当审计的行为；以及

(b) 如果上述第（a）(i) 项予以适用，则：

(i) 该违反属重大违反；或

(ii) 该违反不属于重大违反，且审计师认为根据审计师报告中的意见或通过提请董事加以注意，该违反当前或将来未得到适当处理；以及

(c) 该审计师在知悉上述情形之后，在切实可行的范围内未尽快（在任何情况下，应在知悉上述情形后 28 天内进行通知）以书面的方式通知 ASIC 上述情形。

审计公司违反规定

(4A) 如果发生下列任一情形，对合规计划进行审计的审计公司属违反本款：

(a) 进行审计的牵头审计师知悉下列任一情形：

(i) 有合理理由怀疑牵头审计师存在违反本法的行为；或

(ii) 就前述审计而言，存在任何人试图不正当地影响、胁迫、操纵或误导任何参与审计的人士［请参见第（12）款］的行为；或

(iii) 存在任何人试图以其他方式阻碍正当审计的行为；以及

(b) 如果第（a）(i) 款予以适用，则：

(i) 该违反属重大违反；或

(ii) 该违反不属于重大违反，且该牵头审计师认为根据审计师报告中的意见或通过提请董事加以注意，该违反当前或将来未得到适当处理；以及

(c) 该牵头审计师在知悉上述情形之后，未尽快（在任何情况下，应在知悉上述情形后 28 天内进行通知）以书面的方式通知 ASIC 上述情形。

牵头审计师违反规定

(4B) 任何人如果存在下列情形，即属违反本款：

(a) 该人士为合规计划审计工作的牵头审计师；以及

(b) 该人士知悉下列任一情形：

(i) 有合理理由怀疑该人士存在违反本法的行为；或

(ii) 就前述审计而言，存在任何人试图不正当地影响、胁迫、操纵或误导任何参与审计的人士［请参见第（12）款］的行为；或

(iii) 存在任何人试图以其他方式阻碍正当审计的行为；以及

(c) 如果上述第（b）(i) 款予以适用，则

(i) 该违反属重大违反；或

(ii) 该违反不属于重大违反，且该人士认为根据审计师报告中的意见或通过提请董事加以注意，该违反当前或将来未得到适当处理；以及

(d) 该人士在知悉上述情形之后，在切实可行的范围内未尽快（在任何情况下，应在知悉上述情形后 28 天内进行通知）以书面的方式通知 ASIC 上述情形。

(5) 合规计划的审计师：

(a) 有权在所有合理时间内查阅该计划的账簿；以及

(b) 为审计的目的，可以要求该责任实体的高管向审计师提供信息和解释。

(6) 责任实体的高管须：

(a) 允许合规计划的审计师查阅该计划的账簿；以及

(b) 向审计师提供上述第（5）款下要求的信息或解释；以及

(c) 以其他方式协助审计工作。

(7) 责任实体须在向 ASIC 提交该计划的财务报表和报告的同时，向 ASIC 提交第（3）款下的审计师报告（请参见第 292 条和第 321 条）。

(7A) 基于上述第（1）款、第（3）款、第（6）款或第（7）款的违规，即应承担严格责任。

注释：有关严格责任，请参见《刑法典》第 6.1 条。

(8) 合规计划的审计师拥有有条件的特权，根据：

(a) 第（3）款在报告中所作的声明；或

(b) 第（4）款向 ASIC 发出的通知。

(9) 本条并不禁止责任实体安排合规计划的审计师开展本条要求开展的审计之外的审计。

重大违反

(10) 就本条而言，在确认对本法的违反是否属于重大违反时，应考虑：

(a) 规定的有关该违反的罚款额；以及

(b) 该违反对或可能对下列事项产生的影响：

(i) 公司、注册计划或披露实体的整体财务状况；或

(ii) 与公司、注册计划或披露实体的整体财务状况有关的可用信息之充分性；以及

(c) 任何其他有关事宜。

(11) 在不限制上述第 10（a）项的前提下，有关违反第 2M.2 部或第 2M.3 部任一条款而规定的罚款，或有关违反第 324DAA 条、第 324DAB 条或第 324DAC 条而规定的罚款，包括董事因实施第 344 条未采取合理措施遵守或确保遵守该条款而向该董事征收的

罚款。

参与审计之人士

(12) 在本条中：

参与审计之人士是指：

(a) 审计师；或

(b) 审计的牵头审计师；或

(c) 审计的复核审计师；或

(d) 审计团队中参与审计的专业成员；或

(e) 参与审计工作的任何其他人。

第601HH条　审计师的罢免和辞职

责任实体罢免审计师

(1) 责任实体：

(a) 须在审计师根据第601HG（2）条不得担任合规计划的审计师时，罢免该审计师；以及

(b) 可经ASIC同意，罢免该合规计划的审计师。

审计师的辞职

(2) 合规计划的审计师可在下列情形下，经书面通知责任实体后辞职：

(a) 审计师：

(i) 以书面的形式向ASIC申请辞职同意函；以及

(ii) 在向ASIC提出申请的同时或大约同时，向责任实体发出书面申请通知；以及

(b) ASIC同意辞职。

(3) ASIC收到申请之后，须在可行范围内尽快通知审计师和责任实体，不论其是否同意辞职。

(4) 审计师在申请书中的陈述或在答复ASIC有关申请理由的询问时作出的声明：

(a) 不得在针对审计师提出的任何民事或刑事程序中（违反第1308条的法律程序除外）被采纳为证据；以及

(b) 不得成为针对审计师提出检控（违反第1308条的检控除外）、诉讼的理由。

ASIC出具的用以证明声明是在申请中或答复ASIC的询问时作出的证明书，是证明该声明如此作出的最终证据。

(5) 审计师的辞职在下列日期发生效力（以较晚者为准）：

(a) 辞职通知中所载日期（如有）；或

(b) ASIC 同意辞职之日；或

(c) ASIC 就此目的确定的日期（如有）。

第 601H1 条　合规计划的审计师发生变更时采取的行动

如果注册计划的合规计划审计师发生变更，责任实体须在前述变更发生后，在可行范围内尽快以书面的形式要求 ASIC 变更该注册计划的注册记录，以将新审计师指定为该注册计划的合规计划审计师。如果前述变更符合本法的规定，则 ASIC 须同意该要求。

第 5C.5 节　合规委员会

第 601JA 条　何时须设立合规委员会

（1）如果注册计划的责任实体一半以下的董事为外部董事，则该责任实体须设立合规委员会。

（2）责任实体的董事在下列情形下则为外部董事：

(a) 当前不是且在过去两年内不是该责任实体或相关法人团体的雇员；以及

(b) 当前不是且在过去两年内不是相关法人团体的高级管理人；以及

(c) 当前或在过去两年内未曾与该责任实体或相关法人团体有实质性的或以专业身份参与的业务往来；以及

(d) 并非在当前或在过去两年内曾与该责任实体或相关法人团体有实质性的或以专业身份参与的业务往来的合伙人成员；以及

(e) 在责任实体或相关法人团体中没有重大利益；以及

(f) 并非在责任实体或相关法人团体中拥有重大利益的任何人士的亲属。

（3）责任实体须在其被上述第（1）款要求的 14 日内，或在 ASIC 以书面形式同意的任何较长期间内，成立合规委员会。

（3A）任何人不得故意或间接故意违反上述第（3）款。

（4）ASIC 在同意上述第（3）款规定的较长期间时，可施加须遵守的条件，而责任实体必须遵守该等条件。

（4A）基于第（4）款的违规，属于严格责任违规。

注释：有关严格责任，请参见《刑法典》第 6.1 条。

第 601JB 条　合规委员会的成员资格

（1）注册计划的合规委员会须至少由 3 名成员组成，且其中大多数成员必须是外部成员。

（2）下列情况下，合规委员会的成员为外部成员：

（a）当前不是且在过去两年内不是该责任实体或相关法人团体的非外部董事、高级管理人或雇员；以及

（b）当前或在过去两年内未曾与该责任实体或相关法人团体有实质性的或以专业身份参与的业务往来；以及

（c）并非在当前或在过去两年内曾与该责任实体或相关法人团体有实质性的或以专业身份参与的业务往来的合伙的成员；以及

（d）在责任实体或相关法人团体中没有重大利益；以及

（e）并非在责任实体或相关法人团体中拥有重大利益的任何人士的亲属。

（3）为上述第（2）（a）项之目的，如果某人是相关法人团体的董事，但并非责任实体本身的董事，并且如果该人是责任实体的董事，则该人本应是第601JA（2）款下责任实体的外部董事，则该人为相关法人团体的外部董事。

（4）如果某人现在或曾经是：

（a）责任实体的外部董事；或

（b）该计划或由责任实体经营的其他注册管理投资计划的合规委员会的成员；

则该人不得仅因其董事或成员身份，而被视为与或曾与该责任实体有实质性的或以专业身份参与的业务往来。

（5）如果注册计划的合规委员会的成员不再符合上述第（1）款的要求，则责任实体须在14日内或在ASIC已书面同意的任何较长期间内，任命合规委员会成员，以满足上述第（1）款的要求。

（6）ASIC在同意上述第（5）款规定的较长期间时，可施加须遵守的条件，而责任实体必须遵守该等条件。

（7）基于第（5）款或第（6）款的违规，属于严格责任违规。

注释：有关严格责任，请参见《刑法典》第6.1条。

第601JC条　合规委员会的职责

（1）计划合规委员会的职责包括：

（a）监督责任实体对该计划合规计划的遵守程度，并向责任实体报告其发现的情况；以及

（b）向责任实体报告：

　　（i）涉及该计划的对本法的任何违反；或

　　（ii）根据第601GA条，对本计划章程条款的任何违反；

关于委员会知悉的或怀疑的以上任何事项；以及

（c）如果合规委员会认为责任实体未采取或未打算采取适当行动，以处理上述第

(b) 项下报告的事宜，则向 ASIC 报告；以及

(d) 定期评估合规计划是否适当，向责任实体报告有关评估结果，并向责任实体提出其认为应当对合规计划作出修改的建议。

(2) 在合规委员会履行职责时，可委托法律、会计或其他专业机构提供独立的咨询意见或帮助，所产生的合理费用由责任实体承担。

第 601JD 条　委员会成员的职责

(1) 管理投资计划的合规委员会投资者须：

(a) 诚实行事；以及

(b) 尽到一个理性人在担任其职务时所能尽到的谨慎和勤勉程度；以及

(c) 不得为下列目的，使用作为合规委员会成员而获取的信息：

(i) 为其自身或他人谋取不正当利益；或

(ii) 损害该计划投资者的利益；以及

(d) 不得利用其作为合规委员会成员的职务之便，为其自身或任何其他人直接或间接谋取利益，或损害该计划投资者的利益；以及

(2) 合规委员会的成员须采取一切合理措施，协助 ASIC 开展第 601FF（1）款下的检查。

(3) 违反上述第（1）款，或涉及违反该条款的任何人，即属违反本款。

注释 1：第 79 条对涉及作了定义。

注释 2：第（3）款是民事罚款条款（请参见第 1317E 条）。

(4) 任何人不得故意或间接故意地违反或涉及违反上述第（1）款。

第 601JE 条　合规委员会成员在某些情形下拥有授予性特权

对于由合规委员会或代表委员会或委员会成员向责任实体或 ASIC 作出的有关经营该计划的陈述，管理投资计划的合规委员会成员拥有授予性特权。

第 601JF 条　责任实体何时可以赔偿合规委员会成员

(1) 管理投资计划的责任实体或有关法人团体不得：

(a) 向该计划的合规委员会成员或曾经是该成员的人提供赔偿，以弥补其作为成员应承担的责任；或

(b) 豁免其承担上述责任。

(2) 如果管理投资计划的章程条款或法人团体的章程条款要求责任实体或有关的法人团体从事上述第（1）款禁止之事宜，则该条款无效。

(3) 上述第（1）款并不阻止任何人就向其他人（责任实体或有关法人团体除外）

承担责任而获得赔偿，除非该责任是因缺乏善意的行为而产生的。

（4）上述第（1）款并不阻止任何人就其发生的下列成本和费用获得赔偿：

（a）在任何民事或刑事辩护程序中，作出对其有利的判决或宣告其无罪；或

（b）与前述法律程序有关的申请中，法院根据本法向该人士给予救济。

（5）在本条中：

赔偿包括通过一个或多个中间实体的间接赔偿。

第601JG 责任实体可向合规委员会成员支付保险费的情形

（1）管理投资计划的责任实体或相关法人团体不得支付或同意支付向现在或过去是该计划的合规委员会成员的人士提供保险的合同有关的下列责任的保险费：

（a）该人士作为合规委员会成员发生的；以及

（b）因涉及故意违反第601JD条所述责任的行为而引起的。

（2）如果违反上述第（1）款，前述合同在保护该人士免受该等责任的范围内无效。

（3）上述第（1）款和第（2）款不适用于任何人在民事或刑事辩护程序中发生的成本和费用责任，无论其结果如何。

（4）在本条中：

支付包括通过一个或以上的中间实体的间接支付。

第601JH 合规委员会的议事程序

（1）根据合规计划的要求，管理投资计划的合规委员会可在其认为适当的情况下调整其议事程序。

（2）合规委员会必须保存：

（a）其会议记录；以及

（b）其报告和建议记录。

（3）合规委员会会议可采用所有成员均同意的任何技术手段。

第601JJ条 利益披露

（1）如果管理投资计划的合规委员会成员对合规委员会正在审议或拟审议的事宜拥有直接或间接金钱利益，且该利益可能与成员履行有关前述事宜审议的责任有任何冲突，则该成员应向合规委员会披露该利益。

（2）上述第（1）款下的披露必须在该成员知悉有关事实之后的合规委员会首次会议上作出，且必须载入会议记录。

第5C.6节 投资者自计划赎回的权利

第601KA条 投资者赎回的权利

自具有流动性的管理投资计划赎回

(1) 注册计划的章程可规定,在计划具有流动性时,投资者可以随时全部或部分地自计划赎回[请参见第601GA(4)条]。

自非流通计划赎回

(2) 注册计划的章程可规定,投资者在该计划不具有流动性时根据本节全部或部分地自计划赎回[请参见第601GA(4)条]。

自计划赎回的限制条件

(3) 责任实体在以下情形下不得允许投资者自计划赎回:

(a) 如果该计划具有流动性——不是根据计划章程所进行的赎回;或

(b) 如果该计划不具有流动性——不是根据计划章程及601KB—601KE条所进行的赎回。

(3A) 基于上述第(3)款的违规,即属严格责任违规。

注释:有关严格责任,请参见《刑法典》第6.1条。

计划具有流动性

(4) 如果流动资产占注册计划财产价值的80%以上,则该计划为具有流动性的计划。

流动资产

(5) 下列资产属于流动资产,除非责任实体在该计划具有流动性时无法合理地预期在章程规定的期间内将这些资产变现:

(a) 银行账户中的资金或银行存款;

(b) 银行承兑汇票;

(c) 可出售证券(定义见第9条);

(d) 规定类型的财产。

(6) 如果责任实体合理预期在计划具有流动性的情况下,可在章程规定的满足赎回要求的期间内以其市场价值变现的财产,则属于流动资产。

第601KB条 非流通计划—要约

(1) 在特定资产可使用且可及时转换为货币的范围内,为满足投资者在回应要约时提出的赎回要求,非流动性计划的责任实体可向投资者提供全部或部分自该计划赎回的机会。

(2) 赎回要约须以书面形式通过下列方式提出：

(a) 如果章程规定了提出要约的程序，则根据该等程序提出；或

(b) 否则，通过向计划的所有投资者或某一类别的所有投资者发送要约副本的方式提出。

(3) 赎回要约必须载明：

(a) 要约公开的期间（须在提出要约后至少持续 21 天）；以及

(b) 用以满足赎回要求的资产；以及

(c) 在该等资产转换为货币时预计可用的金额；以及

(d) 如果可用的款项不足以满足所有要求，处理赎回要求的方法。

上述第（d）项所述方法须遵守第 601KD 条。

(4) 对于联名投资者而言，赎回要约的副本仅须发送给投资者登记册中排名首位的联名投资者。

(5) 提出赎回要约之后责任实体应尽快将该要约的副本提交至 ASIC。

第 601KC 条　非流通计划—任何时间仅可有一项赎回要约有效

对于非流通计划的特定权益而言，任何时间仅可有一项赎回要约有效。

第 601KD 条　非流通计划—支付方法

非流通计划的责任实体须确保，在要约结束之后 21 日之内满足在回应赎回要约时提出的赎回请求。在要约有效期间，不得满足在赎回要约下提出的请求。如果要约中所述资产的金额不足以满足所有请求，则应按比例满足请求，计算公式如下：

可用的款项 × 投资者请求赎回的款额/投资者请求赎回的所有款项

第 601KE 条　非流通计划—责任实体可撤销赎回要约

(1) 非流通注册计划的责任实体：

(a) 在要约包含重大错误时，可在要约结束之前将其撤销；或

(b) 如果符合投资者最大利益，则必须在要约结束之前将其撤销。

(2) 撤销必须通过下列方式进行：

(a) 如果章程规定撤销赎回要约的程序，则根据该等程序；或

(b) 否则，通过向赎回要约的目标投资者发出书面通知的方式。

(3) 责任实体须向 ASIC 提交撤销的书面通知。

第 5C.7 节　关联交易

第 601LA 条　第 2E 章经修改后适用

根据第 601LB 条至第 601LE 条作出修改后的第 2E 章适用于已注册计划，如同：

(a) 提述公众公司是指该计划的责任实体；以及

(b) 提述公众公司的任何关联方正在给予或接受的收益，是指责任实体或关联方正在给予或接受的收益；以及

(c) 提述公众公司的决议是指该计划投资者的决议；以及

(d) 提述股东大会是指该计划的投资者会议；以及

(e) 提述公众公司的投资者是指该计划的投资者；以及

(f) 提述公司的最大利益是指该计划投资者的最大利益。

第601LB条　取代第207条

第 2E 章的第 207 条由下列条款取代：

第207条　目的

本章规则适用于已注册计划，通过要求投资者批准的方式，给予责任实体或其关联方从计划财产中产生的财务收益或批准可能危及投资者整体利益的给予，旨在保护投资者的整体利益。

第601LC条　取代第208条

第 2E 章的第 208 条由下列条款取代：

第208条　须投资者批准财务收益

(1) 如果就一项财务收益而言，下列所有条件予以满足：

(a) 收益由下列人士给予：

　　(i) 注册计划的责任实体；或

　　(ii) 责任实体控制的实体；或

　　(iii) 责任实体的代理人或责任实体聘用的人士

(b) 收益：

　　(i) 从该计划财产中给予；或

　　(ii) 可能危害该计划财产

(c) 受益人是：

　　(i) 上述人士或关联方；或

　　(ii) 上述第（a）项提及的其他人士或该人士的关联方；

则对于上述第（a）项所述的给予收益的人士而言：

(d) 第（a）项所述人士须：

　　(i) 根据第 217 条至第 227 条规定的方式获得该计划投资者的批准；以及

　　(ii) 在获得批准后 15 个月内给予收益；或

（e）收益的给予须属于第 210 条至第 216 条所列例外的范围内。

注释：第 228 条对关联方作了定义，第 191 条对实体作了定义，第 191 条对控制作了定义，且第 229 条影响给予财务收益的含义。

（2）如果：

（a）给予收益是合同规定的；以及

（b）合同的订立根据第（1）（d）（i）目获得批准，以向实体或关联方给予财务收益；以及

（c）合同在下列时间内订立：

(i) 在该批准之后 15 个月内；或

(ii) 在该批准之前，如果合同以取得批准作为条件；

则须视为投资者已经批准给予收益，且收益无须在 15 个月内发放。

（3）上述第（1）款不阻止责任实体按照第 601GA（2）款下该计划章程的规定，自行支付费用并行使要求赔偿的权利。

第 601LD 条　删除第 213 条、第 214 条和第 224 条

第 2E 章在删除第 213 条、第 214 条和第 224 条后适用。

注释：第 253E 条，而非第 224 条的规则应予以适用。

第 601LE 条　修订第 225 条

第 2E 章在第 225（1）条作出如下修订后适用：删除第"224（1）条"并代以适用第"253E 条"。

第 5C.8 节　违反规定的后果（民事责任和可撤销的合同）

第 601MA 条　责任实体须向投资者承担的民事责任

（1）如果注册计划的投资者因该计划的责任实体违反本章规定而遭受损失或损害，可通过针对责任实体提出诉讼的方式予以追讨，不论责任实体是否就违反规定被定罪或收到针对其作出的民事罚款命令。

（2）上述第（1）款下的诉讼须在诉由发生之后 6 年内提出。

（3）本条不影响任何人根据本法其他条款或其他法律承担的责任。

第 601MB 条　认购要约和邀请违反本法时的可撤销合同

（1）如果：

（a）管理投资计划的经营违反第 601ED（5）条，且任何人（要约人）发出认购该计划权益的要约，或发出认购该计划权益的邀请；或

(b) 任何人（要约人）在发出认购该计划权益的要约时或发出认购该计划权益的邀请时，违反第 7.9 部第 2 分部；

则任何人（要约人除外）因其接受要约或在回应邀请时接受要约而订立的认购权益的合同，可按照该人士的选择，经书面通知要约人撤销。

(2) 如果该人士根据上述第（1）款发出通知，则合同各方的义务在下列时间内中止：

(a) 在通知发出之后 21 天内；以及

(b) 自根据下述第（4）款提出有关通知的申请时开始，至申请及因其产生的任何上诉已被最终裁定或以其他方式被处置时止的期间内。

(3) 除第（6）款另有规定，撤销合同的通知在下列时间生效：

(a) 在通知发出后的 21 日终止时；或

(b) 如果要约人在前述 21 日内提出下述第（4）款下的申请，则在各方根据上述第（2）(b) 项义务中止期间结束时。

(4) 在通知发出后 21 日内，要约人可向法院申请宣布通知无效的命令。

(5) 即使通知已经生效，法院仍可延长要约人根据上述第（4）款提出申请的期间。

(6) 对于上述第（4）款下的申请，如果法院认为在任何情形下，宣布通知无效是公正公平的，则可进行宣布。

第 5C.9 节　清算

第 601NA 条　管理投资计划的章程要求清算

注册计划的章程可规定，该计划须在：

(a) 某一特定时间清算；或

(b) 在某一特定情形或在某一特定事件发生时清算；

但是，如果章程条款规定，一家公司不再为该计划的责任实体时，该计划须清算，则该条款无效 [包括为第 601NE（1）(a) 项之目的]。

第 601NB 条　根据投资者的指示进行清算

如果注册计划的投资者希望该计划进行清算，则其可根据第 2G.4 节第 1 分部采取行动，召开投资者会议，审议并表决指示责任实体清算该计划的特别决议。

第 601NC 条　因计划目的已实现或无法实现而进行的清算

(1) 如果注册计划的责任实体认为该计划的目的：

(a) 已经实现；或

(b) 无法实现；

则其可根据本条采取清算该计划的行动。

(2) 责任实体须向该计划的投资者和 ASIC 发出书面通知：

(a) 解释说明清算该计划的提议，包括说明该计划目的是如何实现的或无法实现的原因；以及

(b) 告知投资者其可根据第 2G.4 节第 1 分部采取行动，召开投资者会议，以考虑该计划的拟议清算，并表决投资者提议的有关该计划清算的任何特别决议；以及

(c) 告知投资者责任实体将获许清算该计划，除非在责任实体向投资者发出通知后的 28 日内，召开会议考虑该计划的拟议清算。

(3) 如果投资者会议未在前述 28 日内被召开以考虑拟议清算，则责任实体可清算该计划。

第 601ND 条　法院命令清算

(1) 法院可在下列情形下，通过命令的方式，指示注册计划的责任实体清算该计划：

(a) 法院认为作出该命令是公正公平的；或

(b) 在命令申请提出之前 3 个月内，基于任何法院（不论是否为澳大利亚的法院）作出的判处债权人胜诉且责任实体（作为该计划的责任实体之身份）败诉的判决、裁定或命令并根据该判决、裁定或命令作出执行或其他程序，且该等执行或其他程序未获充分履行的。

(2) 基于上述第（1）(a) 项向的命令可应下列人士的申请作出：

(a) 责任实体；或

(b) 责任实体的董事；或

(c) 该计划的投资者；或

(d) ASIC。

(3) 基于第（1）(b) 条的命令可应债权人的申请作出。

第 601NE 条　计划的清算

(1) 注册计划的责任实体须确保，该计划在下列任一情形下根据其章程和第 601NF (2) 款下的命令清算：

(a) 如果该计划的章程规定，该计划须在特定时间、特定情形或在特定事件发生时清算，且前述时间已届满，前述情形或事件已发生的；或

(b) 如果投资者通过特别决议，指示责任实体清算该计划的；或

(c) 法院作出命令，指示责任实体清算该计划的；或

(d) 投资者通过决议免去责任实体，但在同一会议上，未通过选任同意作为该计划

的新责任实体的公司作为该新责任实体的决议。

注释：对于法院作出清算命令的权力，请参见第601FQ（5）条和第601ND条。

（2）如果注册计划的责任实体根据第601NC（3）条获许清算该计划，则该责任实体可根据其章程和第601NF（2）条下的任何命令清算该计划。

（3）不得在责任实体有义务确保该计划清算之后或该计划已开始清算之后发行注册计划的权益。

第601NF条　关于清算的其他命令

（1）法院可在其认为必要时（包括因责任实体已不存在或不正当地履行其有关清算的义务），通过命令的方式，委任任何人承担确保注册计划根据其章程和第（2）款下的命令进行清算的责任；

（2）法院可在其认为必要时（包括因注册计划的章程条款不适当或不可行），通过命令的方式，作出有关该计划须如何清算的指示。

（3）上述第（1）款或第（2）款下的命令可应下列人士的申请作出：

(a) 责任实体；或

(b) 责任实体的董事；或

(c) 该计划的投资者；或

(d) ASIC。

第601NG条　向ASIC交付无人认领的款项

如果在注册计划清算结束时，负责清算该计划的人士占有或控制任何无人认领或未分配的款项或其他财产，且该等款项或财产曾属于该计划财产的一部分，则该人士须在切实可行的情况下，尽快向ASIC交付该款项或转让该财产，以便根据第9.7节处理。

第5C.10节　注销

第601PA条　自愿注销

责任实体可申请注销

（1）注册计划的责任实体可向ASIC提交该计划的注销申请。

（2）责任实体仅可在下列任一情形下提出申请：

(a) 该计划：

(i) 拥有20个或以下的投资者（根据第601ED（4）条计算），且所有投资者同意该计划应予以注销；以及

(ii) 无须根据第601ED（1）（b）或（c）项的要求注册；或

(b) 该计划因第601ED（2）款（第7.9节第2分部规定的豁免不适用）无须注册，

且所有投资者同意该计划应予以注销；或

(c) 该计划不属于管理投资计划。

(3) 如果 ASIC 认为上述申请符合上述第（1）款和第（2）款，则须在下列媒介上发出拟议注销的通知：

(a) 在国家数据库中；以及

(b) 在《公报》上。

自在《公报》发出通知起两个月后，ASIC 可注销该计划。

(4) ASIC 须向申请人发出注销通知。

第 601PB 条　ASIC 注销

(1) ASIC 可在下列情形下决定注销注册计划：

(a) 该计划没有符合第 601FA 条要求的责任实体；或

(b) 该计划没有符合第 601GA 条和第 601GB 条要求的章程；或

(c) 该计划没有符合第 601HA 条要求的合规计划；或

(d) 根据该计划的合规计划，该计划的财产：

　　(i) 未被明确地确认为该计划的财产；以及

　　(ii) 未与责任实体的财产和任何其他计划的财产分别持有；或

(e) 下列条件予以满足：

　　(i) 对向该计划责任实体提交的详细资料申报表的回复已至少延迟 6 个月；以及

　　(ii) 该计划或其代表在最近 18 个月内未提交任何其他文件；以及

　　(iii) ASIC 没有理由认为该计划正在经营；或

(ea) 该计划在审核日发生的审核费，在款项应付之日起至少 12 月后仍未全额支付；或

(f) 该计划已清算。

注销程序

(2) 如果 ASIC 根据本条决定注销计划，须向下列人士并在下列媒介上发出拟议注销的通知：

(a) 该计划的责任实体；

(b) 正在清算该计划的任何其他人；

(c) 在国家数据库中；以及

(d) 在《公报》上。

如果根据上述第（1）(a)、(b)、(c) 或 (d) 项发出通知，则该通知须载明 ASIC

拟注销该计划的结束时间。

（3）ASIC 可在下列任一时间注销该计划：

（a）如果上述第（1）(a)、(b)、(c) 或（d）项予以适用，则在《公报》通知所载期间结束时；或

（b）如果上述第（1）(e) 或（f）项予以适用，则自《公报》通知刊载起 2 个月后。

（4）如果 ASIC 没有有关该人士地址的必要信息，则无须根据上述第（2）款发出通知。

（5）ASIC 须向上述第（2）(a) 或（b）项下拟议注销的任何应被通知人发出注销通知。

第 601PC　注销的恢复

（1）如果 ASIC 认为管理注册计划不应被注销或导致该计划注销的过失已获补救，则可恢复该计划的注册。

（2）在下列情况下，法院可命令 ASIC 恢复管理投资计划的注册：

（a）下列人士向法院提出恢复申请：

　（i）其权利因注销而受到损害的任何人；或

　（ii）清算该计划的任何人；以及

（b）法院认为恢复该计划的注册是公正的。

（3）法院可作出其认为使计划和其他人恢复到注销前的状态，如同该计划从未被注销，且法院认为公正的任何指示。

ASIC 发出恢复注销的通知

（4）ASIC 须在《公报》上发出恢复注销的通知。如果 ASIC 在对任何人的申请回应时行使其在第（1）款下的权力，则 ASIC 还须向申请人发出恢复注销的通知。

第 5C.11 节　豁免和修改

第 601QA 条　ASIC 作出豁免和修改命令的权力

（1）ASIC 可：

（a）豁免任何人对本章的规定的责任；或

（b）声明在所列的章节被删除、修改或变更后，本章适用于某人。

在不限制本款的前提下，ASIC 声明本章适用于任何人，如同第 601HA 条包括计划财产须由责任实体之外的任何人作为责任实体的代理人持有的要求。

（2）该豁免或声明可：

(a) 适用于本章的所有或指定条款；以及

(b) 适用于所有人、所有指定人士或某一特定类别的人士；以及

(c) 涉及所有证券、指定证券或某一特定类别的证券；以及

(d) 涉及任何其他一般或指定的事宜。

(3) 豁免可无条件适用或附条件适用。适用于豁免中指定条件的人士必须遵守该条件。法院可命令该人士以指定的方式遵守该条件。只有 ASIC 可向法院申请命令。

(4) 豁免或声明必须采用书面形式，且 ASIC 须在《公报》中发布有关通知。

(5) 为本条之目的，本章的条款包括：

(a) 为本章之目的而制订的规章；以及

(b) 适用于下列各项的本法或前述规章中的定义：

  (i) 本章；或

  (ii) 为本章之目的而制订的规章；以及

(c) 旧版第 11.2 部第 11 分部中的过渡条款。

第 601QB 条　通过规章进行修订

规章可修改本章或本法中有关下列证券的其他条款的实施：

(a) 管理投资计划；或

(b) 某一特定类别的所有管理投资计划。

第六部分 英国

全球主要REITs市场法规汇编

一、市场情况与法规概述

英国的 REITs 起步相对较晚，首批在英国上市交易的不动产投资信托基金（简称 UK REITs）于 2007 年 1 月 1 日，在英国《2006 年金融法》（Finance Act 2006）法案通过后挂牌上市。英国作为 2007 年全球 REITs 市场的主要成长动力，当年总市值超过澳大利亚，位居全球第二，虽然很快遭受 2008 年全球金融危机的冲击，但依靠其完善的法律体系及市场韧性，英国 REITs 市场自 2010 年开始逐渐恢复，并不断增长。根据行业分类标准（ICB），截至 2019 年年末，英国上市的 UK REITs 达到 54 只，市值规模达到 898.11 亿美元，为欧洲发展最快、规模最大的 REITs 市场，同时也是继美国、日本、澳大利亚之后的全球第四大市场。

早在 2003 年 3 月，英国政府已开始商讨 REITs 进入市场的可能性，用以改善英国出租房屋投资和管理经营的效率，消除住房市场的泡沫。但基于当时英国法律对房地产税收及转手交易的限制，很难满足 REITs 的盈利模式。

2005 年 3 月英国财政部和税务局发布了"英国房地产投资信托"的征询报告，报告支持了对地产投资税收政策的改革，标志着 REITs 引入英国。

2006 年英国《2006 年金融法》法案对 REITs 进行了严格的规定，确立了英国 REITs 制度。法案获得通过后，2007 年 1 月 1 日，首批八只 UK REITs 随即发行，其中多为房地产上市公司转换为 REITs 架构。

首批 UK REITs 发行后的第二年，便遭遇了 2008 年美国次贷危机，房地产行业首当其冲，因此，英国 REITs 早期发展也是困难重重。但依靠其完善的法律体系、政府政策的大力推动以及伦敦作为金融中心积极的市场活跃度、合理的流动性和较强的市场韧性，英国 REITs 市场得以先于其他欧洲国家恢复并逐渐增长。

2010 年英国出台的《2010 年公司所得税法》（Corporation Tax Act 2010）的第 12 章不动产投资信托替代了 2006 年的《2006 年金融法》关于 REITs 的大部分法规，对资产构成、收入来源、分红比例以及业务和投资的限制等方面做了更为详细的监管规定。

2012年6月，英国出台《2012年金融法》（Finance Act 2012），进一步放松了对REITs的设立及监管要求，废除了总资产（gross property assets）2%的REITs入市费（entry charge），降低了UK REITs发行主体和投资主体的准入门槛。法案修订后，新的UK REITs产品也可以在AIM（伦敦证券交易所另类投资市场）挂牌上市，且具有三年过渡期，在过渡期UK REITs产品可以由公众持有且不会退市。这一系列政策，将有助于吸引国际资本进入，提高投资者税后收益，建立国际化的REITs品牌，这对增强UK REITs的吸引力有深远意义。

2019年4月6日，英国对关于UK REITs主营业务在英国的房地产公司（其主要业务收入至少75%来自英国）的股权买卖所获的收益征收公司所得税的事项进行了修改，免除了REITs该部分收益的税负。

本书英国REITs法规部分主要就2010年《2010年公司所得税法》"第12章 不动产投资信托"这一章节进行了翻译。该章节对REITs的主体资格确认、资产构成、存续管理、业务限制及收入来源、收益分配、注销清算等事项进行了规定。

二、法规编译（英国公司法不动产投资信托部分）

第12章
不动产投资信托
第1节　概述
前言

518 本章概述

(1) 本章，

(a) 适用于从事物业资产租赁业务且符合第2节相关规定的集团，可以选择根据第3节的规定享有其利润或利得税收免征的优惠，且

(b) 缴税义务由该集团成员及从该集团的控股公司取得收益分配的主体承担。

(2) 本章针对从事物业资产租赁业务且符合第2节规定要求的公司进行相应规定。

(3) 此外，

(a) 第4节规定了成为英国REIT或其成员的相关影响。

(b) 第5、6、7节分别就英国REIT的资产、分配及利得等做出规定。

(c) 第8节对违反第2章规定的情形进行了相关规定。

(d) 第9节对终止成为英国REIT或其成员做出规定。

(e) 第10节规定了本章适用于通过合资企业开展物业资产租赁业务的情形。

(f) 第 11 节规定了其他条款和定义。

(4) 在本章中,"英国 REIT"是指:

(a) 一家英国 REIT 集团［请见第 523 条（5）款］,或

(b) 一家英国 REIT 公司［请见第 524 条（5）款］。

释义

519 "物业资产租赁业务"

(1) 本章所称"物业资产租赁业务"是指:

(a) 英国相关不动产业务［定义见英国 CTA（2009）第 205 条］,以及

(b) 海外相关不动产业务［定义见英国 2009 年 CTA（2009）第 206 条］。

(2) 就上述本条第（1）款而言,无须考虑 CTA（2009）第 42 条（2）款的规定（该款约定与不动产紧密联系的收支应作为相关交易的一部分,而不应作为相关不动产业务的一部分）。

(3) 物业资产租赁业务的定义须受限于以下条款:

(a) 第 598 条（3）款（该条款规定合资公司或合资集团成员的某些资产租赁业务不属于物业资产租赁业务）,

(b) 第 604 条（该条规定某一特定类型的业务不属于不动产租赁业务）,以及

(c) 第 605 条（该条规定产生某一特定类型收入的业务不属于不动产租赁业务）。

(4) 针对属于某集团成员的非英国公司经营的业务,如果该业务由英国公司经营时属于不动产租赁业务,则该业务亦为本章规定的不动产租赁业务。

520 非英国公司的"英国物业资产租赁业务"

(1) 在本章中所称的"英国物业资产租赁业务",就非英国公司而言,是指该公司在英国境内发生的物业资产租赁业务。

(2) 本条第（3）款适用于以下情况:

(a) 某非英国公司,该公司是英国 REIT 集团成员且开展英国物业资产租赁业务;并且

(b) 该业务的利润应根据 ITTOIA（2005）第 3 章第 3 节的规定缴纳相应所得税。

(3) 英国物业资产租赁业务的利润,

(a) 为本章之目的,应被视为(在符合本章规定的情况下)应缴纳公司税,并且

(b) 不应被征收所得税。

521 "英国公司"和"非英国公司"

(1) 本章所称"英国公司"是指某公司为,

（a）英国税务居民企业，并且

（b）不属于其他国家税法规定下的税务居民企业。

（2）本章所称"非英国公司"，就集团而言，应参照上述第（1）款规定进行理解（在该等情况下，对该集团下的"英国成员"和"非英国成员"亦应参照该等规定理解）。

522 "其他业务"

在本章中，"其他业务"是指非物业资产租赁业务。

第 2 节　成为英国 REIT 的条件

成为英国 REIT

523 关于集团成为英国 REIT 的公告

（1）如果某集团中的控股公司[一]根据本条进行公告，则该集团成为英国 REIT 集团。

（2）本条所述公告是载明某一集团成为英国 REIT 之日的公告。

（3）集团中的控股公司仅在下列情况均满足时方可根据本条规定进行公告：

（a）该公司是一家英国公司；并且

（b）《金融服务和市场法》［FISMA（2000）］第 236 条的规定（即开放式投资公司[二]）不适用于该公司。

（4）如果该集团的控股公司按照本条约定发出公告，则自该集团发出前述公告之日起该集团即成为英国 REIT。

（5）在本章中，"英国 REIT 集团"是指该集团的控股公司已经根据本条规定发出公告的公司集团。

（6）本条受限于第 527 条（2）款的规定（成为英国 REIT 集团的要求）。

524 关于单个公司成为英国 REIT 的公告

（1）如果某公司根据本条进行公告，则该公司成为英国 REIT 公司。

（2）本条所述公告是指载明某一公司成为英国 REIT 之日的公告。

（3）某公司仅在下列情况均满足时方可根据本条规定进行公告：

（a）该公司是一家英国公司，并且，

（b）《金融服务和市场法》［FISMA（2000）］第 236 条的规定（即开放式投资公司）不适用于该公司。

㊀ Principal Company。

㊁ Open-ended investment companies。

（4）如果该公司按照本条约定发出公告，则自该公司发出前述公告之日起该公司即成为英国 REIT。

（5）在本章中，"英国 REIT 公司"是指已根据本条约定发出公告的公司。

（6）本条受限于 527 条（3）款的规定（成为英国 REIT 公司的要求）。

525 关于第 523 条和 524 条所规定之公告的补充规定

（1）根据第 523 条或 524 条所发出的公告：

（a）应以书面形式呈送给税务与海关官员，

（b）应于公告所载的日期之前发出，

（c）应附有公司的声明，该声明应说明根据合理预期，第 528 条（公司相关条件）中的条件 A、B、C、E、F 中的每一条均将持续在首个会计期间满足，

（d）应包含根据由英国税务海关总署专员制定的法规规定的其他信息及随附的其他文件。

（2）如果发出公告的公司符合下列条件，则本条第（3）款应予以适用：

（a）预期在首个会计期间的第 1 天不能满足第 528 条中的条件 C，但是

（b）经合理预期将在该会计期间的其余时间满足该条件。

（3）如果本款适用，则，

（a）第（1）款（c）项将不适用，但是

（b）该公告必须附有该公司包含第（4）款所述内容的声明。

（4）声明的内容包括：

（a）根据合理预期，第 528 条中的条件 A、B、E 与 F 将在首个会计期间内持续满足；并且

（b）根据合理预期，第 528 条中的条件 C 可以在首个会计期间内的第 1 天的部分时间以及该期间的剩余时间得以满足。

[原有（5）-（8）已被 Finance Act 2012 (c. 14)，Sch. 4 para. 2（4）删除。]

（9）"首个会计期间"的定义见第 609 条。

526 作为英国 REIT 的存续期限

只要某集团或某公司成为英国 REIT，该集团或公司则应持续作为英国 REIT 而存在，直至其根据第 571、572 或 578 条的规定终止认定为英国 REIT。

在某会计期间内成为英国 REIT

527 在某会计期间内成为英国 REIT

（1）本条款列出了相关集团或公司要在某个会计期间成为英国 REIT 而必须满足的

要求;

(2) 为使已根据第 523 条发出公告的集团能够在公告中载明的相应会计期间内成为英国 REIT 集团:

(a) 整个该会计期间内,该集团的控股公司应满足第 528 条所载的每个条件(公司相关条件);

(aa) 第 528A 条所载的条件(与股份相关的其他条件)应在该会计期间内得到满足;

(b) 在整个会计期间内,该集团应从事符合第 529 条中的条件 A 和条件 B 的物业资产租赁业务(无论该集团是否还从事其他业务);

(c) 第 530 条(利润分配)所载的条件应在该会计期间内得到满足;

(d) 第 531 条(业务资产负债表)中的条件 A 和条件 B 应在该会计期间内得到满足;

(e) 该集团的控股公司应根据第 532 条的规定,按要求向税务海关总局提交该会计期间的财务报告文件。

(3) 为使已根据第 524 条发出公告的公司在公告中载明的相应会计期间内成为英国 REIT 公司:

(a) 在整个该会计期间内该公司应满足第 528 条所载的每个条件(公司相关条件);

(aa) 第 528A 条所载的条件(与股份相关的其他条件)应在该会计期间内得到满足;

(b) 在整个会计期间内,该公司应从事符合第 529 条中的条件 A 和条件 B 的物业资产租赁业务(无论该公司是否还从事其他业务);

(c) 第 530 条(利润分配)所载的条件应在该会计期间内得到满足;

(d) 第 531 条(业务资产负债表)中的条件 A 和条件 B 应在该会计期间内得到满足。

(4) 上述第(2)款与第(3)款可根据第 525 条、第 558 条、第 559 条或第 8 节放宽相应适用条件。

(5) 第(2)款(a)项与第(3)款(a)项的适用须受限于本条第(6)、(8)款的规定。

(6) 如果该会计期间在首个 3 年期间内终止,第 528 条中的条件 D 可以不满足。

(7) 如果该会计期间开始后在首个 3 年期间内未结束,则第 528 条中的条件 D 只须在首个 3 年期间届满后的剩余会计期间内得以满足即可。

(8) 上述第(6)款与第(7)款中的"首个 3 年期间"是指自根据第 523 条或第

524 条的规定所发出的公告中载明的日期之日起的首个 3 年期间。

528 公司相关条件

（1）条件 A 是指该公司为英国公司。

（2）条件 B 是指《金融服务和市场法》（2000）第 236 条（开放式投资公司[一]）的规定不适用于该公司。

（3）条件 C 是指该公司的普通股获许在经认可的证券交易所上市交易。

（4）条件 D 是指该公司：

(a) 不是非上市公司[二]，或

(b) 该公司是一家非上市公司，但仅因为其有一个参与方（定义见第 454 条）为机构投资者。

（4A）机构投资者是指以下任一主体：

(a) 以下主体的信托受托人或管理人：

(i) 授权单位信托计划［定义见《金融服务和市场法》（2000）第 237 条第（3）款］，或

(ii)《金融服务和市场法》（2000）第 237 条第（1）款所定义的单位信托计划，该信托计划已获得英国以外地区的当地法律法规的授权，且此等信托计划根据当地适用法律相当于授权单位信托［定义见《金融服务和市场法》（2000）第 237 条第（3）款］；

(b) 满足下列条件的公司：

(i) 该公司是一家根据《金融服务和市场法》（2000）第 262 条规定成立的开放式投资公司［定义见《金融服务和市场法》（2000）第 236 条第（1）款］，或

(ii) 该公司在英国以外的地区根据当地法律法规设立，在该法律框架下，该公司等同于开放式投资公司［定义见《金融服务和市场法》（2000）第 236 条第（1）款］；

(c) 代表形式为集合投资计划［定义见《金融服务和市场法》（2000）第 235 条］的有限合伙企业的执行事务的人士；

(d) 养老金计划［定义见《财政法》（2004）第 150 条第（1）款］的受托人或管理人；

一 open-ended investment companies，译为开放式投资公司。

二 close company，指其股份由少数投资人持有的非公开交易的公司，译为非上市公司。

(e) 参与长期保险业务［即签署或履行《金融服务与市场（受监管的活动）规定》(2001) 所规定的长期保险合同的行为］的人士，且该人士

　　(i) 按照《金融服务和市场法》(2000) 的授权开展此类业务，或

　　(ii) 在英国以外的地区根据当地法律法规的授权开展与上述业务类似的业务；

(f) 慈善机构；

(g) 根据下列任一条款注册的人士（用于社会房屋持有人[⊖]的登记注册）：

　　(i) 英格兰《住房与改造翻新法案》(2008) 第 111 条；

　　(ii) 苏格兰《住房法（苏格兰）》(2010) 第 20 条；

　　(iii) 威尔士《住房法》(1996) 第 1 条；

　　(iv) 北爱尔兰《住房规定（北爱尔兰）》(1992) 第 14 条；

(h) 由于主权豁免而无须缴纳相关公司税或所得税的主体；

(i) 英国 REIT；

(j) 在英国以外地区根据当地税收法律法规属于税务居民企业，且按照当地适用法规相当于英国 REIT 的主体。

(4B) 财政部可以依法通过增加、删除或修订第 (4A) 款的描述来修订关于"机构投资者"的定义。

(5) 如果一家公司仅根据第 444 条或 447 条 (1) 款 (a) 项而不属于非上市公司，则为第 (4) 款 (a) 项之目的，该公司应被视为是非上市公司。

(6) 条件 E 是指，

(a) 该公司发行的每股股份：

　　(i) 为该公司普通股股本的一部分，或

　　(ii) 为无表决权的限制性优先股[⊖]；并且

(b) 该公司至多发行一种类别的普通股。

(7) 就条件 E 而言，

(a) "限制性优先股"是指具有第 160 条所规定含义的限制性优先股或虽不属于前述定义的限制性优先股但实际上享有转化为公司股份或证券权利的股份，并且，

(b) "无表决权股"是指在公司股东大会上不享有表决权或其仅在其不享有利润分配权时才可行使表决权的股份（但此不具备可行性）。

(8) 条件 F 是指，对于公司作为债务人的任何贷款，

⊖　social landlord。

⊖　a non-voting restricted preference share。

(a) 贷款债权人无权获得以下利息：任何程度上与该公司的部分或全部业务成果相关的利息，或与该公司任何资产价值相关的利息，

(b) 贷款债权人无权就出借款项获得超出合理商业回报的利息，

(c) 贷款债权人有权获得不超过出借款项的还款额，或有权根据证券在经认可证券交易所上市的发行条款，获得与一般应偿还金额（就出借款项的相等金额而言）合理相当的还款额。

(9) 就条件 F 而言，贷款可以不取决于公司经营业绩而仅基于下列贷款条款而存在：

(a) 若公司经营业绩提升，则利息减少，或

(b) 若经营业绩恶化，则利息增加。

528A 与股份相关的其他条件

(1) 若某一集团为英国 REIT，则其应在相应会计期间满足以下条件：

(a) 在整个会计期间内，该集团的控股公司的全部普通股股份应该满足第 1137 条 (2) 款 (b) 项的要求（有关股份"上市"的定义）；

(b) 在会计期间内，该集团的控股公司普通股中的部分股份在受认可的股票交易所交易。

(2) 若某一公司为英国 REIT，则其应在相应会计期间满足以下条件：

(a) 在整个会计期间内，该公司的全部普通股股份应该满足第 1137 条 (2) 款 (b) 项的要求（有关股份"上市"的定义）；

(b) 在会计期间内，该公司的普通股中的部分股份在受认可的股票交易所交易。

(3) 本条款受限于第 528B 条的规定。

528B 在第 1—3 会计期间内关于第 528A 条规定条件的放宽

(1) 本条放宽了第 1 个会计期间、第 2 个会计期间和第 3 个会计期间内对第 528A 条的要求。

(2) 若某一集团为英国 REIT，且其符合以下要求，则视为其在第 1 个会计期间、第 2 个会计期间和第 3 个会计期间满足了第 528A 条所载的条件：

(a) 在相关期间的期末，该集团控股公司的全部普通股股份满足第 1137 条 (2) 款 (b) 项的要求（有关股份"上市"的定义）；或

(b) 在相关期间内，该集团的控股公司普通股中的部分股份在受认可的股票交易所交易。

(3) 若某一公司为英国 REIT，且其符合以下要求，则视为其在第 1 个会计期间、第 2 个会计期间和第 3 个会计期间满足了第 528A 条所载的条件：

(a) 在相关期间的期末,该公司的全部普通股股份满足第 1137 条(2)款(b)项的要求(有关股份"上市"的定义);或

(b) 在相关期间内,该公司普通股中的部分份额在受认可的股票交易所交易。

(4) 在本条中,

"会计期间 2"是指紧跟首个会计期间后的会计期间;

"会计期间 3"是指紧跟会计期间 2 后的会计期间;

"相关期间"是指包括首个会计期间、会计期间 2 与会计期间 3 在内的期间。

529 物业资产租赁业务的条件

(1) 条件 A 是指该物业资产租赁业务至少涉及三处物业。

(2) 条件 B 是指物业资产租赁业务中,单一物业总价值不超过总物业价值的 40%。

(3) 就条件 A 和条件 B 而言,集团中各主体的物业资产租赁业务应被视为一项单一业务。

(4) 就条件 A 和条件 B 而言,

(a) 凡提及某项业务"涉及"的物业,是指开展该业务时利用的一种地产、权益或权利,

(b) "单一物业"是指一套经设计、装修或配置的用于或可用于商业或住宅出租的物业单位(独立于其他任何商业或住宅单元物业),

(c) 资产须按照国际会计准则进行估值,

(d) 若根据国际会计准则,可以选择使用成本计量法或公允价值计量法的,则必须使用公允价值计量法,以及

(e) 该资产不得设置担保或存在其他与资产有关的负债(不论是一般债务还是专项债务)。

(5) 如果某一英国 REIT 集团成员从事物业租赁业务的部分利润根据第 533 条(3)款不计入财务报表内,则对应该成员的该部分物业租赁业务不应计算在本条第(2)款中所述的物业价值内。

530 利润分配的条件

(1) 对于英国 REIT 集团而言,在某个会计期间内,下述两项利润应当不晚于该公司在该期间纳税申报表提交之日进行分配[见《财政法》(1998)附表 18 第 14 段]:

(a) 在该期间内该集团产生的英国利润中属于英国 REIT 投资利润的部分(见第 549A 条),以及

(b) 在该期间内该集团产生的其余英国利润中不少于 90% 的部分。

(2) 在第(1)款中"英国利润"是指根据第 532 条(2)款(b)项(英国集团物

业资产租赁业务）约定体现在财务报表上的该集团各成员的合并利润。

(3) 若满足以下条件，第（1）款应不再适用：

(a) 第（1）款中的条件适用于物业资产租赁业务的利润可归属于集团的某个成员的情形，并且

(b) 若依照相关成文法则某成员适用第（1）款中的条件是违法的。

(4) 对于英国REIT公司而言，在某个会计期间内，下述两项利润应当不晚于该公司在该期间纳税申报表提交之日进行分配［见《财政法》（1998）附表18第14段］：

(a) 在该期间内该公司产生的利润中属于英国REIT投资利润的部分（见第549A条），以及

(b) 在该期间内该公司从事物业资产租赁业务所取得的其他利润中不少于90%的部分。

(4A) 就第（4）款而言，公司的物业资产租赁业务利润应根据第599条计算。

(5) 若依照相关成文法则适用该条件是违法的，则第（4）款应不再适用。

(6) 就本条而言，为了避免或减少根据第551条（额外权利的股东分配）征收的税项而减少发放的分配，应被视为已作出分配。

(6A) 在本条中，凡提及分配均指以下一项或两项含义：

(a) 现金股利分配，以及

(b) 为代替现金股利而发放的股本分配。

(6B) 第1051条第（2）—（4）款（代替现金股利发放的股本分配）适用于第（6A）款的规定，就如同其适用于第1049条（1）款（a）项的规定一样。

(6C) 第（6D）款适用于以下情形：

(a) 在某一会计年度内无法满足本条约定的相关条件［第（6D）款的条件除外］，并且

(b) 仅由于第599A条（2）款与ITTOIA（2005）第412条（2）款（市值的替代）的规定，导致本条第（6A）款（b）项的相关分配无法满足。

(6D) 就第（1）款或第（4）款（视情况而定）而言，在该会计期间内，"不晚于"可被替换为"首个6个月期限结束前"。

(7) 在本条中，"相关成文法则"是指：

(a) 成文法则（包括北爱尔兰地区法律法规和苏格兰议会法案），或

(b) 英国境外的司法管辖区制定法规，为本条之目的，该法规是根据或参照英国税务海关总署专员订立的规定而制定的。

530A 利润分配的条件：完成纳税申报后利润增加

(1) 受限于下述第（2）款的规定，在某个会计期间内，如果满足以下条件，则第

530 条（1）款应当适用：

（a）集团的控股公司提交了其该期间的纳税申报表以及根据第 532 条第（2）款（b）项所应提交的财务报表，且该财务报表显示了该集团在该期间产生的英国利润金额，并且

（b）截至相关日期，上述利润已较初始报表所载金额有所增加。

（2）控股公司在相关期间结束前进行的上述利润分配应被视为已于第 530 条（1）款规定的最晚期限内完成。

（3）但根据第（2）款可以被视为已在规定的期限内完成分配的利润总额，应不得超过利润增加额的 90%。

（4）在第（1）款、第（2）款以及本款中：

"相关日期"是指控股公司的纳税申报表最终确定之日。

"相关期间"是指自相关日期起的三个月期间。

"英国利润"的含义见第 530 条（2）款。

（5）受限于下述第（6）款的规定，在某个会计期间内，如果满足以下条件，则第 530 条（4）款应当适用：

（a）公司提交了载明其根据第 599 条计算的该期间内物业资产租赁业务产生的利润金额的该期间的纳税申报表，并且

（b）截至相关日期，上述利润较初始纳税申报金额有所增加。

（6）该公司在相关期间结束前进行的上述利润分配，应被视为已在第 530 条（4）款规定的最晚期限内完成。

（7）但根据第（6）款可以被视为已在规定的期限内完成分配的利润总额，应不得超过利润增加额的 90%。

（8）在第（5）款、第（6）款以及本款中：

"相关日期"是指公司的纳税申报表最终确定之日。

"相关期间"是指自相关日期起的三个月期间。

（9）在本条中"分配"应根据第 530 条（6A）款与（6B）款理解。

（10）满足本条规定的条件不能被认定为已满足第 530 条（1）款（a）项与（4）款（a）项的要求。

531 业务资产负债表的条件

（1）条件 A 是指在该会计期间，物业资产租赁业务产生的利润至少占该集团或该公司（视情况而定）总利润的 75%。

（2）就某一集团而言，"总利润"是指以下各项之和：

(a) 集团成员从事物业资产租赁业务的利润［如第 532 条（2）款（a）项的财务报表所示］，与

(b) 集团成员从事其他业务的利润［如第 532 条（2）款（c）项的财务报表所示］。

(3) 就某一公司而言，"总利润"是指以下各项之和：

(a) 公司从事物业资产租赁业务的利润，与

(b) 公司从事其他业务的利润。

(4) 就某一公司而言，第（1）款与第（3）款所称的利润是指根据国际会计准则计算的税前利润，且不包含以下事项：

(a) 已实现或未实现的物业处置而发生或将发生的损益，

(b) 对冲衍生合约［定义见第 599 条（4）款］的公允价值变动，以及

(c) 考虑该集团或公司历史营运情况，属于该集团或该公司（视情况而定）日常营运外的相关项目（无论其在集团或公司内账务处理如何）。

(4A) 就某一集团而言，为本条第（1）款和第（2）款之目的，尽管存在第 549A 条（5）款的约定，该集团成员收到的属于第 549A 条（6）款或（8）款的分配，应视为是第 549A 条（1）款规定的从事物业资产租赁业务的利润。

(4B) 就某一公司而言，为本条第（1）款和第（3）款而言之目的，尽管存在第 549A 条（5）款的约定，该公司收到的属于第 549A 条（6）款或（8）款的分配，应视为是第 549A 条（1）款所规定的物业资产租赁业务的利润。

(5) 条件 B 是指在该会计期间开始时，以下各项之和应不低于该集团或该公司（视情况而定）持有总资产的 75%：

(a) 与物业资产租赁业务相关资产的价值，以及

(b) 与其他业务相关资产的价值，包括现金资产或相关英国 REIT 份额。

(6) 为条件 B 之目的，就某一集团而言，应满足以下条件：

(a) 根据第 532 条（2）款（a）项的规定在财务报表中所体现的集团成员资产金额，应被视为与物业资产租赁业务相关的资产金，以及

(b) 根据第 532 条（2）款（c）项的规定在财务报表中所体现的集团成员资产金额，应被视为与其他业务相关的资产金额（集团的现金资产与相关英国 REIT 份额也应相应确定）。

(7) 为条件 B 之目的，就某一公司而言，应满足以下条件：

(a) 如果为某资产的物业资产租赁业务开立了独立的账户，则该资产是与物业资产租赁业务相关的，

(b) 资产必须根据国际会计准则进行评估，

(c) 若根据国际会计准则，可以选择使用成本计量法或公允价值计量法的，则必须使用公允价值计量法；

(d) 该资产不得设置担保或存在其他与该资产有关的负债（不论是一般债务或专项债务）。

(8) 在本条中，"现金资产"是指：

(a) 以存款形式持有的货币（无论是否以英镑存入），

(b) 1942 年《财政法》附表 11 第 1 章（金边债券）规定的股票或债券，或者

(c) 英国税务海关总署专员订立的规例中所规定的以其他任何方式持有的货币或其他任何形式的投资。

(9) 在本条中，"相关英国 REIT 份额"是指：

(a) 就某一英国 REIT 集团而言，为该集团成员持有的其他英国 REIT 集团的控股公司或某一英国 REIT 公司的份额，以及

(b) 就某一英国 REIT 公司而言，为该公司持有的某一英国 REIT 集团控股公司或其他英国 REIT 公司的份额。

532 英国 REIT 集团的财务报表

(1) 本条与第 533 条规定了第 527 条（2）款（e）项提的对某个会计期间内英国 REIT 集团的财务报表的要求。

(2) 控股公司应准备以下文件：

(a) 在某个会计期间内的该集团从事物业资产租赁业务的财务报表；

(b) 在某个会计期间内的该集团在英国从事物业资产租赁业务的财务报表；以及

(c) 在某个会计期间内的该集团从事其他业务的财务报表。

(3) 上述第（2）款（b）项提及的该集团在英国从事物业资产租赁业务是指：

(a) 集团的英国成员开展的物业资产租赁业务，以及

(b) 集团的非英国成员开展的英国物业资产租赁业务。

533 财务报表：补充规定

(1) 根据第 532 条（2）款（a）或（c）项规定所做的财务报表必须对集团的每个成员说明以下事项：

(a) 利润（根据国际会计准则计算）；

(b) 费用（根据国际会计准则计算）；

(c) 根据国际会计准则计算的剔除资产损益（无论是否已经产生）的税前利润，以及

(d) 根据下列条件经评估的资产．

（i）评估时点为会计期间之初，

（ii）根据国际会计准则进行评估，

（iii）在可选情况下，使用公允价值计量法，以及

（iv）不考虑与该资产相关的担保或与该资产有关的其他负债。

（1A）就第532条（2）款（a）项所规定的财务报表而言，集团非英国成员的英国物业资产租赁业务的利润和利得应被视为集团的英国税务居民企业的利润和利得。

（2）第532条（2）款（b）项所述的财务报表应明确集团每一成员的利润（根据第599条的规定计算）。

（3）如果非集团成员持有某一集团成员（但并非控股公司）的一定比例的实益权益，则第532条（2）款所述的财务报表应剔除该成员对应比例的利润、费用、利得、亏损、资产及负债。

（4）第（3）款所述实益权益的百分比应参考可分配予权益持有人的利润的实益权益而确定。

（5）英国海关税务总署专员可以制定下列规定：

（a）根据第532条对财务报表的内容进行进一步规定，

（b）规定财务报表的形式，以及

（c）明确向税务海关当局官员提交财务报表的最晚时间。

（6）根据第（5）款（a）项制定的规定可以特别规定以下事项：

（a）允许或要求适用或其他方式规定或参照适用会计惯例，

（b）规定财务报表中列入或排除特定利润、费用、利得、亏损、资产和负债，

（c）就成员所持有某项业务权益的处理方式进行规定。

第3节 英国REIT利润和利得的税务处理

534 利润

（1）作为英国REIT公司或英国REIT集团成员的英国公司的物业资产租赁业务的利润不征收公司税。

（2）英国REIT集团非英国成员的英国物业资产租赁业务的利润不征收公司税。

（3）＊＊＊

（4）若英国REIT集团成员的物业资产租赁业务的利润中一定比例根据第533条（3）款约定从财务报表中被剔除，则上述比例的利润应参照该成员的其他业务产生的利润缴纳公司税。

（5）第（1）款和第（2）款所述利润应根据第599条计算。

535 利得

（1）在下列情形下资产处置的利得不应被计为应税利得：

（a）该利得归属于作为英国 REIT 的公司或英国 REIT 集团成员的公司，并且

（b）和资产相关的条件 A 和条件 B 得到满足。

（2）条件 A 为该项资产完全且排他地用于该公司的物业资产租赁业务。

（3）条件 B 为该资产在一个或多个会计期间内用作其他用途的时长之和低于一年，且

（a）部分用于该公司的物业资产租赁业务，并且

（b）部分用于该公司的其他业务，

但其使用也是出于上述第（2）款的目的。

（4）如果作为英国 REIT 的公司或英国 REIT 集团成员的公司处置其持有的在一个或多个会计期限内累计被使用一年以上的资产所得的利得符合以下条件，则适用第（5）款的规定：

（a）该资产部分用于公司物业资产租赁业务，并且

（b）该资产部分用于其他业务。

（5）考虑到以下因素，该部分可合理归属于公司物业资产租赁业务的利得不应被计为应税利得：

（a）资产用于不同目的的程度，以及

（b）资产用于上述不同目的的时长。

（6）＊＊＊

（7）如果英国 REIT 集团成员持有的一定比例物业资产租赁业务的利得根据第 533 条（3）款的约定从财务报表中被剔除，那么该等比例的上述利得应参照该成员其他业务的利得缴纳公司税。

（8）本条对英国 REIT 集团的非英国成员具有效力，可以将该成员的物业资产租赁业务视作英国物业资产租赁业务。

（9）本条应结合 TCGA（1992）[⊖]理解。

535A 利得：对英国物业密集型公司权益的处置

（1）本条款适用于以下情形：

（a）公司 A 作为英国 REIT 公司或英国 REIT 集团成员，处置资产，并且

（b）该资产由公司 B 的权益构成，公司 B 是英国物业密集型公司。

[⊖] *Taxation of Chargeable Gains Act*（1992）。

(2) 在处置上述资产时归属于公司 A 的合适比例利得不属于应税利得。

(3) 被处置的资产根据第 550 条的要求被视作在一定程度上用于公司 A 的物业资产租赁业务，则其被用于物业资产租赁业务的比例应符合上述合适比例。

(4) 对英国 REIT 集团非英国成员而言，如果该成员开展的物业租赁业务为其英国物业资产租赁业务，则本条适用。

(5) 关于公司 B 权益的处置：

(a) 本条中，如果根据 TCGA（1992）附表 1A 约定，本次处置被视作其资产价值不低于 75% 均来源于英国土地的资产的处置，则公司 B 是"英国物业资产密集型公司"，并且

(b) 本条中关于"合适比例"的表述均是指在发生处置所处的会计期间开始之日，公司 B 中与物业资产租赁业务相关的资产价值占公司 B 总资产价值的比例。

(6) 为第（5）款（b）项之目的：

(a) "公司 B 中与物业资产租赁业务相关的资产价值"是指（直接或间接）产生于用于英国物业资产租赁业务的公司 B 资产的价值，

(b) 公司 B 的资产应根据第 533 条第（1）款（d）项被评估，并且

(c) 如果被处置资产为在该会计期限开始之日后收购的资产，则就此资产而言，应将会计期限开始之日认定为该资产处置发生之日。

(7) 本条中关于对公司 B 的权益处置的表述包括对离岸集合投资工具（"相关基金"）的权益处置：

(a) 该等投资工具应适用 TCGA（1992）附表 5AAA 第 8 项，但是，

(b) 根据该项的选择尚未完成。

(8) 关于第（7）款所处置的公司 B 的权利或权益，为第（5）款（b）项之目的，公司 B 中与物业租赁相关的资产价值应为：

(a) 用于英国物业资产租赁业务的公司 B 的资产价值；加上

(b) 间接产生于由相关基金持有的用于英国物业资产租赁业务的资产的公司 B 的资产价值；

(9) 本条应结合 TCGA（1992）理解。

(10) 在第 535 条中，除第（7）款外，其他规定均不适用于本条所适用的与处置相关的内容。

(11) 本条不适用于以下条件下产生的利得：

(a) 如果 TCCA（1992）附表 7AC 第 3A 条第（3）款适用的利得（合格机构投资者处置某些特定份额不产生应税利得）；或

(b) 只要该条第（4）款适用于减少利得金额。

535B 第 535A 条：2019 年 4 月前其他业务亏损或赤字的使用

(1) 为了确认根据第 535A 条约定应归属于某公司的不属于应税利得的利得数额，任何 2019 年 4 月前的其他业务亏损或赤字在满足以下条件时，可从利得中予以扣除：

(a) 该亏损或赤字尚未从该公司或其他主体的任何形式的其他利润或利得中予以扣除（或未在计算时予以考虑在内），并且，

(b) 该亏损或赤字此前未根据本款约定予以扣除。

(2) "2019 年 4 月前其他业务亏损或赤字"是指：

(a) 归属于 2019 年 4 月 6 日之前处置产生的准予列支亏损，或

(b) 在上述日期之前结束的会计期间的赤字或其他亏损，

且该等赤字与其他亏损本可以自该公司其他业务的任何形式的利润或利得中予以扣除（或未在计算时予以考虑在内）。

(3) 如果会计期间（"跨期"）起始之日早于 2019 年 4 月 6 日，而终止之日不早于该日，则，

(a) 对跨期而言，在该日之前会计期间与自该日起的会计期间应被视作两个独立的会计期间，

(b) 如果有必要对该跨期中的两个独立期间的相关数额按比例划分，其划分应遵守以下原则：

(i) 根据两个独立会计期间的期限长度确定的时间原则，或

(ii) 如果上述基于时间原则会产生不公正或不合理的结果，则应基于公正合理原则。

第 4 节　开始适用英国 REIT 制度

536 开始适用的效力：公司税

(1) 某公司（"新公司"）在其成为英国 REIT 公司或英国 REIT 集团成员前开展的物业资产租赁业务应于其适用英国 REIT 制度之时被视作公司税目的处理。

(2) 在适用英国 REIT 制度前新公司所涉的物业资产租赁业务相关的资产在以下情况下应被视作公司税目的处理，

(a) 在开始适用前被适用前的公司出售，并且，

(b) 在适用后即刻被该公司购回，继续用于物业资产租赁业务。

(3) 根据第（2）款被视为的出售与购回应被视为按照资产市场价值进行的交易。

(4) 因第（2）款交易产生的利得为非应税利得。

(5) 对公司税目的而言，新公司将以适用之日为分界点分为两个会计期间。

(6) 从英国 REIT 集团角度，

(a) 如果该集团成员一定比例的资产根据第 533 条（3）款被排除在财务报表外，对该成员而言，上述比例的资产应在第（2）款的应用中被忽略，并且

(b) 如果对该集团的非英国成员而言，上述物业资产租赁业务属于该成员的英国物业资产租赁业务，则本条适用。

(7) 在以下情况下，本条将不适用，

(a) 某公司由一个英国 REIT 集团成员变更为另一个不同英国 REIT 集团的成员，或，

(b) 某公司由英国 REIT 公司变更为某英国 REIT 集团的成员。

(8) 本条和第 537 条均受限于第 559 条（分拆：脱离英国 REIT 集团的公司）的约定。

(9) 关于"开始适用"的定义，见第 607 条第（1）款。

537 开始适用的效力：《资本减免法（2001）》（CAA 2001）

(1) 根据《资本减免法（2001）》，第（2）至（4）款应予以适用。

(2) 第 536 条（2）款所述"出售"和"购回"，

(a) 并未产生税收减免或费用，且，

(b) 并未根据《资本减免法（2001）》第 198 条或第 199 条（分摊）作出选择。

(3) 第 536 条（3）款（视作出售或购回的对价）应不予适用。

(4) 对根据第 536 条（2）款被视为出售并购回的资产而言，由成为英国 REIT 的公司或英国 REIT 集团成员的公司实施的任何事宜或为其实施的任何事宜，应在开始适用英国 REIT 制度后被视为已由开展物业资产租赁业务的公司实施。

538 入市费（略）

539 名义金额的计算（略）

540 将名义收入作为分期产生的收入的选择（略）

第 5 节　资产相关

物业资产租赁业务的范围

541 物业资产租赁业务的范围

(1) 本条将对以下主体适用：

(a) 对英国 REIT 集团而言，该集团与作为该集团成员的每一个公司，与

(b) 英国 REIT 公司。

(2) 出于公司税的目的，该集团或公司的物业资产租赁业务应被作为区别于以下业务的独立业务：

(a) 开始适用前该集团或该公司的业务，

(b) 该集团或公司的其他业务，以及

(c) 终止适用后的该集团或该公司的业务。

(3) 出于公司税目的，该集团或公司区别于以下主体，被作为从事物业资产租赁业务的独立业务或公司对待：

(a) 开始适用前的该集团或该公司，

(b) 从事其他业务的集团或公司，以及

(c) 终止适用后的该集团或该公司。

(4) 特别地，

(a) 物业资产租赁业务产生的损失不得与其他业务的利润相抵销，

(b) 其他业务产生的损失不得与物业资产租赁业务的利润相抵销，

(c) 开始适用前产生的损失不得与物业资产租赁业务的利润相抵销，

(d) 物业资产租赁业务的损失不得与不再属于英国 REIT 后各种类型业务产生的利润相抵销，并且

(e) 开始适用后取得的但与开始适用前业务相关的收入，不得作为公司物业资产租赁业务（免税业务）的收入。

(5) 本节中的任何内容都不禁止在开始适用前进行的业务损失与其他业务的利润相抵销。

(6) 第（4）款和第（5）款所述损失包括亏损、开支、费用和减免。

(7) 如果英国 REIT 集团成员的一定比例的物业资产租赁业务的利润根据第 533 条 (3) 款未被记入财务报表，那么出于本条之目的，上述比例的利润应视为该成员其他业务的利润。

(8) 对该集团中非英国成员而言，如果其物业资产租赁业务属于英国物业资产租赁业务，则本条适用。

(9) 关于"停止适用"的定义，见第 607 条（2）款。

542 某些规定的例外

(1) 第 66 条（海外物业业务的损失范围）不适用于作为英国 REIT 公司或英国 REIT 集团成员的公司的物业资产租赁业务。

(2) TIOPA（2010）[一]的第 166 条至 171 条（转移定价：中小企业豁免）不适用于作

[一] Taxation (International and Other Provisions) Act (2010)。

为英国 REIT 公司或英国 REIT 集团成员的英国公司（无论针对其物业资产租赁业务还是其他业务）。

利润：融资成本比率

543 利润：融资成本比率

（1）如果在某一会计期限内，某一英国 REIT 根据第（2）款的计算结果小于 1.25 大于 0，则本条适用于该英国 REIT。

（2）计算公式为：

$$\frac{PP}{PFC}$$

PP 是指会计期限内的英国 REIT 物业利润［见第 544 条（1）款］，

PFC 是指会计期限内的英国 REIT 融资成本［见第 544 条（3）款］。

（3）在会计期限内，超出部分应根据针对收入的公司税征收标准征收公司税。

（3A）"超出部分"是指：

（a）总额等于，

　（i）物业融资成本，减去

　（ii）将导致在该会计年度内根据第（2）款计算所得的结果为 1.25 的物业融资成本，或

（b）若少于，则总额等于 PP 的 20%。

（4）超出部分被视作以下主体其他业务的利润：

（a）对英国 REIT 集团而言，为该集团控股公司，

（b）对英国 REIT 公司而言，为该公司。

（5）略

（6）亏损、开支、费用和减免都不应和超出部分抵销。

（7）如果英国税务海关当局专员认为存在下述情况，则其可能会免除本条规定的会计期限内的公司税费用：

（a）在会计期限内的某时点，公司面临严重的财务困境，

（b）由于意外发生的情况导致第（2）款公式中的计算结果小于 1.25，以及

（c）在上述情况中，公司无法合理地采取措施避免计算结果小于 1.25。

（8）财政部可以制定法规，对专员在决定是否根据第（7）款豁免公司税费用时须采用的准则作出明确标准。

544 物业利润"和"物业融资成本"的含义

（1）就第 543 条而言，会计期限内的"物业利润"是指：

(a) 就英国 REIT 集团而言，第 532 条（2）款（b）项规定的财务报表中载明的该集团成员的物业资产租赁业务的利润总和。

(b) 就英国 REIT 公司而言，在上述期限内英国 REIT 公司的物业资产租赁业务的利润总和（根据第 599 条约定计算）。

(2) 第（1）款中的公司利润是指在下列项目扣减前的利润：

(a) 资本减免，

(b) 自以前会计年度承继的累计亏损，以及

(c) 第 599 条（3）款所述的总额。

(3) 就第 543 条而言，会计期限内的"物业融资成本"是指：

(a) 就英国 REIT 集团而言，体现在第 532 条（2）款（a）项规定的财务报表中的该集团成员的已排除集团内成员之间融资成本的物业资产租赁业务的融资成本之和。

(b) 就英国 REIT 公司而言，该会计期限内基于物业资产租赁业务的融资成本总和。

(4) 第（3）款的"融资成本"是指债务融资成本。

(5) 在计算会计期限内的债务融资成本时应考虑以下项目：

(a) 借款应付利息，

(b) 和借款相关折价的摊销，

(c) 和借款相关溢价的摊销，

(d) 融资租赁付款中隐含的融资费用，

(e) 替代融资收益［定义见 CTA（2009）第 511 至 513 条］，

(f) 基于以下条件的定期付款或收入：

(i) 该等付款或收入来自任何与借款有关的风险对冲的衍生合约或其他合约，以及

(ii) 可归属于对冲工具，以及

(g) 在第（f）项中和衍生合约或其他合约相关的折价、溢价的摊销。

(5A) 在第（5）款中，"融资租赁"是指：

(a) 对任何主体而言，根据普遍认可的会计惯例，属于（或将要属于）在该主体的账目中作为融资租赁或贷款处理的租赁，或

(b) 就使用权租赁项下的承租人而言，将在承租人账目中作为融资租赁处理的租赁，条件是承租人根据普遍认可的会计惯例决定是否应对此租赁进行此等处理。

(5B) 在第（5A）款（b）项中"使用权租赁"定义见 CAA（2001）第 2 章［见该法规第 70YI 条（1）款］。

（6）财政部可通过法规通过增加、删除或修订相关描述来修订第（5）款所列事项。

税收优惠的取消

545 税收优惠的取消

（1）若英国税务海关总署专员认为作为英国 REIT 的公司或英国 REIT 集团成员的公司试图为自身或其他主体取得税收优惠，该专员可向公司发出载明税收优惠的公告。

（2）如果依据上述第（1）款发出公告，则第（3）款与第（4）款应予以适用。

（3）该税收优惠应依据公告，通过下述方式予以调整抵扣：

（a）评估；

（b）取消受偿权（right of repayment）；

（c）要求返还已偿还的款项；

（d）基于公告中的明确说明，计算或重新计算利润或利得或应纳税额。

（4）税务海关总署专员除可根据第（3）款作出调整外，还可根据具体情况核定公司税或所得税，该等税费金额应为该等专员认为的相当于税收优惠的金额。

（5）在本条中，"税收优惠"具有第 1139 条的含义。

（6）但公司并不会仅因为其目前是英国 REIT 公司或英国 REIT 集团的成员而获得税收优惠，除非该公司开展的业务（无论是在其成为英国 REIT 或其成员之前还是在此期间）在税务海关总署专员看来是完全或主要针对下列任一目的而实施：

（a）为虚造、夸大或谎报损失、抵扣或费用（不论该公司是否遭受或发生），

（b）为获得财政部制定的规章就本款所规定的其他效力。

546 针对第 545 条所述公告的申诉

（1）收到第 545 条（1）款公告的公司可以进行申诉。

（2）申诉应自第 545 条（1）款公告发出之日起 30 天内，通过书面形式向税务海关总署官员提起。

（3）在第（2）款所述申诉已通知仲裁庭的情况下，仲裁庭可针对第 545 条（1）款所述公告采取以下措施：

（a）撤销第 545 条（1）款公告，

（b）认可公告，或

（c）调整公告。

等待再投资的资金

547 等待再投资的资金

（1）若符合以下情形，本条应予以适用：

(a) 英国 REIT 公司或英国 REIT 集团成员处置完全且仅用于物业资产租赁业务的资产，并且，

(b) 该英国 REIT 公司或英国 REIT 集团的任一成员以现金形式持有上述收益。

(2) 与收益相关的贷款所产生的损益，

(a) 应在第 599 条（利润的计算）中不予考虑，并且，

(b) 就所有税项而言，应被视为由其他业务相关的贷款产生的损益。

(3) 略

(4) 本条所述以现金形式持有的收益是指以下情况：

(a) 以存款方式持有（不论是否为英镑），

(b) 投资于英国 1942 年《财政法》（FA 1942）附表 11 第 1 节（金边证券）所列的任何股票或债券，或

(c) 英国税务海关总署专员就本条在规章中指定的持有或其他形式投资。

(5) 就上述处置的资产而言，应按照以下用途被使用至少一年（合计）的期间：

(a) 部分用于该公司的物业资产租赁业务，并且

(b) 部分用于公司其他业务。

（考虑资产用于不同目的的程度和期间的长短）本条适用于合理归因于物业资产租赁业务的部分收益。

(6) 本条也适用于因公司处置资产而以现金形式持有收益，只要 535A 条确定此对应比例的损益不是应税利得或可列支损失。

第 6 节　分配

分配对象

548 分配：纳税义务

(1) 如果英国 REIT 集团的控股公司的股东收到第 532 条（2）款（a）项（集团物业资产租赁业务的报表）财务报表中以下列方式呈现的分配数额，则本节适用：

(a) 该集团英国成员的利润或利得（或二者兼有），或

(b) 该集团非英国成员的英国物业资产租赁业务的利润或利得（或二者兼有）。

(2) 第（1）款所提及的控股公司包括终止适用后的集团的控股公司。

(3) 如果英国 REIT 公司的股东收到该公司物业资产租赁业务的利润或利得（或二者兼有）分配，则本条也适用。

(4) 第（3）款所提及的英国 REIT 公司包括终止适用后的公司。

(5) 如果股东应缴纳公司税，则该分配将视为英国物业业务［定义见 CTA（2009）

第 205 条］的利润，但前提是该分配是免税利润的分配。

（6）如果股东无须缴纳公司税，则该分配将视为英国物业业务［定义见 ITTOIA (2005) 第 264 条］的利润，但前提是该分配是免税利润分配。

（7）就非英国居民股东而言，根据 ITA（2007）第 971 条（非居民房屋持有人应缴纳的收入的所得税），该分配不应属于非居民房屋持有人收入。

（8）请参阅 ITA（2007）的第 973、974 条（分配应缴纳的所得税），有关本条所述分配有关的所得税金额扣除额的规定。

（9）本条不适用于第 549A 条（6）款或（8）款所指的分配，但前提是该分配是免税利润分配。

（10）就本节而言，如果该分配属于第 550 条（2）款（a）、（aa）、（c）或（d）项，则该分配是"免税利润分配"。

（11）在为第（10）款的目的而适用第 550 条时，关于终止适用后的由集团控股公司或由终止适用后的公司进行的分配，

（a）第 550 条（1）款（a）项应被理解为终止适用后的集团的控股公司，或（视情况而定）

（b）第 550 条（1）款（b）项应被理解为终止适用后的公司。

549 分配：补充规定

（1）上述和股东相关的第 548 条将不适用于兼任以下任一身份的股东，

（a）该股东是根据 CTA（2009）第 3 部分（交易收入），就非保险业务交易过程中获取的公司分配缴纳税款的主体，

（b）该股东是根据 ITTOIA（2005）第 2 部分（交易收入）就公司分配缴纳所得税的证券交易商，

（c）该股东是劳合社（Lloyd）的个人成员［定义见英国 1993 年《财政法案》（FA 1993）第 184 条（1）款］，且就下列任一组成部分的资产作出分配：

（i）该成员的保费信托基金（premium trust fund）［定义见英国 1993 年《财政法案》（FA 1993）第 174 条］，或

（ii）该成员的附属信托基金（ancillary trust fund）［定义见英国 1993 年《财政法案》（FA 1993）第 176 条］，

（d）该股东是劳合社的公司成员［定义见英国 1993 年《财政法案》（FA 1993）第 230 条（1）款］，且就下列任一组成部分的资产作出分配：

（i）属于成员的保费信托基金（premium trust fund）［定义见英国 1994 年《财政法案》（FA 1994）第 222 条］，或

(ⅱ) 属于成员的附属信托基金（ancillary trust fund）[定义见英国1994年《财政法案》（FA 1994）第 223 条]。

（2）略

（2A）ITTOA（2005）第 409 条至 413A 条（自英国税务居民企业的股票股息收入）不适用于股东收到的相关分配，只要相关分配属于免税利润的分配。

（3）"相关分配"是指，

（a）就英国 REIT 集团而言，是指在该集团控股公司根据第 532 条（2）款（a）项（集团物业资产租赁业务的报表）的财务报表中所示的以下项目金额的分配：

(ⅰ) 该集团英国成员的利润或利得（或两者兼有），或

(ⅱ) 该集团非英国成员的英国物业资产租赁业务的利润或利得（或两者兼有）。

（b）就英国 REIT 公司而言，是指该公司的利润或利得（或两者兼有）的分配。

（3A）"相关分配"不包括第 549A 条（6）或（8）款所述分配，但前提是该分配是免税利润的分配。

（4）股东收到的相关分配将根据第 548 条（5）款与（6）款被视作单一业务的利润（无论该股东是否以不同的方式获取分配），但前提是上述分配是免税利润的分配。

（5）该单一业务独立于该股东开展的下述业务：

（a）任一其他英国物业业务 [定义见 CTA（2009）第 205 条]，

（b）任一其他英国物业业务 [定义见 ITTOIA（2009）第 264 条]，

（c）任一海外物业业务 [定义见 CTA（2009）第 206 条]，

（d）任一海外物业业务 [定义见 ITTOIA（2009）第 265 条]。

（6）如果股东是合伙企业的合伙人，则第（4）款适用于合伙人的股份分配收益，和股东的股份分配收益的适用保持一致。

549A 英国 REIT 之间的股利分配

（1）如果公司收到属于第（6）或（8）款所述分配，该分配将被作为公司的英国物业资产租赁业务的利润。

此等利润在本章中表述为"英国 REIT 投资利润"。

（2）第（1）款所提及的物业资产租赁业务应被视为独立于该公司其他物业资产租赁业务的业务。

（3）提及物业资产租赁业务或英国房地产租赁业务的利润时，应相应地理解为包括英国 REIT 投资利润，其中所指的利润是按照国际会计准则或第 599 条计算的其他利润。

（4）第 549 条第（2）款或（2A）款适用于第（6）款或第（8）款所述分配相关的分配，如同其适用于相关分配一样。

(5) 第（1）款仅在该分配是免税利润的分配时才适用于该分配。

这受第 531 条（4A）和（4B）款的约束。

(6) 如果满足以下条件，则该分配适用于本款规定，

(a) 该分配由英国 REIT 集团的控股公司对其股东作出，该股东为：

    (i) 另一英国 REIT 集团的成员，或

    (ii) 某一英国 REIT 公司，并且

(b) 该分配为第 532 条（2）款（a）项（集团物业资产租赁业务的报表）规定的财务报表中所示的以下项目金额的分配：

    (i) 该集团英国成员的利润或利得（或两者兼有），或

    (ii) 该集团非英国成员的英国物业资产租赁业务的利润或利得（或两者兼有）。

(7) 第（6）款所提及的控股公司进行的分配包括终止适用后的集团的控股公司进行的分配。

(8) 如果满足以下条件，则该分配适用于本款规定，

(a) 该分配由英国 REIT 公司对其股东作出，该股东为：

    (i) 某一英国 REIT 集团的成员，或

    (ii) 另一英国 REIT 公司，并且

(b) 该分配为该公司基于物业资产租赁业务的利润或利得（或两者兼有）的分配。

(9) 第（8）款所提及的英国 REIT 公司进行的分配包括终止适用后的公司进行的分配。

分配的来源

550 分配的来源

(1) 第（2）款适用于：

(a) 英国 REIT 集团控股公司进行的分配，以及

(b) 英国 REIT 公司进行的分配。

(2) 分配来源于下述情形：

(a) 第一，满足第 530 条（1）款（a）项或第 530 条（4）款（a）项（视情况而定）的分配，

(aa) 第二，满足第 530 条（1）款（b）项或第 530 条（4）款（b）项（视情况而定）的分配，

(b) 第三，在该公司可确定的范围内，分配应来自缴纳公司税的某类活动产生的收入，

(c) 第四，物业资产租赁业务利润的分配（根据第 599 条计算），

(d) 第五，相关非应税利得的分配，以及

(e) 第六，其他分配。

(3) 第（2）款（d）项"相关非应税利得"是指下列根据第 535 条或 535A 条属于无须应税的利得：

(a) 就集团而言，产生于集团成员物业资产租赁业务的利得，以及

(b) 就公司而言，产生于公司物业资产租赁业务的利得。

对特定股东的分配

551 对超额权利持有人分配的税务影响

(1) 若满足以下条件，第（3）款适用：

(a) 向超额权利持有人（定义见第 553 条）进行分配，并且

(b) 分配者未采取合理措施阻止向该主体进行分配。

(2) "分配者"是指：

(a) 就英国 REIT 集团而言，该集团的控股公司；以及

(b) 就英国 REIT 公司而言，该公司。

(3) 分配者可被视作获取根据第 552 条计算的收入总额（"第 552 条总额"）的主体。

(4) 第 552 条总额应根据收入的公司税征收标准缴纳公司税。

(5) 上述总额应包含下列内容：

(a) 应产生于进行分配所对应的会计期间，并且

(b) 应为该分配者的其他业务利润。

(6) 略

(7) 第 552 条总额不得被任何亏损、开支、费用或减免抵销。

552 "第 552 条总额"

(1) 为第 551 条之目的，第 552 条总额应按照以下 3 步计算。

(2) 步骤 1：根据下列公式确定数额

$$DO \times SO \times \frac{BRT}{MCT}$$

在上述公式中，

DO 是指：

(a) 对英国 REIT 集团而言，其控股公司普通股分配的集团的英国利润［定义见第 530 条（2）款］的金额，以及

(b) 就英国 REIT 公司而言，该公司普通股分配的物业资产租赁业务的利润金额。

SO 是指在该分配已完成的情况下，以下二者的孰低值：

(a) 超额权利持有人持有的普通股份额的权利比重，或

(b) 该分配的接受者所持权利比重。

BRT 是指分配之时适用的所得税基本税率，

MCT 是指公司税的主要税率。

(3) 步骤 2：根据下列公式确定数额

$$DP \times SP \times \frac{BRT}{MCT}$$

在上述公式中，

DP 是指：

(a) 对英国 REIT 集团而言，其控股公司优先股分配的集团的英国利润 [定义见第 530 条 (2) 款] 的金额，以及

(b) 就英国 REIT 公司而言，该公司优先股分配的物业资产租赁业务的利润金额。

SP 是指在该分配已完成的情况下，以下二者的孰低值：

(a) 超额权利持有人持有的优先股份额的权利比重，或

(b) 该分配的接受者所持权利比重。

BRT 和 MCT 含义与上述第 (2) 款相同。

(4) 步骤 3：将上述步骤 1 和步骤 2 中两项金额相加，二者之和即为第 552 条总额。

553 "超额权利持有人"的定义

(1) 第 551 条"超额权利持有人"是指满足条件 A，并且满足条件 B 或条件 C 的主体。

(2) 条件 A 是指该主体应满足以下条件：

(a) (直接或间接) 享有分配者支付的至少 10% 的分配金额，

(b) (直接或间接) 持有分配者至少 10% 的股本，或

(c) (直接或间接) 控制分配者至少 10% 的投票权。

(3) 条件 B 是该主体为公司。

(4) 条件 C 是指，

(a) 该主体为税务之目的被视为公司法人：

　　(i) 根据英国以外地区的法律，在该法规中已订立免除双重征税的相应安排，或

　　(ii) 根据包含此类安排的国际协议。并且

(b) 根据 TIOPA (2010) 第 2 条的理事会命令，上述安排生效。

(5) 在第（2）款中，"分配者"定义请见第 551 条（2）款。

554 法规：向超额权利持有人的分配

(1) 对于英国 REIT 集团的控股公司或英国 REIT 公司向超额权利持有人（定义见第 553 条）进行分配，财政部可通过法规作出针对第（2）款所述类型的规定。

(2) 第（1）款所述规定是指，

(a) 无论公司采取或不采取指定种类的行动，都不会对应产生或减少费用的规定；

(b) 要求公司须向英国税务海关总署专员提供与分配以及与之有关的人员的特定信息的规定。

554A "分配"的定义

(1) 在本节中，无论以何种方式对分配的表述均包括发行股本以代替现金股利。

(2) 第 1051 条（2）至（4）款（"发行股本以替代现金股利"的定义）适用于本条，就如同其适用于第 1049 条（1）款（a）项一样。

第 7 节　利得相关

资产的变动

555 资产：用途的变动

(1) 如果符合以下条件，则本条第（2）款适用，

(a) 资产一直被完全专用于英国 REIT 公司或英国 REIT 集团成员的物业资产租赁业务，并且

(b) 该资产现在开始被完全专用于公司其他业务（而不是在经营过程中被处置）。

(2) 在该时点，该资产应被视为：

(a) 被该从事物业资产租赁业务的公司处置，并且

(b) 在该公司从事其他业务的范围内，由该公司立即重新购回。

(3) 根据第（2）款认定的出售和购回中，资产的交易对价视为等同于该资产的市场价值。

(4) 就 CAA（2001）而言，

(a) 根据第（2）款认定的出售和购回，

　(i) 不会产生津贴或费用，并且

　(ii) 不能根据相关法案的第 198 和 199 条（分摊）做出选择。

(b) 第（3）款将不适用。

(c) 在认定的出售和购回发生之前，公司经营物业资产租赁业务所进行或发生的任

何事情，在认定的出售和购回发生之后，应视作公司在从事其他业务的范围内已进行或发生的事情。

（5）如果根据第 533 条（3）款在财务报表中排除了某英国 REIT 集团成员物业资产租赁业务一定比例的利得，则对应比例的利得应被作为该成员其他业务的利得来计算公司税费。

（6）本条对英国 REIT 集团的非英国成员具有效力，就如物业资产租赁业务的表述是指英国物业资产租赁业务一样。

（7）第 535 条与公司根据本条所产生任何利得的税收处理有关。

556 资产的处置

（1）如果符合以下条件，则本条第（2）款适用：

(a) 资产一直被完全专用于英国 REIT 公司或英国 REIT 集团成员的物业资产租赁业务，

(b) 资产在开展公司其他业务的过程中被处置，并且

(c) 如果该公司是英国 REIT 集团的成员，该处置的交易对手方不是同一英国 REIT 集团的其他成员。

（2）如果本款适用，

(a) 第 536 条（2）款中认定的出售和购回不再存在，且，

(b) 该资产应被视为已在公司其他业务开展的进程中被处置。

（3）特别地，如果满足以下条件，则本条第（2）款应适用，

(a) 被英国 REIT 公司或英国 REIT 集团成员收购的资产自被收购之日起已完成开发，

(b) 该资产开发成本超过该资产开始适用之时或被收购之时（二者孰晚）根据国际会计准则确认的公允价值的 30%，

(c) 公司在该资产开发完成后 3 年内处置了该资产，并且

(d) 如果公司是英国 REIT 集团的成员，该处置的交易对手方不是同一英国 REIT 集团的其他成员。

（3A）如果满足以下条件，在某公司（"公司 C"）为英国 REIT 公司或英国 REIT 集团成员的情形下，第（3B）款适用。

(a) 被一家相关英国物业资产密集型公司直接或间接收购的一处及一处以上的物业资产自被收购之日起已完成开发，

(b) 资产的开发成本超过其开始适用之时被收购之时（二者孰晚）根据国际会计准则确认的公允价值的 30%，

(c) 公司 C 处置了其在该相关英国物业资产密集型公司中的任何权利或利益，

(d) 该处置发生在资产开发完成之日起 3 年内，并且

(e) 如果公司 C 为英国 REIT 集团的成员，该处置的交易对手方不是同一 REIT 集团的其他成员。

(3B) 如果本款适用，则第 535A 条不适用于处置已开发完成资产所得的收益。

(3C) 就第（3A）款而言，

(a) 如果根据 535A 条，公司 C 不必就其处置其在某公司中的权利或利益所得收益的任何部分缴税，则该被处置相关权益的公司为"相关英国物业资产密集型公司"，并且

(b) 如果资产被某相关英国物业资产密集型公司以外的其他主体收购，而在确定该相关英国物业资产密集型公司的价值时考虑了该资产，则视为该相关英国物业资产密集型公司"间接"收购了该资产。

(4) 略

(5) 如果根据第 533 条（3）款在财务报表中排除了某英国 REIT 集团成员的物业资产租赁业务一定比例的利得，则对应比例的利得应被作为该成员其他业务的利得来计算适用公司税费。

(6) 本条对英国 REIT 集团的非英国成员具有效力，就如物业资产租赁业务的表述是指英国物业资产租赁业务一样。

(7) 第 535 条和第 535A 条与公司根据本条所产生任何利得的税收处理有关。

557 资产向符合标准的变动

(1) 如果满足以下条件，则本条第（2）款适用，

(a) 某资产一直被完全专用于英国 REIT 公司或英国 REIT 集团成员的其他业务，并且

(b) 该资产开始被完全专用于该公司的物业资产租赁业务。

(2) 在该时点，该资产应被视为，

(a) 被该从事其他业务的公司处置，并且

(b) 在该公司从事物业资产租赁业务的范围内，由该公司立即重新购回。

(3) 根据第（2）款认定的出售和购回中，资产的交易对价视为等同于该资产的市场价值。

(4) 就 CAA（2001）而言，

(a) 根据第（2）款认定的出售和购回，

(i) 不会产生津贴或费用，并且

(ii) 不能根据相关法案的第 198 和 199 条（分摊）做出选择。

(b) 第（3）款将不适用。

(c) 在认定的出售和购回发生之前，公司从事其他业务所进行或发生的任何事情，在认定的出售和购回发生之后，应视作公司在从事物业资产租赁业务范围内已进行或发生的事情。

(5) 如果根据第 533 条（3）款在财务报表中排除了某英国 REIT 集团成员物业资产租赁业务一定比例的利得，则对应比例的利得应被作为该成员其他业务的利得来计算公司税费。

(6) 本条对英国 REIT 集团的非英国成员具有效力，就如物业资产租赁业务的表述是指英国物业资产租赁业务一样。

(7) 第 535 条与公司根据本条所产生任何利得的税收处理有关。

分拆

558 分拆：资产的处置

(1) 如果满足以下条件，就英国 REIT 公司而言，本条适用：

(a) 某公司（"公司 C"）向其持有 75% 份额的子公司（"公司 S"）处置某物业资产租赁业务范围内的资产，

(b) 公司 C（在其从事其他业务的范围内）向另一公司（"公司 P"）处置了其针对公司 S 的权益，

(c) 在公司 P 取得公司 S 权益之日，公司 P 根据第 523 条发布公告，指定该处置发生后的期间内的某一日期，并且

(d) 公司 S 作为其成员的集团于上述指定日期起即成为英国 REIT 集团。

(2) "处置发生后的期间"是指公司 C 处置资产之日起的 6 个月内。

(3) 在第 523 条项下公司 P 可根据第（1）款（c）项发布公告，即使其预计在会计期间 1 内无法满足第 528 条中的条件 C、E、F。

(4) 第 536 条和 537 条（开始适用的效力）在下列方面不适用于公司 S 作为其成员的集团，

(a) 和被公司 C 处置的资产相关，或

(b) 与利用上述资产从事的业务相关。

(5) 第 555 条和 556 条（资产向不符合标准的变动）不适用于公司 C 进行的资产处置。

(6) 但如果在处置发生后的期间结束时，第 528 条中的条件 C、E、F 仍未得到满足，则第（4）和（5）款被视为未发生效力。

559 分拆：脱离英国 REIT 集团的公司

（1）如果条件 A 至条件 D 中均得到满足，本条将适用。

（2）条件 A 是指该公司（"退出公司"）停止成为英国 REIT 集团（"集团 1"）的成员。

（3）条件 B 是指在该公司停止成为英国 REIT 集团成员之后立即，

（a）该退出公司成为另一集团（"集团 2"）成员，并且，

　　（i）集团 2 的控股公司满足第 528 条中的条件 A 与 B，

　　（ii）集团 2 拥有满足第 529 条中条件 A 和 B 的物业资产租赁业务，

　　（iii）集团 2 的控股公司满足第 530 条所述条件，并且

　　（iv）集团 2 满足第 531 条中的条件 A 与 B。

（b）退出公司，

　　（i）满足第 528 条的条件 A 和 B，

　　（ii）拥有满足第 529 条中条件 A 和 B 的物业资产租赁业务，并且

　　（iii）满足第 530 条所述条件及第 531 条中的条件 A 和 B。

（4）条件 C 是指，

（a）在第（3）款（a）项下，集团 2 的控股公司在不迟于退出公司停止成为集团 1 成员之日前根据第 523 条发布公告。

（b）在第（3）款（b）项下，退出公司在不迟于其停止成为集团 1 成员之日前根据第 524 条发布公告。

（5）条件 D 是指，根据第 523 条或 524 条（视情况而定）发布的公告中明确的日期与退出公司停止成为集团 1 成员的日期相同。

（6）公司可在第 523 条或 524 条项下根据第（4）款进行公告，即使其预计无法在会计期间 1 内满足第 528 条中的条件 C、E、F。

（7）如果本条适用，退出公司将在公司停止成为集团 1 成员之日起 6 个月的期间内被视作英国 REIT 集团成员（或英国 REIT 公司）。

（8）如果本条适用，以下条款将不生效：第 536 条和 537 条（开始适用的效力）以及第 579 条和 580 条（终止适用的效力）。

（9）但如果在第（7）款中提及的 6 个月期间结束时，集团 2 的控股公司或退出公司（视情况而定）并未满足第 528 条中的条件 C、E、F，则，

（a）本条将不适用，并且

（b）退出公司将被视为已于其终止成为集团 1 成员之日起停止成为英国 REIT 集团的成员（或英国 REIT 公司）。

关于本节的说明

560 关于本节的说明

本节（除第 559 条外）应在 TCGA（1992）的框架下理解。

第 8 节　违反第 2 节所述条件

561 违反第 2 节相关条件的公告

（1）如果英国 REIT 集团或其控股公司（视情况而定）不再符合第 2 节相关条件，则该集团的控股公司必须在合理可行的范围内尽快通报海关和税务总署官员。

（2）如果英国 REIT 公司不再符合第 2 节相关条件，则该公司必须在合理可行的范围内尽快通报海关和税务总署官员。

（3）下列每一项均属于"第 2 节相关条件"，

第 528 条（公司的条件）条件 C 和 D，

第 528A 条（与股份相关的其他条件），

第 529 条（物业资产租赁业务）条件 A 和 B，

第 530 条（利润分配），及

第 531 条（财务报表）条件 A 和 B。

（4）第（1）或（2）款所指的公告必须包括，

（a）相关条件首次不满足之日与再次满足之日（如有），

（b）违反相关条件情况的说明，以及

（c）公司为防止违反条件的事件再次发生而采取的措施（如有）的详细说明。

（5）以下各款针对第 528 条中条件 D 适用。

（6）若根据第 527 条（6）和（7）款，在首个 3 年的期间内不满足条件 D，无须发出上述第（1）款或第（2）款所载公告。

（7）如果上述条件 D 在首个 3 年的期间后的第 1 天未能满足，就上述第（1）至（4）款而言，条件 D 视同于自该日起未能满足。

（8）第（6）款和第（7）款的"首个 3 年的期间"的定义请见第 527 条（8）款。

562 违反第 528 条（公司的条件）条件 C

（1）本条规定了和以下主体相关的违反第 528 条条件 C 的相应情形，

（a）英国 REIT 集团的控股公司，或

（b）英国 REIT 公司。

（2）如果由于以下原因导致条件 C 未能满足的，则相应违反不再考虑，

（a）英国REIT集团的控股公司成为另一英国REIT集团的成员，或

（b）英国REIT公司成为英国REIT集团的成员。

（3）略

（4）略

（5）如果条件C在某一会计期间内未能满足，且不属于第（2）款所述情形，则该集团或公司（视情况而定）应被视为在上一个会计期间末已终止成为英国REIT。

562A 违反第528条（公司的条件）条件D

（1）本条规定了和以下主体相关的违反第528条条件D的相应情形，

（a）英国REIT集团的控股公司，或

（b）英国REIT公司。

（2）根据第527条（6）款和（7）款，在首个3年的会计期间内条件D的违反应不予考虑。

（3）如果条件D在首个3年的期间后的第1天未能满足，则该集团或公司（视情况而定）应被视为在首个3年的期间末终止成为英国REIT。

（4）如果在第（3）款提及的该日后的任一时间均未满足条件D，则该集团或公司（视情况而定）将被视为已于下述时点（孰晚）终止成为英国REIT，

（a）在违反情形发生的会计期间的前一会计期间末，或

（b）首个3年的期间末。

（5）如果由于以下原因导致条件D未能满足，则第（3）款和第（4）款均不适用，且相应违反不再考虑，

（a）英国REIT集团的控股公司成为另一英国REIT集团的成员，或

（b）英国REIT公司成为英国REIT集团的成员。

（6）在以下情形下，第（4）款不适用，且相应违反不再考虑：

（a）因该公司以外其他主体的作为（或不作为）导致该公司未能满足条件D，且

（b）该公司在违反情形发生之日所在会计期间内对违反情形进行补救。

（7）但如果在第（6）款的情形下，针对条件D的违反并未在该款规定时间内得到补救，则该集团或公司（视情况而定）应被视作在该违反情形发生之日所在会计期间末终止成为英国REIT。

（8）在本条中的"首个3年的期间"的定义请见第527条（8）款。

562B 违反与股份相关的其他条件

（1）如果第528A（与股份相关的其他条件）未能在某一会计期间得到满足，则第（2）款适用。

（2）该集团或公司（视情况而定）将被视作已于前一个会计期间末终止作为英国REIT。

（3）但如果该条件因下述原因未能得到满足，则第（2）款不适用，相应违反不再考虑，

（a）英国REIT集团的控股公司成为另一英国REIT集团成员，或

（b）英国REIT公司成为英国REIT集团成员。

（4）本条受第562C条约束。

562C 在第1、2、3会计期间，违反与股份相关的其他条件

（1）如果按照第528B条的规定，第528A条中被放宽的条件在第1、2、3会计期间中未得到满足，则第（2）款适用。

（2）集团或公司（视情况而定）应被视为已于会计期间2的期间末终止成为英国REIT。

（3）但如果以下原因，第528A条中被放宽的条件未能得到满足，则第（2）款不适用，且相应违反不再考虑，

（a）英国REIT集团的控股公司成为另一家英国REIT集团的成员，或

（b）英国REIT公司成为英国REIT集团的成员。

（4）在本条中的"会计期间2"和"会计期间3"的定义请见第528B条。

563 违反与物业资产租赁业务相关的条件

（1）如果以下英国REIT在整个会计期间内未满足第529条中的条件A或B（物业资产租赁业务）的规定，则第（2）款适用，

（a）就英国REIT集团而言，指该集团的控股公司，

（b）就英国REIT公司而言，指该公司。

（2）相应违反不再考虑。

564 违反利润分配条件

（1）如果第530条（利润分配）条件在某会计期间内未能得到满足，则第（2）款适用。

（2）不考虑该违反；但第565条中规定的金额（"第565条总额"）应作为公司税应税收入缴纳公司税。

（3）第565条总额应作为以下主体（视情况而定）其他业务的利润，

（a）英国REIT集团的控股公司，或

（b）英国REIT公司。

(4) 略

(5) 略

(6) 略

(7) 略

(8) 略

(9) 第 565 条总额不得被任何损失、亏损、费用或津贴抵销。

(10) 在本条与第 565 条中,"分配"应按照第 530 条（6A）款和（6B）款的规定理解。

565 "第 565 条总额"

(1) 第 564 条中的"第 565 条总额"可通过 P 减 D 得到。

(2) 就英国 REIT 集团而言,

P 是指该集团在某一会计期间的英国利润［定义见第 530 条（2）款］的 90%,

D 是指截至下列孰晚时点的期间内分配的该等利润的总额,

(a) 第 530 条（1）款所载的截止日,或

(b) 由税务和海关总署官员规定的截止日。

(3) 就英国 REIT 公司而言,

P 是指该公司在某一会计期间的物业资产租赁业务的利润的 90%,

D 是指截至下列孰晚时点的期间内分配的该等利润的总额,

(a) 第 530 条（4）款所载的截止日,或

(b) 由税务和海关总署官员规定的截止日。

(4) 上述第（2）款和第（3）款中"D"的定义应结合第 530A 理解（在适用的范围内）。

566 在会计期间 1 内,违反第 531 条条件 B

(1) 如果第 531 条（业务资产负债表：物业资产租赁业务相关的资产）的条件 B 符合以下情形,第（2）款将适用,

(a) 在会计期间 1 内未得到满足,但,

(b) 在下一会计期间初得到满足。

(2) 该违反不再考虑。

(3) 略

(4) 略

(5) 略

(6) 略

567 "名义金额"的定义

略

568 在会计期间1之后，违反业务资产负债表的条件

(1) 在以下条件下，该违反不再考虑，

(a) 第531条（业务资产负债表：利润）的条件A在会计期间1外的某一会计期间未得到满足，但

(b) 该英国REIT的物业资产租赁业务利润至少为该期间总利润的50%以上。

(2) 在以下条件下，该违反不再考虑，

(a) 第531条（业务资产负债表：资产）的条件B在会计期间1外的某一会计期间未得到满足，但

(b) 在第531条（5）款（a）项与（b）项中被提及的价值总和至少为英国REIT持有的资产价值总和的50%。

(3) 第（1）款和第（2）款应按照第531条的规定解释。

569 本节受第572条制约

本节受第572条制约（根据该条，税务和海关总署官员在某些情况下可终止某集团或公司的英国REIT身份）。

第9节 脱离英国REIT制度

概述

570 本节概览

(1) 本节规定了某集团或某公司在何种情况下以何种方式终止成为英国REIT。

(2) 集团或公司的英国REIT身份可能在以下情形下终止，

(a) 通过该集团的控股公司或该公司（视情况而定）发布公告（见第571条），或

(b) 在发生第573条至577条的情形下，通过税务和海关总署官员发布公告（见第572条）。

(3) 在某些情形下，集团或公司将自动终止成为英国REIT（见第578条）。

(4) 本节也对终止成为英国REIT的影响进行了规定（见第579条至582条）。

脱离REIT制度的公告

571 公告终止：集团或公司

(1) 如果以下主体发出明确某集团或公司终止成为英国REIT具体日期的公告，第

(2) 款适用，

 (a) 英国 REIT 集团的控股公司，或

 (b) 英国 REIT 公司。

(2) 该集团或公司在该日期结束之时终止成为英国 REIT。

(3) 第 (1) 款所述公告必须以书面形式呈送至税务与海关总署官员。

(4) 第 (1) 款公告中明确的日期应在税务与海关总署官员收到该公告的日期之后。

572 公告终止：税务与海关官员

(1) 如果税务和海关总署官员通过书面形式向以下主体发出公告，相应主体将终止作为英国 REIT，

 (a) 英国 REIT 集团的控股公司，或

 (b) 英国 REIT 公司

(2) 税务和海关总署的官员只能在第 573、573A、573B、574、575、576 或 577 条规定的情形下按照本条第 (1) 款约定发出该公告。

(3) 第 (1) 款所述公告必须说明公告发出的原因。

(4) 如果根据第 (1) 款发出公告，

 (a) 该集团或公司（视情况而定）应被视为在导致官员发出公告的事件（或最后一次事件）发生的会计期间的前一个会计期间末，终止成为英国 REIT，

 (b) 接到上述公告的公司可提起上诉。

(5) 根据第 (4) 款 (b) 项提出的上诉，必须在自根据第 (1) 款公告发出之日起 30 天内，以书面形式向税务和海关总署的官员提起上诉。

(5A) 本条 (4) (a) 项的效力受第 573A 条 (8) 款制约。

(5B) 本条 (4) (a) 项的效力受第 573B 条 (9) 款制约。

(6) 就第 574 条 (2) 款所述情形（会计期间 1 内违反第 531 条中的条件 B），第 574 条 (3) 款对本条第 (4) (a) 项进行了修订。

573 第 572 条的公告：税收优惠

(1) 如果符合本条的条件，税务和海关总署的官员可以根据第 572 (1) 条发出公告。

(2) 如在相关的 10 年期内，根据第 545 条（取消税收优惠）已向该集团的成员发出两个公告，则对于英国 REIT 集团而言，该条件已得到满足。

(3) 如在相关的 10 年期内，根据第 545 条已向该公司发出两个公告，则对于英国 REIT 公司而言，该条件已得到满足。

(4) "相关的 10 年期"是指根据第 545 条首个公告发出之日起的 10 年期。

573A 第 572 条的公告：第 528 条的条件 D 未得到满足

（1）如果满足以下条件，税务和海关总署的官员可根据第 572 条（1）款发出公告，

（a）在首个 3 年期间内的任何时点，第 528 条条件 D 不能满足，并且

（b）在该时点，第（2）款已适用于该集团某一成员或该公司（视情况而定）超过 3 年或合计超过 3 年。

（2）符合以下条件的，本款在任何时点均适用于某公司，

（a）该公司是一个英国 REIT 公司或英国 REIT 集团成员，

（b）与英国 REIT 有关的第 528 条条件 D 无法得到满足，并且

（c）与英国 REIT 有关的首个 3 年期间尚未结束。

（3）本条第（1）款（a）项和第（2）款（b）项均不包括由于以下原因导致的第 528 条条件 D 未能得到满足的情形，

（a）英国 REIT 集团的控股公司成为另一英国 REIT 集团成员，或

（b）英国 REIT 公司成为英国 REIT 集团成员。

（4）在以下条件下，第（5）款适用，

（a）公司终止开展某业务（"被转换业务"），该业务在该公司适用第（2）款的某时点（"相关时点"）被开展，且

（b）另一个公司（"公司 X"）开始开展上述被转换业务。

第（a）项中所述业务包括该业务的一部分。

（5）第（2）款应被视为在相关时点适用于以下公司，

（a）公司 X，以及

（b）如果公司 X 随后终止经营被转换业务（或其任何部分），则为不时经营被转换业务（或其任何部分）的任何其他公司。

（6）在本条中"首个 3 年期间"定义见第 527 条（8）款。

（7）如果在本条所述情形下，根据第 572 条（1）款发出公告，则第（8）款将替代第 572 条（4）款（a）项适用。

（8）集团或公司（视情况而定）将在以下孰晚时点终止成为英国 REIT，

（a）会计期间 1 的第 1 天，或

（b）税务和海关总署官员在公告中明确的日期。

573B 第 572 条的公告：与股份相关的其他条件未能得到满足

（1）就英国 REIT 集团而言，在以下情形下，税务和海关总署官员可根据第 572 条（1）款发出公告，

（a）第 528A 条（与股份相关的其他条件）所载条件无法在某会计期间（"相关会计

期间")中满足,但第 528B 条可以满足,且

(b) 第(2)款在相关会计期间的任何时点适用于集团的某成员公司。

(2) 如果某公司在不少于 3 个会计期间内(相关会计期间除外)受益于第 528A 条中条件的放宽,则本款适用于该公司。

(3) 就英国 REIT 公司而言,如果满足以下条件,税务与海关总署的官员可按照第 572 条(1)款发出公告,

(a) 第 528A 条(与股份相关的其他条件)所载条件无法在某会计期间("相关会计期间")中满足,但第 528B 条可以满足,且

(b) 该公司在不少于 3 个会计期间内(相关会计期间除外)受益于第 528A 条中条件的放宽。

(4) 就本条而言,如果满足以下条件,公司将受益于第 528A 条中条件的放宽,

(a) 在无法满足第 528A 条的条件但可以满足第 528B 条的会计期间内的任何时间,该公司是英国 REIT 集团成员,或

(b) 在无法满足第 528A 条的条件但可以满足第 528B 条的会计期间内的任何时间,该公司是英国 REIT 公司。

并且,与公司受益于第 528A 条中条件的放宽相关的会计期间是指第(a)项和第(b)项(视情况而定)所提及的会计期间。

(5) 第(1)款(a)项、第(3)款(a)项、第(4)款(a)项与第(4)款(b)项中的任一项均不适用于因下列条件导致第 528 条所载条件无法得到满足的情形,

(a) 英国 REIT 集团的控股公司成为另一英国 REIT 集团的成员,或

(b) 英国 REIT 公司成为英国 REIT 集团成员。

(6) 如果满足以下条件,第(7)款将适用,

(a) 公司终止开展某项业务("被转换业务"),该业务已在受益于第 528A 条中条件的放宽的会计期间内的任何时间开展,并且

(b) 另一个公司("公司 X")开始开展上述被转换业务。

在第(a)项中所述业务包括该业务的一部分。

(7) 以下公司将被视为在上述会计期间内受益于第 528A 条中条件的放宽,

(a) 公司 X,以及

(b) 如果公司 X 随后终止经营被转换业务(或其任何部分),则为不时经营被转换业务(或其任何部分)的任何其他公司。

(8) 如果在本条所述情形下,根据第 572 条(1)款发出公告,则第(9)款将替代第 572 条(4)款(a)项适用。

（9）集团或公司（视情况而定）将在以下孰晚时点终止成为英国REIT，

(a) 会计期间1的第1天，或

(b) 税务和海关总署官员在公告中明确的日期。

574 第572条的公告：严重违反

（1）如果税务与海关总署官员认为集团或公司出现以下情形且该等情形严重到该集团或公司应终止成为英国REIT的，则可根据第572条（1）款发出公告，

(a) 违反第529条、第530条、第531条条件，或

(b) 集团成员或公司（视情况而定）试图获取税收优惠。

（2）如果出现以下情形，第（3）款适用，

(a) 该情形与违反第531条（业务资产负债表：资产）中的关于会计期间1的条件B相关，且

(b) 上述条件未在下一个会计期间初得以满足。

（3）在上述情形中，第572条（4）款在下述第（a）项被替代后生效，

"集团或公司（视情况而定）应被视为在会计期间1的第1天终止成为英国REIT。"

575 第572条的公告：违反物业资产租赁业务的条件

（1）如果连续3个会计期间均违反了第529条（物业资产租赁业务），则税务和海关总署官员可根据第572条（1）款发出公告。

（2）税务和海关总署官员也可根据第572条（1）款发出公告，如果在相关的10年期间内，第563条（2）款，

(a) 因第529条中的条件A被使用超过2次，或

(b) 因该条中的条件B被使用超过2次。

（3）上述"相关的10年期间"是指自第563条（2）款被使用的第1天起的10年期间内。

（4）下列规则适用于第（2）款的规定，

规则1 如果在同一会计期间内违反第529条的条件B是该条中违反条件A的必然结果，则违反条件B的行为将被忽略［因此，英国REIT不被视为因违反条款B而使用了第563条（2）款］。

规则2 如果对第529条的条件A或条件B的违反持续了，

(a) 超过1个会计期间，但

(b) 未超过2个会计期间，

则该英国REIT应被视为仅使用第563条（2）款1次。

576 第 572 条的公告：违反业务资产负债表的条件

（1）如果连续 3 个会计期间违反了对第 531 条（业务资产负债表）中的条件 A 或 B，税务和海关总署官员可按照第 572 条（1）款发出公告。

（2）如果在相关的 10 年期间内，第 568 条第（1）款或第（2）款已经被使用了超过 2 次，则税务和海关总署官员也可按照第 572 条（1）款发出公告。

（3）上述"相关的 10 年期间"是指自第 568 条第（1）款或第（2）款（视情况而定）被使用的第 1 天起的 10 年期间内。

（4）在违反第 531 条条件 A 的情形下，就第（3）款而言，第 568 条（1）款应被视为于为该条件而评估利润的会计期间的最后一天被首次使用。

（5）如果对第 531 条条件 A 或条件 B 的违反持续了，

（c）超过 1 个会计期间，但

（d）未超过 2 个会计期间，

则该英国 REIT 应被视为仅使用第 568 条（1）款或（2）款 1 次。

（6）本条对会计期间的表述不包括对会计期间 1 的表述。

577 根据第 572 条发出的公告：多重违反第 2 节中条件

（1）如果条件 A、B、C 被满足，税务和海关总署官员可以根据第 572 条（1）款发出公告。

（2）条件 A 是指在相关 10 年的期间内至少违反第 528 条至第 531 条中 2 项条件。

（3）条件 B 是指上述被违反的条件不是在同一条内；并且就此款而言，第 530 条（利润分配）中的条件应被视为包含于第 529 条。

（4）条件 C 是指在相关的 10 年期间内，英国 REIT 已依赖于第（5）款（a）项提及的部分或全部条款超过 4 次（总计）。

（5）就本条而言，

（a）第（4）款所述鉴于以下条款：

第 562A 条第（6）款，

第 563 条第（2）款，以及

第 568 条第（1）和第（2）款，以及

（b）"相关的 10 年期间"是指从第一次违反条件之日起的 10 年期间。

（6）如果首个被违反的条件是第 531 条（业务资产负债表：利润）中的条件 A，就第（5）款（b）项而言，该条件应被视为从为该条件而评估利润的会计期间的最后一天起被违反。

（7）就本条而言，以下违规行为将被忽略，

(a) 因以下原因违反第 528 条（公司相关条件）条件 C 或条件 D 的，

　　(i) 某一英国 REIT 集团的成员成为另一英国 REIT 集团的成员，或

　　(ii) 某一英国 REIT 公司成为英国 REIT 集团的成员

(b) 在第 525 条第（2）至（4）款适用的情况下，违反第 528 条的条件 C，

(c) 在第 558 条第（3）款或第 559 条（6）款适用的情况下，违反第 528 条的条件 C、条件 E 或条件 F 中的任一条件，

(d) 会计期间 1 内，违反第 531 条的条件 A，以及

(e) 会计期间 1 开始时，违反第 531 条的条件 B。

(8) 根据第 527 条（6）和（7）款，在首个三年期间［定义见第 527 条（8）款］违反第 528 条的条件 D 的违约行为也应被忽略。

自动终止

578 因违反第 528 条中的某种条件而自动终止

(1) 如果第 528 条（公司相关条件）中的条件 A、B、E 或 F 在某一会计期间未能满足，则第（2）款适用。

(2) 集团或（视情况而定）公司将被视为在上一会计期末不再是英国 REIT。

(3) 如果公司不再满足第 528 条中的条件 A、B、E 或 F，则根据第 523 条或 524 条中发出公告的公司应在合理可行的范围内尽快通报税务和海关总署官员。

终止的影响

579 终止的影响：公司税

(1) 在以下情形下，第（3）至（7）款适用，

(a) 某一集团或公司不再是英国 REIT，或

(b) 某一公司不再是英国 REIT 集团成员。

(2) 在以下各款中，"退出公司"指的是英国 REIT 集团的每个成员，或（视情况而定）指英国 REIT 公司。

(3) 就公司税的处理而言，退出公司的物业资产租赁业务应被视为在其终止成为英国 REIT 前立即停止。

(4) 就公司税的处理而言，退出公司在即将终止成为英国 REIT 前从事物业资产租赁业务的资产应被视为，

(a) 被从事物业资产租赁业务的公司在即将终止成为英国 REIT 前出售，及

(b) 被该公司在终止成为英国 REIT 后立即购回。

(5) 根据第（4）款认定的出售或购回中，资产的交易对价应以其市场价值认定。

（6）若依据第533条（3）款的规定，某一退出公司的一定比例的资产被排除在财务报表之外，则就第（4）款而言，该部分资产将被忽略。

（7）就公司税的处理而言，

（a）公司从事其他业务的会计期间在其终止成为英国REIT时结束，以及

（b）公司新的会计期间开始。

（8）就英国REIT集团的非英国成员而言，本条第（3）、（7）款生效，就如物业资产租赁业务的表述是指英国物业资产租赁业务一样。

（9）在以下情形下，本条第（3）至（7）不适用，

（a）某一英国REIT集团成员成为另一英国REIT集团成员，或

（b）某一英国REIT公司成为某一英国REIT集团成员。

（10）本条的效力受制于第559条（分拆：脱离英国REIT集团的公司）。

580 终止的影响：CAA（2001）

（1）若某一集团或公司不再是英国REIT，则就CAA（2001）而言，本条第（3）、（5）款应适用。

（2）若某一公司不再是英国REIT集团的成员，则就CAA（2001）而言，本条第（3）、（5）款亦适用。

（3）根据第579条第（4）款被视为的出售或购回，

（a）不产生补贴及费用，且

（b）不能依据CAA（2001）第198或199条（分摊）做出选择。

（4）第579条第（5）款（视为出售和购回的对价）不适用。

（5）公司在终止成为英国REIT前，就根据第579条第4款视为出售或购回的资产经营物业资产租赁业务所进行或发生的任何事情，应在终止后视为由终止后的公司已进行或发生的事情。

（6）本条的效力受制于第559条（分拆：脱离英国REIT集团的公司）。

提前退出

581 被公告提前退出

（1）若符合条件A、B、C，则本条第（6）款适用。

（2）条件A：集团或公司因第571条项下的公告终止作为英国REIT。

（3）条件B：集团或公司在终止前，持续作为英国REIT的期间少于10年。

（4）条件C：在公司终止成为英国REIT后的期间（"终止后期间"）内，下列主体处置与该主体物业资产租赁业务相关的资产，

(a) 对于某一集团，指该集团中的成员，或

(b) 某一公司。

(5) "终止后期间"指的是从终止作为英国 REIT 之日起两年的期间。

(6) 确定相关主体应缴纳的公司税时，不考虑以下各项，

(a) 第 536 条第（2）款中规定的任何处置，产生收益的，

(b) 第 555 条第（2）款中规定的任何处置，或

(c) 第 579 条第（2）款中规定的任何处置。

(7) 在以下情形下，本条第（6）款也适用，

(a) 某一公司不再是英国 REIT 集团成员，

(b) 满足以下的任一条件，

　　(i) 该集团持续作为英国 REIT 集团的期间少于 10 年，或

　　(ii) 该公司持续成为英国 REIT 集团成员的期间少于 10 年，且

(c) 公司在终止后期间处置其从事物业资产租赁业务的资产。

(8) 本条对集团内的非英国成员生效，就如物业资产租赁业务的表述是指英国物业资产租赁业务一样。

582 提前退出

(1) 本条适用，若，

(a) 某一集团或公司因第 572 条或 578 条的规定终止作为英国 REIT，且

(b) 集团或公司在终止前，持续作为英国 REIT 的期间少于 10 年。

(2) 税务和海关总署官员可指示，

(a) 本章中的规定经特别修订后适用于集团或公司，或

(b) 与公司税有关的法律规定适用于、不适用于或经修订后适用于集团或公司。

(3) 本条第（2）（a）项下的指示可特别用于，

(a) 根据第 572 或第 578 条，变更集团或公司被视为终止成为英国 REIT 的时点。

(b) 排除或变更第 531（1）或（2）款、第 535（1）款、第 535A 的效力。

(4) 本条第（2）（b）项下的指示可特别用于防止全部或特定部分的损失、亏损或费用被用于抵消或其他特定用途。

(5) 就集团而言，本条第（2）款中的指示可对全部或其中部分成员适用。

(6) 上诉可由以下主体提出，

(a) 指示向集团作出的，由该集团的控股公司提出，

(b) 指示向公司作出的，由该公司提出。

(7) 根据本条第（6）款向仲裁委员会提出上诉，仲裁委员会可，

(a) 撤销指示，

(b) 确认指示，或

(c) 变更指示。

第 10 节　合资企业

概述

583 本章概述

(1) 本节就本章如何适用于由以下主体开展的物业资产租赁业务进行了规定：

(a) 由合资公司（见第 584 条定义），或

(b) 由合资集团中的一个或多个成员（见该条定义）。

(2) 关于该等使本章可适用于物业资产租赁业务而所需的公告，在第 586 条和第 587 条中进行了规定；系该等公告的发出使英国 REIT 集团或英国 REIT 公司成为合资集团或合资公司（见第 585 条）。

(3) 第 588 条至 590 条包含有关公告的效力及其期限的规定。

(4) 本节的其余部分包括，

(a) 与本章的适用有关的具体修订和其他规定（见第 591 至第 594 条），

(b) 略

(c) 关于本节解释的规定（见第 598 条）。

584 "合资公司"和"合资集团"的定义

(1) 在本节中，"合资公司"是指：在满足下述第（3）款中所规定条件的情况下，一家从事物业资产租赁业务的公司（"合资企业"）。

(2) 在本节中，"合资集团"是指：在满足下述第（3）款中所规定条件的情况下，一家包含一个或多个从事物业资产租赁业务的公司（"合资企业"）的集团。

(3) 所须满足的相关条件是：该等合资企业的权益被，

(a) 英国 REIT 集团的一个或多个成员持有，或

(b) 英国 REIT 公司持有。

585 "venturing 集团"和"venturing 公司"的定义

(1) 在本节中，"venturing 集团"是指，对于某英国 REIT 集团而言，其控股公司已发出了第 586 条第（1）款或第 587 条第（1）款项下规定的公告。

(2) 在本节中，"venturing 公司"是指，对于某英国 REIT 公司而言，其已发出了第 586 条第（2）款或第 587 条第（2）款项下规定的公告。

以使本章可适用于合资企业的公告

586 使本章可适用的公告：针对合资公司

(1) 英国 REIT 集团的控股公司可发出公告，指定本章（根据本节规定）适用于合资公司经营的物业资产租赁业务。

(2) 英国 REIT 公司可发出公告，指定本章（根据本节规定）适用于合资公司经营的物业资产租赁业务。

(3) 仅在与合资公司有关的"40%检验"通过的前提下，上述第（1）款或第（2）款项下规定的公司才可发出该等公告。

(4) 在本条第（1）款项下，该"40%检验"在以下情形即视为得到满足：
该等英国 REIT 集团成员共同享有，

(a) 可分配给合资公司股东的利润中不少于40%的部分，以及

(b) 在清算时可分配给合资公司股东的资产中不少于40%的部分。

(5) 在本条第（2）款项下，该"40%检验"在以下情形即视为得到满足：
该等英国 REIT 公司享有，

(a) 可分配给合资公司股东的利润中不少于40%的部分，以及

(b) 在清算时可分配给合资公司股东的资产中不少于40%的部分。

(6) 本条第（1）或（2）款项下的该等公告，

(a) 必须指明所涉及的该合资公司，

(b) 必须经该合资公司批准，

(c) 必须指明本章适用于该等物业资产租赁业务的起始日期，以及

(d) 必须在本款（c）项中的日期之前以书面形式递交给税务和海关总署官员。

(7) 公司可于以下时点发出本条第（1）或（2）款所载的公告，

(a) 根据第 523 条或 524 条（视情况而定）发出公告的同一时间，或

(b) 集团或公司（视情况而定）成为英国 REIT 后的任何时间。

(8) 有关本条项下公告的效力，见第 588 条中的规定。

587 使本章可适用的公告：针对合资集团

(1) 英国 REIT 集团的控股公司可发出公告，指定本章（根据本节规定）适用于由合资集团中的一个或多个成员经营的物业资产租赁业务。

(2) 英国 REIT 公司可发出公告，指定本章（根据本章节规定）适用于由合资集团中的一个或多个成员经营的物业资产租赁业务。

(3) 仅在与合资集团有关的"40%检验"通过的前提下，上述第（1）款或第（2）

款项下规定的公司才可发出该等公告。

(4) 在本条第 (1) 款项下，该 "40%检验" 在以下情形即视为得到满足：该等英国 REIT 集团成员共同享有，

(a) 可分配给合资集团控股公司股东的利润中不少于40%的部分，以及

(b) 在清算时可分配给合资集团控股公司股东的资产中不少于40%的部分。

(5) 在本条第 (2) 款项下，该 "40%检验" 在以下情形即视为得到满足：该等英国 REIT 公司享有，

(a) 可分配给合资集团控股公司股东的利润中不少于40%的部分，以及

(b) 在清算时可分配给合资集团控股公司股东的资产中不少于40%的部分。

(6) 本条第 (1) 或 (2) 款所载公告，

(a) 必须指明所涉及的该合资集团的控股公司，

(b) 必须经该控股公司批准，

(c) 必须指明本章适用于该等物业资产租赁业务的起始日期，以及

(d) 必须在本款 (c) 项中的日期之前以书面形式递交给税务和海关总署官员。

(7) 公司可于以下时点发出本条第 (1) 或 (2) 款所载的公告，

(a) 根据第 523 条或 524 条（视情况而定）发出公告的同一时间，或

(b) 集团或公司（视情况而定）成为英国 REIT 后任何时间。

(8) 有关本条项下公告的效力，见第 589 条中的规定。

公告的效力及其期限

588 根据第 586 条发出的公告的效力

(1) 如果是根据第 586 条第 (1) 款发出公告，则本章适用于合资公司（视同该公司为 venturing 集团的成员）经营的物业资产租赁业务。

(2) 如果是根据第 586 条第 (2) 款发出公告，则本章适用于合资公司（视同该 venturing 公司与该合资公司为新的英国 REIT 集团的成员，以下简称 "推定英国 REIT"）经营的物业资产租赁业务。

(3) 就第 (1) 款及第 (2) 款而言，在本章中提及英国 REIT 集团成员公司，则应包括，

(a) 该合资公司，以及

(b) 在第 (2) 款所指情况下的 venturing 公司。

(4) 就第 (3) 款而言，

(a) 在本章中提及一家作为英国 REIT 集团成员的英国公司，则应包括符合下列条件的合资公司，

(i) 是英国税务居民企业，并且

(ii) 根据其他地区有关税收的法律认定其不是该地区的税务居民企业，并且

(b) 在本章中提及一家作为英国REIT集团成员的非英国公司，则应包括不属于上述（a）项的其他合资公司。

(5) 就第（1）款及第（2）款而言，本章中提及的以下表述在涉及该等合资公司时应作为第586条第（6）款第（c）项规定的日期予以考量，

(a) 开始，或

(b) 当公司成为英国REIT集团的成员。

(6) 就第（2）款而言，

(a) 在本章中，对英国REIT（或英国REIT集团）的表述应包括推定英国REIT，以及

(b) 在本章中，对集团中控股公司的表述，应视为对venturing公司的提述。

(7) 第（3）款至第（6）款（特别）适用于解释第549A条第（6）款第（a）项(i)和第（8）款（a）项（i）。

589 第587条所载公告的效力

(1) 如果是根据第587条第（1）款发出公告，则本章适用于合资集团的一个或多个成员（视同该集团的每个成员为venturing集团的成员）经营的物业资产租赁业务。

(2) 如果是根据第587条第（2）款发出公告，则本章适用于合资集团的一个或多个成员（视同该venturing公司和该集团中的每个成员为新的英国REIT集团的成员，以下简称"推定英国REIT"）经营的物业资产租赁业务。

(3) 就第（1）款及第（2）款而言，在本章中提及英国REIT集团成员公司，则应包括，

(a) 该合资集团的每一个成员，以及

(b) 在第（2）款所指情况下的venturing公司。

(4) 就第（3）款而言，

(a) 在本章中提及一家作为英国REIT集团成员的英国公司，则应包括该合资集团的一个成员，前提是该成员，

(i) 是英国税务居民企业，并且

(ii) 根据其他地区有关税收的法律认定其不是该地区的税务居民企业，并且

(b) 在本章中提及一家作为英国REIT集团成员的非英国公司，则应包括不属于上述（a）项的该合资集团的其他成员。

(5) 就第（1）款及第（2）款而言，本章中提及的以下表述在涉及该等合资集团的成员时应作为第587条第（6）款第（c）项规定的日期予以考量，

(a) 开始，或

(b) 当公司成为英国 REIT 集团的成员。

(6) 就第（2）款而言，

(a) 在本章中，对英国 REIT（或英国 REIT 集团）的表述应包括推定英国 REIT，以及

(b) 在本章中，对集团中控股公司的表述，应视为对 venturing 公司的提述。

(7) 第（3）款至第（6）款（特别）适用于解释第 549A 条第（6）款第（a）项（i）和第（8）款（a）项（i）。

590 第 586 条或 587 条所载公告的期限

(1) 根据第 586 条第（1）款发出的公告，在以下情况下失去效力，

(a) venturing 集团不再满足与合资公司有关的"40%检验"，或

(b) venturing 集团不再是英国 REIT。

(2) 根据第 586 条第（2）款发出的公告，在以下情况下失去效力，

(a) venturing 公司不再满足与合资公司有关的"40%检验"，或

(b) venturing 公司不再是英国 REIT。

(3) 根据第 587 条第（1）款发出的公告，在以下情况下失去效力，

(a) venturing 集团不再满足与合资集团有关的"40%检验"，或

(b) venturing 集团不再是英国 REIT。

(4) 根据第 587 条第（2）款发出的公告，在以下情况下失去效力，

(a) venturing 公司不再满足与合资集团有关的"40%检验"，或

(b) venturing 公司不再是英国 REIT。

(5) 如根据第 586 条或第 587 条发出的公告不再生效，则如第 588 条或第 589 条所述（视具体情况），本章不再适用于合资公司或合资集团。

(6) 但是，第 581 条（提前退出）继续适用于合资公司或合资集团的成员，尽管有第（5）款的规定。

(7) 有关"40%检验"的含义，请参阅，

(a) 第 586 条，就根据该条发出的公告而言，以及

(b) 第 587 条，就根据该条发出的公告而言。

具体要求和修改

591 业务资产负债表的条件

(1) 本条在以下情况下适用，

(a) 根据第 586 条已就合资公司发出了公告，或

(b) 根据第 587 条已就合资集团发出了公告。

（2）在公告生效的每个会计期间，公司或集团必须满足第 531 条中的条件 A（业务资产负债表：利润）。

（3）在公告生效的每个会计期间之初，公司或集团必须满足第 531 条中的条件 B（业务资产负债表：资产）。

（4）就本条而言，第 531 条适用于，

(a) 针对合资公司的情形，视同其为收到第 524 条项下公告的公司，以及

(b) 针对合资集团的情形，视同其为收到第 523 条项下公告的集团。

592 合资集团：财务报告

（1）如公告是根据第 587 条针对合资集团发出的，则本条适用。

（2）合资集团的控股公司必须在该公告生效的每个会计期间为该集团准备财务报告。

（3）上述第（2）款所提述的财务报告，是指第 532 条（2）款所规定的同一类财务报告。

（4）第 532 条（3）款和第 533 条适用于第（2）款所述财务报告，因其适用于第 532 条（2）款所述财务报告。

（5）根据第（2）款准备的财务报告必须提交给税务和海关总署官员。

（6）上述第（2）款规定的财务报告是根据第 532 条在财务报告中对合资集团成员（由于本章适用于集团）进行规定的补充。

593 第 532 条规定的财务报告：合资集团

（1）如公告是根据第 587 条针对合资集团发出的，则本条适用。

（2）第 532 条（2）款规定的财务报告中应包括与合资集团的某一成员相关的数额，是指该成员的利润、费用、损益、资产和负债的相关百分比。

（3）"相关百分比"是指，

(a) 在根据第 587 条（1）款发出公告的情况下，veturing 集团成员持有的该成员的实益权益百分比，以及

(b) 在根据第 587 条（2）款发出公告的情况下，veturing 公司持有的该成员的实益权益百分比。

（4）因此，第 533 条对该成员具有效力，即如第（3）款由本条（2）款和（3）款代替。

594 对第 3 节的修改

（1）第 534 条（利润）（4）款对合资公司或合资集团成员具有效力，从"应参照"

到该款结束被替换为"应在本条中被忽略"。

（2）第535条（收益）（7）款对合资公司或合资集团成员具有效力，从"应参照"到该款结束被替换为"应在本条中被忽略"。

595 承担额外费用的合资公司

596 承担额外费用的合资集团成员

597 无额外费用的情况

补充

598 第10节：补充

（1）本节中提及的"股东"，就公司而言，是指：

（a）持有公司普通股的主体，或

（b）是公司正常商业贷款（定义见第162条）以外贷款的债权人。

（2）就本节而言，实益权益的百分比应参照可供分配给股东的利润的实益权益确定。

（3）在本章中，凡涉及的与合资公司或合资集团成员有关的物业资产租赁业务，并不包括公司将物业出租予以下主体（视情况而定），

（a）与公司有关的 venturing 公司，或

（b）与公司有关的 venturing 集团成员。

第11节 其他

599 利润计算

（1）根据本章任何条款规定所须计算的利润，均须按照本条规定计算。

（2）利润的计算方法应与为税收征收目的根据CTA（2009）第4章第3节（具体见该法案第210条）规定的英国物业业务利润的计算方法相同。

（3）CTA（2009）第211条第（1）款（物业业务：不考虑贷款和衍生合同的借贷）不适用于，

（a）与物业资产租赁业务有关的贷款关系，

（b）与物业资产租赁业务有关的对冲衍生合约，或

（c）为物业资产租赁业务而订立的主合同范围内的嵌入衍生工具。

（4）就第（3）款而言，

（a）满足下列前提的，则衍生品合约即为与公司相关的对冲，

（i）该衍生品合约是作为物业资产租赁业务所涉资产的风险对冲而获得的，或

（ii）该衍生品合约是作为物业资产租赁业务相关负债的风险对冲而获得的。

(b) 就公司账目而言，将合同指定为全部或部分对冲是具有确定性的。

(c) "嵌入衍生工具"应根据CTA（2009）第584或586条（视情况而定）理解，以及

(d) "主合同"是指，

　　(i) CTA（2009）第584条（1）款（a）项所述合约，或

　　(ii) 该法第586条（1）款（a）项所述合约，

视情况而定。

(5) 第（4）款（a）项（i）提及的资产包括，

(a) 资产的价值，以及

(b) 可归属于该资产的利润。

(6) 利润的计算应不考虑产生贷方或借方科目的项目［这些项目属于CTA（2009）第7部分（衍生合约）的范围］，但适用于该法第589条（2）款（b）项和（c）项（股份和单位信托合约除外）。

(7) 部分既与物业资产租赁业务有关，又与其他业务有关的收入和支出应基于公平合理的原则分摊。

(8) CAA（2001）第3条（1）款（申请资本减免）不适用；根据该规定可以申请的任何减免将自动发放并反映在利润计算中。

(9) 不考虑本法第7章ZA部分（对结转亏损进行某些扣除的限制）

599A 以发行股本代替现金股利进行分配的金额

(1) 就本章而言，分配总额，只要是由代替现金股利而发行的股本所组成，即为该股本的现金等价物。

(2) ITTOIA（2005）第412条（1）款、（2）款、（4）款和（5）款（"股本现金等价物"的含义）适用于本部分，因其适用于该法第410条（1）款（a）项所述的已发行股本。

600 对涉及关联人员的情形制订条例的权力

(1) 如财政部认为有利于公众利益，则针对涉及/产生于REIT公司和另一主体之间关系的事项或情况应如何适用本章规定，其可以制订相关的条例。

(2) 在第（1）款中，"REIT公司"是指：

(a) 英国REIT公司，或，

(b) 英国REIT集团的成员。

(3) 该条例可特别，

(a) 将某特定主体或在特定情况下的主体，视为就特定目的而组成的英国REIT集

团的一部分；

(b) 确认某项具体适用于英国 REIT 集团成员的规定，无论是否作出修改，都适用于某特定主体或在特定情况下的主体。

(4) 根据本条制订的条例，可就该条例制订日期当日结束或此后结束的会计期间制订相关的规定。

(5) 除非包含该条例的法定文书草案已在下议院决议前提出并通过，否则不得根据本条制订条例。

601 集团税收筹划的可行性

(1) 在将第（2）款所述条文应用于一个集团时，只要该集团在其作为英国 REIT 同时经营物业资产租赁业务，则其应视为一个独立集团，区别于，

(a) 前集团，

(b) 同时经营其他业务的英国 REIT 集团，以及

(c) 终止适用后的集团。

(2) 第（1）款涉及的条文是，

(a) TCGA（1992）第 171 条（集团内资产转让），

(b) TCGA 第 171A 条至第 171C 条（集团内损益的重新分配），

(c) TCGA（1992）第 179A 条和第 179B 条（去集团化：在集团内重新分配损益或收益展期），

(d) CTA（2009）第 5 部分第 4 章和第 6 至 8 章（贷款关系），

(e) 该法第 7 章（衍生合约），

(f) 该法第 8 章（无形资产），

(g) 本法第 5 章（集团税收筹划），

(h) 本法第 5A 章（针对结转损失的集团免税）。

602 视作出售和重新购置的影响

就后续进行的任何处置（无论是真实处置还是视作处置）而言，均应考虑根据本部分视作出售和重新购置资产。

603 法规

本章的法规，

(a) 可以规定普遍适用或仅在特定情况下适用，

(b) 可以针对不同案例或不同情况作出不同规定，

(c) 可能包含附带的、补充的、相应的、过渡的条款和保留。

解释

604 物业资产租赁业务：上市业务除外

（1）第（2）款表格中所列的业务不属于物业资产租赁业务，

（2）表格如下，

类别	说明
第一类	与物业交易有关的附带性物业出租（无论在英国还是其他地方）。
第二类	为开展物业资产租赁业务而保留作行政管理用途的物业出租，但在以下情况下暂时超出要求： （a）出租空间小于行政用途所占用空间， （b）出租期限不超过3年。
第三类	按照普遍接受的会计惯例属于业主占有科目的出租物业［请参阅第（3）款］。
第四类	与英国境外物业服务有关的条款中，如果服务是与英国境内物业有关的，则不属于英国CTA（2009）第四章第三节的规定范围。
第五类	订立适用融资安排准则［本法令第770条（2）款或英国ITA（2007）第809BZM条第（2）款的安排］（收入的因素等：融资安排）。

（3）就上述第三类而言，仅由于公司向以下人员提供服务，则可忽略该物业可能被定义为业主占有的事实：

（a）该居住者完全占有财产，

（b）该居住者与集团成员无关。

（4）英国税务和海关总署专员可以按规定，

（a）在第（2）项的表格中添加一类，

（b）修改一类（或就该类作出规定），或该专员认为适当，可对某一类作出相关的规定，

（c）从表中删除一类（或针对该类所作的规定）。

605 物业资产租赁业务：不包括产生上市收入的业务

（1）只要某业务产生了第（2）款中列表所列类别的收入，则该等业务不属于物业资产租赁业务；

（2）表格如下，

类别	说明
第一类	与房车营地运营相关的一切收入［前提是就该营地运营相关的任何收入将适用ITTOIA（2005）（房车营地）第20条第（1）款的规定］。

(续)

类别	说明
第二类	电线管道用地租赁收入。
第三类	天然气管道用地租赁收入。
第四类	石油管道用地租赁收入。
第五类	移动通信网络或其他电子通信网络的桅杆等构架物用地租赁收入。
第六类	风力发电设备用地租赁收入。
第七类	下述主体的股利分配， （a）英国 REIT 集团的控股公司，或 （b）英国 REIT 公司。
第八类	有限合伙企业的收入分配，应适用于 CTA（2009）第 1273 条第（4）款（清算）。

(3) 英国税务和海关总署专员可以按规定，

（a）在第（2）项的表格中添加一类，

（b）修改一类（或就该类作出规定），或该专员认为适当，可对某一类作出相关的规定，

（c）从表中删除一类（或针对该类的所作的规定）。

606 集团

(1) 就本章而言，公司（"控股公司"）及其所有持有 75% 份额的子公司组成一个集团；如果其中任何子公司有持有 75% 份额的子公司，则集团包括上述子公司及其持有 75% 份额的子公司，以此类推。本条须受第（2）款的约束。

(2) 集团不包括，

（a）控股公司以外的公司，且并非控股公司有效持有 51% 份额的子公司，

（b）保险公司，

（c）保险子公司，或

（d）开放式投资公司。

(3) 一个公司不能是多个集团的成员；如果某公司可能是多个集团的成员，则适用 TCGA（1992）第 170 条（6）款（资本利得税：集团）来确定其所属的集团。

(4) 第（3）款不适用于第 10 节。

(5) 在本条中，

"有效持有 51% 份额的子公司"定义见 TCGA（1992）第 170 条第（7）款（公司集团）的含义，

"持有 75% 份额的子公司"定义见第 1154 条第（3）款（子公司）的含义，

"保险公司"定义见 FA（2012）第 65 条 F122 款的含义，

"保险子公司"指至少 75% 的普通股份额由一家或多家保险公司持有的公司，以及

"开放式投资公司"定义见第 613 条的含义。

607 "开始"和"终止"等含义

（1）在本章中"开始"是指，

（a）就集团而言，该集团成为英国 REIT 集团的时间，以及

（b）就公司而言，公司成为英国 REIT 或成为英国 REIT 的成员的时间。

（2）在本章中"终止"是指，

（a）就集团而言，该集团不再是英国 REIT 的时间，以及

（b）就公司而言，公司不再是英国 REIT 或其成员的时间。

（3）在本章中，关于集团或公司：

（a）提及"开始前集团"或"开始前公司"，是指开始前的集团或公司，以及

（b）提及"终止后集团"或"终止后公司"，是指终止后的集团或公司。

608 关于资产的表述

（1）本章中对资产的表述包括，

（a）资产的一部分，以及

（b）资产的权益或利息。

（2）本章中关于公司业务中所使用资产的表述，包括下列资产：

（a）为该业务而购置且未用于其他业务的资产，

（b）可用于该业务的资产，或

（c）以任何其他方式就该业务而持有，或与该业务相关或关联的资产。

（3）就本章而言，若某资产是第 529 条第（4）款（a）项所述的涉及在业务中的资产，则该资产可被认定为是"涉及"该业务。

609 定义

在本章中，

"会计期间 1"，就英国 REIT 公司或作为英国 REIT 成员的公司而言，是指从入账时开始的会计期间［根据第 536 条第（5）款］，

"公司"具有 TCGA（1992）第 170 条第（9）款赋予的含义，以及

"市场价值"的含义与 TCGA（1992）中的含义相同（见该法规第 272 条和 273 条以及该法规附录 11）。

附录一 中国香港 REITs 市场及立法情况概述

一、市场情况与法规概述

中国香港是亚洲重要的 REITs 市场之一，发展较为成熟。在香港，REITs 是指香港证券及期货事务监察委员会（SFC，简称香港证监会）根据 2003 年 8 月发布的《房地产投资信托基金守则》授权的房地产投资信托基金。根据行业分类标准（ICB），截至 2019 年年末，中国香港上市 REITs 总数达到 12 只，市值规模达到 371.09 亿美元。

受亚洲经济危机影响，1998 年起香港房价持续 5 年快速下跌，整体经济陷入低迷。随着 REITs 在日本、新加坡、韩国等亚洲市场依次推出，中国香港证监会详细研究了海外市场 REITs 的发展情况，并结合香港市场现状，以期望通过推出 REITs 挽救陷入危机的香港房地产市场，为经济注入新动能。

2003 年 4 月，香港证监会出台了香港 REITs 的基础性文件《房地产投资信托基金守则》，为 REITs 的发展提供了法律基础。

2003 年 7 月香港证监会进行咨询总结，明确指出了 REITs 是结合上市公司特点和公募基金特点的产品，因此 REITs 的监管规则需要同时兼顾其作为上市公司及基金活动的两个层面。

中国香港 REITs 在很大程度上借鉴了美国早期的 REITs 结构，以信托计划为载体，需要在港交所上市流通。香港 REITs 的资产必须以信托形式持有商业地产，采用外部管理模式，所持商业物业的所有权和管理权必须彻底分开。尽管拥有最终决策权，但受托人并不干预管理人对基金的运营管理，也不干预资产经营，只对管理人行为和资产管理计划的合规性进行监督。

2005 年 2 月，香港证监会拟修订《单位信托及互惠基金守则》，允许公募基金投资于 REITs；4 月，香港证监会允许公募 REITs 投资海外房地产项目。2005 年 11 月，香港首单 REITs 产品——领汇房地产投资信托基金在香港交易所成功上市。经过多年发展，香港 REITs 呈现出单只市值大的特点，现有 11 只中 7 只规模超过 10 亿美元。其中领展房地产投资信托基金持续多年为亚洲最大 REIT。其中，于 2005 年 12 月 21 日在香港交易所上市的越秀房地产投资信托基金，是全球首只投资于内地物业资产的 REITs，上市基金单位 10 亿个，募集资金 17.9 亿港元。

  香港相对于内地，金融基础设施更完善，市场活跃度高，对 REITs 的试点也先行于内地开展。因此，对香港市场的研究对内地 REITs 的健康发展具有重要意义。

  根据我国现行《法规汇编编辑出版管理规定》第四条第五款，"地方性法规和地方政府规章汇编，由具有地方性法规和地方政府规章制定权的地方各级人民代表大会常务委员会和地方各级人民政府指定的机构编辑。"因此本书主要摘录的是经过香港证监会四次修订完善后，于 2014 年 8 月出台的第五版《房地产投资信托基金守则》的目录部分。本守则就香港上市 REITs 的设立条件、组织结构、投资范围、资本要求、权利义务、房地产信托的投资活动、期间管理、利润分配等方面进行了明确的规定。

二、香港《房地产投资信托基金守则》目录

房地产投资信托基金守则[一]

2014 年 8 月第 5 版

证券及期货事务监察委员会

说明注释

一般原则（GP）

违反本守则的后果

第 1 章 行政安排

第 2 章 释义

第 3 章 房地产投资信托基金的基本认可要求

第 4 章 受托人

委任受托人

受托人的一般责任

获接纳为受托人的条件

受托人的退任

受托人的独立性

第 5 章 管理公司、核数师、上市代理人及财务顾问

[一] 全文详见香港证券及期货事务检查委员会官网 https://www.sfc.hk/web/TC/rules-and-standards/codes-and-guidelines/codes/

委任管理公司

管理公司的一般责任

获接纳为管理公司的条件

委任上市代理人及财务顾问

管理公司的退任

委任核数师

第6章　物业估值师

委任总估值师

总估值师的一般责任

获接纳为总估值师的条件

估值报告

总估值师的退任

第7章　投资限制及股息政策

核心规定

使用特别目的投资工具

联权共有权安排

持有期

借入款项的限制

计划名称

股息政策

第8章　与关连人士进行的交易

关连人士

关连人士交易

第9章　运作规定

计划文件

持有人登记册

单位的发售

会议

费用

第10章　文件及汇报

公告

通函

通告

汇报规定

广告宣传

第 11 章　房地产投资信托基金的终止或合并

第 12 章　新单位的发行

关于证监会认可的房地产投资信托基金的海外投资的应用指引

引言

就海外投资而设的保障措施

加强披露风险及特定的海外事宜

附录 A　证监会接受的海外监管制度

附录 B　销售文件内的资料

附录 C　财务报告的内容

附录 D　信托契约的内容

附录 E　清盘或合并计划的财务报表内容

附录 F　预测的拟备及表述

附录二 中国台湾 REITs 市场及相关规定概述

一、市场情况及相关规定概述

中国台湾是亚洲较早推出 REITs 的地区之一，但由于自身因素限制，台湾的房地产投资信托基金市场规模还较小，仍处于初期发展阶段。截至 2019 年年末，在台湾上市的 REITs 总共 7 只，总市值 39.03 亿美元。

21 世纪初，受亚洲金融危机、SARS 病毒传播等一系列系统性冲击事件影响，台湾整体经济震荡，不动产市场持续低迷，不仅对房地产及建筑行业产生巨创，也影响相关产业，金融业也因为抵押担保资产价值缩水，致使金融产品品质欠佳，对台湾经济发展产生了不利影响。因此，台湾当局积极推动各项促进房地产市场之相关工作，以期望通过引入新的投资工具提振房地产市场。

与其他地区的 REITs 法规不同，台湾地区并没有法律上的 REITs 概念，而代之以"不动产证券化"。台湾的不动产证券化在吸收借鉴的基础上发展出了自己的一套体系。

2003 年台湾当局出台《不动产证券化条例》，根据该条例，不动产证券化的组织架构分为不动产投资信托（REIT）和不动产资产信托（REAT）。此条例同时采用美国与日本证券化架构，确立了不动产证券化的两种"信托"运作模式，即不动产投资信托和不动产资产信托，二者在运作模式上有较大不同。不动产投资信托，即向不特定人募集发行或向特定人私募交付不动产投资信托受益证券，以投资于不动产、不动产相关权利、不动产相关有价证券及其他经主管机关核准投资标的；不动产资产信托，即委托人转移其不动产或不动产相关权利予受托机构，并由受托机构向不特定人募集发行或向特定人私募交付不动产资产信托受益凭证，以表彰受益人对该信托之不动产、不动产相关权利或其所生利益、孳息及其他收益之权利。

规则出台后，富邦 1 号于 2005 年 3 月上市，成为台湾第一只 REIT。而第一只 REAT 为 2004 年发行的台北国际商业银行股份有限公司受托经营的嘉新国际万国商业大楼资产信托。

2009 年 1 月 21 日，台湾金管部门提出对条例进行修订，以提高 REITs 产品吸引力。修正主要目的在于两点，第一是扩大可投资范围，包括将开放成立"开发型"REITs，这类 REITs 的投资标的是正在进行或规划进行开发、建筑、重建、重整的不动产，与此前仅能投资已完成开发的不动产不同。第二是重新定义"封闭型基金"。开放募集"开放型"REITs,也就是像共同基金一样,开放投资人可以赎回;同时REITs也可以在市场上追加募集,等于让基金增加投资标的,有助分散风险。

台湾金管部门和"立法"机构通过多次审慎研究讨论,对相关规定进行多次修订。现行规定为2017年12月6日修订的《不动产证券化条例》,并配合2009年6月19日出台的《不动产证券化条例施行细则》实施。这两则法令主要就在台湾上市REITs的募集方式、运作模式、存续管理、房托的投资活动、税收要求、监管要求和责罚条款等进行了具体规定。根据我国现行《法规汇编编辑出版管理规定》第四条第五款,"地方性法规和地方政府规章汇编,由具有地方性法规和地方政府规章制定权的地方各级人民代表大会常务委员会和地方各级人民政府指定的机构编辑。"因此本书主要摘录了2017年12月6日台湾相关部门修订的《不动产证券化条例》的目录部分。

二、台湾《不动产证券化条例》目录

不动产证券化条例[一]

2017年12月6日

第一章 总则

第二章 不动产投资信托

    第一节 不动产投资信托基金之募集及私募

    第二节 不动产投资信托基金之运用

    第三节 不动产投资信托基金之会计

第三章 不动产资产信托

第四章 受益证券之发行交付及转让、受益人会议、信托监察人

    第一节 受益证券之发行交付及转让

    第二节 受益人会议及信托监察人

第五章 税捐及相关事项

第六章 行政监督

第七章 罚则

第八章 附则

[一] 该条例全文及《不动产证券化条例施行细则》详见台湾"金融监督管理委员会"官网。